CHALMERS JOHNSON

Ein Imperium verfällt

Buch

Chalmers Johnson, bekannter Politikwissenschaftler und harscher Kritiker des imperialen Auftretens der Vereinigten Staaten in der Welt, weist auf erschreckende Parallelen hin zwischen dem imperialistischen Gebaren der Sowjetmacht vor deren Niedergang und dem starken »Sendungsbewusstsein« der amerikanischen Außenpolitik. Die Globalisierung, so seine Argumentation, ist eine rein amerikanische Erfindung und im Grunde nichts anderes als ein Feldzug der Amerikaner, um den Rest der Welt zur Übernahme ihres Kapitalismusmodells zu zwingen. Nur hätten die Amerikaner es versäumt, die Strukturen der Weltwirtschaft nach Ende des Kalten Krieges zu reformieren. Über kurz oder lang aber, so prophezeit Johnson, wird sich auch die US-Weltmacht wegen imperialer »Überdehnung« und skrupellos egoistischer Einmischung in die Politik ihrer Satellitenstaaten selbst überleben und untergehen.

Autor

Chalmers Johnson, 1931 in Phoenix/Arizona geboren, lehrte von 1962 bis 1992 Politikwissenschaft an der University of California in Berkeley und San Diego und war Berater der CIA. Heute ist er Präsident des »Japan Policy Research Institute«.

Chalmers Johnson

Ein Imperium verfällt

Ist die Weltmacht USA am Ende?

Aus dem Amerikanischen
von Thomas Pfeiffer und Renate Weitbrecht

GOLDMANN

Die Originalausgabe erschien 2000 unter dem Titel
»Blowback: The Costs and Consequences of the American Empire«
bei Metropolitan, New York.

Umwelthinweis:
Alle bedruckten Materialien dieses Taschenbuches
sind chlorfrei und umweltschonend.

Vollständige Taschenbuchausgabe Dezember 2001
Wilhelm Goldmann Verlag, München,
in der Verlagsgruppe Random House GmbH
© der Originalausgabe 2000 by Chalmers Johnson
© der deutschsprachigen Ausgabe 2000 by Karl Blessing Verlag,
München, in der Verlagsgruppe Random House GmbH
Umschlaggestaltung: Design Team München
(Foto: Corbis Stock Market/Berenholtz)
Druck: Elsnerdruck, Berlin
Verlagsnummer: 15158
AM · Herstellung: Sebastian Strohmaier
Made in Germany
ISBN 3-442-15158-9
www.goldmann-verlag.de

1 3 5 7 9 10 8 6 4 2

Inhalt

VORWORT
Ein Bannerträger des Imperiums 7

KAPITEL 1
Rückstoß 19

KAPITEL 2
Okinawa, die letzte asiatische Kolonie 56

KAPITEL 3
Heimlicher Imperialismus 94

KAPITEL 4
Südkorea: Das Vermächtnis des Kalten Krieges 130

KAPITEL 5
Nordkorea: Das Finale des Kalten Krieges 158

KAPITEL 6
China: Zum Stand der Revolution 181

KAPITEL 7
China: Außenpolitik, Menschenrechte und Handel 206

KAPITEL 8
Japan und die Ökonomie des amerikanischen Imperiums .. 229

KAPITEL 9
Schmelzzeit 252

KAPITEL 10
Die Konsequenzen des Imperiums 280

Anmerkungen 299
Werke des Autors 311
Bibliografie 313
Register 317

VORWORT

Ein Bannerträger des Imperiums

Anstatt nach dem Kalten Krieg abzurüsten, widmeten sich die Vereinigten Staaten unklugerweise der Aufrechterhaltung eines weltumspannenden Imperiums. Dieses Buch beschreibt die Ressentiments, die ihre Politik auslöste, und die vielfältigen wirtschaftlichen und politischen Konsequenzen, die sie im 21. Jahrhundert zeitigen wird, insbesondere in Asien. Doch bevor ich im Einzelnen auf verschiedene, teilweise unschöne Aspekte des amerikanischen Imperiums eingehe, möchte der Leser vielleicht wissen, wer ich bin und woher ich komme. Meine Biografie ist insofern aufschlussreich, als sie den Lebenslauf eines typischen, heute an die 70 Jahre alten Amerikaners und seine Odyssee durch die Ära des Kalten Krieges beschreibt. Sie soll verständlich machen, wie ich zu den in diesem Buch vertretenen Ansichten gelangte und warum ich sie jetzt – zehn Jahre nach dem Ende des Kalten Krieges – vorbringe.

Vor 50 Jahren, unmittelbar vor dem Koreakrieg, studierte ich an der University of California in Berkeley im Hauptfach Volkswirtschaft. Über Ostasien hatte ich mir bis dahin keinerlei Gedanken gemacht, doch wie die meisten Amerikaner betrachtete ich die kommunistische Revolution in China als eine gefährliche, zutiefst Besorgnis erregende Entwicklung in der sich damals verschärfenden Konfrontation meines Landes mit dem kommunistischen »Ostblock«. Da zu jener Zeit die allgemeine Wehrpflicht bestand, musste jeder junge Mann entweder zur Armee – das war der kürzeste, aber gefährlichste, unangenehmste und am schlechtesten bezahlte Weg, seine Wehrpflicht zu erfüllen – oder einen längeren, aber körperlich weniger anstrengenden Militärdienst bei der Marine oder der Luftwaffe ableisten.

Ich entschied mich für die Marine – oder besser gesagt, es ergab sich einfach so. Mein Vater hatte auch schon in der Marine gedient. Im Ersten Weltkrieg fuhr er als Leichtmatrose auf der alten *St. Louis* nach Europa. Im Sommer 1943, während des Zweiten Weltkriegs, wurde sein Schiff in der Iron Bottom Bay von Guadalcanal von einem japanischen Torpedo versenkt. Er überlebte und war Reservist, als er 1950, nach Ausbruch des Koreakrieges, »reaktiviert« und zu einem letzten Einsatz nach Japan geschickt wurde. Zwei ältere Vettern von mir waren ebenfalls bei der Marine – es verstand sich praktisch von selbst, dass Männer aus meiner Familie ihren Militärdienst in der Marine ableisteten.

So kam ich als Student zu den Marinefliegern – auf den Oakland-Marinefliegerstützpunkt. Ich war als Maat einem Flugzeugmechaniker unterstellt und flog im Heck von alten Grumman-Avenger-Torpedoflugzeugen herum. Im Gegensatz zur Einheit meines Vaters wurde meine Reservestaffel während des Koreakriegs nie aktiviert. Nachdem ich zwei Sommer lang ausgebildet worden war und 1953 den akademischen Grad eines Bachelors erworben hatte, war ich ein frisch gebackener Leutnant zur See.

Was dann geschah, veränderte mein Leben und war gleichzeitig typisch für die Jahre des Kalten Krieges. Als wir zur Flotte abkommandiert wurden, stellte ich bestürzt fest, dass das Schiff, dem ich zugeteilt worden war, nicht einmal einen Namen hatte – ich sollte auf die U.S.S. LST-883 kommen, zu den in Japan stationierten Landungstruppen. Ich hatte auf einen prächtigen Flugzeugträger im Mittelmeer gehofft. Stattdessen verschlug es mich auf einen Rostkübel im Pazifik. Einer meiner Ausbilder, ein Stabsbootsmann, sagte auf seine raue Art zu mir: »Johnson, Sie wissen gar nicht, was für ein Glück Sie haben. Die Jungs, die auf Flugzeugträger gehen, werden dort nur Laufburschen sein, doch Sie gehen auf ein Schiff mit nur sechs Offizieren. Man wird Ihnen schnell wichtige Aufgaben übertragen, und Sie werden nicht viel Zeit mit Hackenzusammenschlagen und Stiefellecken verplempern müssen.« Wie sich herausstellte, hatte er absolut recht.

An einem Abend im Spätsommer 1953 kletterte ich zum ersten Mal an Deck der LST-883. Sie lag, an einer Boje vertäut, im Hafen des ehemaligen japanischen Flottenstützpunkts in Yokosuka –

dem damaligen und heutigen Hauptquartier der 7. Flotte der Vereinigten Staaten. LSTs sind von Dieselmotoren angetriebene, flachgehende Schiffe mit großen Bugtüren, die während eines Landungsunternehmens Panzer direkt auf einem Strand absetzen können. Da sie keinen Kiel haben, rollen sie die ganze Zeit, selbst wenn sie vor Anker liegen, und sind daher nichts für Leute, die seekrank werden. Ich ging als Fernmeldeoffizier an Bord der *hachi-hachi-san* (883 auf Japanisch) und verließ sie zwei Jahre später als Führungsoffizier.

Wir unterstützten Einheiten der Marine und der Armee bei Landungsunternehmen in Korea und Japan und durchquerten zwei Mal mit einer Höchstgeschwindigkeit von zehn Knoten den Pazifik. Doch da die Dieselmotoren unserer 883 regelmäßig streikten, befand sie sich zwischendurch immer wieder für längere Zeit zur Reparatur in den Flottenstützpunkten Yokosuka und Sasebo. Von ein paar Wochenenden in Tijuana abgesehen, war das mein erster längerer Auslandsaufenthalt. Ich war so fasziniert von Japan, dass ich mich intensiv mit seiner Geschichte und Literatur zu beschäftigen begann. Weihnachten 1953 verbrachte ich in Kyoto zwischen den alten Tempeln von Higashiyama, die in der Nachkriegszeit von Unkraut überwuchert und in einem sehr verwahrlosten Zustand waren. Ich nahm Japanisch-Unterricht bei einem alten japanischen Marineoffizier, der eigentlich nicht glaubte, dass ein Ausländer diese Sprache erlernen konnte, sich aber freute, dass ich ihn für die Stunden, die er mir gab, bezahlte.

Das durch den Krieg verarmte Japan der fünfziger Jahre unterschied sich so stark vom heutigen Japan wie die Vereinigten Staaten der Depressionszeit von der heutigen »einzigen Supermacht« der Welt. Jene von uns, die von Japan fasziniert waren, konnten sich damals nicht vorstellen, dass es zwei Jahrzehnte später das erste »Wirtschaftswunderland« Ostasiens sein würde. Was uns begeisterte, waren künstlerische und philosophische Aspekte einer großen Kultur, die einem Ausländer aus den Vereinigten Staaten ganz neue Einsichten bot. Obwohl die amerikanische Besetzung ein Jahr zuvor aufgehoben worden war, betrachtete ich es als ein selbstverständliches Vorrecht der UN-Truppen, in beheizten Eisenbahnwaggons herumzufahren, während japanische Staatsbürger in eiskalten, oft fensterlosen Waggons am Zugende frieren mussten. Ich fand auch nichts dabei, dass einige geschäftstüchtige Unternehmer aus Yokosuka ein Nobelbordell ausschließlich für amerikanische Marineoffiziere einrichteten.

Ich war davon überzeugt, dass die Vereinigten Staaten keine andere Wahl hatten, als die Übel des kommunistischen Totalitarismus politisch, militärisch, wirtschaftlich und ideologisch zu bekämpfen, und ich nahm an, dass der Kalte Krieg in Ostasien sich nicht wesentlich von dem in Europa unterschied. Gewiss hatten die Franzosen, die Briten und die Holländer sich unnötig viel Zeit gelassen, ihre Kolonien in Asien aufzugeben, doch die Unterstützung der europäischen Imperialisten durch die Vereinigten Staaten war lediglich eine bedauerliche Begleiterscheinung einer notwendigen, weltweiten antikommunistischen Anstrengung. Ich hatte keinen Zweifel daran, dass der japanisch-amerikanische Sicherheitspakt ein legitimes Mittel war, um Japan vor revolutionären Geschehnissen in anderen Teilen Asiens abzuschirmen und ihm Zeit zu geben, sich zu einer echten Demokratie zu entwickeln.

Im Jahr 1955, nach meiner Entlassung aus dem aktiven Dienst, schrieb ich mich als Reservist wieder an der University of California in Berkeley ein. Ich wollte mir mit der Entscheidung für eine bestimmte berufliche Laufbahn noch etwas Zeit lassen und meine in Japan gesammelten Erfahrungen in die richtige Perspektive rücken. Ein GI-Bill-Stipendium machte das möglich. Eigentlich kehrte ich nach Berkeley zurück, um das moderne Japan zu studieren, geriet dort jedoch bald in den Bann des hervorragenden Professors für chinesische Geschichte Joseph R. Levenson. Er verstand es wie kaum ein Historiker jener Zeit, die chinesische Geschichte zu intellektualisieren und bei den Studenten, die seine Vorlesungen besuchten, Interesse für die Besonderheiten der äußerst komplexen chinesischen Kultur zu wecken.

Als mein GI-Bill-Stipendium auslief, begann ich ernsthaft Sinologie zu studieren, teilweise auch deshalb, weil die Aussichten auf Studienförderung in diesem Fach besonders gut waren. Institutionen wie das Auswärtige Amt, die Geheimdienste und die Ford-Stiftung zahlten stattliche Summen, um das Studium der chinesischen Sprache und Geschichte und natürlich des chinesischen

Kommunismus für Studenten der höheren Semester attraktiv zu machen. Für mich waren diese Stipendien kein Anreiz, im Dienst des Staates den Feind zu studieren, sondern lediglich eine gute Gelegenheit. Ich ahnte damals nicht, dass ich auch als Student der Sprachen und Kulturen Asiens – wie zuvor als Marineoffizier – ein Bannerträger des Imperiums sein würde.

Mein Tutor, der Politologe Robert Scalapino, hatte damals von einem gewissen Ken'ichi Hatano auf Mikrofilm kopierte Akten des japanischen Asia Development Board (Koain) erhalten. Das Koain war während des Krieges eine der wichtigsten Einrichtungen, über die Japan das eroberte China ausbeutete. Hatano, ein ehemaliger Koain-Funktionär, hatte die Akten 1944 aus seinem Büro in sein Haus verlagert und sie so vor den Brandbombenangriffen auf Tokio bewahrt. Da ich damals einen Job an der Uni suchte und Japanisch lesen konnte, beauftragte mich Scalapino, eine Inhaltsübersicht dieser einst für streng geheim erklärten Dokumente zu erstellen. Bei ihrer Lektüre stellte ich fest, dass sich in ihnen hochinteressante Informationen verbargen: die Geschichte, wie japanische Truppen, die nach 1937 im Innern Chinas festsaßen, nach der Parole »alles verbrennen, alles plündern, alle töten« über chinesische Bauerndörfer und ihre Bewohner herfielen und auf diese Weise zur Entstehung der größten und katastrophalsten revolutionären Bewegung unserer Zeit beitrugen. Es war aufregend, nachts allein in der Universitätsbibliothek zu sitzen und aus diesen trockenen Berichten japanischer Armeeoffiziere zu erfahren, wie die damals sehr kleine chinesische KP begann, die Bauern zu organisieren, die die brutalen Übergriffe der Japaner überlebt hatten. Mir war bewusst, dass ich, Jahre danach, auf eine höchst aufschlussreiche Geschichte gestoßen war, die für das von ähnlichen Aufständen gegen fremde Besatzungstruppen zerrüttete Asien der Nachkriegszeit immer noch von großer Bedeutung war.

Irgendwann in den späten fünfziger Jahren erwähnte ich gegenüber Professor Levenson, dass westliche Beobachter, die die kommunistische Bewegung in China zwischen 1937 und 1945 vor Ort miterlebt hatten, fast ausnahmslos von der außerordentlichen Beliebtheit der Partei bei der chinesischen Bevölkerung berichtet hätten. Levenson sagte daraufhin, dass sie für diese Berichterstattung einen hohen Preis bezahlt hätten, denn jeder von ihnen sei anschließend von Senator Joseph McCarthy oder anderen Kommunistenjägern jener Zeit als ein Linker oder ein möglicher Verräter angeprangert worden. Die Berichte aus erster Hand von Edgar Snow, Evans Carlson, Agnes Smedley, Nym Wales, George Taylor und anderen wurden im Amerika der späten fünfziger Jahre als wertlos betrachtet, da man ihren Verfassern unterstellte, sie würden mit den chinesischen Kommunisten sympathisieren und sie als bloße »Agrarreformer« verharmlosen.

Da ich inzwischen eine ganze Reihe von Dokumenten der Kaiserlich-Japanischen Armee über China gelesen hatte, entgegnete ich, ich hätte Zugang zu geheimen Berichten über die Popularität der chinesischen kommunistischen Bewegung in den entscheidenden Jahren zwischen 1937 und 1941, die aus einer unbestreitbar antikommunistischen Quelle stammten – nämlich vom japanischen Oberkommando in China. Levenson überzeugte mich davon, dass das ein gutes Thema für eine Doktorarbeit sei, und 1962 wurde meine Dissertation unter dem Titel *Peasant Nationalism and Communist Power: The Emergence of Revolutionary China, 1937–1945*[1] veröffentlicht. Das Buch hatte einigen Einfluss auf die Forschung über das moderne China. Ich argumentierte darin, dass die japanischen Invasoren insbesondere in Nordchina so barbarische Zustände schufen, dass die Bauern, die ihre brutalen Raubzüge überlebten, zwangsläufig von der einzigen Gruppe angezogen wurden, die für sie Hoffnung und Widerstand bedeutete – von der chinesischen KP. China war das erste Land im Asien des 20. Jahrhunderts, aus dessen Entwicklung sich die wichtige politische Lehre ziehen ließ, dass nur unter Bedingungen, unter denen der patriotischste Akt die Unterstützung der Kommunistischen Partei ist, eine kommunistische Bewegung zu einer Massenbewegung wird.

Auf einer persönlichen Ebene ersparte mir mein Buch die beiden schwierigsten Übergangsrituale des akademischen Lebens – die Bemühungen um einen Job und dann um eine feste Anstellung. Meine eigene Universität stellte mich ein. Ich hatte Glück und ich arbeitete hart, doch ich war auch zur richtigen Zeit am richtigen Ort. Zwischen Forschungsaufenthalten in Japan und Hongkong besuchte ich 1962 zum ersten und einzigen Mal Saigon. Ich war entsetzt über die Politik unserer Regierung, »Ngo Dinh Diem vorbehaltlos zu unterstützen«. Nach allem, was ich über revolutionäre Politik, Partisanenkrieg und Besatzungstruppen wusste, hielt ich es für einen Fehler, sich weiter in einen Krieg zu verstricken, bei dem es sich offensichtlich um einen vietnamesischen Bürgerkrieg handelte.[2] Als die USA Mitte der sechziger Jahre dann doch in diesen Krieg eingriffen, glaubte ich angesichts der Versuche Mao Zedongs, den »Krieg des Volkes« zu exportieren, dass die Vereinigten Staaten es sich nicht leisten konnten, in Vietnam zu verlieren. Auch in dieser Hinsicht war ich eindeutig ein Mann meiner Zeit.

Diese Einschätzung erwies sich als katastrophal falsch. Das Problem war, dass ich zwar viel über die internationale kommunistische Bewegung in China wusste, aber nicht genug über die US-Regierung, insbesondere das Verteidigungsministerium. Ich ärgerte mich damals über die gegen den Krieg protestierenden Studenten, deren Haltung mir überzogen und gleichzeitig scheinheilig vorkam und die so offensichtlich ihre Hausaufgaben nicht gemacht hatten. Auf dem Höhepunkt der Proteste ging ich eines Tages in die Universitätsbibliothek, um nachzusehen, was den Studenten damals an Büchern über den vietnamesischen Kommunismus, die Geschichte des Kommunismus in Ostasien und die internationale kommunistische Bewegung zur Verfügung stand. Ich stellte überrascht fest, dass alle maßgeblichen Werke in den Regalen standen – unberührt. Die Schlussfolgerung schien mir klar: Diese Studenten wussten nichts über den Kommunismus und hatten kein Interesse daran, das zu ändern. Ihr Bild von den vietnamesischen Kommunisten war in erster Linie Ausdruck ihres eigenen romantischen Drangs, sich der Politik Washingtons zu widersetzen. Wie sich jedoch herausstellte, begriffen sie die Beweggründe eines Robert McNamara, eines McGeorge Bundy oder eines Walt Rostow und den Charakter von Amerikas imperialer Rolle in der Welt wesentlich besser als ich. Rückblickend wünschte ich, ich hätte mich damals der Protestbewegung der Kriegsgegner angeschlossen. So naiv und ungestüm sie auch waren, sie hatten Recht, und die amerikanische Politik war falsch.

Im Verlaufe eines Jahres so genannter China-Beobachtung von

Hongkong aus begann ich die bevorstehende Kulturrevolution vorauszuahnen. 1966 schrieb ich eine lange Abhandlung über die Umwandlung von Chinas Volksbefreiungsarmee zu Mao Zedongs persönlichem politischen Instrument.[3] Wie sich später herausstellen sollte, verbündete Mao sich damals tatsächlich mit der Armee – gegen die KP, die Organisation, die er in den Jahren der japanischen Besetzung zu einer Massenbewegung ausbaute. Doch keiner von uns »China-Beobachtern« konnte sich auch nur annähernd vorstellen, wie diese Kulturrevolution aussehen könnte oder zu was für einer Katastrophe und Barbarei sie sich entwickeln würde, nur weil Mao Zedong sich an einigen seiner einstigen Kampfgenossen rächen wollte. Diese so genannte Kulturrevolution erinnerte bald stark an Stalins brutale Säuberungspolitik der späten dreißiger Jahre. Als sie 1976 mit Maos Tod endete, waren auch die letzten idealistischen Hoffnungen der Chinesen in den Kommunismus zerstört.

Die Kulturrevolution isolierte China von der Ersten, Zweiten und Dritten Welt. Es wurde ein Paria-Staat, der nicht einmal fähig war, eine gemeinsame Front mit der Sowjetunion zu bilden, um die vietnamesischen Kommunisten zu unterstützen. Der Konflikt zwischen China und Russland drohte zu einem Krieg zu eskalieren. Das letzte standfeste Mitglied der obersten chinesischen Führung, Ministerpräsident Tschou En-lai, suchte einen sowjetischen Präventivschlag gegen Chinas kurz vor der Vollendung stehendes Atomwaffenprogramm zu verhindern, indem er Beziehungen zum Teufel selbst aufnahm – zu den Vereinigten Staaten. Präsident Nixon und sein Sicherheitsberater Henry Kissinger nutzten die Gelegenheit, und die chinesisch-amerikanische Annäherung begann – vor dem Hintergrund des Vietnamkriegs, des Watergate-Skandals und Chinas Säuberungsaktionen gegen alle, die den Mao-Kult nicht begeistert mitmachten. Nixons Chinabesuch im Jahre 1972 weckte in den USA ein neues Interesse an einem romantisierten China der Akupunktur, der Großen Mauer, der Artefakte alter Hochkulturen und der Pandas – zu einer Zeit, in der das wirkliche China von seinem brutalsten Regime seit Beginn des 20. Jahrhunderts zugrunde gerichtet wurde.

Wie andere ausländische Chinaexperten wollte ich verstehen,

was dort vor sich ging. Ich setzte mich intensiv mit der chinesischen Politik auseinander, verfasste wissenschaftliche Abhandlungen und besuchte Konferenzen, deren Thema China war. 1967, im Alter von 36 Jahren, wurde ich zum Leiter des Center for Chinese Studies in Berkeley ernannt. Die vielleicht wichtigste Entscheidung, die ich während meiner fünf Jahre im Center traf, war die, John Service als Bibliothekar anzustellen. Service war in den vierziger Jahren einer der großen amerikanischen Chinaexperten im Außenministerium gewesen, bis Senator Joseph McCarthy ihm übel mitgespielt und seine Karriere im diplomatischen Dienst ruiniert hatte. Als Tschou En-lai nach Kissingers erstem Besuch zu amerikanischen Journalisten sagte, Service sei einer von nur drei Amerikanern, den die Chinesen gerne wieder bei sich begrüßen würden (die anderen zwei waren die Professoren John Fairbank und Owen Lattimore) halfen wir vom Center mit, in aller Eile seine Chinareise zu arrangieren. Ich kann mich noch lebhaft daran erinnern, wie er mich an jenem Tag im Juli 1971 anrief, an dem verkündet wurde, dass Präsident Nixon eine Einladung Mao Zedongs, China zu besuchen, angenommen habe. So sehr er Nixon auch hasse, sagte er zu mir, er müsse ihm doch zugute halten, dass einzig er als Präsident diesen Durchbruch hatte erzielen können.

Die amerikanischen Universitäten waren Ende der sechziger und Anfang der siebziger Jahre kein ideales Umfeld für Leute, die bezweifelten, dass Mao Zedong ein echter Feind des Bürokratismus war oder dass sein »Kleines Rotes Buch« auch nur einen Funken Weisheit enthielt. Die allgemeine China-Euphorie, die Nixon und Kissinger ausgelöst hatten, förderte den damals weit verbreiteten »Campus-Maoismus«. (Selbst erfahrene Journalisten wie James Reston und Harrison Salisbury von der *New York Times* schwärmten damals von dem China, das sie zu sehen glaubten.)

Mir war jedoch klar, dass die chinesische »Revolution« zu einem Schauspiel des Schreckens ausgeartet war und das Leben aller ehrlichen Chinesen zerstörte, gewiss faszinierend zu verfolgen, aber für das Machtgleichgewicht auf der Welt nicht mehr von großer Bedeutung. Gleichzeitig ging jedoch in Japan etwas Interessantes vor sich, dem niemand in Amerika große Beachtung zu schenken schien. Im Sommer 1972 kehrte ich in ein Japan zurück, das auf dem besten Wege war, sich zur modernsten Industrienation der Welt zu entwickeln. Der Gegensatz zum Nachkriegsjapan, das ich als Marineoffizier kennen lernte, und zum Japan des Jahres 1961, in dem ich mit meiner Frau in einem Vorort von Tokio lebte, war wirklich krass. Japans »Wirtschaftswunder« (das den Westen beeindruckte und völlig überraschte) wurde allmählich im ganzen Land offenbar. Seine Wirtschaft war 15 Jahre lang um ungefähr zehn Prozent pro Jahr gewachsen, und die Resultate begannen sich zu zeigen. Japan produzierte inzwischen ein ganzes Sortiment an Autos, die amerikanische und ostasiatische Kunden wegen ihres niedrigen Preises, ihrer Zuverlässigkeit, ihres geringen Benzinverbrauchs, ihrer eingebauten Klimaanlage und ihres kompakten Formats in großer Zahl zu kaufen begannen. Das Design seiner Schiffe, seiner Kameras, seiner Gebrauchselektronik und vieler anderer Produkte war so schlicht und elegant wie der traditionelle Stil seiner Häuser oder seiner Keramik.

Einem Chinaexperten, den die Grausamkeiten der Kulturrevolution desillusioniert hatten, erschien Japan als einziges Beispiel eines erfolgreichen Sozialismus. Eine Ministerialbürokratie lenkte die Wirtschaft und setzte soziale Ziele. Dennoch litt die japanische »Planwirtschaft« nicht unter den typischen Schwächen der sowjetischen und der chinesischen – der Misswirtschaft mit vorhandenen Ressourcen, dem Verlust von Anreizen und extremer Inflexibilität. Wie hatte Japan das geschafft? In den Vereinigten Staaten stellte sich kaum jemand diese Frage, obwohl Japans Handelsüberschüsse die US-Regierung allmählich irritierten. Die Amerikaner interessierten sich nicht einmal für die neuen institutionellen Strukturen, die Japan aufgebaut hatte, um dieses rapide Wirtschaftswachstum zu erzielen – Strukturen, die eine schnelle oder einfache Lösung des Problems der unausgeglichenen Handelsbilanz unmöglich machten. Sie betrachteten Japan immer noch als einen »kleinen Bruder«, der von seinem Nachkriegsmentor lernte und ihm nacheiferte. Dass die Japaner mit einer anderen Form von Kapitalismus experimentieren könnten, war für die Amerikaner entweder unvorstellbar oder ein ketzerischer Gedanke. Und dass sie die Amerikaner bei der Herstellung und Vermarktung bestimmter wichtiger Produkte übertrafen, konnte nur bedeuten, dass sie faule Tricks anwendeten.

Die Amerikaner betrachteten Japan als eine Demokratie, die – wie die amerikanische – auf eine freie Marktwirtschaft aufgebaut war. Edwin O. Reischauer, der bekannteste amerikanische Experte für japanische Geschichte, der in den sechziger Jahren – auf dem Höhepunkt von Japans »Einkommenverdopplungsplan« – amerikanischer Botschafter in Japan war, ging in seinen Memoiren kaum auf die japanische Wirtschaft ein. Unverständlicherweise behielten die USA diese kurzsichtige und gönnerhafte Haltung gegenüber Japan bis weit in die neunziger Jahre hinein bei. Dann schlug sie plötzlich in Verachtung um, und zwar genau deshalb, weil Japan eine andere Form von Kapitalismus entwickelt hatte.

Im Sommer 1972 drängte mich einer meiner Mentoren, der hervorragende Politologe Professor Junnosuke Masumi, das Wirtschaftswunder, das Japan damals erlebte, doch näher zu untersuchen. Er sagte zu mir, dass amerikanische Wissenschaftler wie ich dazu neigten, sich auf die Politik der Linken und der Opposition in Japan zu konzentrieren. Bisher hätte keiner von uns den Eliten, die das Land regierten, auch nur die geringste Aufmerksamkeit geschenkt. Es existierten lediglich ein paar Abhandlungen in englischer Sprache über die Liberal-Demokratische Partei, die ununterbrochen an der Macht war, seit Japan 1952 seine Unabhängigkeit zurückerlangt hatte, aber keinerlei Studien über den gewaltigen bürokratischen Staatsapparat, der die japanische Wirtschaft auf ganz ähnliche Weise unterstützte und lenkte wie das amerikanische Verteidigungsministerium den »militärisch-industriellen Komplex« in den Vereinigten Staaten.

Wir sprachen insbesondere über das Ministerium für Internationalen Handel und Industrie (MITI). Gut unterrichtete Japaner aus dem damaligen Tokio erkannten es offen als den Urheber des Wirtschaftswunders an. So wie Professor Levenson mir einst vorgeschlagen hatte, das von den Japanern besetzte China zu erforschen, um die Ursachen des Erfolgs der chinesischen KP zu finden, so ermunterte mich nun Professor Masumi, die Politik des MITI zu analysieren, um die Basis des »erfolgreichen Sozialismus« seines Landes zu erkennen. Dieses Projekt beschäftigte mich das ganze darauf folgende Jahrzehnt; ich verfasste eine Geschichte eines Wirtschaftsministeriums, von der ich dachte, dass sie vielleicht ein paar Wirtschaftswissenschaftler oder Politologen, die kein Japanisch lesen konnten, sowie die übliche Gruppe von Japanologen interessieren würde. Ein unerwartetes, aber entscheidendes Ergebnis meiner Studien war, dass ich zum ersten Mal ein klares Bild von dem Imperium gewann, das ich so lange Zeit unkritisch unterstützt hatte.

Meine wichtigsten Mentoren habe ich bereits genannt. Für ihre Hilfe beim Konzipieren und Verfassen dieses Buches möchte ich folgenden Menschen danken, die mir Anregungen gaben, mich auf Fehler hinwiesen oder mich auf andere Weise inspirierten: Sumi Adachi, Kozy Amemiya, Ron Bevacqua, Steven C. Clemons, Bruce Cumings, Jim Fallows, Patrick Lloyd Hatcher, George Hicks, Jim Impoco, Sam Jameson, Andrew Janos, Barry Keehn, Andrew MacIntyre, Gavan McCormack, Yoshihiko Nakamoto, Masahide Ota, Murray Sayle, Tim Shorrock, Patrick Smith, Odete Sousa, Koji Taira, Norman Thorpe, Chikako Yoshida und Eiji Yutani. Die monatlichen Veröffentlichungen und Referate von Mitgliedern des Japan Policy Research Institute haben mir im Verlaufe der letzten sechs Jahre ebenfalls sehr geholfen, mir ein Urteil zu bilden. Meine Agentin Sandra Dijkstra ermunterte mich dazu, dieses Buch zu schreiben. Sara Bershtel und Tom Engelhardt von Metropolitan Books waren die besten Verleger, die ein Autor sich wünschen kann. Sie engagierten sich für das Projekt, setzten sich differenziert mit meinen Ideen auseinander und halfen mir, sie zu präzisieren und klar zu formulieren. Meine treue Gefährtin Sheila K. Johnson begleitete mich bei den Versuchen, die Welt, in der wir leben, zu verstehen.

CJ
Cardiff, Kalifornien
Juli 1999

KAPITEL 1

Rückstoß

Norditalienische Gemeinden hatten sich seit Jahren über niedrig fliegende amerikanische Militärflugzeuge beschwert. Im Februar 1998 geschah das Unvermeidliche. Ein mit vier Mann besetzter Prowler EA-6 B des Marineinfanteriekorps – einer von vielen modernen amerikanischen Düsenjägern und Bombern, die an Orten wie Aviano, Cervia, Brindisi und Sigonella stationiert sind – durchtrennte das Drahtkabel einer Bergbahn und riss 20 Menschen, die sich im Wintersportort Cavalese aufhielten, in den Tod. Sie befanden sich alle in einer Gondel, die rund 100 Meter tief auf die schneebedeckten Hänge hinunterstürzte. Obwohl den Marinepiloten eine Mindestflughöhe von 1000 Fuß (305 Meter) vorgeschrieben war – nach der italienischen Regierung waren es sogar 2000 Fuß –, hatte das Flugzeug das Seil in einer Höhe von 360 Fuß (110 Meter) zerrissen. Es war mit einer Geschwindigkeit von 621 Meilen (knapp 1000 km) in der Stunde geflogen, obwohl 517 Meilen (832 km) in der Stunde als Obergrenze galten. Der Pilot hatte Tiefflugkunststückchen vollführt, während sein Kopilot Videoaufnahmen machte (die er später zerstörte).

Auf die Empörung in Italien und die Rufe nach einer strafrechtlichen Verfolgung der Verantwortlichen reagierten die Marinepiloten mit den Aussagen, ihre Karten seien ungenau gewesen, ihr Höhenmesser habe nicht funktioniert und sie hätten sich bei den in der Region stationierten Einheiten der amerikanischen Luftwaffe nicht über die Gefahrenquellen dieser Gegend informiert. Ein Kriegsgericht – nicht in Italien, sondern in Camp Lejeune in North Carolina – sprach alle Beteiligten frei und bezeichnete das Ganze als einen »Unfall« während eines Übungsflugs. Kurz darauf entschuldigte sich Präsident Clinton und versprach finanzielle Entschädigungen, doch am 14. Mai 1999 lehnte der Kongress wegen der Opposition im Repräsentantenhaus und vonseiten des Pentagons die Bereitstellung von Finanzhilfen für die Familien der Opfer ab.[1]

Das war keineswegs das einzige Mal seit dem Ende des Kalten Krieges, dass Mitglieder der amerikanischen Streitkräfte ausländischen Zivilisten Leid zufügten. Von Deutschland und der Türkei bis Okinawa und Südkorea kennt man solche Vorfälle – und ihren üblichen Ausgang. Die US-Regierung zieht Politiker oder höhere Offiziere nie zur Verantwortung und ist nur selten der Meinung, dass mehr getan werden müsste, als *Pro-forma*-Entschuldigungen zu verkünden und vielleicht noch irgendwelche, oft minimalen, Entschädigungen zu zahlen.

In den seltenen Fällen, in denen solch eine lokale Tragödie wie das Seilbahnunglück in Italien weltweit Schlagzeilen macht, wundern sich die Amerikaner oft am meisten darüber, wie empört man anderswo auf etwas reagiert, das in den amerikanischen Medien schlimmstenfalls als ein isoliertes Vorkommnis dargestellt wird, so tragisch es für die Beteiligten auch sein mag. Ein Thema, das in solchen Augenblicken mit Sicherheit nicht angesprochen wird, ist die Tatsache, dass ein Jahrzehnt nach dem Ende des Kalten Krieges nach wie vor Hunderttausende von amerikanischen Soldaten, die mit den modernsten Waffen der Welt, teilweise sogar mit Atomwaffen, ausgerüstet sind, auf über 60 Stützpunkten – beziehungsweise »größeren militärischen Anlagen« nach der Definition des Verteidigungsministeriums – in 19 Ländern rund um den Globus stationiert sind. Würde man jede Einrichtung mitrechnen, die Angehörige der amerikanischen Streitkräfte beherbergt, käme man auf eine Zahl von über 800.[2] Natürlich gibt es keine italienischen Stützpunkte auf amerikanischem Boden. Solch ein Gedanke wäre lächerlich. Und es sind auch keine deutschen, indonesischen, russischen, griechischen oder japanischen Truppen auf italienischem Boden stationiert. Italien ist überdies ein enger Verbündeter der Vereinigten Staaten, und kein denkbarer Feind bedroht seine Küsten.

All das ist zu einleuchtend, um es überhaupt zu erwähnen – und so wird es fast nie gesagt. Es ist im Land der letzten Weltmacht schlicht kein Thema für eine Diskussion oder gar eine heiße Debatte. Vielleicht ist diese Haltung typisch für eine Weltmacht. Vielleicht fanden die Römer und die Briten auch nichts dabei, Truppen in Gallien beziehungsweise in Südafrika zu haben. Doch eine Tatsache, über die in den USA nicht gesprochen wird, bleibt eine Tatsache und hat Konsequenzen.

Ich glaube, eine Diskussion über dieses Thema ist längst überfällig, dass nämlich wir Amerikaner uns endlich mit der Frage auseinander setzen müssen, warum wir ein Imperium – ein Wort, das wir scheuen – geschaffen haben und welche Konsequenzen unsere imperiale Haltung für den Rest der Welt und für uns selbst haben könnte. Vor nicht allzu langer Zeit konnte viel offener und ungezwungener darüber diskutiert werden, wie wir die Welt mit Garnisonen belegen, da die Erklärung dafür auf der Hand zu liegen schien: die Existenz der Sowjetunion und des Kommunismus. Hätte sich die Katastrophe von Cavalese zwei Jahrzehnte früher ereignet, wäre sie ebenso als eine Tragödie empfunden worden, doch viele Amerikaner hätten argumentiert, angesichts des Kalten Krieges gehörten solche Vorfälle zu den unvermeidlichen Opfern, die der Schutz von Demokratien wie Italien vor der Bedrohung des sowjetischen Totalitarismus fordere. Doch als keine militärische Bedrohung mehr existierte, die mit jener, die die ehemalige Sowjetunion darstellte, auch nur annähernd vergleichbar gewesen wäre, wurden solche »Opfer« leicht vermeidbar. Die in Italien und anderen Ländern stationierten amerikanischen Truppen hätten längst abgezogen werden können. Dass Washington stattdessen alles tut, was in seiner beträchtlichen Macht steht, um Strukturen aus dem Kalten Krieg aufrechtzuerhalten, selbst ohne die Rechtfertigung des Kalten Krieges, lässt die Stationierung amerikanischer Truppen im Ausland in einem neuen Licht erscheinen. Für diejenigen, die genauer hinsehen, ist sie inzwischen der klare Beweis für eine imperiale Strategie, die der Kalte Krieg verschleierte. Die Begleiterscheinungen dieser Strategie werden wahrscheinlich in zunehmendem Maße Ressentiments gegen alles Amerikanische – gegen amerikanische Touristen, Studenten und Geschäftsleute sowie gegen Angehörige der amerikanischen Streitkräfte – hervorrufen, die tödliche Folgen haben können.

Für jedes Imperium, auch für ein »uneingestandenes«, gibt es eine Art Konto, auf dem sich im Laufe der Zeit Salden aufbauen. Verbrechen, Gräueltaten und Unfälle, für die Angehörige der amerikanischen Streitkräfte verantwortlich waren, sind nur einer von vielen Schuldposten, die die Vereinigten Staaten auf der Sollseite anhäuften, insbesondere seit dem Ende des Kalten Krieges. Eine Schuld anderer Art lässt sich am Beispiel von Südkorea, einem langjährigen Verbündeten der USA, aufzeigen. Am Heiligabend 1997 meldete das Land Konkurs an und überließ die Lenkung seiner Wirtschaft dem Internationalen Währungsfonds, der im Grunde ein institutioneller Stellvertreter der US-Regierung ist. Die meisten Amerikaner waren überrascht über die wirtschaftlichen Katastrophen, die 1997 über Thailand, Südkorea, Malaysia und Indonesien hereinbrachen, sich dann auf andere Regionen der Welt ausbreiteten und die russische und die brasilianische Wirtschaft lahm legten, und konnten sich kaum vorstellen, dass die US-Regierung zu ihrer Entstehung beigetragen haben könnte – auch wenn verschiedene amerikanische Wirtschaftsexperten sich unverhohlen über diese Katastrophen freuten, die Millionen von Menschen, die sich bereits Hoffnungen auf mehr Wohlstand und wirtschaftliche Sicherheit gemacht hatten, in abgrundtiefe Armut stürzten. Einige Amerikaner gingen so weit, im wirtschaftlichen Niedergang von Ländern wie Indonesien und Brasilien eine Bestätigung dafür zu sehen, dass die viel versprechende, von Amerika geförderte »Globalisierungs«-Politik funktionierte – dass die Vereinigten Staaten erfolgreich tätig wurden, verschiedene Wirtschaftssysteme rund um den Globus umzustrukturieren und dem so erfolgreichen amerikanischen anzugleichen.

Vor allem sahen die Amerikaner in der Wirtschaftskrise von 1997 einen Beweis dafür, dass ihre größten wirtschaftspolitischen Rivalen – die kapitalistischen Volkswirtschaften Ostasiens, die zuvor so hohe Wachstumsraten erzielt hatten – weder so wettbewerbsfähig noch so erfolgreich waren, wie sie geglaubt hatten. In einem Neujahrskommentar für die *Washington Post* schrieb der Kolumnist Charles Krauthammer: »Unser Erfolg ist der Erfolg des amerikanischen kapitalistischen Modells, das Adam Smiths Vorstellungen vom freien Markt näher kommt als irgendein anderes. Auf jeden Fall viel näher als Asiens paternalistischer Vetternkapitalismus, der Kritiker des amerikanischen Systems während Asiens Boom, der inzwischen wie eine Seifenblase zerplatzte, so faszinierte.«[3]

Als die weltweite Krise sich verschärfte, schien die US-Regierung vor allem zu befürchten, dass Verträge über den Kauf von amerikanischen Waffen nun nicht mehr eingehalten werden könnten. So unternahm Verteidigungsminister William Cohen in jenem Winter außerplanmäßige Reisen nach Jakarta, Bangkok und Seoul, um die Regierungen dieser Länder durch gutes Zureden dazu zu bringen, mit ihren immer knapper werdenden Devisenreserven die amerikanischen Kampfjets, Raketen, Kriegsschiffe und andere Rüstungsgüter zu bezahlen, die das Pentagon ihnen vor dem wirtschaftlichen Zusammenbruch verkauft hatte. Er machte auch in Tokio Zwischenstation, um einer besorgten japanischen Regierung ein großes Geschäft aufzudrängen, das noch nicht unter Dach und Fach war. Japan sollte in das taktische Raketenabwehrsystem TDM investieren. Schon über zehn Jahre lang versuchte das Pentagon, den Japanern diese Antiraketenraketen zu verkaufen, obwohl bis heute niemand sagen kann, ob das TDM überhaupt funktioniert – bei den Tests, die seit 15 Jahren durchgeführt werden, haben nur ein paar Raketen ihre Ziele getroffen. Doch das System ist teuer, und im In- und Ausland Waffen zu verkaufen, gehört inzwischen zu den wichtigsten Missionen des Pentagons.

Meiner Meinung nach sind die Verschwendung unserer Ressourcen für unanwendbare Waffensysteme, die schwere Wirtschaftskrise in Asien sowie die nicht abreißende Serie von »militärischen Unfällen« und Terroranschlägen auf amerikanische Einrichtungen und Botschaften Vorzeichen für eine im 21. Jahrhundert bevorstehende Krise des »inoffiziellen« Imperiums, das die Amerikaner schufen, indem sie ihre militärische Macht in jeden Winkel der Erde ausdehnten und ihr Kapital und ihre Märkte dazu benutzten, ein Weltwirtschaftssystem nach ihren Vorstellungen durchzusetzen, gleichgültig was die Eingliederung in dieses System andere Länder auch kosten mag. Kein vernünftiger Mensch gibt gerne Zukunftsprognosen ab. Welche Form die Krise des amerikanischen Imperiums in den nächsten Jahren oder Jahrzehnten annehmen wird, kann niemand wissen. Doch die Geschichte zeigt, dass Weltreiche früher oder später kritische Stadien erreichen. Daher darf man annehmen, dass das amerikanische Imperium diesem Schicksal nicht auf wundersame Weise wird entrinnen können.

Wir Amerikaner machen uns allerdings kaum noch bewusst, wie unser Verhalten auf andere Menschen dieser Erde wirken könnte. Die meisten wissen wahrscheinlich gar nicht, wie Washington seine globale Macht ausübt, weil es seine Hegemonialpolitik oft im Geheimen oder unter beruhigenden Decknamen betreibt. Zunächst mögen viele vielleicht nicht so recht glauben, dass der Einfluss der Vereinigten Staaten in der Welt tatsächlich so weit reicht, dass man von einem amerikanischen Imperium sprechen kann. Doch erst wenn wir erkennen, dass unser Land von den Strukturen eines selbstgeschaffenen Imperiums zwar profitiert, aber gleichzeitig in ihnen gefangen ist, werden viele bisher unbegreiflich erscheinende Aspekte der Welt erklärbar. Und ohne gute Erklärungen sind wir nicht in der Lage, politische Konzepte zu entwickeln, die uns in der Welt nach dem Kalten Krieg dauerhaften Frieden und Wohlstand bescheren. Was ist in Japan nach einem halben Jahrhundert staatlich gesteuertem Wirtschaftswachstum unter amerikanischem Schutz schief gelaufen? Warum sollte ein stärkeres China für alle ein Nachteil sein? Warum erscheint die amerikanische Politik in Bezug auf die Menschenrechte, den Waffenhandel, den Terrorismus und die Drogenkartelle so vielen Ausländern als pure Heuchelei? Sollten multinationale Firmen, die im Besitz von Amerikanern sind und von Amerikanern geleitet werden, Instrumente, Nutznießer oder Gegner der amerikanischen Außenpolitik sein? Ist der freie Kapitalverkehr wirklich so Gewinn bringend wie der freie Handel mit Rohstoffen und Fertigwaren? Solche Fragen lassen sich erst beantworten, wenn wir zu begreifen beginnen, was die Vereinigten Staaten wirklich sind.

Wenn Washington das Hauptquartier eines weltumspannenden militärisch-wirtschaftlichen Imperiums ist, werden die Antworten ganz anders lauten, als wenn wir die USA lediglich als einen von vielen souveränen Staaten betrachten. Für ein Imperium gelten andere Regeln als für einen einzelnen Staat, und Maßnahmen, die der Aufrechterhaltung eines Imperiums dienen, ohne dass dies offen zugegeben wird, belasten oft die Zukunft.

Der Begriff »Rückstoß«, den CIA-Beamte ursprünglich für ihren internen Gebrauch einführten, wird inzwischen auch von anderen benutzt, die sich mit den internationalen Beziehungen beschäftigen. Er bezeichnet die unbeabsichtigten Folgen politischer Maßnahmen, die vor der amerikanischen Öffentlichkeit geheim gehalten wurden. Was die Tagespresse als verwerfliche Akte von »Terroristen«, »Drogenbossen«, »verbrecherischen Regimen« oder »illegalen Waffenhändlern« darstellt, erweist sich oft als »Rückstoß« früherer amerikanischer Operationen.

Zum Beispiel wird inzwischen allgemein zugegeben, dass der Bombenanschlag auf das Pan-Am-Flugzeug über dem schottischen Lockerbie, der zum Tod von 259 Passagieren und elf Menschen auf dem Boden führte, ein Vergeltungsakt für einen 1986 unter der Reagan-Regierung durchgeführten Luftangriff auf Libyen war, bei dem Präsident Muammar Gaddafis Stieftochter getötet wurde. In den USA wurde inzwischen schon mehrfach die Vermutung geäußert, dass andere Vorfälle ebenfalls als Rückstoß einer imperialen Politik erklärt werden können. So wurde der in den letzten zwei Jahrzehnten epidemisch zunehmende Kokain- und Heroinkonsum in amerikanischen Großstädten wahrscheinlich teilweise von mittel- und südamerikanischen Offizieren und korrupten Politikern angeheizt, die einst von der CIA oder vom Pentagon ausgebildet oder unterstützt wurden und dann mit amerikanischer Hilfe Schlüsselpositionen in den jeweiligen Regierungen erlangten. Zum Beispiel organisierte die US-Regierung in den achtziger Jahren in Nicaragua den Widerstand gegen die linksgerichtete Sandinisten-Regierung. Damals sahen amerikanische Agenten weg, als die paramilitärischen Contra-Rebellen, die von ihnen ausgebildet und massiv unterstützt wurden, ins Drogengeschäft einstiegen, um mit Geld aus dem Verkauf von Kokain in amerikanischen Städten Waffen und Versorgungsmaterial zu kaufen.[4]

Der rapide zunehmende Drogenkonsum ist ein Rückstoß, dessen Auslöser schwer zu ermitteln ist. Bei Bombenanschlägen – ob auf amerikanische Botschaften in Afrika, auf das World Trade Center in New York City oder auf einen Apartmentkomplex in

Saudiarabien, in dem Angehörige der amerikanischen Streitkräfte untergebracht waren – liegt die Sache anders. Des einen Terrorist ist natürlich des anderen Freiheitskämpfer, und viele Vorfälle, die in den USA von offizieller Seite als grundlose Terroranschläge auf unschuldige Bürger verurteilt werden, sind in Wirklichkeit Vergeltungsakte für eine imperiale Politik. Terroristen greifen gerade deswegen unschuldige Bürger und unverteidigte amerikanische Ziele an, weil amerikanische Militärs, die von Schiffen auf See oder von extrem hoch fliegenden B-52-Bombern aus Marschflugkörper abfeuern oder von Washington aus brutale und unterdrückerische Regime unterstützen, unangreifbar scheinen. So schrieben Mitglieder des Defense Science Board 1997 in einem Bericht an den Leiter der Abteilung für Beschaffung und Technologie im Verteidigungsministerium: »Historische Daten belegen einen engen Zusammenhang zwischen der US-amerikanischen Verwicklung in internationale Situationen und einer Zunahme von Terroranschlägen gegen die Vereinigten Staaten. Zudem verleitet die militärische Asymmetrie, die Nationalstaaten offene Angriffe auf die Vereinigten Staaten unmöglich macht, zum Einsatz von übernationalen Tätern (das heißt von Terroristen, die in anderen Ländern Anschläge verüben).«[5]

Besonders direkt und augenfällig ist der Rückstoß oft dann, wenn nach einem geheim gehaltenen amerikanischen Bombeneinsatz, nach von den USA unterstützten staatsterroristischen Aktionen oder nach einem von der CIA herbeigeführten Sturz eines politischen Führers die Opfer zurückschlagen. Überall auf der Welt kann man heute beobachten, wie die Voraussetzungen für künftige Rückstöße geschaffen werden. Zum Beispiel trug die von den USA durchgesetzte Wirtschaftsblockade gegen Saddam Husseins Irak dazu bei, dass schätzungsweise eine halbe Million irakischer Zivilisten an Krankheiten, Unterernährung und aufgrund einer unzureichenden medizinischen Betreuung starben. Präsident Clintons Sicherheitsberater Sandy Berger ist stolz darauf, dass diese Blockade »was ihre Härte betrifft, in der gesamten Weltgeschichte einmalig« ist. 1999 hatte sie allerdings immer noch nicht zum Sturz Saddam Husseins geführt – dem eigentlichen Ziel der amerikanischen Politik in dieser Region –, sondern stattdessen bei vielen Irakern einen tiefen Groll gegen die Amerikaner und ihre Regierung erzeugt. Gleichzeitig machte das Einschleusen »paramilitärischer CIA-Geheimagenten« in die Teams der UN-Rüstungsinspekteure, die nach dem Golfkrieg den Nachweis erbringen sollten, dass Saddam Hussein Massenvernichtungswaffen herzustellen versuchte, ein viel versprechendes Experiment zur Kontrolle der Nichtweiterverbreitung von Atomwaffen fragwürdig.[6]

Rückstöße können weitere Rückstöße und damit eine Spirale der Gewalt auslösen. Das zeigt beispielsweise die Reaktion der US-Regierung auf die Bombenanschläge auf die amerikanischen Botschaften in Nairobi und Daressalam vom 7. August 1999, bei denen zwölf Amerikaner und 212 Kenianer und Tansanier ums Leben kamen und weitere rund 4500 Menschen verletzt wurden. Die US-Regierung beschuldigte prompt Osama bin Laden, einen Saudi, der die Herrscher seines Landes und deren amerikanische Verbündete schon seit langem scharf kritisierte. Am 20. August übten die Vereinigten Staaten Vergeltung, indem sie fast 800 Marschflugkörper (Kosten pro Stück 750 000 Dollar) auf ein pharmazeutisches Werk in der sudanesischen Hauptstadt Khartum und auf ein altes *Mudschaheddin*-Lager in Afghanistan abfeuerten. (Ein Marschflugkörper verfehlte sein Ziel um fast 650 Kilometer und landete in Pakistan.) Der amerikanische Geheimdienst hatte diese beiden Angriffsziele als Anlagen oder Ausbildungslager von Anhängern bin Ladens identifiziert. Bald stellte sich jedoch heraus, dass diese Geheimdienstinformationen falsch waren, dass keines der beiden Ziele mit den mutmaßlichen Verantwortlichen für die Bombenanschläge auf die Botschaften in Zusammenhang gebracht werden konnte. Am 2. September 1998 erklärte der amerikanische Verteidigungsminister, er habe nicht gewusst, dass das Werk kein Nervengas, sondern Medikamente produzierte, als er empfahl, es anzugreifen. Er gab auch zu, dass zwischen dem Werk und bin Laden bestenfalls eine »indirekte« Verbindung bestehe.[7] Doch Präsident Clinton beharrte weiterhin darauf, eine »drohende Gefahr für unsere nationale Sicherheit« abgewehrt zu haben, und Außenministerin Madeleine Albright bezeichnete den Sudan als ein »Schlangennest von Terroristen«.

Regierungssprecher rechtfertigen die Angriffe weiterhin als

»Abschreckungsmaßnahmen« gegen den Terrorismus, obwohl inzwischen erwiesen ist, dass zwischen diesen Zielen und irgendwelchen Anschlägen auf amerikanische Einrichtungen keinerlei Zusammenhang bestand. So wird überall auf der Welt die Gefahr künftiger Rückstöße heraufbeschworen. Außerdem ignorieren diese Regierungssprecher die Tatsache, dass der angebliche Hauptverantwortliche für die Bombenanschläge, Osama bin Laden, ein ehemaliger Protegé der Vereinigten Staaten ist. In den achtziger Jahren spielte er bei der Organisation des afghanischen Widerstands gegen die UdSSR und der Vertreibung der Sowjets aus Afghanistan eine wichtige Rolle. Er wandte sich erst 1991 gegen die Vereinigten Staaten, weil die Stationierung amerikanischer Truppen in seiner Heimat Saudiarabien während und nach dem Golfkrieg gegen seine religiösen Überzeugungen verstieß. Die Bombenanschläge auf die amerikanischen Botschaften in Afrika waren also, sollten sie tatsächlich bin Ladens Werk gewesen sein, keine grundlosen Terrorakte, sondern ein Beispiel für einen Rückstoß. Anstatt Orte im Sudan und in Afghanistan zu bombardieren, hätten die Vereinigten Staaten vielleicht besser über eine Reduzierung ihrer starken und provozierenden militärischen Präsenz in Saudiarabien oder sogar einen Abzug ihrer Truppen nachdenken sollen.

Es gibt wirksamere – und mit Sicherheit weniger destruktive – Maßnahmen gegen den »Terrorismus« als sofortige militärische Vergeltungsschläge. 1994 führten geduldige und konsequente Verhandlungen dazu, dass der Sudan den als »Carlos« bekannten Terroristen an die französische Regierung auslieferte, damit ihm der Prozess gemacht werden konnte. Und im September 1998 erklärte sich Libyen schließlich damit einverstanden, dass die beiden Männer, die beschuldigt wurden, die Pan-Am-Maschine durch die Zündung einer Bombe über dem schottischen Lockerbie zum Absturz gebracht zu haben, vor ein holländisches Gericht gestellt wurden. Diese Übereinkunft kam durch eine multilaterale Anerkennung des Völkerrechts und ein Wirtschaftsembargo gegen Libyen zustande und unterbrach die Spirale von Rückstoß und Vergeltung, die im Fall von bin Laden zweifellos noch nicht zu Ende ist.

Natürlich sind Rückstöße nicht nur ein Problem der Amerikaner. Ein Blick auf Russland und seine ehemaligen Satellitenstaaten genügt, um zu erkennen, wie verheerend Rückstöße einer imperialen Politik sich auswirken können. Das Geiseldrama von 1996/97 in der japanischen Botschaft in Lima, in dessen Verlauf eine Hand voll peruanischer Revolutionäre alle Mitglieder des diplomatischen Korps als Geiseln nahm, war wahrscheinlich ein Rückstoß der Politik Japans, das die Antiguerillapolitik von Präsident Alberto Fujimori und die Aktivitäten multinationaler japanischer Unternehmen in Peru unterstützte. Israels größtes politisches Problem ist die tägliche Bedrohung durch Vergeltungsakte der Palästinenser und ihrer islamischen Verbündeten für seine Politik, die Palästinenser aus ihren Gebieten zu verdrängen und diejenigen, die in von Israel verwalteten Gebieten leben, zu unterdrücken. Doch die meisten Rückstöße treffen die USA, die derzeit einzige Weltmacht, den Hauptinitiator von verdeckten und halb verdeckten Operationen, um repressive Regime an die Macht zu bringen, und den mit Abstand größten Waffenhändler.

Typisch für Weltmächte ist ein kurzes Gedächtnis für Dinge, die sie anderen Völkern antaten, während sie sich oft lange an Dinge erinnern, die ihnen angetan wurden. Ein potenzieller Auslöser von Rückstößen bleiben zum Beispiel die völkermörderischen Grausamkeiten, die einige Länder in Kriegszeiten begingen. Japan versucht bis heute, die Folgen seines brutalen Vorgehens in China während des Zweiten Weltkrieges zu bewältigen. Japanische Reaktionäre sträuben sich nach wie vor gegen jede Auseinandersetzung mit den in China und Korea begangenen Gräueltaten wie der blutigen Eroberung von Nanking, dem Missbrauch von Chinesinnen, die sich den japanischen Truppen an der Front als Prostituierte zur Verfügung stellen mussten, oder den verabscheuungswürdigen medizinischen Experimenten an Kriegsgefangenen, um nur die bekanntesten zu nennen. Da inzwischen einige Zeit verstrichen ist und diverse Entschädigungen gezahlt wurden, würden viele Chinesen eine aufrichtige Entschuldigung für diese Geschehnisse wahrscheinlich akzeptieren. Doch japanische Truppen terrorisierten und radikalisierten auch eine im Grunde konservative chinesische Bauernschaft und halfen auf diese Weise mit, die chinesische KP an die Macht zu bringen, was zum Tod von 30 Millionen Chinesen während des Großen Sprungs nach vorn und zur Unterdrückung oder Zerstörung von Chinas kulturellem Erbe während der Kulturrevolution führte. Viele gebildete Chinesen können Japan wahrscheinlich nie verzeihen, dass es zu dieser Entwicklung beitrug.

Heute wissen wir von mehreren ähnlichen Fällen. Anfang der siebziger Jahre, während des Vietnamkriegs, ließen Präsident Richard Nixon und sein Sicherheitsberater Henry Kissinger mehr Bomben auf das ländliche Kambodscha abwerfen, als während des ganzen Zweiten Weltkriegs auf Japan niedergingen. Diese Intervention kostete mindestens eine Dreiviertelmillion kambodschanischer Bauern das Leben und trug dazu bei, dass die von Pol Pot angeführte mörderische Rote-Khmer-Bewegung offiziell die Regierung übernehmen konnte. Während der anschließenden Rache- und Säuberungsaktionen Pol Pots wurden weitere anderthalb Millionen Kambodschaner, diesmal hauptsächlich aus der städtischen Bevölkerung, umgebracht.

Die Amerikaner betrachten Pol Pot im Allgemeinen als eine Art exotisches Ungeheuer, das von selbst entstand, und seine »Schlachtfelder« als einen unerklärlichen Atavismus ohne jeden Bezug zur zivilisierten Welt. Doch ohne die brutale Politik der US-Regierung während der Vietnam-Ära hätte Pol Pot in einer Kultur wie der Kambodschas nie an die Macht kommen können, ebenso wenig wie Maos Radikale, die einfache Bauern ohne jede Schulbildung waren, unter normalen Umständen – das heißt ohne den grausamen japanischen Krieg, der China völlig zerrüttete – mit Unterstützung des Volkes die Herrschaft hätten übernehmen können. Bezeichnenderweise forderten die Vereinigten Staaten in ihren Appellen, die restlichen Führer der Roten Khmer vor ein internationales Gericht zu stellen, dass dieses Gericht seine Nachforschungen auf die Zeit von 1975 bis 1979 beschränken solle – also auf die Jahre zwischen den Flächenbombardements und der Zusammenarbeit der US-Regierung mit den Roten Khmer während des Kampfes gegen die vietnamesischen Kommunisten, die 1978 in Kambodscha einmarschierten, den Roten Khmer die Macht entrissen und versuchten, dem Land wieder zu etwas Stabilität zu verhelfen.

Selbst ein Imperium kann nicht verhindern, dass seine Politik langfristig unerwünschte Folgen hat, dass sie sich irgendwann in Form eines Rückstoßes rächt. Ein Beispiel dafür war der Bürgerkrieg in Afghanistan in den achtziger Jahren, in dem sowjetische Streitkräfte auf der Seite der Regierung direkt intervenierten, während die CIA Widerstandsgruppen aller Art bewaffnete und unterstützte, die gegen die sowjetischen Truppen kämpften. Im Laufe der Jahre verwandelten diese Kämpfe Kabul, das einst ein bedeutendes Zentrum der islamischen Kultur war, in ein Abbild von Hiroshima nach der Bombe. Die amerikanische Politik trug dazu bei, dass die Sowjetunion in Afghanistan schließlich eine ähnlich verheerende Niederlage erlitt wie die Vereinigten Staaten in Vietnam. Tatsächlich schwächte und destabilisierte diese Niederlage das Sowjetregime dermaßen, dass es Ende der achtziger Jahre zusammenbrach. Doch gleichzeitig half die Politik der Vereinigten Staaten in Afghanistan den Taliban, an die Macht zu kommen. Diese fundamentalistische islamische Bewegung setzte ihre Vorstellungen von der Rolle der Frau, von Erziehung, Gerechtigkeit und wirtschaftlichem Wohlstand in eine Politik um, die eher an die Pol Pots in Kambodscha als an die Ayatollah Khomeinis im Iran erinnerte. Eine Gruppe afghanischer Mudschaheddin, die die Vereinigten Staaten wenige Jahre zuvor mit Stinger Boden-Luft-Raketen ausgerüstet hatten, verbitterte das Vorgehen der Amerikaner im Golfkrieg und ihre Politik gegenüber Israel dermaßen, dass sie 1993 einen Bombenanschlag auf das World Trade Center in New York verübte und mehrere CIA-Beamte ermordete, die gerade an einer Ampel in Langley, Virginia, warteten. Vier Jahre später, am 12. November 1997, erschossen vier unbekannte Attentäter nach der Verurteilung des Mörders von Virginia durch ein amerikanisches Gericht in Karachi vier Amerikaner, die nichts mit der CIA zu tun hatten, in ihrem Wagen – als Vergeltung.

Wahrscheinlich trugen amerikanische Geheimoperationen zur Entstehung ähnlicher Verhältnisse im Kongo, in Guatemala und in der Türkei bei, so dass auch von dort Rückstöße zu erwarten sind. Guatemala ist ein besonders anschauliches Beispiel für die imperiale Politik der USA im eigenen »Hinterhof«. 1954 führte ein von der Regierung Eisenhower geplanter und von der CIA organisierter und finanzierter Militärputsch zum Sturz eines guatemaltekischen Präsidenten, dessen moderate Agrarreform als eine Bedrohung für amerikanische Unternehmen betrachtet wurde. Diese amerikanische Intervention führte in den achtziger Jahren zu einem Aufstand marxistischer Guerillas und in der Folge zu einem von der CIA und dem Pentagon unterstützten Völkermord an Maya-Bauern. Im Frühjahr 1999 machte ein Bericht einer im Auftrag der UN arbeitenden Commission for Historical Clarification deutlich, dass »die amerikanische Ausbildung des Offizierskorps in Antiguerillatechniken« bei diesem »Völkermord« ein »Schlüsselfaktor« war. »Ganze Mayadörfer wurden angegriffen und niedergebrannt und ihre Bewohner niedergemetzelt, um zu verhindern, dass die Guerillas dort Schutz suchten.«[8] Diesem Bericht zufolge ließ die von der US-Regierung unterstützte und finanzierte Militärregierung Guatemalas zwischen 1981 und 1983 ungefähr 400 Mayadörfer zerstören. Bei diesen Völkermordaktionen wurden insgesamt fast 200 000 Bauern getötet. Nach Aussagen von José Pertierra, dem Anwalt der amerikanischen Juristin Jennifer Harbury, die jahrelang herauszufinden versuchte, was mit ihrem »verschwundenen« guatemaltekischen Ehemann Efraín Bámaca Velásquez, der die Guerillas unterstützt hatte, geschehen war, war der guatemaltekische Offizier, der Bámaca verhaftete, folterte und ermordete, ein »guter Mitarbeiter« der CIA und erhielt für die Informationen, die er Bámaca entlockte, 44 000 Dollar.[9]

Im März 1999, kurz nach dem Erscheinen des Berichts, sagte Präsident Clinton während eines Besuchs in Guatemala: »Es ist wichtig, dass ich klar zum Ausdruck bringe, dass es falsch war, Militärkräfte und Geheimdiensteinheiten zu unterstützen, die an Gewalttaten und umfangreichen Repressionen beteiligt waren, und dass die Vereinigten Staaten diesen Fehler nicht wiederholen dürfen... Die Vereinigten Staaten werden in Zukunft nicht mehr an Repressionskampagnen teilnehmen.«[10] Doch am selben Tag, an dem der Präsident »schmutzigen Tricks« in anderen Ländern abschwor, gewährte seine Regierung der Türkei erneut Militärhilfe für deren Unterdrückungskrieg gegen die kurdische Minderheit.

Von den schätzungsweise 58 Millionen Menschen, die in der Türkei leben, sind 15 Millionen Kurden. Weitere fünf Millionen

Kurden leben in den Nachbarländern Irak, Iran und Syrien, größtenteils in der Nähe der türkischen Grenzen. Die Türken diskriminieren die Kurden bereits seit 70 Jahren und führen seit 1992 einen völkermörderischen Krieg gegen sie, in dessen Verlauf sie ungefähr 3000 kurdische Dörfer im südöstlichen Hinterland der Türkei zerstörten. Der ehemalige amerikanische Botschafter in Kroatien Peter W. Galbraith schreibt: »Die Türkei inhaftiert laufend kurdische Politiker wegen Aktivitäten, die in demokratischen Ländern unter die Redefreiheit fallen würden.«[11] Die Europäer verweigern den Türken bisher wegen deren Kurden-Politik die EU-Mitgliedschaft. Doch die Türkei war während des Kalten Krieges wegen ihrer strategisch wichtigen Lage an der Grenze der ehemaligen Sowjetunion ein geschätzter Verbündeter und NATO-Partner der USA. Seither hat sich am Verhältnis zwischen den Vereinigten Staaten und der Türkei nichts geändert, obwohl die UdSSR inzwischen nicht mehr existiert.

Die Türkei ist nach Israel und Ägypten der drittgrößte Empfänger amerikanischer Militärhilfe und gehört zu den Ländern der Welt, die die meisten Rüstungsgüter importieren. Zwischen 1991 und 1995 kamen vier Fünftel dieser Rüstungsimporte aus den Vereinigten Staaten. Die US-Regierung benutzt zwar den NATO-Stützpunkt im türkischen Incirlik zur Durchführung ihrer »Operation Provide Comfort«, die nach dem Golfkrieg gestartet wurde, um die irakischen Kurden zu versorgen und vor Repressionen Saddam Husseins zu schützen, doch gleichzeitig duldet sie die Unterdrückung der viel größeren kurdischen Minderheit in der Türkei. Ein offensichtlicher Grund dafür ist, dass der Wohlstand von Gemeinden wie Stratford und Bridgeport in Connecticut, wo Hubschrauber vom Typ Black Hawk und Commanche hergestellt werden, von laufenden umfangreichen Rüstungsgeschäften mit Ländern wie der Türkei abhängt. Zur Zeit des Golfkriegs sagte ein ranghoher Berater des türkischen Ministerpräsidenten zu John Shattuck, dem Abteilungsleiter für Menschenrechte im US-Außenministerium: »Wenn Sie Verstöße gegen die Menschenrechte unterbinden wollen, dann müssen Sie zwei Dinge tun: Stoppen Sie die Kredite vom Internationalen Währungsfonds und die Militärhilfe vom Pentagon. Erzählen Sie uns nichts von Menschenrechten, solange Sie diese Waffen verkaufen.«[12]

Die Gefangennahme des Kurdenführers Abdullah Öcalan im Februar 1999 offenbarte die Verflechtungen zwischen den USA und der Türkei. In diesem Fall leistete die CIA die Vorarbeit und beschwor damit einmal mehr die Gefahr zukünftiger Rückstöße herauf. Sie wendete dabei ihre so genannte »Disruption«-Strategie an, eine Taktik zur Zermürbung von Terroristen, die darin besteht, ihnen überall auf der Welt Schwierigkeiten zu machen. Das Ziel ist, die Terroristen aus ihren Verstecken zu treiben, damit kooperative Polizeikräfte oder Geheimdienste sie festnehmen und inhaftieren können. John Diamond von der Presseagentur Associated Press schrieb: »Die CIA hält ihre Rolle geheim, und die Länder, die tatsächlich gegen die Verdächtigen vorgehen, vertuschen sorgfältig die Rolle der USA, es sei denn, sie handeln sich selbst Schwierigkeiten ein.« Es gibt keinerlei Sicherheitsvorkehrungen für den Fall, dass Personen zu Unrecht verdächtigt oder mit Verdächtigen verwechselt werden, und »die CIA schickt keinen formellen Bericht an den Kongress«. Die »Disruption«-Strategie gilt als eine präventive offensive Taktik der Terrorismusbekämpfung. Präsident Clintons Experte für Terrorismusbekämpfung Richard Clarke schätzt sie, weil sie ihm »die lästige Berichterstattung an den Kongress, die bei diesen von der CIA geleiteten Geheimoperationen erforderlich ist«, erspart und weil »Menschenrechtsorganisationen in der Regel keine Möglichkeit haben, eine Mitwirkung der CIA zu erkennen«. Die CIA hat seit September 1998 in mindestens zehn Ländern »Disruption«-Operationen durchgeführt. Im Fall Öcalan haben die Vereinigten Staaten »der Türkei entscheidende Informationen über Öcalans Aufenthaltsorte geliefert«. Das war das erste Mal, dass einige Einzelheiten einer »Disruption«-Operation publik gemacht wurden.[13]

In vielen anderen Ländern werden dezentere oder subtilere Taktiken der geheimen Manipulation angewandt, die ebenfalls irgendwann zu Rückstößen führen können. Um nur ein Beispiel zu nennen: Das amerikanische Außenministerium veröffentlichte unlängst Band 22 der offiziellen Chronik der amerikanischen Außenpolitik *Foreign Relations of the United States 1961–*

1963, der die Beziehungen zwischen den Vereinigten Staaten, China, Korea und Japan in diesem Zeitraum und bis zu 35 Jahre davor zum Thema hat. Doch die Regierung weigerte sich, ungefähr 13,5 Prozent der Dokumente freizugeben, die in den Abschnitt über Japan hätten aufgenommen werden müssen – insbesondere Material über amerikanische Stützpunkte und militärische Operationen in diesem Land. Zum ersten Mal wies das Advisory Committee on Historical Diplomatic Documentation, das im gesetzlichen Auftrag die Redaktion und Herausgabe der Bände dieser ehrwürdigen Chronik überwacht, im Vorwort darauf hin, dass Band 22 »keine ›vollständige, exakte und zuverlässige Dokumentation wichtiger außenpolitischer Entscheidungen der Vereinigten Staaten darstellt‹«. Sicher entschied sich das Außenministerium auf Anweisung der CIA und des Verteidigungsministeriums zu dem ungewöhnlichen Schritt, Schlüsseldokumente zurückzuhalten. Zweifellos ging es in ihnen unter anderem um geheime Zahlungen der CIA an die seit Jahrzehnten regierende konservative Liberaldemokratische Partei Japans und deren führende Politiker sowie um die Stationierung von Atomwaffen auf amerikanischen Stützpunkten in Japan. Man befürchtete wohl, die Veröffentlichung dieser Dokumente könnte Reaktionen auslösen, zu denen ein armes Land der Dritten Welt wie Guatemala nicht fähig wäre.

In gewissem Sinne bedeutet »Rückstoß« einfach, dass ein Land erntet, was es gesät hat. Obwohl Menschen gewöhnlich wissen, was sie gesät haben, nehmen die Amerikaner Rückstöße, die sie als Nation treffen, selten als solche wahr, da so vieles, was die »Manager« des amerikanischen Imperiums gesät haben, geheim gehalten wurde. Das Konzept des Rückstoßes ist natürlich am leichtesten zu verstehen, wenn der Rückstoß sich in seiner direktesten Form manifestiert. Die unbeabsichtigten Folgen amerikanischer Aktivitäten in Land X sind eine Bombe auf eine amerikanische Botschaft im Land Y oder ein toter Amerikaner im Land Z. So wurden schon etliche Amerikaner – von katholischen Nonnen in El Salvador bis zu amerikanischen Touristen in Uganda – getötet, weil sie zufällig und nichts ahnend in geheime imperiale Szenarien hineingerieten. Doch das Rückstoß-Konzept, das diesem

Buch zu Grunde liegt, beschränkt sich nicht auf solche relativ einfachen Beispiele.

Die Schwächung amerikanischer Schlüsselindustrien durch Japans exportorientierte Wirtschaftspolitik oder die Flüchtlingsströme aus Ländern jenseits der südlichen Grenzen der USA, in denen eine von den USA unterstützte Unterdrückungspolitik, die zum Völkermord eskalierte, unmenschliche Verhältnisse schuf oder in denen eine von den USA unterstützte Wirtschaftspolitik zu unerträglichem Elend führte, sind Beispiele dafür, dass ein Rückstoß ein Land auch auf eine weniger offensichtliche oder durchschaubare Weise treffen und sich über einen langen Zeitraum hinweg auswirken kann. Auch in den USA selbst kann er Auswirkungen haben, die oft nicht einmal jene begreifen, deren imperiale Politik ihn auslöste.

Aufgrund der zunehmenden internationalen Verflechtungen leben wir heute in gewisser Weise alle in einer von Rückstößen bedrohten Welt. Daher ist es sinnvoll, die Bedeutung des Begriffes Rückstoß, der sich ursprünglich nur auf die unbeabsichtigten Folgen amerikanischer Politik für die Amerikaner bezog, zu erweitern. Die Frage, ob beispielsweise die amerikanische Politik, die die schwere Wirtschaftskrise in Indonesien im Jahre 1997 zuerst förderte und dann weiter verschärfte, irgendwann zu einem Rückstoß führt, also auch für die USA unerwünschte Konsequenzen hat oder nicht, ist heute nicht zu beantworten, ihre unbeabsichtigten Folgen für Indonesien aber waren ungeheures Leid, Elend und der Verlust aller Zukunftshoffnungen. Und die unbeabsichtigten Folgen der von den USA unterstützten Staatsstreiche und Bombardements in Kambodscha Anfang der siebziger Jahre waren ein unvorstellbares Chaos, die völlige Zerrüttung des Landes und der Tod unzähliger Kambodschaner in den darauf folgenden Jahren.

Die amerikanische Mitwirkung am Militärputsch in Chile im Jahr 1973 führte in den Vereinigten Staaten selbst zu keinem nennenswerten Rückstoß, doch in Chile und anderswo hatte sie tödliche Folgen für Liberale, Sozialisten und unschuldige Augenzeugen. Der Journalist Jon Lee Anderson berichtet über die amerikanische Politik in Chile: »Der Plan bestand nach freigegebenen Dokumenten der Regierung der Vereinigten Staaten darin,

Chile unter [dem gewählten sozialistischen Präsidenten Salvador] Allende unregierbar zu machen, ein soziales Chaos zu provozieren und einen Militärputsch herbeizuführen... Die Ziele wurden in einem Telegramm der CIA an ihren Stationschef in Santiago klar umrissen: ›Das ausdrückliche Ziel bleibt, Allende durch einen Putsch zu stürzen... Wir sollen weiterhin den größtmöglichen Druck erzeugen und jedes geeignete Mittel einsetzen, um dieses Ziel zu erreichen. Diese Aktionen müssen unbedingt verdeckt und zuverlässig durchgeführt werden, so dass die Mitwirkung Amerikas und der US-Regierung absolut geheim bleibt.‹«[14]

Kein gewöhnlicher Bürger der Vereinigten Staaten wusste etwas von diesen Machenschaften. Der Staatsstreich fand am 11. September 1973 statt. Er führte zum Selbstmord Allendes und zur Machtergreifung von General Augusto Pinochet, dessen Anhänger unter den Militärs und der Beamtenschaft im Laufe seiner siebzehnjährigen Amtszeit um die 4000 Menschen töteten oder »verschwinden ließen«. Pinochet organisierte zusammen mit den argentinischen Militärs die »Operation Condor« zur Eliminierung von Dissidenten, die in den Vereinigten Staaten, Spanien, Italien und anderswo im Exil lebten. Aus diesem Grund versucht Spanien seit dem Herbst 1998, als Pinochet zu einer medizinischen Behandlung nach England reiste, seine Auslieferung zu erwirken, um ihn wegen Völkermord, Folterungen und Staatsterrorismus gegen spanische Bürger vor Gericht zu stellen. Am 16. Oktober 1998 verhaftete die britische Polizei Pinochet in London und stellte ihn für den Fall seiner Auslieferung unter Arrest.

Obwohl nur wenige Amerikaner etwas mit dieser Geheimoperation zu tun hatten, wissen inzwischen viele Menschen auf der ganzen Welt von der amerikanischen Beteiligung und reagierten ausgesprochen zynisch, als Außenministerin Madeleine Albright sich gegen Pinochets Auslieferung aussprach und erklärte, um Ländern wie Chile den »Übergang zur Demokratie« zu erleichtern, müsse es ihnen gestattet werden, Personen, die in der Vergangenheit Menschenrechtsverletzungen begingen, Immunität zu garantieren.[15] Amerikas Machenschaften lassen unter solchen Umständen jede noch so gut gemeinte Erklärung zu den Menschenrechten oder zum Terrorismus als Heuchelei erscheinen. Selbst wenn meist andere Länder die Folgen dieser Machenschaften zu spüren bekommen, haben sie insofern auch destabilisierende Auswirkungen auf die Vereinigten Staaten, als sie das politische Klima verschlechtern und bei amerikanischen Bürgern, die die Worte ihrer politischen Führer tatsächlich ernst nehmen, das Gefühl aufkommen lassen, belogen oder für dumm verkauft zu werden. Das ist eine unvermeidliche Folge einer imperialen Politik und ihres Rückstoßes.

Was soll man sich nun unter einem amerikanischen Imperium oder einem amerikanischen Imperialismus vorstellen? Die Begriffe »Hegemonie«, »Imperium« und »Imperialismus« werden oft als Schlag- oder Schimpfwörter benutzt. Sie haben in der marxistischen und insbesondere der leninistischen Kapitalismuskritik eine besondere Bedeutung. Während des Kalten Krieges erklärten Kommunisten, der Imperialismus sei ein »Widerspruch« des Kapitalismus und daher eine Grundursache von Klassenkampf, Revolution und Krieg. Doch bei diesen Worten denkt man auch an das Römische Reich und das britische Empire sowie an die *Pax Romana* und die *Pax Britannica*, die zur Zeit dieser Imperien geherrscht haben sollen. Außerdem wird der Begriff Imperialismus auch mit dem Rassismus und der Ausbeutung assoziiert, die mit dem europäischen, amerikanischen und japanischen Kolonialismus im 19. und 20. Jahrhundert einhergingen, sowie mit den heftigen Reaktionen auf diese Kolonialpolitik, die nach dem Zweiten Weltkrieg die nichtwestliche Welt veränderten.

Wenn ich von einem »amerikanischen Imperium« spreche, dann meine ich damit kein Imperium in diesem traditionellen Sinn. Ich rede weder von den ehemaligen Kolonien der Vereinigten Staaten auf den Philippinen noch von mit den USA assoziierten Staaten wie Puerto Rico. Und wenn ich in diesem Buch den Begriff »Imperialismus« benutze, dann meine ich damit auch nicht die Ausdehnung des offiziellen Herrschaftsgebiets eines Staates auf das Territorium eines anderen. Ich möchte nicht einmal aufzeigen, dass jede imperialistische Politik in erster Linie wirtschaftliche Gründe hat. Die moderneren Imperien, um die es mir geht, verbergen sich normalerweise hinter irgendeinem ideologischen oder juristischen Konzept – Staatenbund, Allianz, freie

Welt, der Westen, der kommunistische Ostblock –, das die tatsächlichen Beziehungen zwischen den einzelnen Mitgliedern verschleiert.

Nach Milovan Djilas beschrieb Stalin die Entstehung solcher neuer Imperien in einem Gespräch, das er im April 1945 mit Marschall Tito im Kreml führte, mit den markigen Worten: »Dieser Krieg ist anders als in der Vergangenheit. Wer ein Gebiet besetzt, zwingt ihm auch sein eigenes Gesellschaftssystem auf. Jeder setzt sein eigenes Gesellschaftssystem so weit durch, wie die Macht seiner Armee reicht. Es kann nicht anders sein.«[16] Genau das tat die ehemalige Sowjetunion in den von ihr besetzten Gebieten Osteuropas, und das taten auch die Vereinigten Staaten in den von ihnen besetzten Gebieten Ostasiens, insbesondere in Japan und Südkorea. Im Verlaufe von 40 Jahren Kaltem Krieg wurden diese ehemaligen »Satelliten« zu Säulen von zwei Imperien neuen Stils, von denen nur eines – das amerikanische – bis heute überlebte. Der Charakter dieses einzigen verbliebenen Imperiums der Welt, der sich im Laufe der Zeit immer wieder veränderte, ist das Thema dieses Buches.

Im Jahr 1917 erbte die Sowjetunion ein älteres Zarenreich in Europa und Mittelasien, einen Vielvölkerstaat, der – ähnlich wie das Habsburgerreich und das Osmanische Reich – durch Eroberungen und aus einem besonderen kulturellen Kontext heraus entstanden war. Zweifellos prägte diese imperiale Vergangenheit die damals entstehende Sowjetunion, doch wenn ich vom sowjetischen Imperium während des Kalten Krieges spreche, meine ich damit hauptsächlich die sieben osteuropäischen »Volksdemokratien«, die bis zum Zusammenbruch des kommunistischen Bündnissystems im Jahre 1989 dessen wichtigste Stützen waren: Ostdeutschland, Polen, die Tschechoslowakei, Ungarn, Rumänien, Albanien und Bulgarien. Sein amerikanisches Gegenstück war nicht die NATO – das von den USA angeregte westliche Verteidigungsbündnis, mit dem Westeuropa und Amerika auf das massive Aufgebot an Truppen und Waffen reagierten, das die Sowjetunion zur Zerschlagung des Dritten Reiches mobilisiert hatte –, sondern das von den USA in Ostasien geschaffene Satellitensystem, das einst Regime in Japan, Südkorea, Thailand,

Südvietnam, Laos, Kambodscha, Taiwan und auf den Philippinen umfasste.

Im Laufe der Zeit und vor dem Hintergrund des nuklearen Wettrüstens zwischen den USA und der UdSSR wurden aus den Satellitenstaatensystemen, die die beiden Imperien nach dem Zweiten Weltkrieg aufgebaut hatten, außerordentlich komplexe Bündnissysteme, die auf ideologischen Gemeinsamkeiten, wirtschaftlichen Verflechtungen, Technologietransfers, gegenseitigem Nutzen und militärischer Zusammenarbeit beruhten. Für die Sowjetunion war das die Welt, die sich für eine kurze Zeit in den fünfziger Jahren von Moskau bis Hanoi im Osten und Havanna im Westen erstreckte und die sogar, zumindest formell, China einschloss. Das Bündnissystem der Vereinigten Staaten umfasste fast den ganzen Rest der Welt – Regionen, in denen die USA Verantwortung für die Aufrechterhaltung einer nicht näher definierten »günstigen militärischen Situation« übernahmen (heute spricht das Pentagon stattdessen lieber von »Stabilität«) und auf freien Zugang für multinationale amerikanische Unternehmen und amerikanische Investoren bestanden (amerikanische Volkswirtschaftler nennen das heute »Globalisierung«).

Ich glaube, es gab viel mehr Parallelen zwischen der Nachkriegspolitik der Sowjetunion und jener der Vereinigten Staaten, als die meisten Amerikaner wahrhaben wollen. Die UdSSR schuf ihr Satellitensystem in Osteuropa im Wesentlichen aus denselben Gründen wie die USA das ihre in Ostasien. Während des Kalten Krieges intervenierte die UdSSR militärisch in Ungarn und der Tschechoslowakei, um ihr Imperium zusammenzuhalten. Aus demselben Grund griffen die Vereinigten Staaten militärisch in Korea und Vietnam ein (in diesem Krieg, den sie schließlich verloren, töteten sie sehr viel mehr Menschen als die UdSSR während ihrer beiden erfolgreichen Interventionen).

Der wertvollste Vasallenstaat im sowjetischen Imperium war Ostdeutschland, und der wertvollste Vasallenstaat im amerikanischen Imperium ist nach wie vor Japan. Japan ist bis heute eine gelenkte Volkswirtschaft, die durch den Kalten Krieg entstand und aufrechterhalten wurde. Die Japaner scheinen die amerikanischen Truppen, die seit einem halben Jahrhundert auf ihrem Boden stationiert sind, und die grauen Einparteienregierungen, die seit fast ebenso vielen Jahren in Tokio an der Macht sind, allmählich satt zu haben. Ostdeutschlands langweilige politische Führer Walter Ulbricht und Erich Honecker wirkten im Vergleich zu den Premierministern, die die Liberaldemokratische Partei Japans seit 1955 einsetzte, fast schon dynamisch.

So wie die beiden Satrapen der Deutschen Demokratischen Republik ergeben jeden Befehl befolgten, den sie von Moskau erhielten, so flog bisher jeder japanische Premierminister sofort nach seiner Ernennung zum Rapport nach Washington. Und wie einst die Wähler in Ostdeutschland, so stellten auch die japanischen Wähler schon vor langer Zeit fest, dass nichts, was sie taten, ihr politisches System zu verändern schien, solange ihr Land mit den USA alliiert blieb. Viele Japaner meiden die Politik inzwischen wie die Pest und nehmen nur noch an Regionalwahlen teil; und bei diesen wählen erstaunlich viele die Kommunistische Partei – aus Protest, aber auch, weil deren Kandidaten kompetent und integer sind. Politische Idealisten werden in Japan oft zu Nihilisten, ähnlich wie ihre ostdeutschen Gesinnungsgenossen vor 1989.

Die Sowjetunion begann hauptsächlich deshalb ein Satellitensystem zu errichten, weil sie mit dem Umfang des amerikanischen Marshallplans zum Wiederaufbau des vom Krieg verwüsteten Europa nicht mithalten konnte. (Schließlich lag nach dem Zweiten Weltkrieg ein großer Teil der Sowjetunion in Trümmern, während die Vereinigten Staaten unversehrt geblieben waren.) Die UdSSR erkannte schnell, dass sie in dem Konflikt zwischen Demokratie und Totalitarismus auf der weniger beliebten Seite stand. Da sie in Osteuropa ihre Bundesgenossen nicht durch Wahlen an die Macht bringen konnte, schaltete sie die dortigen Demokraten skrupellos aus und setzte – zum Beispiel durch einen Staatsstreich in der Tschechoslowakei im Februar 1948 – den Stalinismus durch, der laut ihrer Propaganda nur eine Version des Sozialismus war.

Die Sowjetunion hatte ein Sicherheitsinteresse daran, ihre westlichen Nachbarstaaten in ein Satellitensystem einzubinden, während nach dem Sieg über Japan kein ostasiatisches Regime mehr in der Lage war, die Vereinigten Staaten zu bedrohen, am wenigsten das vom Krieg und von der Revolution zerrüttete China. Daher waren die Gründe der USA, ein Satellitensystem aufzubauen, eher rein imperialistisch als die der Sowjetunion, auch wenn die US-Regierung diese Politik mit dem aggressiven Charakter des chinesisch-sowjetischen Kommunismus rechtfertigte und argumentierte, wenn ein Land, und sei es auch noch so unbedeutend, dem Kommunismus anheim falle, bestünde die Möglichkeit, dass andere Länder ebenfalls wie »Dominosteine« umkippten und dass diese Kettenreaktion sich bis zum Kernland des Kapitalismus fortsetzte.

Die amerikanische Entscheidung, Satelliten in Ostasien zu schaffen, war teilweise eine Reaktion auf die kommunistische Revolution in China, die bedeutete, dass die amerikanischen Pläne für eine neue internationale Nachkriegsordnung auf der Grundlage einer Allianz mit dem Kriegsalliierten China nun nicht mehr umsetzbar waren. Die USA wollten sich zwar auf keinen Krieg gegen die von der chinesischen Bevölkerung unterstützten kommunistischen Truppen einlassen, um dem Nationalisten Tschiang Kai-schek zu helfen, doch sie änderten ihre Strategien für das besetzte Japan. Ihre Bemühungen galten nun nicht mehr der weiteren Demokratisierung des Landes, sondern dem schnellen Wiederaufbau seiner Wirtschaft. Der frühere Todfeind Japan löste China als wichtigsten Verbündeten der USA in Ostasien ab. Die US-Regierung konzentrierte sich nun darauf, Japan zu verteidigen und zu einer ostasiatischen Alternative zur chinesischen Revolution aufzubauen. Die Vereinigten Staaten versuchten zwar nicht, diese Revolution »rückgängig zu machen«, doch durch Präsident Trumans Entscheidung, die Siebte Flotte loszuschicken, um Taiwan zu verteidigen und die Formosastraße zu überwachen, und durch General Douglas MacArthurs Entscheidung, während des Koreakrieges nach Norden bis zur chinesischen Grenze zu marschieren, machten sie sich China 1950 nichtsdestoweniger für mindestens zwei Jahrzehnte zum Feind.

Natürlich fragten die Vereinigten Staaten das besiegte japanische Volk nicht nach seiner Meinung zu diesen Entscheidungen oder zu ihrer Entscheidung, einige ehemalige Mitglieder des Regimes, das Japan während des Krieges regierte, zu protegieren, weil sie überzeugte Antikommunisten waren. Die Politik der USA, die in einigen Fällen sogar Kriegsverbrechern zu Regierungsämtern verhalf – zum Beispiel Nobusuke Kishi, der in General Tojos Kriegskabinett Rüstungsminister war und 1957 zum japanischen Ministerpräsidenten ernannt wurde – und auf Einparteienregierungen setzte, die von der CIA finanziell unterstützt wurden, glich der sowjetischen Politik in der DDR. 1960 führte sie schließlich zu einem antiamerikanischen Aufstand. Während der größten Massendemonstrationen in Japans Nachkriegsgeschichte versammelte sich eine aufgebrachte Menschenmenge um das Parlamentsgebäude und forderte die Abgeordneten auf, den neuen Amerikanisch-Japanischen Sicherheitspakt nicht zu ratifizieren. Die Situation spitzte sich dermaßen zu, dass Präsident Dwight D. Eisenhower gezwungen war, einen geplanten Besuch abzusagen. (Der erste amtierende amerikanische Präsident, der Tokio besuchen sollte, war Gerald Ford.) Die konservative Partei erzwang mit Hilfe ihrer manipulierten Mehrheit die Ratifizierung, so dass die amerikanischen Truppen in Japan bleiben konnten, doch das Vertrauen der japanischen Öffentlichkeit in ihr politisches System konnte sie nie völlig zurückgewinnen. 30 Jahre lang verhinderte die Liberaldemokratische Partei jede Veränderung der politischen Machtverhältnisse und erkannte Japans Status als Satellit der Vereinigten Staaten gehorsam an. Sonst tat sie leider wenig. Das eigentliche Regieren überließ sie der Ministerialbürokratie und sorgte so dafür, dass mögliche Hoffnungen der Bürger auf Selbstbestimmung sich schnell verflüchtigten. In den neunziger Jahren war Japan bereits das zweitreichste Land der Welt, doch seine Regierung erinnerte immer noch stark an die der DDR.

Angesichts der Ängste, der Rest Europas könnte auch noch kommunistisch werden, hatte die Stärkung von Großbritannien, Frankreich und der Niederlande für die Vereinigten Staaten Vorrang vor den während des Zweiten Weltkriegs gemachten Versprechungen, sich für die Unabhängigkeit der Kolonien dieser Länder einzusetzen. So unterstützten die USA die früheren Imperialisten stattdessen in Kriegen, die der Sicherung von deren auswärtigen Besitzungen aus der Zeit vor dem Krieg dienten, und gerieten dadurch in Ostasien – außer in ihrer eigenen Kolonie, den Philippinen – auf die falsche Seite der Geschichte. (Selbst auf den Philippinen, die sie am 4. Juli 1946 formell in die Unabhängigkeit entließen, unterhielten sie weiterhin riesige Militärbasen, bis die Filipinos sie schließlich 1992 zum Abzug aufforderten.)

Anders als in Europa war der Kalte Krieg in Ost- und Südostasien weniger ein Konflikt zwischen Demokratie und Totalitarismus als ein Konflikt zwischen dem europäischen Kolonialismus und den nationalen Unabhängigkeitsbewegungen. Da die europäischen Kolonialmächte so lange zögerten, ihre Kolonien aufzugeben, brachen in der Region Befreiungskriege aus – in Indochina gegen die Franzosen, in Malaya gegen die Briten und in Indonesien gegen die Holländer –, in denen sich die Vereinigten Staaten stets auf die Seite der Imperialisten schlugen. Die Holländer wurden schließlich aus Indonesien vertrieben. Die Briten gestanden Malaya nach einem zehnjährigen Krieg endlich die Unabhängigkeit zu, woraufhin aus Malaya die beiden unabhängigen Staaten Malaysia und Singapur wurden. Nach der militärischen Niederlage der Franzosen in Vietnam führten die Vereinigten Staaten dort einen sehr blutigen und zermürbenden Krieg, bis auch sie schließlich gezwungen wurden, ihre imperiale Rolle in dieser Region aufzugeben. Außerdem unterstützten die Vereinigten Staaten auf den Philippinen einen langen Kampf gegen eine Guerillabewegung, für die die Regierung ihres inzwischen unabhängigen Landes nur ein Werkzeug der Amerikaner war. Erst nach der Niederlage in Vietnam begannen die Amerikaner einzusehen, dass Asien anders war als Europa. Nixons Chinareise war das erste Zeichen dafür, dass man in Washington die Geschichte Ostasiens allmählich etwas besser zu verstehen begann.

Das Problem für die Amerikaner war, dass im kolonialen Ostasien die kommunistischen Parteien ein Führungsvakuum gefüllt hatten. Um zu verhindern, dass ein großer Teil der Region, womöglich sogar Japan, unter den Einfluss kommunistischer Parteien geriet, bedienten sich die Vereinigten Staaten von Zeit zu Zeit derselben brutalen Methoden, die die UdSSR in Osteuropa angewendet hatte, um sich in ihrem Einflussbereich durchzusetzen. Das klarste Beispiel dafür war die amerikanische Politik in Südkorea nach 1945 – ein Kapitel, über das in den Vereinigten Staaten bis heute kaum jemand spricht.

Südkorea ist praktisch seit dem Ende des Zweiten Weltkriegs von amerikanischen Truppen besetzt. Es war der Schauplatz des wichtigsten bewaffneten Konflikts in der Anfangsphase des Kalten Krieges. In Korea bekämpften sich die Vereinigten Staaten und China bis zu einem Waffenstillstand nach einer Pattsituation und froren ihre Beziehungen für zwei Jahrzehnte ein. Südkoreas Aufstieg zu einem »Wirtschaftswunderland« während der sechziger Jahre und sein spektakulärer finanzieller Zusammenbruch im Jahre 1997 hingen direkt mit seinem Status als Satellit der Vereinigten Staaten zusammen.

Südkorea war das erste Land der Nachkriegswelt, in dem die Amerikaner eine diktatorische Regierung einsetzten. Abgesehen vom autoritären Präsidenten Syngman Rhee bestand sie größtenteils aus Koreanern, die einst mit den japanischen Kolonialisten kollaboriert hatten. Beim koreanischen Volk stieß sie auf immer größere Ablehnung, doch die amerikanischen Interessen hatten Vorrang vor dessen Wünschen. Angesichts der Besetzung Nordkoreas durch die UdSSR brauchten die Vereinigten Staaten in Südkorea eine Regierung aus überzeugten Antikommunisten. 1960 zwang der wachsende Widerstand der Koreaner, die eine Demokratie wollten, Rhee zum Rücktritt. Da unterstützte die US-Regierung Park Chung Hee, den Ersten von drei Armeegeneralen, die zwischen 1961 und 1993 als Staatspräsidenten das Land regierten. 1979 duldeten die Amerikaner einen Staatsstreich von General Chun Doo Hwan und unterstützten hinter den Kulissen dessen repressive Politik, die 1980 in Kwangju zu einem Massaker an mehreren Hundert, vielleicht sogar mehreren Tausend koreanischen Demonstranten führte (wahrscheinlich kamen dort mehr Menschen um als 1989 auf dem Platz des Himmlischen Friedens). Um sicherzustellen, dass die antikommunistischen Machthaber Südkoreas das Land fest im Griff behielten, schickten die Amerikaner während der achtziger Jahre nacheinander zwei höhere CIA-Beamte, James Lilly und Donald Gregg, als Botschafter dorthin. Nirgendwo sonst betrauten die Vereinigten Staaten so offen Mitglieder ihres wichtigsten Geheimdienstes mit diplomatischen Aufgaben.

Heute kommt das politische System Südkoreas einer echten

parlamentarischen Demokratie wahrscheinlich näher als das irgendeines anderen Landes in Ostasien, doch nicht dank des amerikanischen Außenministeriums, des Pentagons oder der CIA. Es waren die Koreaner selbst, insbesondere die Studenten der führenden Universitäten des Landes, die 1987 durch Demonstrationen und Straßenschlachten eine Demokratisierung ihres Landes erreichten. Nach der Machtübernahme der demokratisch gewählten Regierung von Präsident Kim Young Sam im Jahre 1993 fühlte dieser sich sicher genug, die beiden noch lebenden Diktatoren Chun und Roh Tae Woo vor Gericht zu stellen. Sie wurden wegen Staatsterrorismus, Volksverhetzung und Korruption verurteilt. Die amerikanische Presse berichtete kaum über diese Prozesse, und die amerikanische Regierung ignorierte sie als eine innere Angelegenheit Südkoreas.

Syngman Rhee und die drei Generale waren lediglich die Ersten von vielen Diktatoren, die die Vereinigten Staaten in Ostasien unterstützten. Sie sollen an dieser Stelle einfach deshalb noch einmal aufgezählt werden, weil viele Amerikaner sich nicht mehr an Geschehnisse erinnern (sofern sie je von ihnen wussten), die für Ostasiaten ein wesentlicher Bestandteil des amerikanischen Nachkriegserbes sind. Zu den von den USA unterstützten asiatischen Diktatoren gehören:

- Tschiang Kai-schek und sein Sohn Tschiang Tsching-kuo in Taiwan. (In Taiwan begann der Demokratisierungsprozess erst in den achtziger Jahren, nachdem Carter die diplomatischen Beziehungen zu dem Inselstaat abgebrochen hatte.)
- Ferdinand Marcos auf den Philippinen, den die amerikanischen Präsidenten Ronald Reagan und George Bush als einen Demokraten priesen und der schließlich von Cory Aquino und ihrer Volksbewegung *People's Power* gestürzt wurde.
- Ngo Dinh Diem (der auf amerikanischen Befehl ermordet wurde), General Nguyen Khanh, General Nguyen Cao Ky und General Nguyen Van Thieu in Vietnam.
- General Lon Nol in Kambodscha.
- Marschall Pibul Songgram, Marschall Sarit Thanarat, Marschall Praphas Charusathien und General Thanom Kittikachorn

in Thailand, wo es den Vereinigten Staaten hauptsächlich um die Erhaltung ihrer großen Flugbasen in Udorn, Takli, Korat und Ubon ging.
- General Suharto in Indonesien, der mit Hilfe der CIA an die Macht kam und mit Hilfe der DIA, des Nachrichtendienstes des Pentagons, gestürzt wurde.

Hinzu kommen noch ein paar Diktatoren, deren Karrieren zu kurz oder zu undurchsichtig waren, um sich noch genau an sie zu erinnern (zum Beispiel General Phoumi Nosavan in Laos). Diese Männer waren engstirnige Tyrannen vom selben Schlag wie die Diktatoren, die die Sowjetunion von 1948 bis 1989 in ihren Satellitenstaaten in Osteuropa einsetzte (obwohl den Russen linientreue Mitglieder des lokalen KP-Apparats gewöhnlich lieber waren als Militärs).

Die Vereinigten Staaten benutzten nicht nur autoritäre Regime, sondern auch die Wirtschaft als Instrument zum Aufbau ihres Imperiums. Als besonders erfolgreich erwies sich in Ostasien die politische Strategie der USA, ihren dortigen Satellitenstaaten als Gegenleistung für die unbefristete Stationierung amerikanischer Soldaten, Flugzeuge und Schiffe auf ihren Territorien Zugang zu den amerikanischen Märkten zu gewähren. Gewiss spielten die Vereinigten Staaten nach dem Vietnamkrieg kurze Zeit mit dem Gedanken, ihr Imperium in Ostasien aufzugeben. Präsident Carter erwog den Rückzug der amerikanischen Truppen aus Südkorea, insbesondere da Nord- und Südkorea sich zu dieser Zeit in Bezug auf Menschenrechtsverletzungen und ihre mit Stalins Fünfjahresplänen vergleichbaren Aufbauprogramme kaum voneinander unterschieden. Doch dazu kam es nicht, weil 1979 der südkoreanische Diktator General Park Chung Hee ermordet wurde und weil Carter aus politischen Gründen nicht einen Satelliten aufgeben konnte, während ein anderer, der Iran, gerade offen gegen die Vereinigten Staaten rebellierte. Und als in den letzten Tagen der Carter-Regierung die Sowjets in Afghanistan einmarschierten, um ihr dortiges Marionettenregime zu unterstützen, war von einer Aufgabe amerikanischer Satelliten nicht mehr die Rede.

In den achtziger Jahren, dem letzten Jahrzehnt des Kalten Krieges, bestanden immer noch Parallelen zwischen der Politik der USA und der Politik der UdSSR, doch ihre geografischen Schwerpunkte hatten sich verlagert. Beide Imperien trachteten inzwischen danach, in Nachbarländern oder angrenzenden Regionen, die sie schon lange ihrem Einflussbereich zurechneten, Marionettenregime zu etablieren oder aufrechtzuerhalten. Die UdSSR war mit Afghanistan beschäftigt, die Vereinigten Staaten konzentrierten sich auf Mittelamerika. Beide Supermächte rechtfertigten ihre aggressiven Aktionen gegen viel kleinere Staaten mit dem rhetorischen Repertoire des Kalten Krieges – die UdSSR in Afghanistan mit antikapitalistischen Parolen und die USA in Guatemala, El Salvador, Nicaragua, Panama und auf der Insel Grenada mit antikommunistischen Phrasen –, auch wenn die Vorstellung von einem kapitalistischen Afghanistan ebenso absurd war wie die von einem kommunistischen Mittelamerika. Propaganda-Apparate in den USA und der UdSSR verschleierten geschickt die wahren Ursachen der Aufstände in den beiden Regionen – eine Rückbesinnung auf die Religion in Afghanistan, in Mittelamerika der Widerstand gegen Oligarchien, die lange die Interessen amerikanischer Unternehmen vertreten hatten.

Präsident Reagan und sein CIA-Direktor William Casey behaupteten, sie wollten die Erosion der »freien Welt« nach dem Vietnamkrieg verhindern. Ob das tatsächlich ihre Absicht oder nur Propaganda war, wurde nie klar. Um so klarer war jedoch, dass die Vereinigten Staaten 1981 in Mittelamerika ähnliche Operationen durchführten wie in Vietnam und mit sehr viel, oft aus geheimen Quellen stammendem Geld einen Aufstand gegen die Sandinistenregierung in Nicaragua unterstützten, die mit Castros Kuba sympathisierte. Zur gleichen Zeit beseitigten die Entspannungspolitik und die Abrüstungsverhandlungen zwischen den Supermächten und die chinesisch-amerikanische Annäherung jede reale Gefahr eines Krieges zwischen feindlichen Lagern in Europa oder Ostasien. Auch wenn die US-Regierung Castros Kuba mehr denn je verteufelte und vehement argumentierte, dass von Kuba initiierte Aufstände die größte Bedrohung für die westliche Welt darstellten, war der Kalte Krieg eigentlich bereits vorbei. Er diente den Supermächten inzwischen nur noch als propagandistische Tarnung für ihre imperialistische Politik gegenüber ihren jeweiligen Nachbarländern.

Es ist nicht nötig, an dieser Stelle die vielen Geheimoperationen der Vereinigten Staaten in Lateinamerika in allen Einzelheiten zu schildern. Die Amerikaner unterstützten dort alle möglichen Aktivitäten, die vom Einsatz paramilitärischer Todesschwadronen in Ländern wie El Salvador bis zu völkermörderischen Aktionen des Militärs in Guatemala reichten, wodurch ihre Erklärungen zu den Menschenrechten für den Rest des Jahrhunderts unglaubwürdig wurden. Ähnliche größtenteils verdeckte Operationen fanden auch während der achtziger Jahre statt und werden wahrscheinlich auch heute noch durchgeführt. Obwohl die CIA alles tat, was in ihrer Macht stand, um die Beteiligung der Vereinigten Staaten an diesen imperialen Polizeiaktionen geheim zu halten, entwickelte sich inzwischen ein bestimmtes Schema, nach dem mit amerikanischer Unterstützung begangene Gräueltaten und deren Konsequenzen aufgedeckt werden: Amerikanische Lokalzeitungen veröffentlichten von eigenen Reportern recherchierte Berichte – zum Beispiel erschien in der *Baltimore Sun* ein Artikel über die Todesschwadronen in Honduras und in den *San Jose Mercury News* einer über den Kokainhandel der von den USA unterstützten »Contras« in Nicaragua. Diese Reporter enthüllen, dass ein amerikanischer Geheimdienst Kriegsverbrechen duldete, die in Mittelamerika an Zivilisten begangen wurden, und den Kongress belog, als er zu diesem Thema befragt wurde, oder dass er die Ohren vor Aussagen verschloss, nach denen für ihn arbeitende Kontaktleute an Aktivitäten wie dem Drogenschmuggel beteiligt waren, die für die Amerikaner extrem schädliche Folgen hatten. Dann werfen etablierte Zeitungen wie die *Washington Post*, die *New York Times* oder die *Los Angeles Times* den Lokalzeitungen schlampigen Journalismus vor. Daraufhin entschuldigen sich die Herausgeber der Lokalzeitungen und feuern die Reporter, die die Storys lieferten.

In der Zwischenzeit beauftragt die CIA ihren Generalinspekteur mit der Überprüfung der Vorwürfe. Dieser legt vorschriftsgemäß einen Bericht vor, in dem es heißt, dass in den offiziellen Akten nicht der geringste Beweis zu finden sei, der diese Zeitungsberichte bestätigen würde. Monate oder sogar Jahre später entdeckt dann eine Forschungseinrichtung wie das National Security Archive der George Washington University, dass noch ein zweiter interner Bericht des Generalinspektors existiert. In diesem Bericht werden die Darstellungen der Lokalzeitungen zwar ebenfalls angezweifelt, doch gleichzeitig wird eingeräumt, dass die Vorwürfe nicht völlig unbegründet sind. So steht zum Beispiel in der internen Stellungnahme der CIA zum Artikel der *Baltimore Sun*, dass »die CIA in den frühen achtziger Jahren in ihrer Berichterstattung an den Kongress die honduranische Verwicklung in Misshandlungen unterschätzte«.[17]

Die USA hat nun eine ganze Reihe von Problemen zu bewältigen, die nur aufgrund der – offenen oder geheimen – imperialen Verpflichtungen und Aktivitäten existieren, die der Kalte Krieg mit sich brachte. Das gängigste Argument der US-Regierung für die Fortsetzung solcher imperialistischen Aktivitäten nach dem Ende eines halben Jahrhunderts des Kampfes der Supermächte ist eine neue Version der alten »Dominotheorie«, die während des Vietnamkriegs in Misskredit geraten war: Amerikas Streitkräfte und »geheime Krieger« haben keine andere Wahl, als zum Wohle der Menschheit die »Instabilität«, wo immer sie drohen mag, zu verhindern. Das Verteidigungsministerium erklärt in seinem Ostasien-Strategiebericht von 1998, die 100 000 in Okinawa und Südkorea stationierten Soldaten seien notwendig, um die »Stabilität« in der Region aufrechtzuerhalten. Doch Instabilität – ein weiter Begriff – ist in einem internationalen System souveräner Staaten der Normalzustand. Instabilität an sich bedroht die Sicherheit der Vereinigten Staaten nicht, schon gar nicht, wenn keine rivalisierende Supermacht danach trachtet, sie auszunutzen.

Das militärische Eingreifen in brutale Bürgerkriege oder zivile Konflikte, zum Beispiel in Somalia, Haiti, Bosnien und im Kosovo wurde mit dem Argument gerechtfertigt, es müsse ein abschreckend wirkendes Exempel statuiert werden. Selbst wenn die USA kein offensichtliches oder vitales Interesse am Ausgang von ethnischen oder religiösen Konflikten oder gegenseitigen Vernichtungskriegen in solchen Regionen haben, argumentieren die Befürworter einer militärischen Intervention, mit ihr könnten die

USA ihren Alliierten wie ihren Gegnern zeigen, dass sie sich nicht »tyrannisieren« oder »erpressen« ließen. Man glaubt mit solchen Interventionen erreichen zu können, dass andere die Macht und Autorität der USA respektieren und sich gar nicht erst auf einen ähnlichen Krieg in ihrer Region einlassen. Doch dieses Abschreckungskonzept funktioniert nicht. Barbara Conry formulierte diese Erkenntnis in einer außenpolitischen Analyse folgendermaßen: »Die erfolglose Intervention der USA in Haiti ... wird ebenso wenig zu einer Flut von Militärdiktaturen führen wie die entschlossenen amerikanischen Reaktionen auf Manuel Noriega und Saddam Hussein den serbischen Präsidenten Slobodan Milošević davon abhielten, seine Ziele in Bosnien zu verfolgen.«[18]

Nicht nur, dass solche militärischen Interventionen oft wirkungslos sind, die Ausübung von militärischer Gewalt im Namen der Demokratie oder der Menschenrechte ist ein Hohn auf eben diese Prinzipien. Noch bedenklicher ist, dass durch eine unbesonnene Intervention Bedrohungen entstehen können, wo vorher keine existierten, wie beispielsweise durch Trumans Eingreifen in den chinesischen Bürgerkrieg und General MacArthurs Vorrücken zur chinesischen Grenze während des Koreakriegs.

Vor 30 Jahren schrieb Ronald Steel in seinem Buch *Pax Americana*: »Im Unterschied zu Rom haben wir unser Imperium nicht ausgebeutet. Im Gegenteil, unser Imperium hat uns ausgebeutet, denn es kostete uns enorm viele Ressourcen und Energien.«[19] Unsere Wirtschaftsbeziehungen mit unseren ostasiatischen Satelliten schwächten beispielsweise unsere einheimischen Fertigungsindustrien und ließen uns auf einen »Finanzkapitalismus« vertrauen, der in der Vergangenheit ein Zeichen dafür war, dass eine bisher gesunde Wirtschaft zu kränkeln begann. Eine ganz ähnliche Situation richtete die ehemalige Sowjetunion zugrunde. Während sie in Afghanistan einen aussichtslosen Krieg führte und mit den Vereinigten Staaten einen Wettkampf im Entwickeln immer modernerer »strategischer Waffen« austrug, konnte sie den lange unterdrückten Unabhängigkeitsbestrebungen in Osteuropa nichts mehr entgegensetzen.

Der Historiker Paul Kennedy hat diesen Zustand als »imperiale Überdehnung« bezeichnet. In seinem Buch *Aufstieg und Fall der großen Mächte* schrieb er über die Vereinigten Staaten, dass »sie den beiden Prüfungen, an denen die *Langlebigkeit* jeder großen Macht, die in der Welt den ›ersten Platz‹ einnimmt, gemessen werden, nicht ausweichen können. Erstens: Kann das Land im militärisch-strategischen Bereich ein vernünftiges Gleichgewicht finden zwischen seinen selbstauferlegten Verteidigungspflichten und den verfügbaren Mitteln, um diesen Verpflichtungen nachzukommen? Und kann es zweitens, was eng damit zusammenhängt, das technologische und ökonomische Fundament seiner Macht angesichts der sich ständig wandelnden Strukturen der Weltwirtschaft vor dem relativen Verfall bewahren? Diese Prüfung der amerikanischen Fähigkeiten ist um so härter, als die Vereinigten Staaten – wie das spanische Reich um 1600 oder das britische Empire um 1900 – eine enorme Reihe von strategischen Verpflichtungen geerbt haben, die sie Jahrzehnte zuvor übernahmen, als die politischen, wirtschaftlichen und militärischen Fähigkeiten der Nation so viel gesicherter erschienen.«[20]

Ich glaube nicht, dass die »enorme Reihe von strategischen Verpflichtungen«, die die Vereinigten Staaten in den vergangenen Jahrzehnten eingingen, größtenteils die Folge von Versuchen war, andere Länder wirtschaftlich auszubeuten oder sie einfach politisch und militärisch zu beherrschen. Zwar beteiligten die Vereinigten Staaten sich in der Vergangenheit an der imperialistischen Ausbeutung anderer Länder, doch sie versuchten auch auf alle möglichen Arten, sich vieler solcher Verpflichtungen zu entledigen. Amerikas heutige »imperiale Überdehnung« hat andere Ursachen als die früherer Weltmächte. Die Ursachen ähneln vielmehr jenen, die den Zusammenbruch der Sowjetunion herbeiführten.

Viele Amerikaner stört es nicht, wenn die Aktivitäten und die politischen Strategien oder Positionen ihres Landes mit denen der Sowjetunion verglichen werden. Einige verwahren sich gegen einen solchen Vergleich, da er ihrer Meinung nach den falschen Eindruck »moralischer Gleichwertigkeit« erweckt. Sie beharren darauf, dass Amerikas Werte und Institutionen sehr viel humaner sind, als die von Stalins Russland waren. Dem stimme ich zu. Während des Kalten Krieges blieben die Vereinigten Staaten eine funktionierende Demokratie, deren Bürger Rechte genossen, die im sowjetischen Einflussbereich undenkbar waren (selbst wenn die USA, wo in jüngerer Zeit mehr Menschen im Gefängnis sitzen als sonst irgendwo auf der Welt, sich mit Kritik an den Strafrechtssystemen anderer Länder besser zurückhalten sollten). Vergleiche zwischen den Vereinigten Staaten und der ehemaligen Sowjetunion sind jedoch hilfreich, weil die beiden Supermächte sich zusammen entwickelten und militärisch, wirtschaftlich und ideologisch in einen scharfen Wettstreit miteinander traten. Irgendwann zeigt sich vielleicht, dass sie es schafften, sich wie zwei Skorpione in einer Flasche gegenseitig totzustechen. Diese beiden modernen Imperien entstanden durch den Zweiten Weltkrieg und ihren anschließenden Wettkampf um die Kontrolle der Kräfte, die der Krieg freigesetzt hatte. Wenn man ermessen will, was der Kalte Krieg die Vereinigten Staaten gekostet hat, muss man auch seine Folgen betrachten. Die Rolle der USA als einzige Supermacht der Welt – als Anführer der friedliebenden Nationen und als Schirmherr von Einrichtungen wie den Vereinten Nationen, der Weltbank und der Welthandelsorganisation – wird durch die Rückstöße unbesonnener, oft geheimer Operationen, die die USA in der Vergangenheit durchführten, zusätzlich erschwert.

In Ostasien könnte der Kalte Krieg für die USA besonders einschneidende Folgen haben. Der Reichtum dieser Region hat das Machtgleichgewicht in der Welt grundlegend verändert. Nach Japan passten sich auch viele andere ostasiatische Länder der zweigeteilten Welt des Kalten Krieges an und nutzten die durch ihn entstandenen Verhältnisse, um selbst wirtschaftliche Stärke zu entwickeln. Dass das rapide Wirtschaftswachstum in einigen Ländern der Region mit der Wirtschaftskrise von 1997 zum Stillstand kam oder sich ins Gegenteil verkehrte, ändert nichts an der Tatsache, dass sich der globale Schwerpunkt der Fertigungsindustrie inzwischen nach Ostasien verlagert hat.

Die wirtschaftlichen Leistungen der Asiaten lösen beim politischen und intellektuellen Establishment Amerikas immer noch Verwirrung und Feindseligkeit aus – wie die wirtschaftlichen Erfolge des angloamerikanischen und des westeuropäischen Kapitalismus einst bei der sowjetischen Führungsschicht. Die Amerikaner sollten indes langsam erkennen, dass die wirklichen Gefahren für ihr Land nicht von den neureichen Ländern Ostasiens ausgehen, sondern von ihrer eigenen ideologischen Unbeweglichkeit, von ihrem tief verwurzelten Glauben an ihre eigene Propaganda. Um die warnenden Worte der Soziologen Giovanni Arrighi und Beverly Silver zu zitieren: »Es gibt keine ernst zu nehmenden aggressiven neuen Mächte, die den Zusammenbruch des von den Vereinigten Staaten dominierten internationalen Systems herbeiführen können. Vielmehr haben die Vereinigten Staaten sogar größere Möglichkeiten, ihre endende Vorherrschaft in eine ausbeuterische Herrschaft zu verwandeln, als die Briten vor einem Jahrhundert. Wenn das System am Ende doch zusammenbricht, dann in erster Linie wegen der mangelnden amerikanischen Bereitschaft, umzudenken und sich Veränderungen anzupassen. Und umgekehrt ist es eine Grundvoraussetzung für einen konfliktfreien Übergang zu einer neuen Weltordnung, dass die Amerikaner umdenken und sich auf die wachsende wirtschaftliche Stärke der ostasiatischen Region einstellen.«[21]

Es ist höchste Zeit, dass die Vereinigten Staaten ihre Rolle in der Welt nach dem Kalten Krieg neu überdenken und sich mit politischen Strategien auseinander setzen, die einen weiteren größeren Krieg – wie ihre letzten drei – in Ostasien verhindern können. Einige der bevorstehenden bedeutsamen Veränderungen in Ostasien zeichnen sich bereits ab: Chinas zunehmende Orientierung am Vorbild der asiatischen Staaten mit hohem Wirtschaftswachstum, die Wiedervereinigung Koreas, Japans Bestreben, seine politische Lähmung zu überwinden, Amerikas Konzeptlosigkeit im Umgang mit einem selbstbewussten China und einem unabhängigeren Japan und die wachsende Bedeutung von Südostasien als einem neuen weltwirtschaftlichen Schwerpunkt. Die amerikanische Politik darf nicht länger von Militärstrategen und »Verteidigungspolitikern« bestimmt werden, die bis heute maßgeblichen Einfluss auf Washingtons Asienpolitik haben. Amerikanische Botschafter und Diplomaten in Asien sollten die Geschichte und die Ambitionen Ostasiens kennen und über elementare Kenntnisse der dort gesprochenen Sprachen verfügen. Die USA müssen dringend neue Konzepte der Krisenbewältigung entwickeln, anstatt wie bisher allein auf die Flugzeugträgerflotte, Marschflugkörper und den freien

Kapitalverkehr zu setzen. Und die Amerikaner müssen die Selbstzufriedenheit und Überheblichkeit ablegen, die sie bis heute Asien gegenüber an den Tag legen.

Die Opfer von Terroranschlägen, mit denen auf die Sünden der Unangreifbaren aufmerksam gemacht werden soll, sind immer die Unschuldigen. Und die Unschuldigen des 21. Jahrhunderts werden unter unerwartet hereinbrechenden Katastrophen zu leiden haben, die Rückstöße der imperialistischen Eskapaden vergangener Jahrzehnte sind. Auch wenn die Amerikaner größtenteils kaum wissen, was in ihrem Namen alles getan wurde und wird, werden sie für die fortgesetzten Bemühungen ihres Landes, die ganze Welt zu beherrschen, wahrscheinlich irgendwann – als Einzelpersonen und als Nation – einen hohen Preis bezahlen müssen. Es ist wichtig, eine neue Diskussion über die globale Rolle der USA während des Kalten Krieges und danach zu eröffnen, bevor der Schaden irreparabel wird, der durch gedankenlose Machtdemonstrationen und die selbstglorifizierende Propaganda, mit der sie stets verbrämt werden, angerichtet wurde. Und diese erneute Auseinandersetzung mit der imperialen Politik Amerikas sollte am besten mit einer Analyse des amerikanischen Verhaltens in Ostasien beginnen.

KAPITEL 2

Okinawa, die letzte asiatische Kolonie

Am 4. September 1995, ungefähr um 22.00 Uhr, überfielen zwei amerikanische Marineinfanteristen und ein Matrose ein zwölfjähriges Mädchen aus Okinawa auf dem Nachhauseweg vom Einkaufen. Sie fesselten und knebelten es, fuhren es in einem Mietwagen an einen entlegenen Ort und vergewaltigten es. Der Obergefreite Rodrico Harp und der Matrose Marcus Gill gaben zu, dass sie das Mädchen heftig schlugen, während Gill ihm Klebeband um Mund, Augen, Hände und Füße wickelte. Gill, den ein Bekannter vor Gericht als einen »Panzer« bezeichnete, war 1,83 Meter groß und wog fast 270 Pfund. Er gestand, das Mädchen vergewaltigt zu haben, während die beiden anderen behaupteten, es lediglich entführt und geschlagen zu haben. Nach einem Prozessbericht der Presseagentur Associated Press brach der Gerichtsdolmetscher zusammen, »als [Gill] die obszönen Witze erzählte, die er und seine Begleiter über ihr bewusstloses und blutendes Opfer gemacht hatten«.[1] Die Polizei legte bei der Gerichtsverhandlung als Beweismittel eine in einer Mülltonne gefundene Plastiktüte vor, die drei Garnituren blutverschmierter Männerunterwäsche, ein Schulheft und Klebeband enthielt.

Die drei überführten Vergewaltiger, der zweiundzwanzigjährige Gill aus Woodville, Texas, der einundzwanzigjährige Harp aus Griffin, Georgia, und der zwanzigjährige Obergefreite der Marineinfanterie Kendrick Ledet aus Waycross, Georgia, waren keineswegs Außenseiter unter den auf der Insel Okinawa stationierten US-Soldaten. Harp war der Vater einer neun Monate alten Tochter und hatte in Griffin einen Lehrgang des Reserve Officer's Training Corps absolviert. Ledet war Pfadfinder und Kirchendiener gewesen. Gill hatte Englisch studiert und ein Footballstipendium erhalten. Alle waren im Camp Hansen stationiert. Gill erzählte dem Gericht, dass er und seine beiden Freunde das Mädchen »nur zum Spaß« vergewaltigt hätten. Sie hätten es sich nicht gezielt ausgesucht, sondern es zufällig aus einem Laden kommen sehen.

Ein paar Wochen später kommentierte der Befehlshaber aller amerikanischen Streitkräfte im Pazifik, Admiral Richard C. Macke, von seinem Hauptquartier in Pearl Harbor auf Hawai aus diese Vergewaltigung der Presse gegenüber mit der lockeren Bemerkung: »Ich finde, ihr Verhalten war absolut blöd. Für den Preis, den sie für das Mietauto zahlten, hätten sie ein Mädchen haben können.«[2] Danach durfte Macke zwar in den Ruhestand treten, doch weder ein Untersuchungsausschuss des Kongresses noch irgendeine andere offizielle Untersuchungskommission beschäftigten sich mit seinem Führungsstil als Befehlshaber der US-Truppen im Pazifik oder gar mit der Frage, warum ein Jahrzehnt nach dem Ende des Kalten Krieges immer noch 100 000 US-Soldaten in Japan und Südkorea stationiert sind. Es wurden nur unzählige Stellungnahmen abgegeben, in denen der Öffentlichkeit erklärt wurde, dass die Vergewaltigung eines Kindes durch US-Soldaten eine beispiellose »Tragödie«, aber keine Folge der amerikanischen Stationierungspolitik sei, und dass Ostasien seine amerikanischen Friedenswächter »brauche«.

Wenige Amerikaner, die nie bei den amerikanischen Streitkräften in Übersee gedient haben, haben eine Vorstellung vom Charakter oder von der Wirkung eines amerikanischen Stützpunkts mit seinen gewaltigen militärischen Anlagen, seinen Einkaufszentren, Kasernen, Swimmingpools, Golfplätzen und den Bars, Stripteaseclubs, Bordellen und Kliniken für Geschlechtskrankheiten, die an einem Ort wie Okinawa ebenfalls dazugehören. So ein Komplex kann sich über mehrere Kilometer erstrecken und seine ganze Umgebung, in manchen Fällen sogar das ganze Land, beherrschen. In Südkorea entstanden zum Beispiel während des Koreakriegs um die amerikanischen Stützpunkte herum riesige »Vergnügungsviertel« für die US-Soldaten (*kijich'on*). Katharine Moon schreibt: »Sie bilden gewissermaßen die Kulisse für die militärische Präsenz der USA in Korea. Typisch für sie sind schummrige Gassen mit neon-beleuchteten Bars, die Namen wie Lucky Club, Top Gun oder King Club tragen. Durch die Gassen, die von lauter Country-Western- oder Discomusik und dem Gegröle streitender Betrunkener erfüllt sind, promenieren amerikanische Soldaten in Uniform und aufgedonnerte Koreanerinnen – mit den Händen auf dem Hintern des andern.«[3] Bis zum Rückzug der amerikanischen Truppen von den Philippinen im Jahre 1992 lebte die Stadt Olongapo neben dem amerikanischen Flottenstützpunkt an der Subic Bay ausschließlich vom »Vergnügungsgeschäft«. Es gab dort ungefähr 55 000 Prostituierte und insgesamt 2182 registrierte Etablissements, die amerikanischen Soldaten »Entspannung und Unterhaltung« boten.

Auf dem Höhepunkt des Kalten Krieges errichteten die Vereinigten Staaten eine Kette von Militärbasen, die sich von Korea und Japan über Taiwan, die Philippinen, Thailand und Australien nach Saudiarabien und über die Türkei und Griechenland nach Italien, Spanien, Portugal, Deutschland, England und Island erstreckte – sie kreisten die Sowjetunion und China also mit buchstäblich Tausenden von überseeischen militärischen Einrichtungen ein. Allein in Japan befanden sich nach dem Ende des Koreakriegs 600 amerikanische Einrichtungen mit ungefähr 200 000 Soldaten. Heute, zehn Jahre nach dem Ende des Kalten Krieges, unterhält das amerikanische Verteidigungsministerium immer noch ungefähr 800 Anlagen – von Funkstationen bis zu großen Militärbasen – außerhalb der Vereinigten Staaten. Die Menschen, die in ihrem Umkreis leben (und oft von ihnen abhängig sind), empfinden die US-Soldaten möglicherweise eher als Besatzer denn als Friedenswächter. Das gilt mit Sicherheit für die Bewohner der Insel Okinawa, die sich seit dem 17. Jahrhundert von Japan und seit 1945 von den Vereinigten Staaten besetzt fühlen.

Okinawa ist 1176 Quadratkilometer groß, also so groß wie Los Angeles und kleiner als die Hawaii-Insel Maui. Auf der Insel befinden sich zurzeit 39 amerikanische Militärbasen, vom Luftwaffenstützpunkt in Kadena, dem größten Flugplatz in Ostasien, bis zum Fernmeldezentrum in Sobe, das dort wegen seiner seltsamen Antenne »Elefantenkäfig« genannt wird und dessen Anlagen zur

Kommunikation mit U-Booten, zum Abhören von Telefongesprächen und für Geheimdienstoperationen genutzt werden. In den sechziger Jahren, als Okinawa noch direkt vom Pentagon verwaltet wurde, gab es dort 117 amerikanische Stützpunkte, im Jahr, als die Vergewaltigung verübt wurde, waren es noch 42. Obwohl nur wenige von ihnen nebeneinander liegen, nehmen sie zusammengenommen ungefähr 20 Prozent der besonders fruchtbaren Gebiete im Zentrum und im Süden der Hauptinsel Okinawa ein. Die Vereinigten Staaten kontrollieren auch 29 Seeräume vor und 15 Lufträume über den Ryukyu-Inseln. Okinawa, das inzwischen wieder eine Präfektur Japans ist, nimmt nur 0,6 Prozent der Gesamtfläche Japans ein, doch 75 Prozent der Anlagen, die ausschließlich von den in Japan stationierten amerikanischen Streitkräften genutzt werden, befinden sich auf dieser Insel. Mit einer Bevölkerungsdichte von 2198 Menschen pro Quadratkilometer gehört Okinawa zu den am dichtesten bevölkerten Gebieten der Welt. Für die Gelände der amerikanischen Stützpunkte und die von den Vereinigten Staaten kontrollierten See- und Lufträume sind nicht die Gerichte und die Polizei Japans oder Okinawas zuständig, sondern entsprechende amerikanische Behörden.

Es mag für viele Amerikaner schwer zu begreifen sein, warum eine einzige Vergewaltigung bei der Bevölkerung Okinawas eine solche Empörung auslöste und das seit fast einem halben Jahrhundert bestehende Sicherheitsbündnis zwischen Japan und den Vereinigten Staaten gefährdete. Dazu muss man die besonderen imperialen Bedingungen verstehen, unter denen die Bewohner Okinawas leben. Auch muss man sich bewusst machen, dass die Bedrohung durch eine benachbarte Supermacht und ihre Verbündeten, mit der die Präsenz dieser amerikanischen Militärbasen, Waffen und Soldaten 40 Jahre lang begründet wurde, seit einem Jahrzehnt gar nicht mehr existiert.

Aus der Sicht der Bewohner Okinawas bestätigte Admiral Mackes Bemerkung nur, was sie schon seit langem aus eigener Erfahrung wussten, dass nämlich diese Vergewaltigung kein einzelner Fall von Disziplinlosigkeit war, sondern Teil eines Verhaltensmusers, das die höchsten Ränge der amerikanischen Militärhierarchie ignorierten oder sogar tolerierten. Noch wichtiger war jedoch, dass sich angesichts dieses Verbrechens eine Frage aufdrängte, die in den Satellitenstaaten des inoffiziellen amerikanischen Imperiums immer häufiger gestellt wurde: Müssen solche Opfer wirklich in Kauf genommen werden? Warum sind mehr als ein halbes Jahrhundert nach dem Ende des Zweiten Weltkriegs und mehr als ein Jahrzehnt nach der Auflösung der Sowjetunion und des Warschauer Pakts immer noch fremde Truppen in Ländern wie Japan stationiert?

Okinawa ist die größte Insel in der Ryukyu-Inselkette, die sich von der Südspitze Japans in Richtung Taiwan erstreckt. Ihre Hauptstadt Naha liegt näher bei Schanghai als bei Tokio, und die Kultur der Ryukyu-Inseln ist sowohl von starken chinesischen als auch von japanischen Einflüssen geprägt. Die Ryukyu-Inseln waren einst ein unabhängiges Königreich, bis sie im späten neunzehnten Jahrhundert von Japan annektiert wurden – ungefähr zur selben Zeit, zu der die Vereinigten Staaten die Hawaii-Inseln annektierten.

Die Hauptinsel Okinawa war der Schauplatz der letzten großen Schlacht des Zweiten Weltkriegs – und des letzten militärischen Siegs der Vereinigten Staaten in Ostasien. (Die Landung von General Douglas MacArthur in Inchon während des Koreakriegs war zwar ein militärischer Erfolg, doch sein anschließender Marsch nach Norden zum Fluss Yalu hatte zur Folge, dass China in den Krieg eingriff und die USA sich schließlich mit einem geteilten Korea abfinden mussten.) 14 005 Amerikaner und 234 000 japanische Soldaten und Zivilisten starben während dieser drei Monate dauernden Schlacht, die so brutal und blutig war, dass sie zum Hauptargument der USA für die Atombombenangriffe auf Hiroshima und Nagasaki wurde: Wenn der Einsatz von Atombomben den Krieg beenden und damit eine noch verlustreichere Schlacht um Japans Hauptinseln verhindern könne, dann sei er mehr als gerechtfertigt.

Das Denkmal, das die Regierung von Okinawa den Kriegsopfern errichten ließ und das am 50. Jahrestag des Kriegsendes enthüllt wurde, soll an das erinnern, was die Einheimischen den »Stahltaifun« nennen. Auf Dutzenden von Steintafeln stehen die Namen von Menschen, die in dieser Schlacht – auf allen Seiten –

umkamen: japanische und amerikanische Soldaten und das dazugehörige Militärpersonal, Kriegsberichterstatter, Zivilisten aus Okinawa und Japan und Zwangsarbeiter aus Korea. Die Schlacht dauerte von April bis Juni 1945 und verwüstete die ganze Insel. Im September 1945 besetzten die amerikanischen Streitkräfte das besiegte Japan und versprachen, in dem von einem Kaiser regierten Reich eine ganze Reihe von demokratischen Reformen durchzuführen. Doch Okinawa wurde vom übrigen Japan abgetrennt und auf eine ausgesprochen autokratische Weise vom amerikanischen Militär beherrscht.

Von 1945 bis 1972 regierten US-Offiziere Okinawa wie eine Militärkolonie. 1952 war der Verzicht auf Okinawa der Preis, den die amerikanische Regierung Japan für die Unterzeichnung eines frühen Friedensvertrages und eines amerikanisch-japanischen Sicherheitspaktes abverlangte, mit denen die Besetzung der japanischen Hauptinseln aufgehoben wurde. Viele Menschen aus Okinawa glauben, dass Kaiser Hirohito sie 1945 in einer sinnlosen Schlacht opferte, nur um bei den Alliierten bessere Kapitulationsbedingungen herauszuholen, und dass Tokio sie 1952 erneut opferte, damit der Rest Japans seine Unabhängigkeit zurückerlangen und die Anfänge eines wirtschaftlichen Aufschwungs genießen konnte. Aus ihrer Sicht konnte Japan mit dem amerikanisch-japanischen Sicherheitspakt recht gut leben, weil die meisten amerikanischen Militärbasen sich auf einer kleinen Insel weit im Süden befanden, wo sie und die Probleme, die sie mit sich brachten, die Mehrheit der Japaner nicht weiter störten. (Es sollte jedoch hinzugefügt werden, dass es in Japan immer noch acht große amerikanische Militärbasen gibt, die sich in Atsugi, Iwakuni, Misawa, Sagamihara, Sasebo, Yokosuka, Yokota und Zama befinden.)

Ohne die Militärbasen auf japanischem Boden hätten die Amerikaner ihre Kriege gegen den asiatischen Kommunismus in Korea und Vietnam nicht führen können. Diese militärischen Außenposten waren strategisch wichtige Bereitstellungsräume für die Ausdehnung amerikanischer Macht auf das asiatische Festland und gleichzeitig ideale Zufluchtsorte, an denen man vor Angriffen nordkoreanischer, chinesischer, vietnamesischer oder kambodschanischer Streitkräfte sicher war. Große amerikanische Stäbe, die an der Kriegführung beteiligt waren, lebten dort sicher und bequem, und die amerikanischen Truppen genossen die »Entspannungs- und Unterhaltungsmöglichkeiten«, die sich ihnen auf Okinawa oder in Japan sowie in Thailand, Hongkong oder auf den Philippinen boten. 1965 betonte Admiral Grant Sharp, der Oberbefehlshaber der amerikanischen Streitkräfte im Pazifik, dass die Vereinigten Staaten den Vietnamkrieg ohne ihre Militärbasen auf Okinawa nicht führen könnten.

Hätten die Amerikaner die Erlaubnis der Japaner gebraucht, um von deren Territorium aus Kriege führen zu können, dann wäre ihnen diese verweigert worden. Doch als 1950 der Koreakrieg ausbrach, hielt das amerikanische Militär immer noch ganz Japan besetzt, und fast bis zum Ende des Vietnamkriegs verwaltete es Okinawa weiterhin wie seine private Militärkolonie. Ende der sechziger Jahre hatten die Amerikaner dort bereits mehr als 100 Militärbasen errichtet, viele davon auf Land, das sie einfach beschlagnahmt hatten. Die Bewohner Okinawas konnten sich dagegen nicht wehren, denn da sie keine offizielle Staatsbürgerschaft besaßen und sich daher nicht auf die Gesetze irgendeines Landes berufen konnten, waren sie praktisch rechtlos. Als auf dem Höhepunkt des Vietnamkrieges ihre vehementen Proteste gegen B-52-Bomber, Nervengaslager, Bars, Bordelle und von GIs begangenen Verbrechen zu eskalieren drohten, entschlossen die Amerikaner sich endlich zu dem Schritt, Okinawa an Japan zurückzugeben. Doch was die amerikanische Präsenz auf Okinawa betraf, änderte sich nichts – außer dass die Amerikaner sich nun gezwungen sahen, ihr Verhalten zu rechtfertigen. Damit begann eine Periode extremer amerikanischer Heuchelei, Verlogenheit und Gier, die einen Höhepunkt erreichte, als das Ende des Kalten Krieges bei den 1,3 Millionen Bewohnern der Insel die Hoffnung aufkommen ließ, dass die Demütigungen, die sie täglich hinnehmen mussten, vielleicht auch bald enden würden.

Stattdessen begannen die Amerikaner unter Clinton einfach neue »Bedrohungen« zu erfinden, die ihre Präsenz erforderlich machten, und betonten immer wieder aufs Neue ihren guten Willen und ihre guten nachbarschaftlichen Beziehungen zu Japan. Im November 1995 versicherte der damalige amerikanische Verteidigungsminister William Perry den Japanern in einer Rede, die er im National Press Club in Tokio hielt: »Die Basen sind eher zu Ihrem Wohl da als zu unserem«, denn »ohne die Truppen wäre Japan verwundbar«. Und zu der Vergewaltigung sagte er: »Das amerikanische Volk teilt dieses Leid mit ihnen.«[4] General C.C. Krulak, der Kommandeur des Marineinfanteriekorps, schrieb über die Militärbasen auf Okinawa: »Ein Stützpunkt der Marineinfanterie ist mehr als eine Ansammlung von Gebäuden und Ausrüstung; er ist eine Gemeinschaft von guten, ehrbaren und wohlmeinenden Menschen, Menschen mit Familien und Interessen, die weit über die täglichen militärischen Aufgaben hinausgehen, Menschen, die sich für die Gemeinschaft einsetzen. Das sind Leute, denen das Leben der Menschen jenseits der Zäune ihres Stützpunkts etwas bedeutet.«[5] Und Botschafter Walter Mondale, der an einem hinterlistigen Komplott beteiligt war, bei dem die amerikanische Regierung öffentlich versprach, das Basislager der Marineinfanterie in Futenma zu räumen, aber gleichzeitig auf privater Ebene von Japan die Einrichtung eines entsprechenden Stützpunkts anderswo auf Okinawa forderte, betonte bei seiner Rückkehr in die Vereinigten Staaten gegenüber der Presse: »Wir haben uns sehr intensiv bemüht, unseren Freunden auf Okinawa gute Nachbarn zu sein.«[6]

In den neunziger Jahren ging es den Bewohnern von Okinawa auf jeden Fall wesentlich besser als in den Tagen, in denen ihre Insel unter amerikanischer Verwaltung stand. Aus Japan strömte viel Geld auf die Insel, da die Japaner begriffen, dass der Wiederaufbau der japanischen Wirtschaft nach dem Zweiten Weltkrieg zum Teil auf Kosten der Bevölkerung von Okinawa erfolgt war, und es daher in Ordnung fanden, Okinawa etwas vom inzwischen erworbenen Reichtum abzugeben. Okinawa ist zwar immer noch die ärmste Präfektur Japans, doch Anfang der neunziger Jahre lag das dort erzielte Sozialprodukt nur noch 30 Prozent unter dem des ganzen Landes. Da Japan vom Pro-Kopf-Einkommen her das reichste große Land der Welt ist, bedeutet das, dass die kleine Insel Okinawa inzwischen viel reicher ist als beispielsweise Nordkorea.

Es ist keine absolute, sondern eine relative Diskriminierung, die die Bewohner Okinawas erzürnt – die Erkenntnis, dass sie nicht *gezwungen* sein sollten, den Lärm, die Verkehrsunfälle, die Umweltverschmutzung und die moralischen Verfehlungen der auf ihrer Insel stationierten Amerikaner hinzunehmen. Wie Etsuko Miyagi, die Anführerin der 1995 nach der Vergewaltigung gegründeten Frauenvereinigung, es formulierte: »Der japanischen Regierung ist es bisher gelungen, Okinawa, die fernste Präfektur, zum ›Müllhaufen‹ des Sicherheitspakts zu machen.«[7]

Sittlichkeitsdelikte sind zum Beispiel weiterhin an der Tagesordnung. Kurz nach der Aufsehen erregenden Vergewaltigung, die eine Krise in den japanisch-amerikanischen Beziehungen auslöste, informierte die *New York Times* ihre Leser auf der Titelseite, dass »das Benehmen der amerikanischen Streitkräfte in Japan seit der Besetzung im Jahre 1945 im Allgemeinen gut« gewesen sei.[8] Angesichts von Berichten des Journalisten Frank Gibney, nach denen in Okinawa stationierte GIs im Jahr 1949 innerhalb von sechs Monaten 29 Einheimische töteten und weitere 18 vergewaltigten, und angesichts von Schätzungen, nach denen Ende 1958 ein Viertel bis ein Drittel der auf Okinawa stationierten 3. Marineinfanteriedivision mit Geschlechtskrankheiten infiziert war, muss man sich fragen, was die *New York Times* denn wohl als schlechtes Benehmen betrachten würde.[9]

Auch der Befehlshaber der amerikanischen Streitkräfte in Japan, Generalleutnant der Luftwaffe Richard Myers, behauptete, die Vergewaltigung von 1995 sei ein Einzelfall gewesen, kein typisches Beispiel für das Verhalten von »99,99 Prozent der amerikanischen Streitkräfte«.[10] Doch diese Behauptung ist schlicht falsch. Nach einem Bericht der konservativen japanischen Zeitung *Nihon Keizai Shimbun*, der sich auf Akten des Polizeipräsidiums der Präfektur Okinawa stützte, waren US-Soldaten zwischen 1972 und 1995 in 4716 Straftaten verwickelt – daraus ergibt sich für die Zeit, in der General Myers in Japan das Kommando führte, ein Durchschnittswert von knapp einer Straftat pro Tag.[11]

Natürlich handelte es sich bei den meisten dieser Straftaten nicht um Sittlichkeitsdelikte. Russell Carollo und ein Journalistenteam der *Dayton Daily News* arbeiteten 100 000 Militärgerichtsakten aus den Jahren 1988 bis 1995 durch, um herauszufinden, wie viele Soldaten sich wegen des Vorwurfs der Vergewaltigung vor einem Kriegsgericht verantworten mussten und wie sie behandelt wurden. Ihre Recherchen ergaben, dass es seit 1988 auf den Stützpunkten der amerikanischen Marine und Marineinfanterie in Japan zu 169 Militärgerichtsverfahren wegen Sittlichkeitsdelikten kam – das waren die höchsten Zahlen von allen amerikanischen Militärbasen weltweit, und 66 Prozent mehr Fälle als in San Diego, das den zweiten Platz belegte – dabei sind dort mehr als doppelt so viele Soldaten stationiert wie in Japan. »Japan« bedeutete hier im Grunde Okinawa, wo die Marine über einen großen Stützpunkt am White Beach und über ein weiteres Kontingent in Kadena verfügt und wo die Marineinfanterie insgesamt 20 Militärbasen unterhält, die über die ganze Insel verteilt sind. Das Team der *Dayton Daily News* musste monatelang Anträge stellen, um nach dem Informationsfreiheitsgesetz Informationen über Kriegsgerichtsverfahren zu erhalten, und da die Armee ihre diesbezüglichen Unterlagen erst freigab, nachdem die *Dayton Daily News* sie verklagt hatte, sind die Zahlen für die Armee in den Statistiken, die die Journalisten in ihrer Artikelserie vom 1. bis 5. Oktober 1995 veröffentlichten, noch nicht einmal enthalten.[12]

Statistisch gesehen kommen in den Vereinigten Staaten auf 100 000 Einwohner 41 Anzeigen wegen Vergewaltigung; auf den amerikanischen Militärbasen auf Okinawa sind es 82. Natürlich sind nur die zur Anzeige gebrachten Vergewaltigungen statistisch erfasst. Da es in der Kultur Okinawas für eine erwachsene Frau unerträglich demütigend ist, eine Anzeige wegen Vergewaltigung zu erstatten (was es dem Marineinfanteriekorps erleichterte, vieles nachträglich zu vertuschen), war die tatsächliche Zahl der Vergewaltigungen zweifellos wesentlich höher. Empörenderweise enthüllte die Artikelserie der *Dayton Daily News*, dass das Militär Hunderte von angezeigten Sexualstraftätern aus seinen Reihen, die von Militärgerichten schuldig gesprochen worden waren, auf freien Fuß setzte. Das Magazin *The Nation* zog aus den Enthüllungen des Journalistenteams den Schluss: »Vergewaltigungen werden vom Pentagon systematisch verheimlicht.«[13]

Vielleicht hat das Pentagon in einer Gruppe von Frauen, die fest entschlossen ist, die Vergewaltiger unter den Soldaten öffentlich beim Namen zu nennen und sie vor den Richter zu bringen, endlich seinen Meister gefunden. Die »Aktionsgruppe der Frauen von

Okinawa gegen vom Militär ausgeübte Gewalt« – wurde von Suzuyo Takazato, einem Mitglied des Stadtrats von Naha, und Carolyn Francis, einer auf Okinawa lebenden Amerikanerin und methodistischen Missionarin, gegründet. Sie hatten im September 1995 am 4. UN-Frauenforum in Beijing teilgenommen und zusammen mit anderen engagierten Frauen einen enthüllenden chronologischen Bericht über die Erfahrungen der Frauen von Okinawa während der Besetzung ihres Landes durch das amerikanische Militär vorgelegt. Als sie bei ihrer Rückkehr nach Okinawa von der brutalen Vergewaltigung des zwölfjährigen Mädchens erfuhren, mobilisierten sie durch eine Kampagne die Bevölkerung und die Regierung Okinawas. Am 21. Oktober 1995 fand die größte Protestdemonstration in der Geschichte Okinawas statt. 85 000 Menschen versammelten sich zu einer Großkundgebung, bei der die amerikanische und die japanische Regierung aufgefordert wurden, etwas gegen die Missstände auf der Insel zu unternehmen. Ohne Ironie zitierten die Frauen von Okinawa immer wieder aus einer Rede, die Hillary Rodham Clinton als Ehrenvorsitzende der amerikanischen Delegation während des UN-Frauenforums in Beijing gehalten hatte. »Frauenrechte sind Menschenrechte«, hatte sie gesagt, und dass von Soldaten begangene Vergewaltigungen Kriegsverbrechen seien.

Die Vergewaltigung hatte am 4. September stattgefunden. Am 8. September hatte die Polizei von Okinawa anhand der Unterlagen der Autovermietung die Täter bereits ermittelt und Haftbefehle erlassen. Doch erst am 29. September übergab das amerikanische Militär die Gesuchten den örtlichen Behörden. Bald war in vielen Zeitungen zu lesen, dass die drei auf ihrem Stützpunkt ein und aus gegangen waren und sich die Zeit damit vertrieben hatten, »Hamburger zu essen«.[14] Das Grundproblem ist nicht die verspätete Auslieferung der Täter, sondern die so genannte »Exterritorialität«, ein historisch gesehen besonders kritischer Aspekt des westlichen (und japanischen) Imperialismus in Ostasien. Die Exterritorialität wurde von den Vereinigten Staaten in ihrem Vertrag mit China nach dem Opiumkrieg von 1839 bis 1842 eingeführt (ja, sie war eine amerikanische Erfindung). »Extra'lity« – so lautete die umgangssprachliche Abkürzung – bedeutete, dass Europäer,

Amerikaner oder Japaner, die in China Straftaten begingen, nicht nach den Gesetzen des Landes verurteilt wurden, in dem sie die Straftaten begangen hatten, sondern den Konsularbeamten ihres eigenen Landes übergeben wurden. (Ähnliches gilt heute für Mitglieder der amerikanischen Streitkräfte – und deren Ehegatten und Kinder –, die in Japan oder Korea Straftaten begehen).

Es ist keine Übertreibung, dass die chinesische Revolution auch ein Kampf gegen diese erniedrigende Bestimmung war, die in China bis 1943 galt. Die westlichen Staaten bestanden auf der Exterritorialität, weil sie der Ansicht waren, dass die asiatischen Gesetze so barbarisch waren, dass kein »zivilisierter« Mensch ihnen unterworfen sein sollte. Tatsächlich nutzten chinesische Kriminelle aller Art diese Bestimmung aus, indem sie behaupteten, zum Christentum übergetreten zu sein, oder sich mit anderen Tricks den rechtlichen Schutz einer imperialistischen Macht sicherten, um von chinesischen Behörden nicht mehr belangt werden zu können.

Artikel 17, Absatz 5 des japanisch-amerikanischen Abkommens über den Status der amerikanischen Streitkräfte (SOFA) besagt: »Wenn US-Soldaten und deren Angehörige Straftaten begehen, sollen sie von US-Behörden in Haft gehalten werden, bis japanische Vollstreckungsbehörden bei der Staatsanwaltschaft Strafanträge stellen, die auf einem begründeten Verdacht beruhen.« Auch wenn in diesem Abkommen die Exterritorialität eingeschränkt wurde, berechtigte es die US-Behörden dazu, von japanischen Ermittlungsbeamten gestellte Auslieferungsanträge abzulehnen. In das System eingebaute Verzögerungen wurden oft als Gelegenheit genutzt, amerikanische Verdächtige in die Vereinigten Staaten zurückzuschaffen und so dem Zugriff japanischer Behörden zu entziehen.

Unter dem Druck eskalierender Proteste auf Okinawa und im übrigen Japan nach dem Bekanntwerden der Vergewaltigung unterzeichneten die Vereinigten Staaten und Japan eine Zusatzvereinbarung zur SOFA, nach der GIs, die verdächtigt wurden, eine Vergewaltigung oder einen Mord begangen zu haben, auf Verlangen japanischer Ermittler schon vor der Anklageerhebung von japanischen Behörden in Gewahrsam genommen werden konnten.

Dieses Zugeständnis stellte einen klaren Bruch in der amerikanischen Weltpolitik dar. In Korea werden Verdächtige nach wie vor erst nach ihrer Verurteilung durch ein amerikanisches Militärgericht den örtlichen Behörden übergeben. Und Italien musste 1988 die amerikanischen Piloten, denen vorgeworfen wurde, so niedrig geflogen zu sein, dass ihr Militärjet das Drahtkabel einer Bergbahn durchtrennte und dadurch 20 Skifahrer in den Tod riss, an die USA ausliefern, wo sie zur Empörung der Italiener von einem Militärgericht freigesprochen wurden. Es ist natürlich unvorstellbar, dass die USA ausländischen Soldaten, die in Amerika zu Besuch sind oder eine Ausbildung absolvieren, eine solche Sonderbehandlung zugestehen würden. Und genau das empfinden die Menschen von Okinawa als zutiefst ungerecht.

Jedenfalls führte die erste amerikanische Reaktion auf die Vergewaltigung zur schwersten Krise in den japanisch-amerikanischen Beziehungen seit den vehementen Protesten gegen eine Verlängerung des Sicherheitspakts im Jahre 1960. Es sollte jedoch niemanden überraschen, dass die Sittlichkeitsdelikte, die die Bevölkerung von Okinawa so empörten, nicht abnahmen. Nur drei Monate später, im Dezember 1995, veröffentlichte die amerikanische Militärpolizei eine Computerzeichnung von einem Amerikaner, der verdächtigt wurde, in der Nähe des Waffenstützpunktes des Marineinfanteriekorps in Futenma eine Frau mit einem Messer bedroht und vergewaltigt zu haben. Ben Takara, ein durch seine Gedichte bekannt gewordener Chemielehrer der Futenma Senior High School, erzählte *Newsweek*: »Einmal führten wir unter unseren Studentinnen eine Erhebung durch, bei der wir sie fragten, ob sie auf dem Weg zur Schule oder nach Hause irgendwelche beängstigenden Erfahrungen mit US-Soldaten gemacht hätten. 30 bis 50 Prozent der Studentinnen antworteten mit ja ... Der Vergewaltigungsfall ... war nur die Spitze des Eisbergs. Ich muss sagen, dass der japanisch-amerikanische Sicherheitspakt die Bevölkerung Okinawas bisher nicht schützte.«[15]

Viele Vergehen der auf Okinawa stationierten US-Streitkräfte sind banaler und erregen weniger Aufsehen als Vergewaltigungen, erschüttern und beunruhigen die Einheimischen jedoch genauso. Zum Beispiel von US-Soldaten verursachte Verkehrsunfälle. An einem Sonntag Anfang Januar 1996, vier Monate nach der brutalen Vergewaltigung, auf die das amerikanische Militär angeblich mit einer Verschärfung der Disziplin reagierte, fuhr eine Marineinfanteristin vom Fliegerstützpunkt in Futenma mit überhöhter Geschwindigkeit durch den Ort Chatan in der Nähe des Luftwaffenstützpunkts in Kadena. Sie kam von der Straße ab, raste über einen Bürgersteig und überfuhr die sechsunddreißigjährige Rojita Kinjo und ihre beiden Töchter, die zehnjährige Mitsuko und die einjährige Mariko. Die zwanzigjährige Obergefreite Lori Padilla bekannte sich schuldig, durch grobe Fahrlässigkeit im Dienst einen Unfall mit Todesfolge verursacht zu haben. Möglicherweise verwirrte es sie, auf der linken Straßenseite zu fahren, wie es in Japan üblich ist. Jedenfalls wurde sie zu einer zweijährigen Haftstrafe verurteilt.

Fünf Monate später verklagte die Familie Kinjo Padilla und die beiden Miteigentümer des Wagens beim Bezirksgericht von Naha auf 62 Millionen Yen (ungefähr 580 000 Dollar) Schmerzensgeld für den emotionalen Verlust, den der Tod ihrer Angehörigen für sie bedeutete. Die Zahlung von Schmerzensgeld bei Unfällen aller Art ist ein wichtiger Bestandteil der japanischen Kultur und hat eine lange Tradition. Keiner der Beklagten erschien zur Verhandlung. Einer war inzwischen in die Vereinigten Staaten zurückgekehrt (die durchschnittliche Dienstzeit der US-Soldaten auf Okinawa beträgt nur sechs Monate). Im Dezember verurteilte das Gericht Padilla und die beiden Mitbeklagten zur Zahlung der geforderten Summe, doch der zweite Beklagte hatte Japan inzwischen ebenfalls verlassen und war unauffindbar. Padilla hatte keine Ersparnisse und war nicht versichert. Schließlich zahlte das amerikanische Militär der Familie 25 Millionen Yen (40 Prozent der Gesamtsumme), rang ihr dafür jedoch eine Erklärung ab, dass es sich dabei um eine Schenkung der US-Regierung handelte, und dass sie mit deren Annahme auf weitere Ansprüche gegen die Vereinigten Staaten verzichtete. Daraufhin zahlte die japanische Regierung die verbleibenden 37 Millionen Yen an die Angehörigen der Opfer.

Direkt nach dem Unfall wurde die Fahrerin übrigens weder verhaftet noch einem Alkoholtest unterzogen, sondern in ein Militärhospital transportiert. Das war nur einer von über 1000 Verkehrsunfällen pro Jahr auf Okinawa, in die US-Soldaten verwickelt sind (in ganz Japan sind es fast 2000), und er war insofern typisch, als die amerikanischen Fahrer in der Regel nicht oder nur unzureichend versichert sind und Japan oft schon verlassen haben, wenn einheimische Opfer sie vor den Richter bringen wollen.

Erst nach der Vergewaltigung vom September 1995, 51 Jahre nach ihrer Ankunft auf Okinawa, wurden die amerikanischen Militärfahrzeuge nach und nach mit Nummernschildern versehen. Davor hatten die Einheimischen in der Regel keine Möglichkeit gehabt, Fahrzeuge zu identifizieren, die mit ihren zusammenprallten oder sie verletzten. Es erforderte »das Opfer eines Schulmädchens«, schrieb die *Okinawa Times*, um bei dem Versuch, aus den Amerikanern »gute Nachbarn« zu machen, überhaupt irgendwelche Fortschritte zu erzielen.[16] Allein auf dem Luftwaffenstützpunkt in Kadena sind immer noch ungefähr 15 000 Führerscheinbesitzer stationiert; dazu kommen weitere 25 000 auf den Basen der Marineinfanterie auf Okinawa: Soldaten, Beamte des Verteidigungsministeriums, Lehrer und Familienangehörige, die zudem alle Sonderermäßigungen auf die Kraftfahrzeugsteuer erhalten. Müssten sie japanische Sätze zahlen, dann würden sich die Steuereinnahmen von Okinawa und Tokio einer Schätzung zufolge um 250 Millionen Yen beziehungsweise 200 Millionen Yen erhöhen.

Im Februar 1996, einen Monat nach dem Fall Padilla, wurde ein Neunzehnjähriger auf einem Motorroller von einem Wagen angefahren und getötet, an dessen Steuer ein Stabsbootsmann der US-Marine saß. Der Vater des jungen Mannes, Daisuke Ebihara, ein japanischer Lehrer, beschrieb einem Reporter der *Japan Times* die Gefühllosigkeit von Vertretern des amerikanischen Militärs: »Niemand...nahm an der Beerdigung teil oder schickte ein Beileidstelegramm oder einen Kranz. Und ein Japaner, der für das amerikanische Militär arbeitete, rief meine Frau an und bedrängte uns, keinen Anwalt zu nehmen; das wäre billiger, sagte er. Ich war noch nicht einmal im Krankenhaus, da sagten sie schon zu mir: ›Wir werden entscheiden, wie viel Entschädigung Sie bekommen.‹«[17] Ein Pressesprecher des amerikanischen Militärs, Major Kevin Krejcarek räumte ein, dass die US-Streitkräfte mit der japanischen Sitte, ein Schmerzensgeld zu zahlen, nicht richtig umzugehen verstünden. Diese Äußerung veranlasste Dr. Robert Orr von Nippon Motorola und der Amerikanischen Handelskammer in Japan zu dem Kommentar, dass etwas nicht stimmen konnte, wenn Streitkräfte, die seit einem halben Jahrhundert auf Okinawa stationiert sind, von einem so wichtigen Aspekt der einheimischen Rechtstradition noch nichts gehört hatten.

Am 7. Oktober 1998 geschah das Unvermeidliche wieder. Ein betrunkener zweiundzwanzigjähriger Obergefreiter der Marineinfanterie fuhr eine achtzehnjährige Studentin namens Yuki Uema um, die auf einem Mofa unterwegs war. Er beging Fahrerflucht, wurde jedoch bei seiner Rückkehr auf seinen Stützpunkt von einer aufmerksamen Wache festgenommen, der aufgefallen war, dass die Front seines Wagens stark beschädigt war. Das Opfer starb eine Woche später, ohne vorher das Bewusstsein wiedererlangt zu haben. Möglicherweise hätte es überlebt, wenn der Marineinfanterist ihm Hilfe geleistet hätte. Das amerikanische Militär weigerte sich eine Woche lang, den Verdächtigen der örtlichen Polizei zu übergeben – mit der Begründung, dass die Vereinigten Staaten nach dem Abkommen über den Status der Streitkräfte nur US-Soldaten, die eines schweren Verbrechens beschuldigt wurden, bereits vor der Verurteilung durch ein japanisches Gericht ausliefern müssten. Diesmal beeilten sich der amerikanische Botschafter und der japanische Premierminister, ihr Beileid zum Ausdruck zu bringen, und boten eine finanzielle Entschädigung an. Sie begriffen, dass viel – von umfangreichen Waffengeschäften bis zu Japans Platz in der globalen Strategie der USA – auf dem Spiel stehen könnte. Ein japanisches Gericht verurteilte diesen Marinesoldaten, der nach einem von ihm verursachten Unfall einfach davongefahren war, ohne dem schwer verletzten Opfer zu helfen, zu 20 Monaten Gefängnis, und ab März 1999 versuchte das Marineinfanteriekorps, den Alkoholexzessen und Gesetzesverstößen von US-Soldaten und ihren Angehörigen Einhalt zu gebieten, indem es Patrouillen durch die Vergnügungsviertel um Futenma, Kadena, Camp Foster und Camp Hansen schickte.

Auch Einheimische, denen es erspart bleibt, von US-Soldaten vergewaltigt oder angefahren zu werden, können dem ständigen

Lärm nicht entrinnen, den das amerikanische Militär verursacht. So berichtet ein Lehrer aus der Stadt Ginowan: »Mein Unterricht dauert 50 Minuten. Er wird mindestens dreimal durch den unglaublichen Lärm startender und landender Flugzeuge unterbrochen. Meine Schüler können mich dann nicht hören, also warten wir einfach geduldig.«[18] Der Luftwaffenstützpunkt des Marineinfanteriekorps in Futenma bringt es auf 52 000 Starts und Landungen pro Jahr, das sind 152 am Tag. Ihr Flugplatz liegt, von Wohn- und Geschäftsvierteln umgeben, mitten in Ginowan. Das Zentrum einer dicht besiedelten Stadt ist wirklich kein geeignetes Gelände für einen Flugplatz oder gar einen großen Militärflughafen, und wenn die Amerikaner wirklich gute Nachbarn wären, hätten sie ihn schon längst stillgelegt oder zumindest verlegt. Das weiß selbst das Marineinfanteriekorps. Im März 1997 blieben seine Hubschrauber einen Tag lang am Boden, damit die Studenten der High Schools von Ginowan in Ruhe ihre Aufnahmeprüfungen für die Universität ablegen konnten. Joseph Nye, ein Politologe aus Harvard, der früher die Abteilung für Angelegenheiten der Internationalen Sicherheit im Verteidigungsministerium leitete, untersuchte im Auftrag des Pentagons, welche potenziellen neuen »Bedrohungen« der nationalen Sicherheit der USA ihre kostspielige militärische Präsenz in anderen Ländern rechtfertigen könnten. Er wies darauf hin, dass die Bevölkerung von Okinawa schon seit langem politische Initiativen unterstütze, deren Motto »Nicht in meinem Hinterhof« laute.[19] Trotzdem vertrat er die Auffassung, dass mindestens bis zum Jahr 2015 100 000 US-Soldaten in Japan und Südkorea stationiert bleiben sollten. Wie so viele amerikanische Bürokraten und politische Berater hatte er noch nie Okinawa besucht, um sich diesen »Hinterhof« einmal anzusehen.

Den meisten Lärm verursachen auf Okinawa die Militärflugzeuge, doch die Einheimischen haben noch weitere außergewöhnliche Lärmbelästigungen zu ertragen. Von 1973 bis 1977 vertrieb sich das 12. Marineinfanterieregiment auf Okinawa die Zeit oft mit dem Abfeuern von 155 mm-Haubitzengranaten über der Schnellstraße 104 unweit des Dorfes Kin (wo zufällig auch die Vergewaltigung geschah). Jedes Mal wenn die Marineinfanteristen beschlossen, ihre Geschütze zu testen, musste die Schnellstraße gesperrt werden. 1993 feuerten sie beispielsweise 5606 Salven auf den Berg Onna auf der anderen Seite der Schnellstraße ab und verursachten dadurch große Umweltschäden einschließlich mehrerer Waldbrände. Wie nicht anders zu erwarten, blieben auch zahlreiche nicht explodierte Granaten auf den flachen Hängen des Berges liegen. Bitten der Einheimischen, diese Übungen einzustellen, um die Tourismusindustrie, die mit Abstand wichtigste Einkommensquelle von Okinawa, nicht zu gefährden, wurden einfach ignoriert.

Erst nach der Vergewaltigung ordnete der Kommandeur des Marineinfanteriekorps auf Okinawa als Geste der Reue eine auf drei Monate befristete Einstellung der Übungen an. Wegen der anhaltenden Proteste sah die japanische Regierung sich schließlich jedoch gezwungen, der amerikanischen Marineinfanterie Artillerieübungsplätze in der Präfektur Miyagi einzurichten. Sie stellte 238 Millionen Yen für die Umsiedlung von Familien bereit, für die die neuen Schießplätze bei Sendai eine unzumutbare Lärmbelästigung darstellten. Daraufhin stellte der Bürgermeister von Kin voller Bitterkeit die Frage: »Wenn die Regierung auf den Hauptinseln solche Entschädigungen zahlen kann, warum zum Teufel nicht auf Okinawa?«[20]

Klagen wegen unzumutbarer Lärmbelästigung erweisen sich für die japanische Regierung allmählich als eine kostspielige Angelegenheit. 1982 reichten 906 Bürger von Kadena gegen den dortigen Luftwaffenstützpunkt eine Klage wegen unzumutbarer Lärmbelästigung ein und ersuchten das Gericht, die Nachtflüge zu verbieten. 16 Jahre später forderte die Zweigstelle des obersten japanischen Gerichtshofs in Naha die japanische Regierung auf, den noch lebenden Klägern 1373 Millionen Yen Entschädigung zu zahlen. Eine Einstellung der Flüge zwischen 19.00 und 7.00 Uhr ordnete das Gericht allerdings nicht an – mit der Begründung, dass keine Bestimmung im Sicherheitsvertrag oder in den Landesgesetzen Japan dazu berechtige, sich in die Operationen auf dem amerikanischen Luftwaffenstützpunkt in Kadena einzumischen. Das amerikanische Militär bezeichnet den Lärm seiner Flugzeuge gern als den »Klang der Freiheit«, doch viele lärmgeschädigte Bewohner Okinawas können das nicht mehr hören.

Zu der Lärmbelästigung kommen die Umweltschäden, zum

Beispiel durch Artilleriefeuer entstandene, starke Bodenerosionen und durch Schiffe und Landungsübungen verursachte Schäden an Korallenriffen. (Dabei unterstützen die Vereinigten Staaten eine internationale Initiative zur Rettung der bedrohten Korallenriffe der Erde!) Ausgelaufener Flugzeugtreibstoff und andere toxische Substanzen verseuchen in einigen Gebieten der Insel den Boden und das Wasser, doch in der Regel werden diese Umweltverschmutzungen von den Amerikanern weder kontrolliert noch beseitigt. So berichtete das General Accounting Office des amerikanischen Kongresses 1998: »Stützpunkte des Marineinfanteriekorps in Japan und andere auf Okinawa stationierte Streitkräfte wurden durch einen Brief des Verteidigungsanlagen-Verwaltungsbüros der japanischen Regierung in Naha vom 25. August 1997 informiert, dass auf dem Gelände der Fernmeldeeinrichtung in Onna toxische Substanzen – Quecksilber und polychlorierte Biphenyle – gefunden wurden. Die Vereinigten Staaten hatten die Basis geschlossen und Japan im November 1995 das Land zurückgegeben... Dem Schreiben war zu entnehmen, dass das Land wegen der Belastung mit diesen Substanzen nicht an seine Besitzer zurückgegeben werden konnte, so dass es für eine erneute Nutzung zur Verfügung steht. Der Brief schließt mit der Bitte an die Vereinigten Staaten, in Zukunft vor der Schließung von Stützpunkten durch eine entsprechende Untersuchung eventuelle giftige Verunreinigungen zu ermitteln und zu beseitigen.«[21] Die Regierung proklamierte zwar, sich für den Umweltschutz einzusetzen, doch gleichzeitig erklärte sie, dass der Sicherheitsvertrag die Vereinigten Staaten ausdrücklich von jeglicher Verantwortung für die Beseitigung von Umweltverschmutzungen befreie.

Die bisher spektakulärste dokumentierte Umweltsünde war der Beschuss der ungefähr 100 Kilometer westlich von Okinawa liegenden Insel Torishima mit 1520 »abgereicherten« Uraniumgranaten im Dezember 1995 und im Januar 1996. Diese panzerbrechenden 24-mm-Granaten wurden von den Vereinigten Staaten zum ersten Mal im Golfkrieg eingesetzt; jede enthielt 147 Gramm Uran 238. Es besteht der Verdacht, dass das Uranoxid, das entsteht, wenn so ein Geschoss ein Ziel trifft (zusammen mit anderen Gasen, die freigesetzt wurden, als die Amerikaner Saddam Husseins Waffenlager zerstörten), eine Ursache des so genannten Golfkrieg-Syndroms sein könnte.[22] Über ein Jahr lang verschwiegen die Amerikaner den japanischen Behörden diesen offenen Verstoss gegen die Vorschriften des Pentagons, nach denen solche Munition nur in speziellen Schiessanlagen auf dem amerikanischen Festland benutzt werden darf. Tatsächlich hätte niemand von der Geschichte erfahren, wenn die *Washington Times* sie nicht enthüllt hätte.[23] Aus Angst vor einem gerichtlichen Nachspiel hatte das Militär im März und April 1996 Suchtrupps nach Torishima geschickt, die aber nur 192 der Granaten wiederfanden.

Der Einsatz von Waffen, die Uran enthielten – in welcher Form und Menge auch immer – im einzigen Land der Welt, das aus eigener Erfahrung wusste, was Kriegführung mit Atomwaffen bedeutete, und dazu noch durch Amerikaner – schliesslich waren es Amerikaner, die Hiroshima und Nagasaki zerstörten –, sorgte, gelinde gesagt, nicht gerade für positive Schlagzeilen. Als die Geschichte bekannt wurde, musste ein tief beschämter Premierminister Hashimoto zugeben, er sei von den Amerikanern (die zweifellos wussten, dass die Sache bald herauskommen würde) informiert worden, dass auf Torishima immer noch Uran-238-Granaten lagen, er aber nichts unternommen hatte. Als der unerlaubte Einsatz solcher Munition auf Okinawa ans Licht kam, versicherte der Leiter der Abteilung für öffentliche Angelegenheiten im Verteidigungsministerium den Medien: »Es besteht keine Gefahr für den menschlichen Körper oder die Umwelt. Die [von Uran-238-Granaten ausgehende] Strahlungsdosis ist nur ungefähr halb so gross wie die eines Fernsehgeräts in den 1950er-Jahren.«[24] Doch ein Fernsehgerät gibt UV-Strahlung ab, keine Gamma- oder Röntgenstrahlen. Und diese UV-Strahlung verursacht keinen Krebs – wie die japanischen Medien sofort betonten. Uran-238-Granaten verströmen dagegen Uranoxid, wenn sie ein Ziel wie einen Panzer oder den Boden treffen. Dieses Gas gelangt dann in Form von Partikeln in die Luft oder als Staub in die Lungen, die Nieren, die Blutbahn und das Knochenmark und kann Leukämie und Tumoren verursachen.

Jede kleine Krise wie diese ist ein Beispiel dafür, wie sich der Rückstoss der langjährigen imperialen Politik und Haltung der

USA im Einzelfall auswirkt. All diese Vorfälle untergraben die langfristige amerikanische Politik in Asien, und vor allem schaden sie dem Ansehen der Amerikaner bei den Japanern. Seit vielen Jahren nehmen die USA nun schon größere Gebiete der fruchtbarsten subtropischen Region im Pazifik in Anspruch und richten dort erhebliche Umweltschäden an. Damit schädigen sie auch die Bewohner von Okinawa, die auf und von diesem Land recht gut leben könnten, wenn sich darauf keine Militärbasen befänden. Es ist eine alte amerikanische Legende, dass solche Militärstützpunkte ein Gewinn für die Wirtschaft der Gastländer sind, und dass deren Bürger ein ureigenes Interesse an ihnen haben. Im Fall von Okinawa sieht die Wahrheit ganz anders aus. Dort ist die wichtigste Einkommensquelle heute der Tourismus. Die Präsenz von so vielen ausgedehnten militärischen Anlagen, die über die ganze Insel verteilt sind, und von über 50 000 Amerikanern, die keine Steuern zahlen und denen die Zukunft Okinawas gleichgültig ist, trägt nicht dazu bei, die Anziehungskraft der Ryukyu-Inseln für die Japaner und die Taiwanesen zu erhöhen.

So schrieb der Volkswirtschaftler und Herausgeber der Zeitung *The Ryukyuanist* Koji Taira: »Selbst nach den großzügigsten Schätzungen betragen die direkt oder indirekt durch die Basen erzielten Einkünfte nur 5 % des Bruttoinlandsprodukts von Okinawa. Das ist ein viel zu geringer Beitrag für ein Unternehmen, das 20 % des Landes von Okinawa einnimmt. Angesichts der hervorragenden Lage der Basen würden die Erträge aus diesen Grundstücken bei einer zivilen Nutzung wahrscheinlich mehr als 20 % von Okinawas Bruttoinlandsprodukt ausmachen. Das heißt, die USA und Japan fügen Okinawas Wirtschaft jedes Jahr einen schweren Verlust von 15 % ihres Bruttoinlandsprodukts zu. In einer Demokratie sollte ein solcher Missbrauch der Finanzhoheit des Staates niemals geduldet werden.«[25] Nach der japanischen Wirtschaftszeitung *Nikkei Weekly* betrugen die insgesamt durch die Stützpunkte auf Okinawa erzielten Einkünfte – einschließlich der Summe der Beträge, die Angehörige der amerikanischen Streitkräfte außerhalb der Stützpunkte ausgaben, der Gehälter der ungefähr 8000 Einheimischen, die auf den Stützpunkten arbeiteten, und der Pachten, die die japanische Regierung den einheimischen Besitzern von Grundstücken zahlte, auf denen sich Stützpunkte befinden – im Steuerjahr 1994 insgesamt 162 Milliarden Yen, das waren 4,9 Prozent der Bruttoeinkünfte der Präfektur.[26]

Auf den japanischen Hauptinseln gehört der größte Teil des Landes, das den Amerikanern für Militärbasen zur Verfügung gestellt wurde, der japanischen Regierung; bis 1945 befanden sich darauf militärische Einrichtungen der Kaiserlich-Japanischen Armee. In Okinawa wurde das für die Militärbasen benötigte Land seinen einheimischen Besitzern einfach weggenommen – entweder zur Zeit der Schlacht um Okinawa oder während der fünfziger Jahre. Der ehemalige Gouverneur der Präfektur Okinawa Masahide Ota, eine Autorität, was die Nachkriegsgeschichte der Insel betrifft, machte am 22. Dezember 1995 vor dem Obersten Gerichtshof in Fukuoka während der Verhandlung eines Falles, in dem es um Stützpunktgelände ging, folgende Aussage: »Unmittelbar nach der Schlacht von Okinawa sperrten sie [das amerikanische Militär] die Überlebenden in Konzentrationslager, zäunten sofort das ganze Land ein und suchten sich so viel Land zur militärischen Verwendung aus, wie sie wollten, um die militärischen Interessen der USA zu sichern. Dabei gingen sie vor, als zeichneten sie Linien auf eine leere Landkarte. Als die Einheimischen aus den Lagern heimkehren durften, stellten sie fest, dass ihre Heimatstädte hinter Stacheldraht verschwunden waren.«[27]

Dieser Prozess der gewaltsamen Beschlagnahme, in dessen Verlauf Häuser und bestellte Felder niedergebrannt oder mit Bulldozern platt gewalzt wurden, ging bis Ende der fünfziger Jahre weiter. Der Unmut der Einheimischen über die Willkür der Amerikaner und ihre mangelnde Bereitschaft, angemessene Entschädigungen zu zahlen, führten zu den ersten Protestdemonstrationen gegen die amerikanische Präsenz und 1956 zur Wahl eines kommunistischen Bürgermeisters in Naha. Daraufhin hoben die Amerikaner das Gesetz auf, nachdem der Bürgermeister gewählt worden war, entkleideten ihn seines Amtes und ließen seinen konservativen Gegnern über die CIA finanzielle Unterstützung zukommen.

Diese Protestbewegung, die von 1952 bis 1957 dauerte, war die Erste von drei großen Protestwellen, deren Ziel demokratische

Verhältnisse auf Okinawa waren. Die Demonstranten forderten Redefreiheit, die Zulassung von Gewerkschaften, angemessene Entschädigungen für enteignetes Land und allgemeine Gouverneurswahlen. Die zweite Welle wogte Ende der sechziger Jahre auf. Diesmal richteten sich die Proteste gegen den Einsatz von auf Okinawa stationierten B-52-Bombern in Vietnam und gegen die speziellen Bordelle für schwarze und weiße GIs in der Nähe des Luftwaffenstützpunkts in Kadena. Diese Protestwelle führte zur Rückgabe Okinawas an Japan. Die dritte Protestbewegung, die nach der Vergewaltigung von 1995 entstand, ist heute noch aktiv. Auch wenn keine dieser Bewegungen für sich in Anspruch nehmen kann, siegreich gewesen zu sein – bevor nicht die letzte amerikanische Militärbasis geschlossen ist, kann man von keinem echten Sieg sprechen –, entstand durch sie auf Okinawa eine besondere politische Kultur. Im Gegensatz zur Bevölkerung der japanischen Hauptinseln, der die Besetzung durch die Alliierten nach dem Krieg demokratische Reformen und eine »Friedensverfassung« bescherte, haben sich die Bewohner Okinawas bisher jede demokratische Reform erkämpfen müssen.

Eine kaum bekannte Taktik, die die Amerikaner in den fünfziger Jahren anwandten, um Bauern aus Okinawa, denen sie ihr Land weggenommen hatten, zu beschwichtigen, bestand darin, ihnen Land in Bolivien und Hilfe bei den Auswanderungsformalitäten anzubieten. Nach ihrer Ankunft in Bolivien stellten diese Bauern aus Okinawa jedoch fest, dass ihr neues Land ein kaum nutzbarer Dschungel war und dass die Amerikaner nicht vorhatten, ihnen die versprochene finanzielle Unterstützung zukommen zu lassen. Da sie weder amerikanische noch japanische Staatsbürger waren, gab es keine Stelle, an die sie sich Hilfe suchend hätten wenden können. So mussten sie selbst sehen, wie sie mit der Wildnis, dem ungewohnten Klima und ihren bolivianischen Nachbarn zurechtkamen. Die meisten der ersten Siedler aus Okinawa starben an Fieber oder flohen in bolivianische Städte, nach Peru oder nach Brasilien. Die wenigen, die in der so genannten Kolonie Okinawa nördlich von Santa Cruz überlebten, sind heute, nach einem Leben voller Strapazen und Schwierigkeiten, relativ erfolgreiche Farmer.

Doch von 3218 namentlich bekannten Auswanderern, die die Amerikaner zwischen 1954 und 1964 nach Bolivien brachten, wohnen dort heute nur noch 806 (einschließlich ihrer Nachfahren).[28]

Der größte Teil des Landes, das die Amerikaner auf Okinawa in Anspruch nehmen, befindet sich immer noch im rechtmäßigen Besitz von 31 521 Einzelpersonen oder Familien, die durch diverse Gesetze gezwungen werden, es an die japanische Regierung zu verpachten, die es kostenlos an die Amerikaner weiterverpachtet. Die Pachtverträge müssen in regelmäßigen Abständen neu abgeschlossen werden. 1991 erneuerte der neu gewählte Gouverneur Ota auf der Grundlage dieser willkürlichen Pachtgesetze 2636 abgelaufene Pachtverträge. Er erklärte, das sei die schwierigste Entscheidung seines Lebens gewesen – die regierende Liberaldemokratische Partei Japans hatte Wirtschaftshilfen für Okinawa von der Erhaltung der Militärbasen abhängig gemacht.[29] Ende 1995, als die nach der Vergewaltigung entstandene Bewegung bereits stärker wurde, weigerte sich Ota, noch mehr abgelaufene Pachtverträge zu verlängern und zwang dem Premierminister damit die politisch unattraktive Rolle eines Lakaien des Pentagons auf.

Viele kleine Grundbesitzer sind inzwischen erklärte Antimilitaristen, darunter auch ungefähr 3000 Intellektuelle aus Okinawa und dem restlichen Japan, die handtuchgroße Parzellen des Landes kauften, auf dem sich Militärbasen befinden, um auf diese Weise gegen die amerikanische Präsenz zu protestieren. Diese so genannten Ein-*Tsubo*-Grundbesitzer – das Flächenmaß *Tsubo* entspricht 3,3 Quadratmetern – sind der japanischen Regierung inzwischen ein Dorn im Auge. Als im März 1997 die Pachtverträge von vielen Ein-*Tsubo*-Grundbesitzern abliefen, zeigte die Verwaltung der Präfektur Okinawa keine Bereitschaft, die Erneuerung dieser Verträge zu erzwingen, um der japanischen Regierung einen Gesichtsverlust zu ersparen. Daraufhin setzte Premierminister Hashimoto ein Gesetz durch, mit dem die Zuständigkeit für die Verpachtung von Land, auf dem sich Militärbasen befinden, der japanischen Regierung übertragen wurde. Höchstwahrscheinlich ist dieses Gesetz aus verschiedenen Gründen verfassungswidrig – es entzieht japanischen Bürgern ohne ein entsprechendes Verfahren ihre Eigentumsrechte und es gilt nur für Okinawa, obwohl laut Artikel 95 der japanischen Verfassung ein Gesetz für ein bestimmtes Gebiet der Zustimmung der dortigen Bevölkerung bedarf.

Der berühmteste der antimilitaristischen Grundbesitzer Okinawas ist Shoichi Chibana. 1945 versuchte sein Großvater, nur mit einem Bambusstab bewaffnet, die Besetzung seines Landes zu verhindern, und wurde erschossen. Auf diesem Land, das seither in amerikanischer Hand ist, befindet sich heute die Fernmeldeeinrichtung von Sobe, eine von vielen Anlagen des amerikanischen Militärs auf Okinawa, die zur Kommunikation mit U-Booten und zum Abhören von Gesprächen in den umliegenden Ländern, Japan eingeschlossen, genutzt werden. Im Frühjahr 1996 lief der Pachtvertrag für dieses Land ab und Chibana weigerte sich, ihn zu verlängern. Das bedeutete – bis zum Inkrafttreten von Hashimotos Gesetz im Frühjahr 1997 –, dass die Amerikaner sich illegal auf seinem Land aufhielten. Sehr zum Ärger der amerikanischen und der japanischen Regierung zwang die Polizei von Okinawa die Amerikaner, Chibana Zutritt zu seinem Land zu gewähren. Am 14. Mai 1996 betrat er zusammen mit 29 Freunden ganz legal das Gelände der Fernmeldeeinrichtung von Sobe, veranstaltete ein Picknick auf dem Rasen, sang Lieder aus Okinawa und hielt einen Gedenkgottesdienst für seinen Großvater und seinen Vater ab. Die japanische Regierung dürfte fast alles tun, um eine Wiederholung dieses ausgiebig fotografierten und kommentierten Ereignisses zu verhindern.

Jedenfalls geht sie so weit, die hohen Kosten der Militärbasen mit öffentlichen Mitteln zu decken, wodurch sie das Pentagon zu einem wichtigen Teil der Japan-Lobby in Washington macht. Kein Vertrag verpflichtet Japan dazu. Im Abkommen über den Status der Streitkräfte steht ausdrücklich: »Die Vereinigten Staaten tragen, ohne Kosten für Japan, alle mit der Stationierung der US-Streitkräfte in Japan verbundenen Kosten« – mit Ausnahme der Aufwendungen für den »Bau der Anlagen«. Doch im Mai 1978 sorgte der damalige Leiter des japanischen Amts für Verteidigung (Japanese Defence Agency) Shin Kanemaru, einer der legendären Drahtzieher innerhalb der Liberaldemokratischen Partei, dafür, dass Japan sich mit 6,2 Milliarden Yen an den Stationierungskosten der Amerikaner beteiligte. Kanemaru nannte diesen Beitrag *omoiyari yosan* oder »Sympathiebudget«, weil die amerikanische Regierung der japanischen erklärt hatte, dass sie infolge des Vietnamkriegs Haushaltsprobleme habe und nicht alle Kosten ihrer Militärbasen in Japan decken könne. Zu Anfang deckte das *omoiyari yosan* nur die Krankenversicherung der japanischen Zivilisten ab, die auf den Basen arbeiteten, doch seither baten die Amerikaner jedes Jahr um eine Erhöhung dieses »Sympathiebudgets«. 1997 betrug es bereits 273,7 Milliarden Yen (2,36 Milliarden Dollar), also mehr als das Vierfache des ursprünglichen Betrags.

Natürlich hat die amerikanische Presse bis heute kaum über diese Entwicklungen berichtet, und natürlich benutzt das Pentagon nie den Begriff »Sympathiebudget«, sondern bevorzugt den Euphemismus »Gastlandunterstützung«. Nach einem 1998 verfassten Bericht des Verteidigungsministeriums über die Beiträge alliierter Staaten »zur gemeinsamen Verteidigung« gewährt Japan den USA die großzügigste »Gastlandunterstützung«. Japan übernahm 78 Prozent der Kosten, die die 42 962 auf seinem Boden stationierten US-Soldaten verursachten, während Deutschland nur 27 Prozent der Kosten der 48 878 dort stationierten US-Soldaten trug. Etwas mehr als die Hälfte des *omoiyari yosan* für 1997, eine Summe von 146,2 Milliarden Yen, wurde zur Bezahlung der Gehälter von Japanern benutzt, die für die amerikanischen Streitkräfte 1472 verschiedene Dienstleistungen erbringen, zum Beispiel als Übersetzer, Gärtner, Kellnerinnen oder Maniküren; 95,3 Milliarden Yen wurden für die Renovierung von Wohnungen, Golfplätzen und Kirchen ausgegeben, und mit 31,9 Milliarden Yen wurden Rechnungen öffentlicher Versorgungsbetriebe bezahlt.[30]

Insgesamt betrugen die Ausgaben der japanischen Regierung für die amerikanischen Militärbasen im Steuerjahr 1997 jedoch 647 Milliarden Yen – einschließlich der Pachten, die sie Grundbesitzern für die Nutzung ihres Landes zahlte, der Investitionen in Lärmschutzmaßnahmen und der Kosten für die »Neuorganisation« der Stützpunkte auf Okinawa, die die Amerikaner nach der Vergewaltigung versprochen hatten (»Neuorganisation« war der offizielle japanisch-amerikanische Euphemismus für die bloße

Verlegung von Basen innerhalb von Okinawa, die an der Situation praktisch nichts änderte). Die finanzielle Unterstützung der US-Streitkräfte ist inzwischen also ein beachtlicher Posten im Staatshaushalt Japans. 1997 überstieg er den Gesamtetat der Präfektur Okinawa um 28 Milliarden Yen und war 2,2-mal so hoch wie Japans Zuschüsse an seine Universitäten und 2,1-mal so hoch wie seine Ausgaben für Tagesstätten. Die Vereinigten Staaten haben Militärbasen in 19 Ländern, von denen jedoch nur Japan alle Gehälter der auf diesen Stützpunkten beschäftigten einheimischen Arbeitskräfte zahlt. Selbst wenn ein paar Leute aus Okinawa tatsächlich ein wirtschaftliches Interesse an der Erhaltung dieser militärischen Anlagen haben, fragt man sich, warum die übrige Bevölkerung Japans sich damit abfindet, dass ihre Steuergelder dafür verwendet werden.

Im Mai 1997 legten 296 japanische Bürger aus 29 Präfekturen dagegen Klage beim Bezirksgericht von Osaka ein. Sie argumentierten, dass das *omoiyari yosan* gegen Artikel 9 der pazifistischen Verfassung Japans verstoße, und forderten eine Rückerstattung der für die Militärbasen ausgegebenen Steuermittel. Das war das erste Mal, dass auf gerichtlichem Wege gegen die Verwendung öffentlicher Gelder zur Unterstützung des amerikanischen Militärs Einspruch erhoben wurde. Ein Grund für diese Initiative war nach Aussagen derjenigen, die sie unterstützen, die Vergewaltigung von 1995. Da Japans ultrakonservatives Gerichtssystem sich mit der Klärung von Fragen, mit denen es sich im Grunde gar nicht beschäftigen will, oft sehr viel Zeit lässt, ist es sehr unwahrscheinlich, dass das Verfahren je abgeschlossen werden wird. Doch wenn die Weltwirtschaftskrise, die 1997 in Ostasien begann, anhält, könnte es sein, dass das *omoiyari yosan* bald nicht mehr bewilligt wird. Selbst Japans gehorsam proamerikanische Regierung könnte zu der Ansicht gelangen, dass sie ihr Geld im kommenden Jahrhundert besser für andere Dinge ausgeben sollte.

Nichtsdestoweniger war in den *Pacific Stars and Stripes* zu lesen, dass die amerikanische Marineinfanterie die Japaner um die Einrichtung eines Golfplatzes bat, der, nach seiner Fertigstellung im Jahre 2003, der größte von Okinawa sein würde. Die neue knapp 162 Hektar große Anlage soll in einem bisher unberührten

Gebiet in der Nähe des Munitionslagers von Kadena entstehen und den rund 47 Hektar großen Awase-Meadows-Golfplatz in Naha ersetzen, den die Amerikaner den Einheimischen zur zivilen Verwendung überlassen wollen, wenn die japanische Regierung ihnen dafür anderswo auf der Insel eine entsprechende Anlage zur Verfügung stellt. Diese zeigte jedoch wenig Bereitschaft, den neuen Golfplatz zu bauen, und verwies darauf, dass sich auf dem Gelände des Luftwaffenstützpunkts in Kadena bereits ein Golfplatz mit 18 Löchern befindet. (Dort gibt es außerdem eine Bowlinganlage mit 26 Bahnen, zwei Turnhallen, zwei Parks, zwei Theater, zwei Büchereien, drei Swimmingpools, vier Tennisplätze, 17 Baseballfelder, vier Clubs für Offiziere, Unteroffiziere und Mannschaften, eine Reitschule, ein Ballettstudio und einen Hundeübungsplatz.) Doch das sind Einrichtungen der Luftwaffe, wie der stellvertretende Leiter des Amtes für öffentliche Angelegenheiten der US-Streitkräfte in Japan, Oberst Billy Birdwell, klarstellte: »Wir wollen, dass die Öffentlichkeit erfährt, dass das nicht ein zweiter Golfplatz auf dem Luftwaffenstützpunkt von Kadena werden soll. Das wird eine Einrichtung der Marineinfanterie, unter Verwaltung der Marineinfanterie.«[31]

Im Jahr 1996 machte General C.C. Krulak, der Kommandant der Marineinfanteristen, sich bereits so große Sorgen, dass seine Truppen aufgrund der Vergewaltigung gezwungen werden könnten, die feudalen Offiziersclubs und Golfplätze von Okinawa aufzugeben, dass er vorschlug, die 3. Marineinfanteriedivision ins australische Darwin zu verlegen. Doch als klar wurde, dass Australien es sich nicht so viel kosten lassen würde wie Japan, die Marineinfanteristen bei Laune zu halten, wurde diese Idee aufgegeben.

Die Präfektur Okinawa ist gezwungen, weitere Kosten zu tragen, die durch die Präsenz der Stützpunkte entstehen. Sie muss zum Beispiel für den Unterhalt und die Ausbildung von ungefähr 10 000 Kindern aufkommen, die unbekannte oder längst verschwundene amerikanische Soldaten mit einheimischen Frauen zeugten. 1998 sagte Gouverneur Ota während eines Washington-Besuchs zu Kurt Campbell, dem stellvertretenden Leiter der Abteilung für Ostasien und den Pazifik im Verteidigungsministerium: »Wir haben auf Okinawa die Situation, dass Kinder mit doppelter Staatsbürgerschaft und einem amerikanischen Elternteil keine angemessene Ausbildung erhalten.« Er bat darum, es diesen Kindern zu gestatten, kostenlos Schulen auf den Stützpunkten zu besuchen. Campbell, der bei der Unterzeichnung der neuen Fassung des Sicherheitsvertrages im Jahre 1960 gerade erst drei Jahre alt war, speiste den dreiundsiebzigjährigen Ota mit einer Standardantwort ab, die den *de facto* kolonialistischen Charakter der amerikanischen Okinawa-Politik verschleiert: Er bat den Gouverneur, solche Angelegenheiten mit der Regierung in Tokio zu regeln. Da Okinawa inzwischen wieder zu Japan gehört, tun die Vereinigten Staaten nun so, als hätten sie deswegen Stützpunkte auf dieser Insel, weil Japan ihnen dort Land zur militärischen Verwendung zuwies. Das kommt einer permanenten Kollusion zwischen den USA und Japan zum Nachteil von Okinawa gleich.[32]

Wie begründen die USA ihre militärische Präsenz auf Okinawa 55 Jahre nach dem Ende des Zweiten Weltkriegs? In der Nachkriegszeit schwankten die Amerikaner zwischen zwei Hauptargumenten: Die US-Truppen sind dort, um Japan zu verteidigen oder um Japan in Schach zu halten. Diese beiden Argumente widersprechen sich zwar, doch je nachdem, wie die Lage in Ostasien gerade aussieht, besinnen sich die Amerikaner mal auf das eine, mal auf das andere und rechtfertigen damit politische Strategien, die ursprünglich entwickelt wurden, um den Verhältnissen der Nachkriegszeit gerecht zu werden. Doch inzwischen, und besonders in den letzten zwei Jahrzehnten, haben sich die Verhältnisse in Japan völlig verändert. Selbst 1951, als der Friedensvertrag und der Sicherheitspakt ausgehandelt wurden, war Japan nicht der Gefahr ausgesetzt, von einem anderen Land angegriffen zu werden, und noch weniger in der Lage, selbst einen Nachbarstaat anzugreifen.

Der Zweck des japanisch-amerikanischen Sicherheitsvertrages ist nach Artikel 5 die Verteidigung Japans. Doch in dem Vertrag wurde natürlich weder erklärt, gegen wen Japan verteidigt werden sollte, noch die Frage behandelt, ob Japan zu seiner Verteidigung Amerikas Hilfe überhaupt benötigte. Seit dem Jahr 1281, in dem eine von Kublai Khan losgeschickte mongolische Flotte von einem »Götterwind« daran gehindert wurde, Japan anzugreifen, wurden keine Versuche mehr unternommen, die japanischen Hauptinseln zu erobern. Auch die Amerikaner gaben nach der Schlacht um Okinawa im Jahre 1945 den Gedanken an eine Invasion auf und beschlossen, Japan stattdessen durch den Einsatz von Atomwaffen, gezielte Bombenangriffe und eine Blockade zu besiegen.

Seit dem Zweiten Weltkrieg hätte höchstens die ehemalige Sowjetunion Japan angreifen können, obwohl es keinen Hinweis darauf gibt, dass sie das je ernsthaft in Erwägung zog. Amerikanische und japanische Verteidigungspolitiker und Militärs sagen gerne, dass Okinawa aufgrund seiner »strategischen Lage« während des Kalten Krieges eine besonders schwere Bürde zu tragen hatte. Doch von dieser Insel aus hätte wohl kaum ein Verteidigungskrieg gegen die UdSSR geführt werden können, die sich bereits vor einem Jahrzehnt selbst auflöste.

Das Pentagon suggeriert den Japanern ständig, dass Nordkorea und China für sie eine potenzielle Bedrohung darstellen. Doch das gescheiterte kommunistische Regime Nordkoreas ist nicht einmal in der Lage, seine Hunger leidende Bevölkerung selbst zu ernähren und zudem immer noch in einen unter der Oberfläche schwelenden Bürgerkrieg mit Südkorea verstrickt, das doppelt so viele Einwohner hat, sehr viel reicher ist und sich sehr gut selbst verteidigen kann. Seit Pjöngjang im August 1998 eine Rakete über Japan hinwegschoss, um einen kleinen Satelliten auszusetzen, brachte die japanische Regierung ihre Ängste vor einem möglichen Raketenangriff durch Nordkorea immer wieder deutlich zum Ausdruck. Die tatsächliche Gefahr besteht jedoch darin, dass ein selbstmörderisches Nordkorea – das sich seinerseits durch die Macht der USA bedroht fühlt – als späte, wenn auch sinnlose Vergeltung für Japans brutale Kolonialherrschaft und seine Feindseligkeit in der Nachkriegszeit irgendeine schreckliche Waffe (sofern es eine besitzt) auf dem Seeweg nach Japan schaffen und dort zur Explosion bringen könnte. Solch ein katastrophaler Rückstoß nach mehr als einem halben Jahrhundert wäre ein schreckliches Beispiel dafür, dass imperiale Machtdemonstrationen von denen, die unter ihnen zu leiden hatten, selten vergessen werden. Bisher deutet jedoch nichts darauf hin, dass Nordkorea solche

Selbstmordgedanken hegt. Tatsächlich machen die amerikanischen Warnungen, Nordkorea stelle eine Bedrohung für Japan dar, die japanische Öffentlichkeit nach wie vor sehr misstrauisch. 1994, als in den Medien zum ersten Mal der Verdacht geäußert wurde, dass Nordkorea über ein Atomwaffenarsenal verfügen könnte, ergab eine in vier Ländern durchgeführte Meinungsumfrage, dass die Japaner die Vereinigten Staaten als »die größte Bedrohung für den Weltfrieden« betrachteten. An zweiter Stelle nannten sie Russland und dann erst Nordkorea.[33]

Die Vorstellung, dass der Hauptgegenstand des Sicherheitsvertrages die Verteidigung gegen den chinesischen Expansionismus, die »Eindämmung« Chinas oder die Schaffung einer Plattform sei, von der aus die Vereinigten Staaten militärisch in der Formosastraße intervenieren konnten, um Taiwan, Japans ehemalige Kolonie, gegen Angriffe vom chinesischen Festland zu verteidigen, empfinden die Japaner inzwischen als sehr peinlich und gefährlich. In dem gesonderten Friedensvertrag, den Japan nach dem Zweiten Weltkrieg mit China schloss, erkannte es Taiwan ausdrücklich als Teil von China an. Die chinesische Führung erinnert Japan regelmäßig daran, dass eine Einbeziehung Taiwans in den Sicherheitspakt ein klarer Verstoß gegen die damals getroffenen Abmachungen wäre.

Die japanische Öffentlichkeit glaubt jedenfalls nicht, dass ihr Land von China bedroht wird (das glaubt nicht einmal die konservative Regierungspartei). Die meisten Japaner gehen davon aus, dass Taiwans hochmoderne Verteidigungsarmee China von einer militärischen Übernahme der Insel abschreckt. Ein ernsthafter Konflikt mit China wegen Taiwan ist angesichts dessen, was Japan China während des Zweiten Weltkriegs antat, für die Japaner unvorstellbar. Zudem begrüßen sie es, dass die früher revolutionäre Volksrepublik ihre Oppositionshaltung gegenüber ihren einstigen imperialistischen Unterdrückern allmählich aufgibt und stattdessen durch den Handel mit ihnen die Entwicklung ihrer Wirtschaft fördert. Die Japaner tun alles in ihrer Macht Stehende, um sich auf Chinas Rückkehr auf die Weltbühne einzustellen. Gleichzeitig sind sie sich bewusst, dass das Bruttoinlandsprodukt des neuen stärkeren China nur 560 Milliarden Dollar beträgt, das Japans dagegen 5 Billionen Dollar und das der USA 7,2 Billionen Dollar, dass Chinas Verteidigungsetat sich auf 31,7 Milliarden Dollar beläuft, der Japans immerhin auf 47 Milliarden Dollar und der der USA auf 263,9 Milliarden Dollar, und dass China möglicherweise über nicht mehr als 149 strategische Atomwaffen verfügt, die USA dagegen über 7150.

Wiederholte Umfragen ergaben, dass Änderungen der amerikanischen Politik gegenüber China die Japaner mehr beunruhigten als alle Maßnahmen Chinas, die Japan schadeten oder schaden könnten. Angesichts der umfangreichen Expeditionsstreitkräfte, die die USA auf japanischem Boden unterhalten, fürchten sie vor allem, dass eine zunehmende Aggressivität der USA gegenüber China einen chinesischen Vergeltungsschlag gegen die amerikanischen Militärbasen in Japan provozieren könnte. Das ist ein Grund, warum der ehemalige japanische Premierminister Morihiro Hosokawa dafür plädiert, das japanisch-amerikanische Bündnis aufrechtzuerhalten, aber auf die in Japan stationierten US-Streitkräfte zu verzichten.[34]

Auch die Japaner können sich gegen eine mögliche nichtnukleare Bedrohung ihrer Sicherheit sehr gut selbst verteidigen. Mit der zweitgrößten Kriegsflotte im Pazifik, mehr Zerstörern als die USA und 120 F-15-Abfangjägern ist Japan durchaus fähig, jeden Angriff – auch einen auf seine Handelsflotte – abzuwehren. Shunji Taoka, ein Militärexperte und Journalist, der für die Zeitung *Asahi* arbeitet, argumentierte, dass Japan schon seit langem absolut in der Lage sei, seine Boden-, See- und Luftverteidigung selbst zu übernehmen und nur was den »nuklearen Schutzschild« betraf auf die USA angewiesen sei. Nach Taoka müsste Japan, wenn die Vereinigten Staaten ihre Streitkräfte abziehen würden, nicht einmal seinen Verteidigungsetat aufstocken.[35]

Wenn die amerikanischen Truppen also nicht in Japan sind, um das Land zu verteidigen, könnten sie dann dort sein, um es in Schach zu halten? Ist ihre Rolle die eines »ehrenwerten Wachhunds« (*gobanken-sama*), wie viele konservative japanische Politiker in den Nachkriegsjahren behaupteten? Die berühmteste Äußerung dieser Art machte Generalleutnant Henry C. Stackpole, der Befehlshaber der 3. Marineinfanteriedivision auf Okinawa,

1990 in einem Interview der *Washington Post*.[36] Er erklärte, seine Streitkräfte seien wie ein »Stöpsel in der Flasche«; sie verhinderten, dass das Monster eines wieder erwachten japanischen Militarismus herausspringen und, wie in der ersten Hälfte des 20. Jahrhunderts, andere ostasiatische Länder bedrohen würde. Varianten dieser Sichtweise sind in der amerikanischen Presse oft zu lesen. Das folgende typische Beispiel stammt ebenfalls aus der *Washington Post*: »Nachbarländer, die die japanische Aggression während des Zweiten Weltkriegs in besonders deutlicher Erinnerung haben, befürchten ebenfalls, dass Japan, wenn die USA ihre Truppen abziehen würden, höchstwahrscheinlich seine eigene militärische Stärke ausbauen würde.«[37]

Ein Haken an dieser Theorie ist, dass die Vereinigten Staaten Japan die ganze Zeit dazu drängten, die militärische Stärke aufzubauen, die sie eindämmen sollen. Die amerikanische Regierung verkauft Japan mehr hochmoderne Waffen als irgendeinem anderen Volk oder Land – abgesehen von Saudiarabien und Taiwan. Sie genehmigte die Lizenzvergabe für die Technologie des F-16-Jägers von General Dynamics (aus dem in Japan der FS-X wurde). Sie verkaufte Japan moderne AEGIS-Raketenabwehrsysteme für Schiffe, mit hochkomplizierten Befehls- und Leitsystemen ausgestattete AWACS-Flugzeuge sowie Patriot-Raketenabwehrbatterien; und mit ihren von den Medien ausgiebig kommentierten Warnungen vor der Gefährlichkeit des »verbrecherischen Regimes« von Nordkorea brachte sie die Japaner sogar dazu, die Entwicklung eines Systems zur Abwehr ballistischer Raketen finanzieren zu helfen. Und das sind nur ein paar Beispiele für die umfangreichen amerikanischen Waffenlieferungen und Technologietransfers nach Japan. Darüberhinaus drängten Vertreter der amerikanischen Regierung und des Pentagons ihre japanischen Kollegen, kühnere Strategien zu verfolgen, was die Stationierung japanischer Verteidigungsstreitkräfte in Asien betraf – Strategien, die den meisten Japanern viel zu weit gehen würden.

Das Pentagon ist heute die bedeutendste politische Kraft in und außerhalb von Japan, die sich dafür einsetzt, dass Japan in der Weltpolitik eine größere militärische Rolle übernimmt. Nach einer von der Zeitung *Asahi* durchgeführten Meinungsumfrage waren

43 Prozent der Japaner gegen und nur 37 Prozent für die 1997 von der USA und Japan unterzeichneten zusätzlichen »Verteidigungsrichtlinien«.³⁸ Diese verpflichten Japan, die amerikanischen Streitkräfte in »Krisensituationen« auf vielfältige Weise zu unterstützen – zum Beispiel indem es japanische Zivilflughäfen für amerikanische Militäroperationen zur Verfügung stellt, sich an der Räumung von Minen beteiligt, Seeblockaden durchzusetzen hilft und sich an der Durchführung anderer direkter militärischer Operationen beteiligt. Die Zeitung *Asahi* erklärte in einem Leitartikel, durch diese neuen Verteidigungsrichtlinien sei praktisch ohne vorherige Debatten im Unterhaus oder im Oberhaus der Sicherheitsvertrag geändert worden.³⁹ Diese Politik der Amerikaner dient zweifellos der Aufrechterhaltung ihrer Hegemonie im Pazifik, steht jedoch in keiner Beziehung zu ihrer angeblichen »Wachhund«-Rolle.

Ota, der frühere Gouverneur von Okinawa, kommentierte die Situation folgendermaßen: »In Japan wird momentan, praktisch ohne eine öffentliche Debatte, ein hypothetischer Feind nach dem anderen produziert und lautstark vor potenziellen Bedrohungen gewarnt. Die Leute sprechen von der Notwendigkeit einer weiteren militärischen Präsenz der Amerikaner und verabschieden Gesetze über die Bewältigung von Krisensituationen, die die nationale Sicherheit gefährden, ohne irgendwelche Anstalten zu machen, Basen in ihren eigenen Gemeinden zu akzeptieren.«⁴⁰ Das Pentagon weiß, dass es gegenwärtig auf keine Bedrohung für Japan oder irgendein anderes ostasiatisches Land verweisen kann, die die Stationierung amerikanischer Truppen in der Region erforderlich machen würde. Daher setzt es nun auf die Überzeugungskraft eines Konzepts, das mit der alten Dominotheorie vergleichbar ist, die zur Rechtfertigung des Vietnamkriegs benutzt wurde. Diese Theorie lautete, dass Länder in ganz Asien und anderswo »kommunistisch werden« könnten, wenn Nordvietnam nicht daran gehindert würde, diesen Bürgerkrieg zu gewinnen. Da der Kommunismus schon lange keine Bedrohung mehr darstellt, ist die neue abstrakte Gefahr die »Instabilität«. Nun argumentiert das Pentagon, dass der Abzug amerikanischer Truppen aus Asien eine destabilisierende Wirkung hätte und daher ernsthafte Gefahren heraufbeschwören würde. Mit diesem neuen extrem vagen Konzept gibt es indirekt zu, dass der Zweck der US-Streitkräfte in Japan weder die Verteidigung noch die Eindämmung Japans ist, sondern schlicht die Vermeidung der Gefahren, die bei ihrem Abzug angeblich entstehen würden. Die amerikanische Propaganda macht die Japaner glauben, dass diese nicht näher erläuterten potenziellen Konflikte für sie eine massive Bedrohung darstellen würden.

Diese neue Variante der Dominotheorie wurde von Joseph Nye, dem ehemaligen Leiter der Abteilung für Angelegenheiten der Internationalen Sicherheit im Verteidigungsministerium, in einer Reihe von Essays beispielhaft formuliert. Ohne die drohenden Krisen oder Gefahren näher zu beschreiben argumentierte er im Magazin *Foreign Affairs*: »Sicherheit ist wie Sauerstoff: Man bemerkt sie oft gar nicht, bis man sie verliert.«[41] In der *Washington Post* fasste er diesen Vergleich in folgende Worte: »Unsere Präsenz sorgt für die Stabilität – den Sauerstoff –, die zu Ostasiens wirtschaftlichem Wachstum beitrug.«[42] Und in einer Veröffentlichung des Verteidigungsministeriums schrieb er: »Die Präsenz von US-Streitkräften in Asien fördert auch die demokratische Entwicklung in Asien, indem sie ein klares und anschauliches Beispiel für die apolitische Rolle des amerikanischen Militärs liefert.«[43]

Formulierungen wie diese gingen in den offiziellen Sprachgebrauch Washingtons ein und werden nun zu Lehrsätzen erhoben. Am 24. März 1997 erklärte beispielsweise Vizepräsident Al Gore amerikanischen Truppen und ihren Familien auf dem Luftwaffenstützpunkt von Yokota bei Tokio: »Der Frieden und die Sicherheit der pazifischen Region ruhen auf Ihren Schultern.«[44] Diese Vorstellung gefiel dem Pentagon so sehr, dass es verkündete, auch nach einer Wiedervereinigung Nord- und Südkoreas sollten amerikanische Truppen in Korea stationiert bleiben. Auch Verteidigungsminister William Cohen rechtfertigte die Aufrechterhaltung der amerikanischen Präsenz in Japan mit dem Argument, dass durch einen Truppenabzug ein gefährliches Machtvakuum entstünde, das »auf eine Weise gefüllt werden könnte, die die Stabilität nicht erhöhen, sondern beeinträchtigen würde.«[45]

Doch diese Theorie hat sich inzwischen schlicht als falsch erwiesen. Als durch die Wirtschaftskrise von 1997 die Verhältnisse in der Region tatsächlich »instabil« wurden, boten die amerikanischen Militärbasen keine Sicherheit. Diese Krise zeigte, dass es nicht das amerikanische Militär, sondern das Geld ist, das Ostasien fehlt »wie Sauerstoff«, wenn es abgezogen wird. Die Präsenz der amerikanischen Streitkräfte in der Region konnte die von der Krise ausgelöste Instabilität – in einigen Ländern war es ein totales Chaos – nicht verhindern. Tatsächlich verschärfte das Pentagon die Situation eher noch, indem es weiterhin hartnäckig versuchte, extrem teure Waffensysteme an Länder zu verkaufen, die sie sich nicht mehr leisten konnten. Was den Beitrag des Militärs zum wirtschaftlichen Wachstum betrifft, machte der ehemalige japanische Premierminister Morihiro Hosokawa folgende scharfe Beobachtung: »Erst nach dem Rückzug der US-Streitkräfte aus Indochina und Thailand in den 1970er-Jahren kam es in Südostasien zu einer Beschleunigung des Wirtschaftswachstums und einem Ausbau der wirtschaftlichen Beziehungen mit den Vereinigten Staaten. Die Wirtschaft der Philippinen erlebte einen Aufschwung, nachdem die US-Streitkräfte in den 1990er-Jahren von dort abgezogen worden waren. Diese Erfahrungen zeigen, dass zwischen der Präsenz ausländischer Truppen und dem Wirtschaftswachstum kein großer oder gar kein Zusammenhang besteht.«[46]

Es ist natürlich eine Tautologie, dass die Präsenz amerikanischer Truppen Ostasien »Stabilität« verleiht. Ihre Stationierung ist, um einen Vergleich des Militärstrategen Oberst Harry Summers jr. zu gebrauchen, so sinnvoll wie der Einsatz von Elefantenschutzmittel in New York City. (Solche chemischen Abwehrmittel versprühen afrikanische Farmer in ihren Gärten und Obstplantagen, um Elefanten fern zu halten). Die Theoretiker im Pentagon, so Oberst Summers, sind wie der New Yorker, der in seinem Apartment Elefantenschutzmittel versprüht und dann dessen Vorzüge preist, weil er keinem Elefanten begegnet.[47] Die Strategie »funktioniert«, weil die Bedrohung illusorisch ist. Die wirkliche langfristige Bedrohung für die Stabilität in Ostasien ist die Wirtschaftskrise, die durch eine Politik der USA ausgelöst wurde, deren Ziel die Aufrechterhaltung ihres Satellitensystems und ihrer Hegemonie in dieser Region ist, obwohl die wirtschaftlichen oder politischen Gründe, mit denen sie diese Politik während des Kalten Krieges rechtfertigten, schon lange nicht mehr bestehen.

Was ist denn nun der wahre Grund für die Präsenz der USA auf Okinawa? Für ihre dort stationierten Streitkräfte ist die Antwort klar. Ihnen gefällt es aus denselben Gründen auf Okinawa, aus denen es früher den sowjetischen Truppen in Ostdeutschland gefiel. In einer der Militärkolonien ihres Landes lebten die Offiziere und Mannschaften beider Armeen stets besser als zu Hause. Im inoffiziellen Reiseführer für die amerikanischen Militärbasen auf Okinawa heißt es zum Beispiel: »Wenn Sie lieber in einem Hochhaus in Höhenlage wohnen, von dem aus Sie einen Blick auf die schöne Kin-Bucht haben, Camp Courtney [das Hauptquartier der 3. Marineinfanteriedivision] verfügt über Hunderte von landschaftlich schön gelegenen Wohnungen in neunstöckigen Apartmentkomplexen.« Auch für gute Einkaufsmöglichkeiten ist gesorgt: »Die Einkaufsstelle [PX] im Camp Foster, deren Baukosten mehr als elf Millionen Dollar betrugen, ist die neueste im pazifischen Raum. Sie bietet alle Annehmlichkeiten eines modernen Einkaufszentrums... Wenn die Marineinfanteristen von Camp Hansen dienstfrei haben, stehen ihnen zwei der schönsten Strände der Insel, Kin Red und Kin Blue, zur Verfügung.«[48] Die Angehörigen der US-Streitkräfte auf Okinawa zahlen für ihre Unterkünfte entweder gar keine Miete oder erhalten, abhängig von ihrem Rang und der Größe ihrer Familie, hohe Mietzuschüsse zwischen monatlich 900 und 2000 Dollar. Zu diesen Vergünstigungen kommen noch großzügige Beihilfen zu den Lebenshaltungskosten – ein Hauptmann oder Major mit einem Familienangehörigen erhält zum Beispiel ungefähr 700 Dollar im Monat. Das ist kein schlechtes Leben.

Okinawa ist im Grunde immer noch eine Militärkolonie des Pentagons, in der dessen Geheimdienst DIA, »Green-Beret«-Sonderkommandos und natürlich das Luftwaffen- und das Marineinfanteriekorps Dinge tun können, die sie sich in den Vereinigten Staaten nicht erlauben dürften. Die Insel wird im Rahmen einer umfassenden Strategie der USA, ihre Vormachtstellung in dieser wichtigen Region zu festigen oder sogar auszubauen, praktisch als amerikanisches Hauptquartier in Asien benutzt. Das amerikanische Militär ist der Urheber und der Hauptnutznießer dieser Strategie und führt sie weitgehend in eigener Regie durch. Das wird deutlich, wenn man einige seiner geheimen weltweiten Aktivitäten (insbesondere die in Asien) beleuchtet, über die das Pentagon genau im Bilde ist, von denen andere Teile der amerikanischen Regierung oder das amerikanische Volk jedoch kaum etwas wissen.

KAPITEL 3

Heimlicher Imperialismus

Zukunftsprognosen sind immer eine unsichere Sache. Und jeder Versuch, abzuschätzen, welche konkreten Formen »Rückstöße« im 21. Jahrhundert annehmen könnten, ist zumindest sehr gewagt. Unverkennbar ist jedoch, dass die gegenwärtige amerikanische Politik bei den Nordkoreanern, die heute noch einen tiefen Groll gegen ihre ehemaligen japanischen Kolonialherren hegen, Ressentiments schürt, die irgendwann zu Racheversuchen führen müssen.

Zusätzlich verkompliziert wird die Situation dadurch, dass die Aktivitäten des amerikanischen Militärs und der amerikanischen Geheimdienste in Asien und auf der ganzen Welt größtenteils noch viel undurchsichtiger sind als auf Okinawa. Amerikas imperiale Politik findet oft – und meist absichtlich – außerhalb der Sichtweite der amerikanischen Öffentlichkeit statt. Nach dem Kalten Krieg unterstützten offizielle und inoffizielle Vertreter der Vereinigten Staaten überall auf der Welt offen oder verdeckt repressive Regime oder deren Militär und Polizei, teilweise gegen den Widerstand großer Teile der dortigen Bevölkerung. Es ist wahrscheinlich, dass diese Politik irgendwann Rückstöße auslöst, deren Ursachen die amerikanische Öffentlichkeit in diesem Augenblick gar nicht erkennt.

Dann und wann wird die Verantwortung der USA für ihre imperiale Politik allerdings kurz erkennbar – zum Beispiel am 17. Juli 1998 in Rom, als von Delegierten aus allen Ländern der Welt 127 für und nur 7 gegen die Einrichtung eines Internationalen Strafgerichtshofs stimmten, um Soldaten und politische Führer, denen Kriegsverbrechen, Verbrechen gegen die Menschlichkeit und Völkermord vorgeworfen werden, zur Rechenschaft ziehen zu können. Im Unterschied zum Internationalen Gerichtshof in Den Haag, der nur für Streitigkeiten zwischen Staaten zuständig ist, soll dieser neue Internationale Strafgerichtshof sich mit Vorwürfen gegen Einzelpersonen befassen. Bisher mussten spezielle UN-Tribunale eingerichtet werden, um beispielsweise bosnische oder ruandische Kriegsverbrecher vor Gericht stellen zu können. Das wird durch die Einrichtung dieses Internationalen Strafgerichtshofs viel leichter werden. Vor ihm werden sich Einzelpersonen zu verantworten haben, die ähnliche Gräueltaten verübten oder befahlen wie die Nationalsozialisten während des Zweiten Weltkriegs, Pol Pot in Kambodscha, Saddam Hussein im Irak, die Serben in Bosnien und im Kosovo, die Hutus in Ruanda oder Militärregierungen wie die von El Salvador, Argentinien, Chile, Honduras, Guatemala, Burma und Indonesien in den achtziger und neunziger Jahren.

Führende Demokratien der Welt wie Großbritannien, Kanada, die Niederlande, Frankreich, Japan und Deutschland waren zur Unterzeichnung eines entsprechenden Vertrages bereit. Nur Algerien, China, Israel, Libyen, Qatar, der Jemen und die Vereinigten Staaten stimmten gegen ihn. Die Rede, mit der der amerikanische Botschafter Bill Richardson die Konferenz eröffnete, empörte Menschenrechtsgruppen auf der ganzen Welt und provozierte viele Delegierte dazu, den Vereinigten Staaten »neokolonialistische Ambitionen« vorzuwerfen. Richardson verkündete, die Vereinigten Staaten würden nur einen Gerichtshof akzeptieren, der seine Fälle ausschließlich vom UN-Sicherheitsrat zugewiesen bekommt, in dem die Amerikaner durch ihr Veto jedes Verfahren verhindern könnten.

Vertreter der amerikanischen Regierung behaupten, sie müssten ihre 200 000 in 40 Ländern stationierten Streitkräfte vor »politisch motivierten Vorwürfen« schützen. Sie erklären, dass aufgrund der »speziellen globalen Verpflichtungen« der USA ohne ihre Zustimmung keine Verfahren gegen ihre Soldaten oder Geheimagenten stattfinden dürften. Im Grunde meinen die politischen Führer Amerikas, dass ihre »einzige Supermacht« über dem Völkerrecht stehen muss – es sei denn, dieses wird nach ihren Vorstellungen formuliert, ausgelegt und durchgesetzt.

In dem Vertrag über die Einrichtung eines Internationalen Strafgerichtshofs werden unter anderem Vergewaltigungen, erzwungene Schwangerschaften, Folterungen und die Zwangsrekrutierung von Kindern ausdrücklich zu Kriegsverbrechen erklärt. Die Vereinigten Staaten waren dagegen, dem neuen Gerichtshof auch die Zuständigkeit für diese Verbrechen zu übertragen. Sie erklärten, er solle sich ausschließlich mit Völkermord beschäftigen. Zunächst lehnten auch die Franzosen den Vertrag ab, weil französische Truppen die von den Hutus kontrollierten ruandischen Streitkräfte ausgebildet hatten, die 1993 und 1994 die Massaker an rund 800 000 Menschen vom Stamm der Tutsis organisieren halfen. Frankreich befürchtete, seine Offiziere und Soldaten könnten der Beihilfe zum Völkermord beschuldigt werden. Nachdem eine Klausel in den Vertrag aufgenommen worden war, der es den Unterzeichnerstaaten ermöglichte, sich in den ersten sieben Jahren einer Anklage vor diesem Gericht zu entziehen, erklärte Frankreich, es habe nun keine Bedenken mehr gegen den Vertrag und sei bereit, ihn zu unterzeichnen.

Den Vereinigten Staaten reichte diese Befreiungsklausel nicht. Ihr Vertreter argumentierte, von der »größten militärischen und wirtschaftlichen Macht der Welt...wird erwartet«, dass sie eingreift, wenn sich irgendwo auf der Erde humanitäre Katastrophen ereignen. Aufgrund dieser »besonderen Position« der USA wären ihre Streitkräfte in besonderem Maße der Gerichtsbarkeit eines internationalen Gerichtshofs ausgeliefert, der Einzelpersonen verhaften lassen und verurteilen kann. Er ging nicht auf die Möglichkeit ein, dass gegen Amerikaner erhobene Vorwürfe, Kriegsverbrechen begangen zu haben, in manchen Fällen begründet sein könnten, und natürlich auch nicht auf die Frage, ob die USA – unbegründete oder begründete – Vorwürfe gegen ihre Streitkräfte nicht vermeiden könnte, indem sie sich seltener in Angelegenheiten anderer Staaten einmischten, die keine vitalen Interessen der USA berührten.

Verteidigungsminister William Cohen versuchte die Delegierten einzuschüchtern, indem er damit drohte, amerikanische Streitkräfte aus den Territorien jener Alliierten abzuziehen, die den Antrag der USA, die Zuständigkeit des Internationalen Strafgerichtshofs einzuschränken, nicht unterstützten. In Washington ersuchte Jesse Helms, der Vorsitzende des Senatkomitees für Auslandsbeziehungen, den Präsidenten und den Kongress, während der Anhörungen zu dem neuen Vertrag über die Einrichtung eines Internationalen Strafgerichtshofs zu verkünden, dass die USA Cohens Drohung tatsächlich wahr machen würden – die nicht nur einige Japaner zu Spekulationen darüber veranlasste, ob die Ratifizierung des Vertrages ein Weg sein könnte, die in ihrem Land stationierten amerikanischen Truppen endlich loszuwerden.

In seinem Buch *Death by Government* schätzte der Historiker Rudolph Rummel, dass während des 20. Jahrhunderts 170 Millionen Zivilisten Opfer von Kriegsverbrechen, Verbrechen gegen die Menschlichkeit und Völkermord wurden.[1] Wie Michael Scharf von der Amerikanischen Gesellschaft für Völkerrecht schrieb, standen die Kriegsverbrecherprozesse, die die Alliierten nach dem Zweiten Weltkrieg in Nürnberg und Tokio abhielten, zwar unter der Losung »nie wieder«, doch inzwischen lautet sie »wieder und wieder«.[2]

In Nürnberg wurden auf die Initiative der Vereinigten Staaten hin zum ersten Mal politische Führer für Kriegsverbrechen zur Rechenschaft gezogen. Die USA gehört auch zu den wenigen Ländern, in deren Außenministerium es eine Abteilung für Menschenrechte gibt. Ihre Rechtsgelehrten und Gesetzgeber kritisieren ständig andere Staaten, weil deren Umgang mit ihren Bürgern nicht amerikanischen Maßstäben entspricht. Kein Land macht mehr Propaganda für die Menschenrechte als die USA, auch wenn sie in manchen Fällen auffällig ruhig und unkritisch waren und staatsterroristische Akte von Regimen, mit denen sie zusammenarbeiteten, ignorierten, stillschweigend duldeten oder sogar billigten. (Zum Beispiel die brutale Unterdrückung der Kwangju-Rebellen in Südkorea im Jahr 1980, den Einsatz von rechten Todesschwadronen in Mittelamerika während der achtziger Jahre, die Unterdrückung von Dissidenten durch den Schah von Persien, als dieser ein Verbündeter der USA war, den Putsch von General Augusto Pinochet, den sie aktiv unterstützten – später waren sie bereit, Pinochet von der Verantwortung für die Folterung und Ermordung von mindestens 4000 Chilenen zu entbinden –, sowie den Völkermord der Türkei an den Kurden.) Die amerikanische Regierung zeigt sich dem eigenen Volk (und ihren Englisch sprechenden Verbündeten) gegenüber von einer anderen Seite als in Regionen, wo die Unterstützung repressiver Regime notwendig erscheint, um die imperiale Herrschaft der USA aufrechtzuerhalten. Immer wenn dieser Widerspruch offenkundig wird, wie in Rom, versuchen die Amerikaner ihn mit Phrasen von der schwierigen Rolle der USA als »unverzichtbarer Nation« oder als »Weltpolizist wider Willen« zu übertünchen.

Nur sieben Monate vor der Abstimmung in Rom war der Charakter von Amerikas heimlichem Imperialismus auch schon deutlich geworden. Im September 1997 einigten sich 123 Länder im kanadischen Ottawa auf eine Konvention über das Verbot des Gebrauchs, der Herstellung und der Weitergabe von Landminen. Bereits pensionierte hohe amerikanische Militärs wie General a.D. Norman Schwarzkopf, der im Golfkrieg die alliierten Truppen befehligte, befürworteten das Verbot mit der Begründung, dass diese primitiven, aber tödlichen Waffen in der modernen Kriegführung keinen Platz hätten. Die Clinton-Regierung beugte sich dagegen dem Druck einflussreicher Gruppen innerhalb des Militärs, die strikt dagegen waren, Landminen aus dem amerikanischen Arsenal zu verbannen. Sie beharrte unter anderem darauf, dass Landminen gebraucht würden, um Südkorea gegen die – angebliche – »überwältigende militärische Überlegenheit des Nordens« zu schützen. Außer den Vereinigten Staaten gehörten auch Afghanistan, China, Russland (das seine Haltung später änderte) und Vietnam zu den Gegnern der Konvention. Eine amerikanische Staatsbürgerin, Jody Williams aus Putney in Vermont, erhielt kurz darauf den Friedensnobelpreis für ihr Engagement bei der Organisation dieser gemeinsamen Kampagne von Ländern und Interessengruppen für das Verbot dieser »Schund-Waffe« – ein Ausdruck von Robert Muller, einem von einer Landmine verwundeten Vietnamkriegsveteranen, der die Bewegung in Gang setzte, die zu der Konvention führte.[3] Der Clinton-Regierung war ihr Votum später so peinlich, dass sie im Mai 1998 ihre eigene Konferenz über »Globale Humanitäre Entminung« einberief, um ihr Image zu verbessern. Doch an dieser Werbeveranstaltung, die im Außenministerium stattfand, nahmen nur 21 Länder teil.

Heute sind zwischen 60 und 100 Millionen Landminen in ungefähr 60 Ländern rund um den Globus verteilt (mindestens zehn Millionen liegen allein in Kambodscha und weitere neun Millionen in Angola). Ihre Herstellungskosten betragen im Durchschnitt rund drei Dollar pro Stück. Sie töten pro Jahr ungefähr 26 000 Menschen, größtenteils Zivilisten in Entwicklungsländern, und brachten mehr Menschen den Tod als alle Massenvernichtungswaffen zusammengenommen.

Das amerikanische Militär behauptet zwar, dass es alle Minen, die es in Korea verlegte, planmäßig erfasste, und dass sie keine Opfer unter der Zivilbevölkerung fordern, doch das ist schlicht unwahr. Zum Beispiel liegen immer noch 20 000 bis 30 000 M-14-Antipersonen-Minen in der Bergregion Chungri auf der Insel Yong-do, die der Hafenstadt Pusan im äußersten Süden Koreas vorgelagert ist. Die US-Streitkräfte verlegten diese Minen 1956, um das Personal einer dort eingerichteten Raketenbasis zu schützen, doch nach dem Abzug der Einheit wurden die Minen nicht entfernt. Berichten zufolge verletzten oder töteten sie seit den sechziger Jahren viele Zivilisten.[4]

Nach Schätzungen der australischen Regierung, die sich sehr für die Konvention von Ottawa einsetzte, würde es mit den zurzeit verwendeten Minensuchgeräten, die auf Metall reagieren, 1 100 Jahre dauern, alle Minen auf der Welt zu räumen. Moderne Minen enthalten nur wenig Metall, daher fördert Australien die Entwicklung von Minensuchgeräten, die vergrabene Minen an ihren »thermischen Fußabdrücken« erkennen – das heißt, sie registrieren Temperaturunterschiede an der Erdoberfläche, die durch die unterschiedlichen Eigenschaften der Minen und der sie umgebenden Erde entstehen. Diese Technologie soll in unbemannte Flugzeuge eingebaut werden; so können Minen von der Luft aus geortet und die Risiken für das Bodenpersonal bei Minenräumaktionen erheblich verringert werden.[5] Man fragt sich wirklich, warum das Pentagon, dessen Budget für das Jahr 2000 rund 280 Milliarden Dollar beträgt, nicht die nötigen Mittel für ähnliche Forschungsprojekte zur Verfügung stellt.

Der ehemalige Marineinfanterist Bobby Muller, der 1969 in Vietnam von einer explodierenden Mine von einer Straße geschleudert und danach zum Krüppel geschossen wurde, erzählte, Präsident Clinton habe zu ihm gesagt, er würde es nicht wagen, »durch die Unterzeichnung der Konvention einen Zwist mit dem Pentagon zu riskieren«. Jody Williams sagte es noch deutlicher: »Clinton hatte nicht den Mut, der Oberbefehlshaber seines Militärs zu sein.«[6] Doch diese Kommentare beschreiben das Problem nur oberflächlich. Es ist nicht nur eine Frage von persönlichem Mut. Das Verhältnis zwischen der zivilen Elite, die das Land regiert, und ihrem mächtigen Militär hat sich seit den fünfziger Jahren stark verändert. Die Wahrscheinlichkeit, dass jemand Kongressabgeordneter, Senator, ein hoher Beamter des Außenministeriums oder sogar Präsident wird, der nie beim Militär war, wird immer größer. Diese Entwicklung begann mit dem während des Vietnamkrieges eingeführten Einberufungssystem, das es ermöglichte, viel versprechende Studenten und Jungakademiker – die größtenteils aus der Mittel- oder Oberschicht stammten – zur Sicherheit und zum Wohl der Nation vom Militärdienst zurückzustellen, so dass hauptsächlich junge Amerikaner aus der Unter- und der Arbeiterschicht in diesem Krieg kämpften. Sowohl Präsident Clinton wie auch sein Verteidigungsminister William Cohen profitierten während des Vietnamkrieges von diesen Zurückstellungsregelungen für Studenten und keiner von beiden war beim Militär. Durch die Aufhebung der Wehrpflicht und die Bildung einer Berufsarmee nach dem Vietnamkrieg vertiefte sich die Kluft zwischen den Erfahrungen der Zivilisten und der Militärs weiter – und als die ehemalige Sowjetunion keine Bedrohung mehr darstellte, begann sich das Militär zum ersten Mal der Kontrolle der zivilen Hierarchie zu entziehen.

Ein ziviler Präsident wie Clinton kann sich einen Zwist mit dem Führungsstab seines Militärs über ein Thema wie die Landminen nicht mehr leisten. Es ist heute auch fast unvorstellbar, dass ein amerikanischer Präsident sich für so etwas wie ein internationales Kriegsverbrechertribunal einsetzen könnte, denn damit würde er amerikanische Militärs (und ihre zivilen Vertreter überall auf der Welt) dem Risiko aussetzen, sich womöglich selbst irgendwann – und sei es in noch so ferner Zukunft – vor diesem Gericht verantworten zu müssen. George Washingtons Abschiedsrede liest sich inzwischen eher wie eine Diagnose als wie eine Warnung: Er riet den Amerikanern, »die Notwendigkeit übergroßer Streitkräfte zu vermeiden, die unter jeder Form von Regierung die Freiheit bedrohen und insbesondere als eine Gefahr für die republikanische Freiheit zu betrachten sind.«

Der amerikanische Delegierte in Rom brachte die Befürchtung zum Ausdruck, dass gegen amerikanische Staatsbürger »politisch motivierte Vorwürfe« erhoben werden könnten, doch in Wirklichkeit befürchtete er unter anderem Situationen, in denen die Amerikaner in irgendeinem anderen Land ein brutales Militär unterstützen könnten, um ein »unerwünschtes« Regime zu stürzen, was sie in der Vergangenheit ja schon öfters taten – zum Beispiel 1961 in Premierminister Patrice Lumumbas Kongo, 1963 in Präsident Ngo Dinh Diems Südvietnam und 1973 in Präsident Salvador Allendes Chile. Solchen Aktivitäten gingen oft militärische »Ausbildungs«-Programme voraus, die die USA schon seit langem mit Streitkräften von Ländern auf der ganzen Welt durchführen.

Im Jahr 1987 schuf die US-Regierung ein neues Kommando für Sondereinsätze (Special Operations Command) und unterstellte es einem neu eingesetzten Abteilungsleiter »for Special Operations and Low-Intensity Conflict« im Verteidigungsministerium. Das Sondereinsatzkommando, dessen Hauptquartier sich in Tampa, Florida, befindet, sollte die 47000 »Sondereinheiten«, die irgendwo in den komplizierten Organisationsplänen des Militärs aufgeführt waren, zusammenfassen und ihre Aktivitäten koordinieren – zu diesen Sondereinheiten gehören zum Beispiel die Green Berets, die Rangers und die geheime Delta Force der Armee, die SEALS und das geheime Team 6 der Marine und die Sonderkommandos der Luftwaffe und des Marineinfanteriekorps. Einer der engagierten Befürworter dieses neuen Kommandos war der damalige republikanische Senator von Maine und heutige Verteidigungsminister William Cohen. Dana Priest, eine Journalistin der *Washington Post*, wies darauf hin, dass Cohen »schon seit Jahrzehnten ein starkes Interesse an Sondereinsätzen« hat.[7] Manche Militärs und zivile Militärexperten messen diesen Sondereinsätzen keine große Bedeutung bei, weil sie nicht von regulären Einheiten des Militärs durchgeführt werden und weil sie im Vergleich zu Einsätzen von Flugzeugträgern oder B-2-Bombern so wenig kosten. Doch die politische Wirkung dieser Sondereinsätze steht in keinem Verhältnis zu ihren relativ geringen Kosten und wurde nach dem Ende des Kalten Krieges keineswegs »unterschätzt«. Die meist verdeckt operierenden Sondereinheiten arbeiteten eng mit der CIA und der DIA des Pentagons zusammen. Für Programme wie die bis 1968 auf einem Armeestützpunkt in Colorado und auf Okinawa von der CIA durchgeführten Ausbildungsprogramme zur Vorbereitung von rund 400 Exiltibetern auf den Kampf gegen die Chinesen oder für Operationen wie die umfangreichen Waffenlieferungen der CIA an Widerstandsgruppen, die während der achtziger Jahre in Afghanistan die sowjetischen Truppen bekämpften, ist nun das Sondereinsatzkommando zuständig.

Im Jahr 1991 gab der Kongress den Sondereinheiten des Militärs grünes Licht für Missionen in buchstäblich allen Ländern der Welt. Mit diesem Gesetz (Absatz 2011, Hauptabschnitt 10) wurde das Trainingsprogramm JCET (Joint Combined Exchange Training) genehmigt, das es dem Verteidigungsministerium erlaubte, Sondereinheiten zu gemeinsamen Übungen mit Einheiten der Streitkräfte anderer Länder nach Übersee zu schicken, solange es als Hauptzweck dieser Übungen die Schulung der eigenen Soldaten angab. In dem Gesetz stand nicht, was diese Soldaten im Rahmen des JCET-Programms üben sollten, doch ein Zweck war sicherlich ihre Ausbildung in Spionage. Sie bringen von solchen Übungen umfangreiches Informations- und Fotomaterial über das Land mit, das sie besuchten, und kennen hinterher einflussreiche Mitglieder seiner Streitkräfte, das Gelände und potenzielle Gegner. 1998 hatte das Sondereinsatzkommando in 110 Ländern JCET-Missionen durchgeführt.

Die verschiedenen Sondereinheiten verstanden dieses Gesetz als eine inoffizielle Aufforderung, ausländische Streitkräfte in zahlreichen tödlichen Techniken auszubilden und gute Kontakte zu ihren Offizieren anzuknüpfen, um sich bei zukünftigen politischen Operationen auf ihre Kooperationsbereitschaft verlassen zu können. Der Kongress, das Außenministerium oder die amerikanischen Botschaften in den Ländern, in denen die JCET-Übungen durchgeführt wurden, wurden über diese Aktivitäten meistens gar nicht unterrichtet. Eine Artikelserie in der *Washington Post* enthüllte, dass die meisten Mitglieder des Apparats des Auswärtigen Amtes noch nie etwas vom JCET-Programm gehört hatten, und dass der für solche Operationen zuständige Abteilungsleiter im Verteidigungsministerium auf Fragen von Kongressabgeordneten zu diesen Übungen nur äußerst vage Antworten gab.[8]

Es kam erst allmählich ans Licht, dass die Amerikaner im Rahmen des JCET-Programms beispielsweise die türkischen Gebirgstruppen ausgebildet hatten, die während ihrer Operationen gegen die rebellierende kurdische Minderheit in ihrem Land bisher mindestens 22 000 Menschen töteten, dass US-Sondereinheiten 1998 in allen 19 Ländern Lateinamerikas und in neun Staaten des karibischen Raums alle möglichen Operationen durchführten, und dass sie in Kolumbien, Ruanda, Surinam, Guinea, Sri Lanka, Pakistan, Papua-Neuguinea und diversen anderen Ländern Einheiten des einheimischen Militärs ausbildeten – unter anderem im Scharfschießen, im Nahkampf, in psychologischer Kriegführung und für Einsätze in Städten. All diese Aktivitäten verstießen gegen die Richtlinien der amerikanischen Menschenrechtspolitik. Teilweise wurden dabei sogar Anordnungen des Präsidenten oder des Kongresses missachtet. (Zum Beispiel wurden die Ausbildungsprogramme in Kolumbien einfach weitergeführt, nachdem die Clinton-Regierung das Land »dezertifiziert« hatte, was bedeutete, dass ihm der größte Teil der amerikanischen Militärhilfe gestrichen wurde.)

Die *Washington Post* gelangte in den Besitz eines aus dem Jahre 1990 stammenden Handbuchs des Verteidigungsministeriums über Operationen von Sondereinheiten, nach dem die Hauptaufgabe von Sondereinheiten bei JCET-Missionen das »FIP-Training« ist. »FIP« (»foreign internal defense«) bedeutete nach der Definition des Handbuchs die Organisation, Ausbildung, Beratung und Unterstützung des Militärs eines anderen Landes, um dessen Gesellschaft vor »Subversion, Gesetzlosigkeit und Aufruhr« zu schützen. Mit anderen Worten, der Zweck der meisten Übungen besteht darin, ausländische Streitkräfte auf Einsätze gegen die eigene Bevölkerung oder gegen Widerstandsbewegungen in ihrem Land vorzubereiten. Brigadegeneral Robert W. Wagner vom US-

Kommando Süd in Miami erklärte Douglas Farah von der *Washington Post*, das FIP-Training sei die Hauptaufgabe von Sondereinheiten, und ein Offizier aus dem Führungsstab der Sondereinheiten bezeichnete es Dana Priest gegenüber als »unseren Broterwerb«. Das FIP-Training hat natürlich nicht die Funktion, die das JCET-Programm nach dem vom Kongress verabschiedeten Gesetz eigentlich haben sollte, doch die Kontrolle des Kongresses über Aktivitäten des Militärs ist inzwischen so minimal, dass das Pentagon Gesetzesvorschriften, die ihm nicht passen, keine große Beachtung mehr schenkt. Die beschönigenden Beschreibungen des FIP-Trainings verschleiern, dass es im Grunde eine Ausbildung zum Staatsterrorismus ist. Der republikanische Abgeordnete Christopher Smith, der den für internationale Operationen und Menschenrechte zuständigen Unterausschuss des Repräsentantenhauses leitet, warnte: »Unsere gemeinsamen Übungen mit und unsere Ausbildung von Militäreinheiten – denen immer wieder schwerste Verbrechen gegen die Menschlichkeit, einschließlich Folter und Mord, vorgeworfen werden – bedürfen dringend einer Erklärung.« Doch der amerikanische Verteidigungsminister scheint keinen Grund zur Besorgnis zu sehen. »In jenen Gebieten, in denen unsere Streitkräfte JCET-Übungen durchführen, fördern sie demokratische Werte und die regionale Stabilität«, erklärte Cohen.[9]

Wie sich JCET-Übungen auf »demokratische Werte und die regionale Stabilität« auswirken, zeigte sich nirgendwo deutlicher als in Indonesien, das Verteidigungsminister Cohen oft besuchte, um sich vor Ort über die Ergebnisse der amerikanischen Erziehungsbemühungen zu informieren. Indonesien ist das Land mit der viertgrößten Bevölkerung und die größte islamische Nation der Welt. Nach dem Kampf um die Unabhängigkeit von den Niederlanden verfolgte Präsident Sukarno, der die von ihm ausgerufene Republik Indonesien fast zwei Jahrzehnte lang regierte, eine strikte Neutralitätspolitik, die nicht ins außenpolitische Konzept der Amerikaner passte. So wurden während seiner Amtszeit und während der Revolution von 1965 – als Suharto Sukarno entmachtete, die politische Führung übernahm und durch ein blutiges Pogrom linke Kräfte im gesamten Inselstaat ausschaltete – in Indonesien viele verdeckte CIA-Operationen durchgeführt. Der autoritäre Suharto und seine Armee regierten das Land bis Mai 1998 mit eiserner Faust.

In dieser Zeit bekämpfte Suharto mit starker amerikanischer und japanischer Unterstützung erfolgreich den Hunger auf der Hauptinsel Java und bescherte dem Land ein kontinuierliches Wirtschaftswachstum. Doch dann brach die schwere Finanzkrise von 1997 über Indonesien herein, in deren Verlauf die Aktienkurse und der Wert der indonesischen Währung um bis zu 80 Prozent sanken. Eine verfehlte Politik der USA und des Internationalen Währungsfonds', auf die an späterer Stelle noch eingegangen werden wird, ließ in Indonesien die Zahl der Menschen, die unter der Armutsgrenze leben, innerhalb von ein paar Monaten von 27 Millionen auf über 100 Millionen (die Hälfte der Bevölkerung) steigen und machte die wirtschaftlichen Erfolge von 30 Jahren zunichte. Hunderttausende verloren ihre Arbeit. Die innere Einheit des verarmten Landes ist weiterhin bedroht, auch wenn die Rückkehr zur Demokratie nach 32 Jahren Autokratie dem politischen Leben neue Impulse gab. Bisher traf der Rückstoß der amerikanischen Politik in Indonesien hauptsächlich die Bevölkerung Indonesiens, insbesondere die dort lebende chinesische Minderheit, die eine unternehmerische Elite bildet. Doch wahrscheinlich werden die Amerikaner ihn auch noch zu spüren bekommen, wenn Indonesien aus seinem gegenwärtigen Trauma erwacht und zu untersuchen beginnt, was mit ihm geschah und wer dafür verantwortlich war.

Die Absetzung des indonesischen Staatspräsidenten General Suharto, der einer der Lieblingsdiktatoren der USA in Ostasien war, ist ein Fallbeispiel, das die Gefahren von JCET-Programmen verdeutlicht. Zwischen dem 13. und dem 15. Mai 1998 wurden bei den blutigen Straßenschlachten in Jakarta, die zum Rücktritt von General Suharto führten, fast 1200 Menschen getötet. Danach wurde bekannt, dass »organisierte Gruppen von bis zu einem Dutzend Männern« während dieses »Aufruhrs« mindestens 168 Frauen und Mädchen, die größtenteils chinesischer Abstammung waren, vergewaltigt hatten, und dass 20 der Opfer bei oder nach diesen brutalen Überfällen starben.[10] Es wurde auch bekannt, dass

Gruppen von Männern in der Stadt herumfuhren und von ihren Fahrzeugen aus die Menschenmenge zu Gewalttätigkeiten anstachelten. Viele Indonesier beschuldigten die Armee und ihre verdeckt operierenden Sicherheitskräfte – die als »Red Berets« bekannten Kommandotruppen des Eliteregiments Kopassus –, diese Vergewaltigungen begangen und das Volk aufgewiegelt zu haben. (Die Armee gab später öffentlich zu, dass Mitglieder ihrer Sondereinheiten mithalfen, in den Wochen vor den Unruhen oppositionelle Aktivisten »verschwinden« zu lassen.)

General Suharto war während seiner Amtszeit dafür bekannt, durch Sondereinheiten des Kopassus-Regiments, das ab 1995 unter dem Kommando seines Schwiegersohns Generalleutnant Prabowo Soemitro Subianto stand, Dissidenten und politische Rivalen entführen, foltern und umbringen zu lassen. 1990 erklärte er zum Beispiel die Region um Aceh im Westen der Insel Sumatra zu einem »militärischen Einsatzgebiet«, um eine islamische Separatistenbewegung zu unterdrücken. Dann schickte er Kopassus-Einheiten dorthin. Hunderte, vielleicht sogar Tausende von Menschen verschwanden in diesem Gebiet. Es wird vermutet, dass sie von Kopassus-Truppen hingerichtet wurden. Im August 1998, nach Suhartos Absetzung, flog General Wiranto, der Oberbefehlshaber der indonesischen Streitkräfte, nach Sumatra, inspizierte Massengräber, entschuldigte sich für »Übergriffe des Militärs« in der Provinz und befahl den Rückzug aller dort eingesetzten Kampftruppen. Auf Anweisungen Suhartos hatten Kopassus-Truppen in der Vergangenheit ähnliche Aktionen in Ost-Timor und Irian Jaya (Neuguinea) durchgeführt.

Im Januar 1998 wurden einige Kopassus-Bataillone von West-Sumatra und Neuguinea nach Jakarta verlegt, wo im Verlaufe der folgenden drei Monate ebenfalls mindestens 14 oppositionelle Aktivisten »verschwanden«. Nach Suhartos Sturz gelangte das Oberkommando der Armee selbst zu der Erkenntnis, dass Mitglieder des Kopassus-Regiments für mindestens neun Entführungen in der Hauptstadt verantwortlich waren. Fünf der Entführten werden immer noch vermisst und sind vermutlich tot. Einer von General Prabowos Stellvertretern, Oberst Chairawan, der Kommandeur der verdeckt operierenden Gruppe 4 des Kopassus-Regiments, wurde für diese Entführungen direkt verantwortlich gemacht. Vor seiner Verhaftung sagte Chairawan, ein alter Bekannter des amerikanischen Militärs, zu Allan Nairn, dem Korrespondenten des Magazins *The Nation*, dass sein wichtigster Kontaktmann in der amerikanischen Botschaft der DIA-Attaché Oberst Charles McFetridge war.[11] Doch die Befehle zu diesen Entführungen und Hinrichtungen gab wahrscheinlich Suharto selbst.

Nach den Unruhen von 1998 und der Massenemigration von Chinesen, die es sich leisten konnten, Indonesien zu verlassen, forderten die Eliten Indonesiens, deren Angst vor den polizeistaatlichen Methoden, mit denen sie unter Suharto eingeschüchtert worden waren, nun nicht mehr so groß war, eine offizielle Untersuchung. Die Nachfolgeregierung von Präsident B. J. Habibie setzte einen Untersuchungsausschuss ein, unter dessen 18 Mitgliedern sich Vertreter der Regierung, der Streitkräfte, der indonesischen Menschenrechtskommission und diverser privater Gruppen befanden. In seinem Bericht vom 3. November 1998 gelangte der Ausschuss zu der Auffassung, dass viele der Gewalttätigkeiten von den Streitkräften inszeniert oder bewusst provoziert wurden, wahrscheinlich um den Eindruck eines eskalierenden Chaos zu erzeugen, das einen Militärputsch als notwendig und akzeptabel erscheinen ließ. Das indonesische Militär hatte zuvor noch behauptet, es habe keinerlei Beweise für Vergewaltigungen während der Unruhen finden können, doch der Bericht bestätigte, dass 76 Frauen chinesischer Abstammung vergewaltigt oder Opfer anderer sexueller Gewalttaten wurden. Die chinesische Gemeinde hatte von einer mehr als doppelt so hohen Zahl gesprochen, die wahrscheinlich realistischer ist, da viele Frauen über das, was ihnen angetan wurde, verständlicherweise keine Aussagen machen wollten. Der Bericht beschuldigte auch zwei Generale, Generalleutnant Prabowo vom Kopassus-Regiment und Generalmajor Syafrie Samsuddin, einen Adjutanten Prabowos, der die Kommandobehörde in Jakarta leitete, die Unruhen und Morde organisiert zu haben. Vertreter der indonesischen Regierung, die den Bericht selbst angefordert hatten, erschienen nicht zu der Sitzung, auf der er vorgelegt wurde.[12]

Die indonesischen Streitkräfte, kurz ABRI genannt, waren lange das bevorzugte Instrument der amerikanischen Außenpolitik in der Region, stützten sie doch das Regime des überzeugten Antikommunisten Suharto. 1965, als dieser im Begriff war, die Macht zu übernehmen, leiteten die Vereinigten Staaten Listen von Personen, die verdächtigt wurden, Kommunisten zu sein, an die ABRI weiter, die über eine halbe Million Kommunisten und angebliche Kommunistenfreunde niedermetzelten. 1975 billigten die USA den Einmarsch der ABRI in Ost-Timor und die anschließende Tötung von 200 000 Ost-Timoresen, die das Außenministerium in seinem Menschenrechtsbericht von 1996 als »Morde, für die kein Gericht zuständig ist« bezeichnete. Ost-Timor war seit der Zeit der europäischen »Entdeckungsreisen« eine portugiesische Kolonie. Als Lissabon nach einer Revolution in Portugal Mitte der 1970er-Jahre bereit war, die Reste seines einstigen Imperiums aufzugeben, setzte sich die überwiegend katholische Bevölkerung Ost-Timors für die Autonomie und Unabhängigkeit der Inselhälfte ein. Indonesien aber annektierte das Gebiet und unterdrückte die weiterhin aktive Unabhängigkeitsbewegung mit militärischer Gewalt. Nach dem Ende der Suharto-Ära machte der neue indonesische Präsident Habibie den Ost-Timoresen das unerwartete Angebot, darüber abzustimmen, ob Ost-Timor ein (in Zukunft autonomer) Teil Indonesiens bleiben oder unabhängig werden sollte. Ost-Timor entschied sich für die Unabhängigkeit, woraufhin vom Militär angestiftete Mordtaten und die Taktik der verbrannten Erde das Land erschütterten.

Als die Finanzkrise von 1997 Indonesien erfasste und abzusehen war, dass der sechsundsiebzigjährige Suharto nach den Reformen, die der Internationale Währungsfonds zur Bedingung für sein Hilfsprogramm machte, für die USA wohl nicht mehr von Nutzen sein würde, blieb das Hauptziel der amerikanischen Politik, durch die Unterstützung der 465 000 Mann starken ABRI die Situation in Indonesien unter Kontrolle zu behalten. Indonesien hat keine äußeren Feinde. Die einzige Aufgabe seiner Streitkräfte ist die Aufrechterhaltung der »inneren Sicherheit«. Während nahezu der gesamten Regierungszeit Suhartos schulten die Vereinigten Staaten ABRI-Sondereinheiten in allen möglichen »speziellen Methoden der Kriegführung und der Bekämpfung von Aufständen«, wie die *New York Times* es nannte.[13] Die CIA und die DIA haben schon seit langem enge Kontakte zu den ABRI, die häufig in Folterungen, Entführungen und Morde verwickelt waren. Im Magazin *Special Warfare,* das von der John-F.-Kennedy-Schule für besondere Kriegführung in Fort Bragg, North Carolina, herausgegeben wird, wurde das Kopassus-Regiment als der »Garant nationaler Einheit angesichts vieler Bedrohungen und Herausforderungen« bezeichnet.[14]

Nach dem 12. November 1991, an dem indonesische Truppen in Dili, der Hauptstadt Ost-Timors, 271 Menschen töteten, die für die Unabhängigkeit demonstriert hatten, strich der Kongress die finanziellen Mittel für weitere Ausbildungsprogramme – die Waffenverkäufe an Indonesien stoppte er allerdings nicht. Trotz dieser Entscheidung baute das Pentagon die ABRI-Ausbildungsprogramme unter dem Deckmantel des JCET weiter aus.[15] Seit 1995 fanden mindestens 41 gemeinsame Übungen mit voll bewaffneten US-Kampftruppen statt – unter anderem mit Green Berets, Luftwaffenkommandos und Einheiten der Marineinfanterie, die von Okinawa nach Indonesien transportiert wurden. Die 1. Gruppe der US-Sondereinheiten ist in Torii auf Okinawa stationiert.

Der Hauptnutznießer dieser Aktivitäten sollte offenbar der siebenundvierzigjährige Generalleutnant Prabowo, der Schwiegersohn und Geschäftspartner Suhartos, sein. Seiner Ehefrau, Suhartos zweiter Tochter, gehörte ein großer Teil von Merrill Lynch in Indonesien. Prabowo, der in Fort Benning, Georgia, und in Fort Bragg, North Carolina, Trainingskurse für Eliteeinheiten absolviert hatte, bekämpfte zehn Jahre lang Widerstandsbewegungen in Ost-Timor und war bald für seine Grausamkeit und Skrupellosigkeit bekannt. Ab 1995 befehligte er die Red-Beret-Sondereinheiten des Kopassus-Regiments und vergrößerte das Korps von 3500 auf 6000 Mann. Er arbeitete eng mit seinen amerikanischen Förderern zusammen. An mindestens 24 der 41 JCET-Übungen, die nach dem Beschluss des Kongresses, alle Trainingsprogramme zu beenden, durchgeführt wurden, waren Kopassus-Truppen beteiligt. Nach Aussagen von Allan Nairn, dem Korrespondenten von *The Nation* in Indonesien, wurde eine Kopassus-Einheit nach dem Ausbruch der Wirtschaftskrise vom amerikanischen Militär

26 Tage lang für »militärische Operationen in Städten« ausgebildet.

Der amerikanische Verteidigungsminister Cohen erklärte während eines Besuchs in Jakarta im Januar 1998: »Ich werde ihm [Suharto] keine Ratschläge erteilen, was er tun oder nicht tun sollte, um sein Land unter Kontrolle zu halten.« Doch gleichzeitig sorgte Cohen dafür, dass die Medien über seinen Besuch im Hauptquartier von Kopassus berichteten, wo er drei Stunden lang zusammen mit General Prabowo Kopassus-Einheiten bei militärischen Übungen zuschaute. Mitglieder der indonesischen Führung sagten zu Allan Nairn, sie hätten Cohens Besuch als »grünes Licht« aufgefasst, militärische Gewalt einzusetzen, um angesichts der Proteste gegen die vom Internationalen Währungsfonds geforderten radikalen Sparmaßnahmen den politischen Status quo aufrechtzuerhalten.

Die Vereinigten Staaten wollten aus guten Gründen, dass General Suharto an der Macht blieb. In den ersten Jahren seiner Herrschaft trug er maßgeblich zur Stabilität in der Region bei; er bescherte dem indonesischen Volk einen bescheidenen Wohlstand, der es optimistisch in die Zukunft blicken ließ. Sein größter Erfolg war die »grüne Revolution«: 1984 wurde Indonesien von Reisimporten unabhängig. Während der Regierungszeit Suhartos stieg das Pro-Kopf-Einkommen der Indonesier von rund 75 Dollar im Jahr 1966 auf fast 1200 Dollar im Jahr 1996. Der Krieg von Suhartos Vorgänger Sukarno gegen Malaysia wurde beendet. Außerdem spielten indonesische Diplomaten eine wichtige Rolle bei den Verhandlungen, die 1967 zur Gründung des Verbandes Südostasiatischer Staaten (ASEAN) führten, der sich als die mit Abstand wichtigste regionale Organisation in Ostasien erwies.

Im Laufe der Zeit entwickelte sich Suhartos Regime – ähnlich wie das ebenfalls von den USA unterstützte Regime des Autokraten Ferdinand Marcos auf den Philippinen – zu einer »Kleptokratie«. Der Wert der Unternehmen, die immer noch von Mitgliedern der Familie Suhartos kontrolliert werden, wird auf etliche Milliarden Dollar geschätzt, doch im Gegensatz zu Marcos hatte Suharto Beachtliches geleistet. Er hatte auf den diversen Inseln Indonesiens nicht nur für mehr politische Stabilität und ein kontinuierliches Wirtschaftswachstum gesorgt, sondern auch militante islamische Gruppen im Zaum gehalten und sich gleichzeitig mit einheimischen chinesischen Unternehmern verbündet. Man kann argumentieren, dass ohne sein hartes Regiment die Separatistenbewegungen in Indonesien überhand genommen hätten (einige gewinnen nun wieder an Stärke) und die Wahrscheinlichkeit von Konflikten mit anderen ASEAN-Staaten wesentlich größer gewesen wäre. Der gegenwärtige Zerfall der wirtschaftlichen und möglicherweise auch der politischen Macht Indonesiens kann durchaus dazu führen, dass Chinas politischer Einfluss in der Region wächst.

Die US-Regierung war sich dieser Gefahren bewusst. Als 1997 internationale Finanzleute begannen, aus dem Verfall der indonesischen Währung Kapital zu schlagen und ihre kurzfristigen Darlehen zurückzufordern, stellten führende Mitglieder der US-Regierung sich daher in öffentlichen Erklärungen hinter Suharto, um deutlich zu machen, dass sie seinen Sturz nicht wünschten. Doch diese Position erwies sich schließlich als unhaltbar, weil ein politisch unabhängiges Instrument amerikanischer Machtpolitik, der Internationale Währungsfonds, sich zwar bereit erklärte, Indonesien umfangreiche Darlehen zu gewähren, um ihm zu helfen, seine Schulden zu begleichen, doch die Bedingung stellte, zur Neuordnung seiner Wirtschaft eine ganze Reihe von lehrbuchmäßigen Reformen durchzuführen.

Es sollte erwähnt werden, dass der Internationale Währungsfonds überwiegend mit promovierten Volkswirtschaftlern besetzt ist, die an amerikanischen Universitäten studierten und Kulturen, denen der »American way of life« fremd ist, gering schätzen, ohne viel über sie zu wissen. Sie haben nur Einheitskonzepte (oder vielmehr »Ein-Kapitalismus-Konzepte«) zur Sanierung kränkelnder wirtschaftlicher Institutionen anzubieten. Diese Sanierungskonzepte hat der Internationale Währungsfonds im Laufe der Jahre auf Länder in Lateinamerika und Ostasien und auf Russland angewandt, ohne damit auch nur einen nennenswerten Erfolg zu erzielen. Nichtsdestoweniger nahmen die Vertreter des Internationalen Währungsfonds' der Suharto-Regierung gegenüber eine überhebliche Haltung ein. Sie prangerten ihren »Vetternkapitalismus« und dessen Schwächen an und priesen die Vorzüge der neoklassischen angloamerikanischen Nationalökonomie gegenüber einem asiatischen Wirtschaftsentwicklungsmodell. Sie ignorierten die Tatsache, dass Suharto, während er Mitglieder seines großen Familienklans und Unternehmen, die in deren Gunst standen, reich machte, auch gewöhnliche Bürger Indonesiens durch die Subventionierung von Lebensmitteln und Benzin finanziell unterstützte. Am 4. Mai 1998 ordnete der Internationale Währungsfonds die Streichung dieser Subventionen an. Schon diese Maßnahme allein musste zu politischer Instabilität führen.

Am 8. Mai ordneten die Vereinigten Staaten die Einstellung der JCET-Aktivitäten in Indonesien an, nachdem Allan Nairn – ausgerechnet in dieser kritischen Zeit – in *The Nation* enthüllt hatte, auf welche Weise das Pentagon das Kopassus-Regiment im Rahmen von geheimen Ausbildungsprogrammen unterstützte. Mitte Mai 1998 machten Regierungsvertreter erste Andeutungen, die auf eine Haltungsänderung schließen ließen. Es sickerten inoffizielle Informationen an die Presse durch, nach denen in Regierungskreisen inzwischen die Meinung vorherrschte, dass das Reformprogramm des Internationalen Währungsfonds zum Scheitern verurteilt war, solange Suharto nicht abgesetzt wurde. Einige Senatoren forderten in Washington Suhartos Ablösung. Diese Äußerungen wurden in Indonesien von mächtigen ABRI-Generalen als ein Signal verstanden, endlich zu handeln, um das Land zu stabilisieren und ihre eigene Position zu sichern. Gleichzeitig sahen Studenten von Jakartas renommierter Trisakti-Universität angesichts dieser Entwicklung eine Chance, demokratische Reformen durchzusetzen, und forderten bei friedlichen Demonstrationen die Aufhebung der Privilegien, die die Mitglieder des Suharto-Klans genossen. Während in Indonesien, besonders in Jakarta, die Unruhen zunahmen, flog Präsident Suharto zu einem Staatsbesuch nach Ägypten. Auch der ranghöchste Offizier des Landes, General Wiranto, verließ am 14. Mai die Hauptstadt und flog nach Ost-Java, um eine Division zu inspizieren. Vor diesem Hintergrund eskalierten die Unruhen in Indonesien.

Suharto war in Ägypten, als am 12. Mai vier Studenten der Trisakti-Universität von Jakarta auf der Straße erschossen wurden.

Obwohl die Polizei zu diesem Zeitpunkt nur mit Platzpatronen und Gummigeschossen ausgerüstet war, beobachteten Augenzeugen, wie Scharfschützen, die mit Gewehren mit Zielfernrohren bewaffnet waren und Polizeiuniformen trugen, von einer Straßenüberführung aus auf die Studenten schossen. Die Studenten wurden sofort beerdigt, ohne dass vorher Autopsien vorgenommen wurden. *Business Week* berichtete damals: »Am 14. Mai rasten mit muskulösen Männern beladene Lastwagen zu Einkaufszentren und Wohngebäuden, die Chinesen gehörten. Die Männer gossen Benzin in die Läden und Häuser und entfachten verheerende Brände. Mindestens 182 Frauen wurden, teilweise mehrmals, von Männern mit Bürstenschnitt vergewaltigt oder sexuell gefoltert; die Opfer glauben, dass es Soldaten waren.«[16] Auf der Lippo Karawaci Mall, einem Einkaufszentrum in chinesischem Besitz, nahmen Überwachungskameras auf, wie Gruppen von Männern, die mit sechs Lastwagen angerückt waren, in Banken einbrachen, Geldautomaten knackten und anschließend Tausende von Plünderern hereinwinkten. Meldungen zufolge fanden ungefähr zur gleichen Zeit in 40 weiteren Einkaufszentren im gesamten Stadtgebiet solche Aktionen statt, bei denen 1188 Menschen getötet, 2470 Läden geplündert und in Brand gesetzt sowie 1119 Autos zertrümmert wurden.

Das Oberkommando des indonesischen Militärs und führende Mitglieder der indonesischen Regierung würden die Welt gerne glauben machen, dass der Grund für diese Ausschreitungen tief verwurzelte antichinesische Gefühle waren, dass es sich dabei um »spontane Gefühlsausbrüche einer Amok laufenden Menge« handelte, um die Worte von Generalmajor Syafrie Samsuddin, dem damaligen Leiter der Kommandobehörde in Jakarta, zu gebrauchen. Allzu viele amerikanische Experten begnügten sich mit dieser bequemen Erklärung, zum Beispiel der Völkerrechtler Jonathan Paris, ein Sachverständiger des Rats für Auslandsbeziehungen, der in *The New Republic* die »Krawalle« auf »Rassenhass und wirtschaftlichen Neid« zurückführte.[17]

Doch diese Erklärung wirft mehrere Probleme auf. Wie der australische Volkswirt George Hicks, der schon zahlreiche Abhandlungen über Indonesien schrieb, betont, ist es recht unwahrscheinlich, dass 40 Einkaufszentren in einem Umkreis von mehr als 25 Kilometern gleichzeitig überfallen wurden, ohne dass jemand diese Aktionen organisierte und koordinierte; ganz zu schweigen davon, dass »kein einziger Täter von Einheiten der Polizei oder des Militärs gestellt wurde, obwohl es in der Zehnmillionenstadt Jakarta normalerweise von schwer bewaffneten Sicherheitskräften wimmelt«.[18] Für den indonesischen Wissenschaftler Ariel waren die Ereignisse vom Mai keine Rassenkrawalle, sondern pseudo-rassistische staatsterroristische Aktionen. Seiner Meinung nach belegen die vorliegenden Beweise, dass »Rassismus unter der Zivilbevölkerung weder für die jüngsten Krawalle verantwortlich war noch für die meisten anderen größeren antichinesischen Krawalle der vergangenen Jahrzehnte«.[19] Er vertritt stattdessen die Auffassung, dass diese Krawalle – wie die umfangreichen antichinesischen Pogrome während Suhartos Machtübernahme 1965/1966 – von der Armee provoziert wurden. Dieses Mal glaubte General Prabowo, um *Asiaweek* zu zitieren, »dass er auf genau dieselbe Weise die Macht übernehmen könne, auf die sein eigener Schwiegervater Sukarno die Macht entriss«, nämlich indem er den Eindruck erweckte, angesichts unkontrollierter anti-chinesischer Ausschreitungen die Ordnung wiederherzustellen.[20]

William McGurn, der Chefredakteur des *Far Eastern Economic Review*, vergleicht die Ereignisse vom Mai 1998 in Jakarta mit der »Kristallnacht« im November 1938 in Deutschland, in der Hitler Nazi-Schläger auf die Straße schickte, um Geschäfte und Häuser von Juden zu verwüsten.[21] Eine von Hitlers Absichten war, herauszufinden, wie der Rest der Welt darauf reagieren würde, und er gelangte zu dem Schluss – der sich als richtig erweisen sollte –, dass die Demokratien sich nicht in seine völkermörderischen Pläne bezüglich der Juden Europas einmischen würden. Vielen in Indonesien fiel auf, dass in den Wochen vor den Krawallen Hunderte von jungen Männern, die von Kopassus ausgebildet worden waren, von Ost-Timor nach Jakarta gebracht wurden. Das spricht für die Theorie, dass Prabowo, entweder von sich aus oder auf Befehl von Suharto, das Chaos inszenierte, um mit ihm ein scharfes Vorgehen rechtfertigen zu können. Doch am Ende war es nicht Prabowo, sondern sein Rivale General Wiranto, der die chaotischen Verhältnisse am besten auszunutzen verstand. Am 1. Mai überredete er Suharto, zugunsten seines Vizepräsidenten B.J. Habibie zurückzutreten, und am 28. Mai entzog er Prabowo das Kommando. Nach Allan Nairn war es in diesen Wochen nicht General Prabowo, sondern General Wiranto, der »sich nonstop mit der US-Botschaft beriet«.[22]

Nach Prabowos Sturz begannen die Amerikaner ihre Spuren zu verwischen. Franklin Kramer, der Leiter der Abteilung für Angelegenheiten der Internationalen Sicherheit im Verteidigungsministerium, versuchte den Dingen eine neue Richtung zu verleihen, indem er die neuerdings vom indonesischen Militär geübte »Zurückhaltung bei der Unterdrückung von Unruhen« lobte.[23] Mitglieder der amerikanischen Botschaft in Jakarta brachten zum Ausdruck, wie »schockiert und erzürnt« sie über Prabowo waren, doch einer vertrat nichtsdestoweniger weiterhin die Auffassung: »Selbst wenn vom amerikanischen Militär ausgebildete indonesische Soldaten einige der Morde begangen haben, sollten die Vereinigten Staaten auch in Zukunft mit dem indonesischen Militär zusammenarbeiten, um weiterhin Einfluss darauf zu haben, was als Nächstes geschieht.«[24] Präsident Habibie bat um eine Einladung ins Weiße Haus, um »Clinton persönlich danken« zu können.[25] Man fragt sich wofür.

Verteidigungsminister Cohen leitete die erste hochrangige amerikanische Delegation, die Indonesien nach Suhartos Rücktritt besuchte. Er erklärte, die USA hoffe auf eine weitere militärische Zusammenarbeit in der Zukunft, und weigerte sich, Berichte über von Militärs begangene Gräueltaten zu kommentieren. Er sagte nur: »Ich weiß, dass die indonesische Regierung eine Reihe von Ermittlungsverfahren wegen Menschenrechtsverletzungen eingeleitet hat.« Zwei Wochen später befand ein indonesisches Militärgericht einen Oberleutnant und Leutnant für schuldig, bei der Erschießung der vier Studenten »eigenmächtig gehandelt« zu haben. Der eine wurde zu zehn Monaten, der andere zu vier Monaten Gefängnis verurteilt. Außenministerin Madeleine Albright, die Ende Juli an einem ASEAN-Treffen teilnahm, verurteilte die Behandlung von Dissidenten in China und Birma, verlor jedoch kein Wort über die Vergewaltigungen, die Morde und das Verschwinden von Dissidenten in Indonesien.

Was in Indonesien geschah, mag aussehen wie eine weitere, von den USA gesteuerte erfolgreiche Ablösung eines »untragbar« gewordenen Regimes – erfolgreich auch insofern, als die Armee, in die die USA so viel investiert hatten, in dem neuen »demokratischeren« Indonesien noch mächtiger wurde (obwohl Prabowo in letzter Minute von Wiranto abgelöst wurde). Doch in Wirklichkeit hatten der Internationale Währungsfonds und das amerikanische Verteidigungsministerium, die dazu beitrugen, dass die indonesische Wirtschaft nach einem Vierteljahrhundert kontinuierlichen Wachstums in eine schwere Krise geriet, es wahrscheinlich jeder indonesischen Regierung unmöglich gemacht, diese Katastrophe allein zu bewältigen.

Während Suhartos Regierungszeit bildeten die sechs Millionen indonesischen Bürger chinesischer Abstammung 3,5 Prozent der Gesamtbevölkerung, doch Schätzungen zufolge erwirtschafteten sie fast drei Viertel von Indonesiens Volksvermögen. Nach den Ausschreitungen flohen Tausende von Chinesen aus Indonesien und nahmen rund 85 Milliarden Dollar an Kapital mit. Das bedeutet, dass indonesische Banken früher oder später nicht mehr in der Lage sein werden, von überseeischen Geldgebern erhaltene Darlehen zurückzuzahlen. 1997 waren China, Hongkong, Taiwan, Malaysia und Singapur die wichtigsten ausländischen Investoren in Indonesien, gefolgt von Japan und Südkorea. Doch in Zukunft wird Geld aus überseeischen chinesischen Quellen für Indonesien nicht mehr so leicht erhältlich sein. China und Taiwan verurteilten die anti-chinesischen Ausschreitungen. Gleichzeitig betonte China, dass es versucht habe, Indonesien wirtschaftlich zu unterstützen, indem es ihm Hilfsgelder und medizinisches Versorgungsmaterial zur Verfügung stellte und sich weigerte, seine Währung abzuwerten, um einen Konkurrenzkampf um indonesische Exportmarktanteile zu vermeiden. Stattdessen wurde Indonesien zu einem Mündel des Internationalen Währungsfonds und der Vereinigten Staaten gemacht, obwohl unwahrscheinlich ist, dass die amerikanische Öffentlichkeit das versteht oder sich in irgendeiner Weise für die extreme wirtschaftliche Kontraktion, die zurzeit in Indonesien stattfindet, verantwortlich fühlt. Doch diese ist ein Rückstoß von gewaltigen Dimensionen.

Der amerikanischen Regierung mag es recht sein, dass in Indonesien die Armee regiert, doch dem indonesischen Volk wahrscheinlich nicht. Das Beste, was Indonesien passieren könnte, wäre, wenn die Amerikaner das Feld räumen und Japan einen Teil der Verantwortung übernehmen lassen würden. Das versuchte Japan – wie China – im Herbst 1997, doch seine Bemühungen wurden von den USA vereitelt, die die einzige »Schutzmacht« in Asien bleiben wollten. Nichtsdestoweniger ist Japan der wichtigste Handelspartner Indonesiens. 40 Prozent der indonesischen Exporte gehen nach Japan, und 25 Prozent der indonesischen Importe kommen von dort. Japan, das immer noch die zweitgrößte Volkswirtschaft der Welt ist, hat ein starkes Interesse an Indonesiens Rückkehr zur Eigenwirtschaftlichkeit, und es hat die Finanzkraft, um Indonesiens Wirtschaft wieder anzukurbeln.

Wenn nichts dagegen unternommen wird, dass Indonesiens Wirtschaft stagniert, und dass seine Bevölkerung auf Lebensmittelspenden der Amerikaner angewiesen ist, dann ist damit zu rechnen, dass der Islam, der bisher fast im ganzen Land sein tolerantes Gesicht zeigte, militant und unversöhnlich wird. Das würde das Ende des amerikanischen Einflusses bedeuten (ähnlich wie seinerzeit in Khomeinis Iran) und die australische Außenpolitik erheblich erschweren. Einige Mitglieder der indonesischen Armee würden diese Entwicklung begrüßen, trotz der engen Freundschaften, die sich im Laufe der Jahre bei JCET-Übungen zwischen ihnen und amerikanischen Offizieren entwickelten.

Selbst wenn ein amerikanischer Präsident und der Kongress sich eines Tages auf ihre verfassungsmäßigen Pflichten besinnen und ihre Autorität dem Verteidigungsministerium gegenüber wieder geltend machen würden, wäre die Kontrolle über JCET-Übungen und ähnliche Programme nicht unbedingt gesichert. Der neueste Weg des Pentagons, seine Rechenschaftspflicht zu umgehen, ist die »Privatisierung« seiner Ausbildungsaktivitäten. Der Journalist Ken Silverstein schrieb nach eingehenden Recherchen: »Weitgehend ohne Wissen der Öffentlichkeit oder eine öffentliche Debatte bilden Privatfirmen – von denen die meisten enge Kontakte zum Pentagon haben und ehemalige Mitglieder der Streitkräfte beschäftigen – im Auftrag der Regierung Streit- und Sicherheitskräfte der ausländischen Alliierten Amerikas aus.«[26] Die besagten Firmen arbeiten im Allgemeinen mit dem Sondereinsatzkommando des Verteidigungsministeriums zusammen, das inzwischen die CIA-Operationsleitung als Hauptsponsor verdeckter Aktionen im Ausland ablöste. Nichtsdestoweniger handelt es sich dabei um Privatfirmen, deren Söldner den Kommandobehörden des amerikanischen Militärs nicht direkt verantwortlich sind. Etliche ehemalige Mitglieder von US-Sondereinheiten gründeten solche Firmen, um ihre militärische Ausbildung zu vermarkten, wobei sie es nicht von der Politik des amerikanischen Verteidigungsministeriums abhängig machen, welchen ausländischen Regierungen sie ihre Dienste anbieten.

Für das Pentagon hat die Privatisierung von Ausbildungsprogrammen unter anderem den Vorteil, dass alles, was diese Firmen tun, zum »Geschäftsgeheimnis« wird. Informationen über die Aktivitäten solcher Firmen müssen nicht einmal für geheim erklärt werden, weil sie nicht unter das Informationsfreiheitsgesetz fallen. Angesichts des extremen Legalismus der politischen Kultur Amerikas genügt das, um diese Firmen vor staatlicher Kontrolle zu schützen – wenn auch nicht unbedingt vor dem geplanten Internationalen Strafgerichtshof. Solche Privatfirmen bilden zurzeit die Streitkräfte von Kroatien und Saudiarabien aus und sind darüber hinaus in Honduras, Peru und vielen anderen lateinamerikanischen Ländern tätig. Solche Firmen kaufen auch Waffen aus ehemaligen Sowjetrepubliken, um damit Gruppen zu beliefern, die die US-Regierung vielleicht gerne bewaffnen würde, ohne dass man sie dessen beschuldigt, zum Beispiel Widerstandskämpfer in Bosnien und im Kosovo.

Neben den – offiziellen und privaten – JCET-Operationen des Verteidigungsministeriums sind auch seine Waffenverkäufe ein wichtiges Instrument eines heimlichen Imperialismus. Die Vereinigten Staaten unterhalten nicht nur das mit Abstand größte Militär der Welt, sondern sind auch der mit Abstand größte Waffenexporteur. Nach Zahlen des amerikanischen Amts für Rüstungskontrolle und Abrüstung (dessen Name eine Orwell'sche Täuschung ist und das 1998 ins Verteidigungsministerium integriert wurde) gab die Welt im Jahr 1995 864 Milliarden Dollar für militärische Zwecke aus. Der Anteil der USA betrug 278 Milliarden Dollar, beziehungsweise 32 Prozent; das war das 3,7fache des Anteils von Russland, das den zweiten Platz belegte.[27] Die Länder, die seit dem bisherigen Rekordjahr 1987 ihren Verteidigungsetat am radikalsten kürzten, waren Russland und andere ehemalige Sowjetrepubliken. Das Internationale Friedensforschungsinstitut in Stockholm (SIPRI) berichtet, dass die USA im Jahr 1997 konventionelle Waffen im Wert von rund 740 Milliarden Dollar in die ganze Welt lieferten; damit war ihr Anteil auf 43 Prozent gestiegen, der Russlands dagegen auf 14 Prozent gesunken.[28]

Im Jahr 1997 waren die weltweiten Verteidigungsausgaben insgesamt ein Drittel niedriger als zehn Jahre zuvor, nach dem Ende des Kalten Krieges. Doch die Vereinigten Staaten sind nichtsdestoweniger der mit Abstand größte Waffenlieferant der Welt, und sie investieren sehr viel mehr Geld in die Entwicklung militärischer Technologien als alle anderen Länder. Nach den Zahlen des SIPRI war ihr Budget für militärische Forschung und Entwicklung siebenmal so hoch wie das von Frankreich, das den zweiten Platz belegte. Das SIPRI errechnete, dass die Welt im Jahr 1997 insgesamt 58 Milliarden Dollar für militärische Forschung und Entwicklung ausgab, wobei der Anteil der Vereinigten Staaten 37 Milliarden betrug. Was die gesamten Ausgaben der USA für militärische Zwecke betrifft, so veranschlagte das Pentagon in seinem letzten Vierjahresbericht vom Mai 1997 die zukünftigen Verteidigungsbudgets der USA auf 250 bis 260 Milliarden Dollar – das ist sehr viel mehr als jede denkbare Allianz von Gegnern ausgeben könnte. Der amerikanische Verteidigungshaushalt für das Jahr 2000 beträgt 267,2 Milliarden Dollar – Aufstockungen zur Bezahlung des Kosovo-Krieges nicht mitgerechnet.

Die USA kommen zusammen mit ihren NATO-Partnern und mit Japan, Südkorea und Israel auf 80 Prozent sämtlicher Verteidigungsausgaben der Welt. Die USA allein gaben 1995 eine doppelt so hohe Summe für militärische Zwecke aus wie Russland, China, der Irak, Syrien, der Iran, Nordkorea, Libyen und Kuba zusammen. Gemeinsam mit ihren Verbündeten investierten sie viermal so viel Geld in die Verteidigung wie alle potenziellen Gegner. Beschränkt man den Vergleich auf die Länder, die vom Pentagon als regionale Bedrohungen betrachtet werden – das heißt auf die von »verbrecherischen Regimen« regierten Staaten Irak, Syrien, Iran, Nordkorea, Libyen und Kuba –, dann waren die Verteidigungsausgaben der USA sogar 22-mal so hoch wie die ihrer potenziellen Gegner.

Interessanterweise verschlingt die Sicherung des Zugangs zu den Ölquellen des Persischen Golfs jährlich rund 50 Milliarden Dollar aus dem Verteidigungsetat der USA – einschließlich der Kosten für den ständigen Einsatz von mindestens einem Flugzeugträger, für den Schutz von Seewegen und für die Aufrechterhaltung einer umfangreichen und stets einsatzbereiten Luftflotte in der Region. Doch die Ölimporte der USA aus der Golfregion kosten nur ein gutes Fünftel dieses Betrages, nämlich rund elf Milliarden Dollar pro Jahr, und machen nur zehn Prozent des amerikanischen Bedarfs aus. Europa deckt seinen Bedarf zu 25 Prozent durch Ölimporte aus dem Nahen Osten und Japan sogar zu 50 Prozent, dennoch leisten sie nur einen verhältnismäßig geringen Beitrag zur Aufrechterhaltung einer militärischen Präsenz der G-7-Staaten in der Region. Europa und Japan wären durchaus in der Lage, ihre Versorgung mit Öl aus dem Nahen Osten durch Handelsverträge und diplomatische oder militärische Aktivitäten selbst zu sichern, doch Amerikas globale Hegemonie macht das unnötig.

Zu den Aktivitäten des gewaltigen amerikanischen Militärapparats gehört auch der Verkauf von Waffen an andere Länder, für das Pentagon gleichzeitig ein wichtiges *wirtschaftliches* Instrument der US-Regierung. Ungefähr ein Viertel des amerikanischen Bruttoinlandprodukts wird durch die Herstellung von Gütern erzielt, die für militärische Zwecke bestimmt sind. Ungefähr 6500 Beamte der US-Regierung sind ausschließlich damit beschäftigt, Waffenverkaufsprogramme zu koordinieren und zu verwalten. Sie arbeiten eng mit ranghohen Mitgliedern amerikanischer Botschaften auf der ganzen Welt zusammen, die sich während ihrer »diplomatischen« Karrieren vor allem als Waffenverkäufer betätigen. Nach dem Waffenexportkontrollgesetz sind die Verwaltungsbehörden verpflichtet, den Kongress über alle vom Pentagon direkt ausgehandelten Vereinbarungen über den Verkauf von Rüstungsgütern ins Ausland und über den Bau von militärischen Anlagen im Ausland zu unterrichten. Auch von der Waffenindustrie abgeschlossene Geschäfte, die sich auf 14 Millionen Dollar oder mehr belaufen, müssen gemeldet werden. Nach offiziellen Statistiken des Pentagons belief sich das Geschäftsvolumen in diesen drei Kategorien zwischen 1990 und 1996 auf insgesamt 97 836 821 000 Dollar. Von diesen fast 100 Milliarden Dollar müssen die drei Milliarden Dollar pro Jahr abgezogen werden, mit denen die US-Regierung Waffenkäufe ausländischer Kunden subventioniert.

Nach dem Internationalen Friedensforschungsinstitut in Stockholm waren die USA, Russland, England, Frankreich und Deutschland im Berechnungszeitraum 1993 bis 1997 die fünf größten Waffenlieferanten, auch wenn der Gesamtumfang der amerikanischen Waffengeschäfte rund 14 Milliarden Dollar größer war als der der anderen vier Staaten zusammengenommen. Die fünf größten Waffenkäufer waren in diesem Zeitraum Saudiarabien, Taiwan, die Türkei, Ägypten und Südkorea; jedes dieser Länder gab nach Berechnungen des SIPRI in diesen fünf Jahren zwischen fünf und zehn Milliarden Dollar für Waffen aus.[29] Japan war der zweitgrößte Käufer von Hightechwaffen. Alle großen Waffenkäufer waren enge Verbündete oder Vasallen der USA.

Die US-Regierung und die Waffenhändler der Welt behaupten, dass der Waffenhandel seit 1987, dem Bezugsjahr für den Kalten Krieg, zurückging. Doch dieser »Rückgang« beruht fast ausschließlich auf den stark zurückgegangenen Waffenverkäufen ehemaliger Sowjetrepubliken – und wahrscheinlich waren die Schätzungen von 1987 über die Waffenverkäufe der ehemaligen Sowjetunion ebenso überzogen wie beispielsweise die während der achtziger Jahre abgegebenen Einschätzungen zur Stärke der sowjetischen Kriegsflotte. Jedenfalls nahmen die amerikanischen Waffenverkäufe seit dem Ende des Kalten Krieges in Wirklichkeit zu. 1995 waren die Vereinigten Staaten nach Berechnungen ihres eigenen Amtes für Rüstungskontrolle und Abrüstung das Herkunftsland von 49 Prozent der weltweiten Waffenimporte. Sie exportierten Waffen aller Art in rund 140 Länder, von denen 90 Prozent entweder keine Demokratien oder für Menschenrechtsverletzungen bekannte Staaten waren.

Im November 1992 verkündete der Präsidentschaftskandidat

Bill Clinton, er habe vor, »die Weitergabe von Vernichtungswaffen an Leute, die sie auf sehr destruktive Weise einsetzen könnten, einzuschränken«. Im Februar 1995 gab Präsident Clinton die Richtlinien seiner neuen Waffenexportpolitik bekannt. Er griff alte Konzepte aus der Zeit des Kalten Krieges wieder auf, obwohl der Kalte Krieg damals bereits zu Ende war, doch gleichzeitig betonte er die kommerziellen Vorteile von Waffenverkäufen ins Ausland. Nach den Richtlinien der Clinton-Regierung soll die Waffenexportpolitik der USA von Angriffskriegen abschrecken, »die friedliche Lösung von Konflikten und die Rüstungskontrolle, Menschenrechte [und] die Demokratisierung fördern«, die Kompatibilität (»interoperability«) der Waffensysteme der Streitkräfte der USA und ihrer Verbündeten optimieren, die Weiterverbreitung von Massenvernichtungswaffen und Raketen verhindern und die amerikanische Rüstungsindustrie in die Lage versetzen, den amerikanischen Verteidigungserfordernissen noch besser gerecht zu werden und ihre technologische Überlegenheit langfristig und zu geringeren Kosten aufrechtzuerhalten«.[30] Einer der einflussreichsten Lobbyisten der Waffenindustrie sagte dazu: »Das ist die positivste Erklärung zum Handel mit Verteidigungswaffen, die je von einer Regierung abgegeben wurde.«[31] Doch trotz des rhetorischen Geschicks, mit dem das Weiße Haus darüber hinwegzutäuschen versucht, dass es gleichzeitig zwei einander widersprechende Haltungen vertritt, lassen sich gewisse grundlegende Widersprüche in seiner Waffenverkaufspolitik nicht übertünchen. Die globale Wirtschaftspolitik des Pentagons, die der amerikanischen Rüstungsindustrie auch weiterhin gute Einkünfte sichert, setzt sich immer wieder über traditionellere außenpolitische Anliegen hinweg und schafft viele potenzielle langfristige Probleme, die sich am Ende als unlösbar erweisen könnten. Waffenverkäufe sind, kurz gesagt, ein Hauptgrund für die wachsende Bedrohung der Welt durch Rückstöße einer verfehlten Politik, für die wir noch werden bezahlen müssen.

Zum Beispiel belieferten die Vereinigten Staaten in vielen Fällen die gegnerischen Parteien in noch schwelenden Konflikten eifrig mit Waffen – den Iran und den Irak, Griechenland und die Türkei, Saudiarabien und Israel sowie China und Taiwan. Saddam

Hussein, der in den neunziger Jahren zur Nummer Eins unter den »verbrecherischen« politischen Führern wurde, war während der achtziger Jahre lediglich ein besonders guter Kunde, der wegen der Ölreserven seines Landes fast unbegrenzten Kredit genoss. Oft machen Länder Technologietransfers und Lizenzverträge zur Bedingung für Waffenkäufe, so dass sie die Waffen schließlich selbst herstellen können – für den Eigenbedarf und den Verkauf an andere Länder. Das Ergebnis ist die Weiterverbreitung von Waffen und die Entstehung neuer Waffenindustrien in der ganzen Welt. Am 10. Januar 1995 erklärte der damalige CIA-Direktor James Woolsey vor dem Kongress, Waffenverkäufe könnten »die militärischen Kräfteverhältnisse wesentlich verändern, militärische Operationen der USA erheblich erschweren und beträchtliche amerikanische Verluste verursachen«.[32] Doch am 27. August 1998 gab das Verteidigungsministerium den Verkauf von mehreren Hundert Raketen und U-Boot-Abwehr-Torpedos im Wert von 350 Millionen Dollar an Taiwan bekannt – ein typisches Beispiel dafür, wie das Pentagon durch Waffenverkäufe die Außenpolitik gestaltet oder besser militarisiert. China verurteilte dieses Waffengeschäft natürlich als einen Verstoß gegen die mit den USA getroffenen Vereinbarungen. Daraufhin erklärte das Verteidigungsministerium: »Der geplante Verkauf dieses militärischen Geräts wird das konstante militärische Gleichgewicht in der Region nicht beeinträchtigen.«[33] Wenn das stimmt, wozu wurde dieses Kriegsgerät dann überhaupt verkauft? Nur um die Umsätze einiger Rüstungskonzerne zu erhöhen, mit denen das Pentagon eng zusammenarbeitet? Und wenn es nicht stimmt, warum machte das Pentagon sich dann noch die Mühe, so zu tun, als habe es irgendein Interesse am Kräftegleichgewicht in der Region?

Im August 1996 forderte der damalige Verteidigungsminister Perry die Aufhebung eines Jahrzehnte alten Verbots von Waffenverkäufen nach Lateinamerika. Er argumentierte, die meisten Länder in dieser Region seien inzwischen Demokratien, daher sei es unvorstellbar, dass sie die neu erworbenen Waffen gegeneinander einsetzten. Ein Jahr später, am 1. August 1997, verkündete das Weiße Haus: »Im vergangenen Jahrzehnt veränderte Lateinamerika sich dramatisch. Aus einer von Putschen und Militärregimen beherrschten Region wurde eine von Zivilregierungen kontrollierte Region der Demokratie... Einige lateinamerikanische Länder machen sich nun an die notwendige Modernisierung ihres Militärs.« Daraufhin genehmigte die Clinton-Regierung die Lieferung von modernen amerikanischen Waffen an alle Käufer südlich der Grenze (natürlich mit Ausnahme von Kuba).

Es ist ein Grundkonzept der amerikanischen Außenpolitik, dass Demokratien für andere Demokratien keine Bedrohung darstellen. Doch wenn die Länder Lateinamerikas nun Demokratien sind, würde das doch eigentlich bedeuten, dass für sie gar keine Notwendigkeit besteht, ihr Militär zu modernisieren. Sie könnten stattdessen dem Beispiel von Costa Rica folgen. Costa Rica hat seit 1948 kein Militär mehr, sondern nur noch eine zivile Schutztruppe, und ist eines der stabilsten und friedlichsten Länder der Region. Sein ehemaliger Präsident Oscar Arias, der 1987 den Friedensnobelpreis erhielt, weil dank seiner erfolgreichen Vermittlung mehrere Bürgerkriege in Mittelamerika beendet wurden, ist ein entschiedener Gegner der erneuten amerikanischen Waffenlieferungen. Er schrieb 1999: »Die Amerikaner zeigten sich sehr besorgt über den gemeldeten Verlust streng gehüteter nuklearer Geheimnisse an die Chinesen. Doch sie sollten ebenso empört sein, dass ihr Land viele andere militärische Geheimnisse in Form von Hightechwaffenexporten freiwillig preisgibt. Durch den Verkauf von modernen Waffen in die ganze Welt gefährden reiche Rüstungsunternehmer nicht nur die nationale Sicherheit und schröpfen die Steuerzahler im eigenen Land, sondern sie stärken gleichzeitig Diktatoren und verschlimmern menschliches Elend im Ausland.«[34]

Wenn solche Widersprüche aufgezeigt werden, argumentiert das Pentagon, wenn es Lateinamerika die Waffen nicht verkaufe, werde ein anderes Land es tun. Ebenso gut könnte Kolumbien den Vereinigten Staaten erklären, wenn es nicht Koka anbaue und Kokain an Amerikaner verkaufe, werde ein anderes Land es tun. Zusammen mit den zahlreichen JCET-Übungen in der Region gefährdet die neue Waffenverkaufspolitik der USA zweifellos den Demokratisierungsprozess in Lateinamerika und erhöht die Wahrscheinlichkeit, dass einige seit langer Zeit bestehende Konflikte zu

Kriegen eskalieren. Zum Beispiel wurde die Armee von Ecuador eine Zeit lang im Rahmen von JCET-Programmen ausgebildet; gleichzeitig verkaufte das Pentagon dem Land Black-Hawk-Hubschrauber und A-37-Kampfjets. Erst nachdem die Ausbildungsprogramme und Rüstungsgeschäfte abgeschlossen waren, erkannten die USA, dass Ecuador diese Streitkräfte und Flugzeuge nicht gegen Drogenhändler und »Terroristen« einsetzen wollte, sondern in einem Krieg gegen Peru.[35]

Die USA rechtfertigten ihre Kontakte zum ecuadorianischen Militär als ein Mittel, seine führenden Mitglieder persönlich kennen zu lernen und ein langfristiges Vertrauensverhältnis aufzubauen. Doch wie Mary McGrory, die Kolumnistin der *Washington Post*, ergänzend feststellte, kannten viele Mitglieder der Reagan-Regierung und des Pentagons bereits auch fast alle wichtigen Figuren in den salvadorianischen Todesschwadronen, von denen die meisten die School of the Americans in Fort Benning, Georgia, besucht hatten. Das hielt die Salvadorianer allerdings nicht davon ab, 70 000 ihrer Landsleute zu töten, ganz zu schweigen von der Vergewaltigung und Ermordung von drei amerikanischen Nonnen und einer katholischen Laienschwester im Jahr 1980 – diese Verbrechen wurden damals vom amerikanischen Botschafter in El Salvador und vom amerikanischen Außenminister vertuscht. Ein salvadorianischer Oberst, den der amerikanische Botschafter verdächtigte, die Morde an den vier Amerikanerinnen befohlen zu haben, lebte 1998 mit seiner Frau und seinen Kindern in Florida.

Der wirtschaftliche Nutzen von Waffenverkäufen wird stark überbewertet. Japan, die zweitgrößte kapitalistische Volkswirtschaft der Welt, kommt sehr gut ohne sie aus. Ende der neunziger Jahre begann die Wirtschaft Südkaliforniens zu florieren, nachdem sie ihre während des Kalten Krieges entstandene Abhängigkeit von Aufträgen an die Raumfahrtindustrie endlich überwunden hatte. Viele der Kongressabgeordneten, die sich vehement für eine Reduzierung des Bundeshaushalts einsetzen, sind ausgesprochen verschwenderisch, wenn es um die finanzielle Unterstützung der Rüstungsindustrie ihrer Region geht, meist in der Erwartung, dass ihre Wählerschaft von zukünftigen Waffenexporten profitieren wird. Im Januar 1998 erhöhte der damalige Vorsitzende des Repräsentantenhauses Newt Gingrich den Verteidigungshaushalt um 2,5 Milliarden Dollar für die Anschaffung weiterer Flugzeuge vom Typ F-22 und C-130, die selbst die Luftwaffe nicht wollte (oder brauchte), nur weil diese Flugzeuge teilweise in Georgia gebaut wurden. Im Juni 1998 stockte Trent Lott, der Fraktionsführer der Republikaner im Senat, den vorgelegten Verteidigungshaushalt von 270 Milliarden Dollar um die Kosten für die Anschaffung eines weiteren Flugzeugträgers für Hubschrauber auf (obwohl die Marine darauf beharrte, dass sie ihn nicht brauchte), weil das Schiff in Pascagoula, Mississippi, gebaut werden sollte.

Das amerikanische Imperium versteht es inzwischen meisterhaft, seine Politik mit selbsterfüllenden Prophezeiungen zu rechtfertigen. Es strebte die NATO-Osterweiterung teilweise deshalb an, um Waffen an die ehemaligen Ostblockstaaten verkaufen zu können, deren Armeen nun in die Kommandostruktur der NATO integriert werden – wohl wissend, dass Russland auf diese Bedrohung feindselig reagieren würde. Diese russische Reaktion wird dann zur Rechtfertigung für die Erweiterung der NATO. Die US-Regierung verkauft auch moderne Waffen an Länder ohne Feinde wie Thailand, das im Januar 1997 F-18-Jäger und Amraam-Luft-Luft-Raketen im Wert von 600 Millionen Dollar erwarb. Zu Hause argumentiert sie dann, dass mehr in die Entwicklung einer neuen Generation amerikanischer Jagdflugzeuge und Raketen investiert werden müsse, da es notwendig sei, dem Rest der Welt stets voraus zu sein.

Welche katastrophalen Folgen solche Zirkelschlüsse haben können, zeigt ein klassisches Schema: Die USA beschließen, einem Verbündeten zu »helfen«, der mit einer wachsenden Opposition oder gar mit Aufständen im eigenen Land konfrontiert ist. Zuerst wird das »bedrohte« Land zu einem Teil der amerikanischen Interessensphäre erklärt. Dann werden amerikanische Truppen und ihr Gefolge aus Geschäftsleuten in das Land geschickt, um die dortige Regierung zu unterstützen. Die Unangemessenheit der Intervention und die dabei an den Tag gelegte Indifferenz gegenüber demokratischen Prinzipien und örtlichen Gegebenheiten, verstärken die Widerstandsbewegung nur noch, bis die amerikanische Schutzherrschaft schließlich durch die Machtübernahme eines radikal anti-amerikanischen Regimes beendet wird. Dieses Szenario spielte sich in Vietnam, in Kambodscha und später im Iran ab, und nun sieht es so aus, als könnte es sich in Saudi-Arabien wiederholen.

Seit dem Golfkrieg sind rund 35 000 amerikanische Soldaten in Saudi-Arabien stationiert. Ihre Präsenz empfinden strenggläubige moslemische Bürger dieses Königreichs als eine Demütigung für ihr Land und als einen Verstoß gegen ihre Religion. Saudische Dissidenten griffen die Amerikaner und das saudische Königshaus wiederholt scharf an. Nach dem Bombenanschlag auf den Apartmentkomplex Khobar Towers bei Dharan im Juni 1996, bei dem 19 Soldaten der amerikanischen Luftwaffe getötet wurden, machte William Pfaff in einem in der *Los Angeles Times* erschienenen Kommentar die folgende plausible Vorhersage: »Wenn die gegenwärtige amerikanische und saudi-arabische Politik fortgesetzt wird, wird die saudische Monarchie innerhalb von höchstens 15 Jahren gestürzt werden, und eine radikale und anti-amerikanische Regierung wird in Riad die Macht übernehmen.«[36] Doch die USA behielten ihren außenpolitischen Kurs bei, anstatt sich aus einem Land zurückzuziehen, in dem eine amerikanische Präsenz eine gefährliche Situation nur noch verschärft.

Zehn Jahre nach dem Ende des Kalten Krieges wird die amerikanische Außenpolitik vom Pentagon formuliert und gesteuert. Immer häufiger setzen die USA nur noch auf ein, gewöhnlich ungeeignetes Mittel, seine außenpolitischen Ziele durchzusetzen: militärische Stärke. Sie verfügen nicht mehr über ein ganzes Repertoir an außenpolitischen Möglichkeiten, zum Beispiel über ein Korps erfahrener Diplomaten, die mit der Kultur und der Sprache ihres Gastlandes vertraut sind; über wirklich lebensfähige internationale Institutionen, die von der amerikanischen Öffentlichkeit sowohl politisch wie auch finanziell unterstützt werden und amerikanische Anstrengungen im Ausland legitimieren können; über wirtschaftliche Strategien, wie die enorme Stärke des amerikanischen Markts genutzt werden kann, um im Ausland erwünschte Reaktionen und Entwicklungen auszulösen; oder auch über die Fähigkeit, amerikanischen Werten Ausdruck zu verleihen, ohne – zu Recht – heilloser Heuchelei bezichtigt zu werden. Der Einsatz von Marschflugkörpern und B-2-Bombern, um humanitäre Ziele zu erreichen, ist ein Zeichen dafür, wie funktionsunfähig der Apparat des Auswärtigen Amtes inzwischen geworden ist. Die von den Amerikanern initiierte und geleitete NATO-Intervention in Jugoslawien im Frühjahr 1999 zum Schutz der albanischen Mehrheit im Kosovo war ein tragisches Beispiel für die Unausgewogenheit der amerikanischen Außenpolitik.

Ob es vernünftig ist oder nicht, humanitäre Ziele über die Souveränität von Staaten zu stellen, sei dahingestellt – jedenfalls könnte diese Position, durch die ein Präzedenzfall geschaffen wurde, die Vereinigten Staaten, die, wie Jugoslawien, ein multiethnisches Land sind, irgendwann selbst in Schwierigkeiten bringen. Doch die US-Regierung hatte keinerlei Bedenken, auch ohne Ermächtigung durch den UN-Sicherheitsrat ihre Ziele zu verfolgen und die NATO, die nach dem Vertrag, mit dem sie gegründet wurde, ein reines Verteidigungsbündnis ist, zu verpflichten, zum ersten Mal in ihrer Geschichte eine offensive Rolle zu übernehmen. Sie erklärte, das humanitäre Ziel – wehrlose Zivilisten vor den massiven Angriffen eines politischen Führers zu schützen, der bereits für sein brutales Vorgehen gegen bestimmte Volksgruppen bekannt war – rechtfertige die Mittel: den Einsatz von Bombern und Marschflugkörpern, die unverteidigte zivile Gebäude (einschließlich der chinesischen Botschaft) sowie öffentliche Verkehrswege wie Straßen und Brücken zerstörten. Es überrascht nicht, dass dabei kein einziger amerikanischer Soldat getötet wurde. Es überrascht auch nicht, dass diese Politik genau die humanitäre Katastrophe auslöste, vor der sie die Albaner im Kosovo angeblich bewahren sollte. Wie der ehemalige amerikanische Präsident Jimmy Carter es formulierte: »Selbst für die einzige Supermacht der Welt rechtfertigen die Ziele nicht immer die Mittel.«[37] Die Ziele der Vereinigten Staaten im Kosovo waren an sich durchaus vertretbar, doch dass sie eine technologisch zwar höchst beeindruckende, aber völlig unangemessene Kriegsmaschinerie einsetzten, um diese Ziele zu erreichen, weil ihnen kein anderes Mittel mehr zur Verfügung stand, machte ihr Engagement fragwürdig.

Militärische Macht ist nicht mit »Führung der freien Welt«

gleichzusetzen. Sie ist auch kein Ersatz für eine informierte Öffentlichkeit, die die Politik, die in ihrem Namen betrieben wird, versteht und billigt. Dass die Amerikaner zu oft auf eine militarisierte Außenpolitik setzten und bei Entscheidungen über Interventionen im Ausland den Unterschied zwischen nationalen Interessen und nationalen Werten kaum beachteten, machte ihr Land nicht gerade sicherer. Welche Gefahren sie durch diese Politik heraufbeschworen, wird sich erst in den kommenden Jahren zeigen.

Es würde die USA jedenfalls nicht sicherer machen, wenn sie mehr Geld für JCET-Teams ausgeben würden – oder für Spionagesatelliten, die Terroristen aufspüren und gezielte Vergeltungsschläge ermöglichen. Stattdessen sollten die USA die meisten ihrer im Ausland stationierten Soldaten abziehen und den Kurs ihrer Außenpolitik ändern: Sie sollten ihrer Führungsrolle in der Welt gerecht werden, indem sie anderen Ländern ein Beispiel geben und auf diplomatischer Ebene ihren Einfluss geltend machen, anstatt nur ihre militärische Macht zu demonstrieren. Das gilt ganz besonders für die koreanische Halbinsel. Die militärische Intervention der USA in Korea fand 1945 statt. Die amerikanischen Verpflichtungen in Korea wurden größtenteils zu einer Zeit eingegangen, in der die gegenwärtigen politischen Führer noch nicht einmal geboren waren. Obwohl der Lauf der Zeit, die wirtschaftliche Entwicklung und der Zusammenbruch des Kommunismus die meisten dieser Verpflichtungen völlig überflüssig machten, werden sie trotzdem unverändert aufrechterhalten. Mit den Ressentiments, die diese anachronistische Politik der USA in Korea schürt, wächst die Gefahr von Rückstößen.

KAPITEL 4

Südkorea: Das Vermächtnis des Kalten Krieges

Die Satellitenstaaten der Sowjetunion in Osteuropa und die der Vereinigten Staaten in Ostasien unterschieden sich in vielerlei Hinsicht voneinander, vor allem aber darin, wie sie ihre Wirtschaft organisiert hatten. In Europa verordnete Stalin allen sieben von der Sowjetunion abhängigen »Volksdemokratien« (Albanien, Bulgarien, die Tschechoslowakei, die Deutsche Demokratische Republik, Ungarn, Polen und Rumänien, nicht aber Jugoslawien, das nicht von der Roten Armee befreit worden war) ein einheitliches wirtschaftspolitisches Rezept, das vornehmlich in der Kollektivierung der Landwirtschaft, der extremen Zentralisierung der wirtschaftlichen Entscheidungsgewalt und der möglichst raschen Industrialisierung unter absoluter Voranstellung der Schwerindustrie bestand. Insbesondere zwischen 1947 und 1952 zwang die Sowjetunion ihren osteuropäischen Vasallenstaaten ihre ökonomischen Methoden ohne Rücksicht auf die jeweiligen kulturellen und sonstigen Besonderheiten vor Ort auf. Nicht viel anders sprang der Internationale Währungsfonds nach der Finanzkrise von 1997 mit den kleineren, offenen Volkswirtschaften Ostasiens um – und mit vergleichbaren Ergebnissen.

Im Gegensatz zur Sowjetunion gingen die Vereinigten Staaten die Frage der wirtschaftlichen Organisation ihrer Satellitenstaaten im Kalten Krieg weit weniger doktrinär an. In ihren beiden wichtigsten Stützpunkten in Ostasien, Südkorea und Japan, bestanden die USA zwar auf der Einführung des Prinzips des privaten Eigentums und widersetzten sich jedem Versuch, die Industrie zu nationalisieren, tolerierten aber Landreformen, die staatliche Lenkung der Wirtschaft, Protektionismus, Merkantilismus und die Kartellierung der Industrie, so lange diese Maßnahmen zum wirtschaftlichen Wachstum beitrugen und die Anziehungskraft des Kommunismus verminderten. Um diese Länder in seinen politischen Orbit zu ziehen und dort zu halten, setzte Washington auf die Entwicklungshilfe und die Gewährung des gewünschten Zugangs zum riesigen amerikanischen Markt. Dabei verbarg die US-Regierung ihre Strategie hinter Euphemismen wie »exportgetriebenes Wachstum« und der »Trennung von Politik und Wirtschaft« – ein Täuschungsmanöver, mit dem sie hauptsächlich ihr eigenes Volk hinters Licht führte. Wichtigste Folge dieser Politik war, dass Länder wie Südkorea über die Jahre hinweg dank eines boomenden Exports ihr durchschnittliches Pro-Kopf-Einkommen auf über 10 000 Dollar steigern konnten, ein Vorgang, den die westliche Wirtschaftspresse ohne Ausnahme als »wundersam« beschrieb. Ein »Wunder« allerdings, das den lateinamerikanischen »Kolonien« der Vereinigten Staaten, denen im Kalten Krieg nicht annähernd dieselbe strategische Bedeutung zukam, vorenthalten blieb.

Hinsichtlich der politischen und militärischen Dimensionen der Installation von Satellitenregimen und ihrer Erhaltung verfolgten die Sowjetunion und die Vereinigten Staaten aus ähnlichen Gründen ähnliche Strategien. Sie kontrollierten ihre Mündel mit Hilfe von Einparteien-Diktaturen (im Falle Japans einer Einparteien-»Demokratie«), die je nachdem entweder von der Roten Armee oder der US-Armee an die Macht gebracht und von ihnen den ganzen Kalten Krieg hindurch gegen alle Bestrebungen verteidigt wurden, eine echte Demokratie einzuführen. Obwohl Proteste gegen die militärische Präsenz der USA in Japan von 1952 bis nach Ende des Vietnamkriegs fast schon an der Tagesordnung waren, half Washington (oft durch an die regierende Liberaldemokratische Partei weitergeleitete CIA-Gelder) nach Kräften mit, das japanische Einparteienregime an der Macht zu halten. Mit einer ununterbrochenen Regierungszeit der LPD von 1949 bis 1993 stellte Japan den Rekord für eine stabile Satellitenregierung auf – vergleichbar der SED, die in Ostdeutschland das Ruder von 1945 bis 1989 und damit ebenso lange in der Hand hielt. In diesen knapp 45 Jahren wurde Japan von denselben »schamlosen Kleingeistern« geführt, auf die nach Ansicht des französischen politischen Theoretikers Raymond Aron die Sowjetunion ihre Herrschaft in Osteuropa stützte.[1]

Südkorea musste nach seiner Gründung über vier Jahrzehnte, bis 1987, auf seine Demokratisierung warten, und dazu kam es auch nur, weil der zu dieser Zeit herrschende Militärdiktator Chun Doo Hwan für das folgende Jahr die Olympischen Spiele nach Seoul geholt hatte. Als die Südkoreaner den Protest gegen sein Regime auf die Straßen trugen, waren die Augen der Welt auf Südkorea gerichtet, und Chun blieb keine andere Wahl, als sich einigermaßen zivilisiert zu betragen. Ähnlich wie 1989, als die Russen darauf verzichteten, die Ostdeutschen mit militärischen Mitteln am Einreißen der Berliner Mauer zu hindern, riet Washington, anders als in der Vergangenheit, seinem Verbündeten nicht dazu, die Proteste mit Gewalt zu unterdrücken. Ein Grund für die Zurückhaltung der Amerikaner war die Erinnerung an die traumatischen Folgen der iranischen Revolution – damals hatte ihre rückhaltlose Unterstützung der repressiven Herrschaft des Schahs den Aufstieg des Ajatollah Ruhollah Khomeini und die Errichtung eines unversöhnlich anti-amerikanischen Regimes nur noch beschleunigt. Dazu kam, dass im Februar 1986 die Philippinen dem Iran nachzueifern schienen und eine Massenbewegung einen weiteren, von den USA protegierten, aber inkompetenten und korrupten Diktator von der politischen Bildfläche verdrängte, nämlich Ferdinand Marcos. Washington gewährte dem in Bedrängnis geratenen Diktator keine Hilfe gegen die Rebellen, eine Zurückhaltung, die sich auszahlte, als Corazon Aquino, die Frau eines ermordeten Marcos-Gegners, und eine Gruppe von der Mittelschicht angehörenden Reformern mit Unterstützung von Offizieren mit engen Bindungen an die Vereinigten Staaten die Macht an sich brachten. Aus diesen Gründen hielten sich die USA in Südkorea zurück, eine Chance, welche die protestierenden Studenten und ihre Verbündeten aus der Mittelschicht dazu nutzten, die einzige Demokratie Ostasiens zu errichten, welche von den Menschen auf der Straße erzwungen wurde.

Das Ende des Zweiten Weltkriegs bescherte den Koreanern ebenso wenig die Freiheit wie der Tschechoslowakei oder den anderen Ländern Osteuropas. Die Japaner hatten Korea seit 1905 besetzt, kolonisiert und ausgebeutet, verhielten sich also nicht anders als die Nazis, die nach dem Münchner Abkommen von 1938 sich die Tschechoslowakei einverleibt hatten. Auch nach dem Zweiten Weltkrieg teilten beide Länder dasselbe Schicksal und wurden praktisch zu Kolonien der Siegermächte. Im Februar 1948, ungefähr zur selben Zeit, als die Kommunistische Partei der Tschechoslowakei in Prag die Regierung stürzte, schlachteten reaktionäre Kräfte auf der Insel Cheju in der südlichen, von den USA kontrollierten Hälfte Koreas mindestens 30 000 oppositionelle Bauern ab. Auch wenn die Vorgänge in der CSSR international weitaus mehr Aufmerksamkeit auf sich zogen (und im darauf folgenden Jahr in der Gründung der NATO mündeten), spielte sich in Korea essenziell dasselbe ab wie in der Tschechoslowakei. Das Cheju-Massaker war Teil eines Prozesses, durch den das amerikanische Marionettenregime in Seoul, das im Volk ebenso verhaßt war wie Klement Gottwalds stalinistisches Regime in Prag, seine Macht konsolidierte. Gottwald, tschechoslowakischer Präsident von 1948 bis zu seinem Tod 1953, und Syngman Rhee, Präsident Südkoreas von 1948 bis 1960, hatten viel gemeinsam: Keiner von beiden wäre ohne die Hilfe der hinter ihm stehenden Supermacht an die Macht gekommen, und beide entsprachen dem Prototyp des gesichtslosen Bürokraten, denen die Sowjetunion und die Vereinigten Staaten in den darauf folgenden 40 Jahren die Verwaltung ihrer »gefangenen Nationen« (ein von der Eisenhower-Administration geprägter Begriff für die von der Sowjetunion abhängigen Ostblockstaaten) übertrugen.

In der Zeit zwischen Japans Kapitulation am 15. August 1945 und der Ernennung Syngman Rhees (der von sich behauptete, an der Princeton University bei Woodrow Wilson studiert zu haben) zum Präsidenten der Republik Korea im Südteil der Halbinsel am 15. August 1948, versuchten die Koreaner, aus eigener Kraft eine postkoloniale Regierung aufzubauen, ähnlich den Tschechoslowaken, die bis zum 25. Februar 1948 unter Eduard Beneš um einen demokratischen Staat kämpften. Beide Völker fielen am Ende dem Machtkampf der Supermächte zum Opfer. Aus Angst, dass die Vereinigten Staaten Japan zu ihrem zentralen Stellvertreter im Nachkriegsasien aufrüsteten, hielten die Russen an Korea nördlich des 38. Breitengrads als Bollwerk gegen die drohende japanische Dominanz fest und installierten in Pjöngjang eine kommunistische Regierung, die aus ehemaligen Guerillakämpfern gegen die japanischen Besatzer bestand.

Die Amerikaner wussten zunächst nicht so richtig, wie sie vorgehen sollten. Seit der Kapitulation der Japaner in Südkorea wurde das Land von General John Hodge und seinen in der Schlacht von Okinawa bewährten Veteranen der US-Armee verwaltet. Erst 1948 trat Hodge die Macht an Rhee ab, und selbst danach behielt das US-Militär für ein weiteres Jahr den Oberbefehl über die Streitkräfte und die Polizei des Landes. Vornehmlich beschäftigt mit der Sicherheit Japans und weitgehend indifferent gegenüber dem Status Koreas, war Hodge letztendlich dafür verantwortlich, dass die Bemühungen koreanischer Patrioten wie etwa Kim Ku um eine Aussöhnung mit Nordkorea scheiterten. Stattdessen protegierte er Syngman Rhee, der seinerseits wiederum von ehemaligen Kollaborateuren mit den Japanern unterstützt wurde, deren hauptsächliche Empfehlung ihr radikaler Antikommunismus war und von denen etliche in Rhees Kabinett berufen wurden. Die Hodge unterstehenden US-Einheiten beaufsichtigten und bildeten Rhees bewaffnete Streitkräfte im Kampf gegen alle – pauschal als »Kommunisten« abgekanzelte – Dissidenten aus und warteten ansonsten ab, ob Rhee seine Position absichern konnte.

Nach dem Abzug der Japaner entstanden auf Cheju, einer abgelegenen Insel vor der Südküste Koreas, patriotische »Volkskomitees«, die zwar sozialistisch, aber keineswegs kommunistisch ausgerichtet waren, wie selbst General Hodge zugab. Am 3. April 1948 ließ Rhee seine Polizei das Feuer auf Demonstranten eröffnen, die sich zur Erinnerung an den Kampf der Koreaner gegen die japanische Herrschaft versammelt hatten. Daraufhin brach auf der Insel ein allgemeiner Aufstand gegen die Polizeikräfte und Rhees Bemühungen aus, Cheju in den neuen südkoreanischen Staat zu integrieren. Rhee unterdrückte den Aufstand mit brutalen Mitteln, vergleichbar dem späteren Vorgehen der indonesischen Armee auf Osttimor oder dem der Serben in Bosnien und im Kosovo. Seine Polizeikräfte gingen mit äußerster Rücksichtslosigkeit gegen die Bewohner der Insel vor; im Laufe weniger Monate töteten sie zwischen 30 000 und 60 000 Inselbewohner, weitere 40 000 suchten ihr Heil in der Flucht nach Japan.

Am 13. Mai 1949 kabelte der amerikanische Botschafter in Korea John Muccio nach Washington, dass die meisten Rebellen und ihre Sympathisanten auf Cheju »getötet, gefangen gesetzt oder bekehrt« worden seien.[2]

Die schlimmsten Übergriffe gingen dabei auf das Konto einer paramilitärischen Vigilantengruppe namens Nordwestliche Jugendliga, die aus Flüchtlingen aus dem Norden bestand und die trotz ihrer bekannt hohen Gewaltbereitschaft von der US-Armee toleriert wurde. Eine ähnliche Organisation, die rechts gerichtete paramilitärische Koreanische Nationale Jugendliga unter ihrem (den Amerikanern als »Bum Suk Lee« bekannten) Führer Yi Pom Sok, wurde von den US-Besatzungsbehörden sogar direkt finanziert und ausgebildet. Die Mitglieder der Nordwestlichen Jugendliga waren, natürlich, radikale Antikommunisten, hatten aber auch ein Interesse daran, ihr eigenes Überleben zu sichern und sich in Südkorea einen Besitz und eine Frau zu erwerben. Dies vor allem war verantwortlich für die ausgiebig dokumentierte, sadistische Behandlung der Frauen auf Cheju, wozu unter anderem gehörte, dass sie die Frauen der von ihnen hingeschlachteten Familien zwangen, sie zu heiraten und ihnen ihr Land zu überschreiben. Einige dieser Männer leben noch heute auf Cheju und haben von dem Ausbau der Insel zu einem beliebten Strand- und Golfressort profitiert. Als im April 1996 der südkoreanische Präsident Kim Young Sam seinen amerikanischen Amtskollegen Bill Clinton zu einem Gipfeltreffen in das direkt am Meer liegende Cheju Shilla Hotel einlud, verlor kein US-Journalist auch nur ein Wort über die dunkle Vergangenheit der Insel, ganz zu schweigen von den Parallelen zwischen Clintons gedankenloser Fahrt nach Cheju und Reagans politisch instinktlosem Besuch des SS-Soldatenfriedhofs in Bitburg elf Jahre zuvor.[3] Bei einer im August 1998 anlässlich des 50. Jahrestages des Aufstandes von Cheju in der Hauptstadt der Insel ausgerichteten Konferenz ließen sich viele Redner darüber aus, dass Clinton auf den nicht markierten Gräbern der Opfer Syngman Rhees Golf gespielt hatte.

Bis mindestens 45 Jahre nach dem Massaker von Cheju musste

jeder Südkoreaner, der es auch nur erwähnte, damit rechnen, von der Korean Central Intelligence Agency (KCIA) oder ihrer Nachfolgeorganisation festgenommen, geschlagen, gefoltert und zu einer langen Freiheitsstrafe verurteilt zu werden. Erst 1998 – das im Dezember 1948 erlassene Gesetz zur nationalen Sicherheit, das dieses Vorgehen legitimierte, war noch immer in Kraft – versprach der Direktor der Behörde für Angelegenheiten der Nationalen Sicherheit, der Nachfolgeorganisation der KCIA, es nicht mehr für politische Zwecke zu missbrauchen und niemanden wegen kleinerer Verstöße dagegen, beispielsweise für positive Aussagen über das kommunistische Nordkorea, zu verhaften.[4] Und erst 1995, nach der Verhaftung der des Hochverrats, der Korruption und des Mordes angeklagten ehemaligen Präsidenten Chun Doo Hwan und Roh Tae Woo, fühlte sich die Provinzversammlung von Cheju sicher genug, eine Kommission zur Untersuchung des Massakers einzusetzen, welche die Namen von 14 504 Getöteten feststellen konnte. Insgesamt fielen den marodierenden Banden nach Schätzung der Kommission 30 000 Menschen, umgerechnet 10 Prozent der damaligen Inselbevölkerung, zum Opfer. Mehr als zwei Drittel der 230 Dörfer auf Cheju wurden bis auf die Grundmauern niedergebrannt und über 39 000 Häuser dem Erdboden gleich gemacht.

Die Konsolidierung eines prosowjetischen Regimes im Norden und die eines proamerikanischen im Süden der Halbinsel führte im Juni 1950 zum Ausbruch des Koreakrieges. Die Nordkoreaner behaupteten, es handle sich dabei um einen nationalen Befreiungskrieg gegen den amerikanischen Imperialismus, während die USA die Auseinandersetzung als einen internationalen Krieg zwischen zwei souveränen Staaten definierten, bei dem Nordkorea in Südkorea einmarschiert war. Der Koreakrieg war ohne Frage ein Bürgerkrieg, ein Kampf zwischen Koreanern, von denen im Süden einige mit den japanischen Kolonialherren kollaboriert und im Norden einige gegen sie gekämpft hatten. Von meiner persönlichen Warte als Veteran der unmittelbar auf den Waffenstillstand 1953 folgenden Periode aus betrachtet, handelte es sich dabei aber auch genauso eindeutig um einen auf koreanischem Boden ausgefochtenen Krieg zwischen den USA und der Volksrepublik China.

Zwei Monate nach dem Überschreiten der Demarkationslinie

durch die nordkoreanische Armee am 25. Juni 1950, die in der Folge fast ganz Südkorea eroberte, griff eine im Wesentlichen von den USA gestellte UN-Streitmacht in die Kampfhandlungen ein. Als im Herbst des Jahres die US-Verbände bis fast an die chinesische Grenze vorstießen, griff China ein. Hatten sich die Kampfhandlungen von Juni 1950 bis Anfang 1951 hauptsächlich zwischen der nordkoreanischen und der US-Armee abgespielt, so wurde der Konflikt ab März 1951 zu einem Krieg zwischen den USA und China und veränderte damit seine Natur. Die erste Phase des Krieges war von massiven Truppenbewegungen der Nordkoreaner, der Chinesen und der Amerikaner geprägt, begleitet von Guerillaattacken hinter den feindlichen Linien. Der spätere chinesisch-amerikanische Krieg geriet zum Stellungskrieg im Stil des Ersten Weltkriegs entlang einer Linie, die später zur Entmilitarisierten Zone erklärt werden sollte. Unabhängig davon, wie man zum Koreakrieg steht, dass Südkorea seitdem – und bis heute – ein Satellitenstaat der USA ist, lässt sich kaum anzweifeln.

Unmittelbar nach dem Angriff der nordkoreanischen Truppen beantragten die Vereinigten Staaten im Sicherheitsrat der Vereinten Nationen die Aufstellung einer UN-Interventionstruppe für Korea. Zu der Zeit boykottierte die UdSSR aus Protest gegen die Weigerung Washingtons, der jungen Volksrepublik China den für China reservierten Sitz zu überlassen, den Sicherheitsrat. Am 7. Juli, unter Bedingungen, die sich nie wiederholen sollten, autorisierte der nicht durch ein ansonsten unvermeidliches Veto der Sowjetunion blockierte Sicherheitsrat die Entsendung von UN-Streitkräften unter dem amerikanischem Oberbefehl zur Verteidigung Südkoreas. Neben den Vereinigten Staaten stellten 15 weitere Staaten Truppen für dieses »Vereinigte Oberkommando« zur Verfügung. Daraufhin errichteten die USA auf eigene Initiative ein »UN-Oberkommando« als operative Einheit, durch welche sie den Krieg führten und deren Oberbefehl sich auch die Truppen der Republik Korea unterstellten. Das heißt, dass seit 1950 – und zwar bis heute – der UN-Kommandeur in Korea ein General der Armee der Vereinigten Staaten ist.

Die Vereinten Nationen selbst nahmen nicht am Koreakrieg teil. Die UN hatten keine operative Kontrolle über die verschiedenen

Aspekte der Kampfhandlungen, und die USA, denen der Oberbefehl über das UN-Oberkommando übertragen worden war, berichteten erst nach der Durchführung von Aktionen an die Vereinten Nationen. Zyniker sagen sogar, dass der erste UN-Kommandeur in Korea, General Douglas MacArthur, den Vereinten Nationen nichts anderes als seine Presseerklärungen zuschickte. Nach internationalem Recht ist das UN-Kommando in Korea eine Allianz nationaler Armeen unter Oberbefehl der Vereinigten Staaten, auch wenn ihm heute, abgesehen von den USA und Südkorea, niemand mehr angehört. Das Waffenstillstandsabkommen vom 27. Juli 1953 wurde unterzeichnet von UN-Kommandeur General Mark W. Clark, Marschall Kim Il Sung von der Armee der Koreanischen Volksrepublik und dem Kommandeur der chinesischen Freiwilligenverbände, Peng Dehuai – nicht aber von einem Vertreter Südkoreas. Das ist einer der Gründe, warum Nordkorea heute darauf beharrt, mit Washington und nicht mit Seoul zu verhandeln.

Eine weitere wichtige Konsequenz dieses Arrangements ist darin zu sehen, dass die südkoreanischen Streitkräfte – die bei einem Jahresbudget von 16 Milliarden Dollar derzeit über rund 670 000 Mann unter Waffen, 461 Kampfflugzeuge und eine Marine mit 44 Zerstörern, Fregatten und Korvetten sowie vier Kampf-U-Booten verfügen – operativer Bestandteil der einem US-General unterstehenden militärischen Kommandostruktur sind. Egal, wie sehr Washington diese Tatsache totzuschweigen versucht, bis auf ein paar Elitefallschirmeinheiten und Sondereinsatzkräfte wird die südkoreanische Armee heute immer noch im selben Maße vom US-Militär kontrolliert wie zur Zeit des Massakers von Cheju.

Als die südkoreanische Armee 1961 und nochmals 1979 einen Staatsstreich durchführte und 1980 in der Stadt Kwangju ein Massaker unter Zivilisten anrichtete, die gegen die Militärherrschaft demonstrierten, sahen die Koreaner die USA unweigerlich in der Rolle des Mitverschwörers und Mitschuldigen. Erst am 30. November 1994, 41 Jahre nach Unterzeichnung des Waffenstillstandsabkommens und sieben Jahre nach der Geburt der südkoreanischen Demokratie, übertrugen die Vereinigten Staaten die Kontrolle über die südkoreanische Armee *in Friedenszeiten* an den südkoreanischen Generalstab. In Kriegszeiten jedoch fällt das Kommando an das von den USA beherrschte Gemischte Oberkommando (Combined Forces Command, kurz CFC) zurück.

China und Russland unterhalten heute friedliche Beziehungen zu Süd- und Nordkorea, die Vereinigten Staaten dagegen haben immer noch auf insgesamt 96 Basen verteilt 37 000 Soldaten in Südkorea stationiert und noch immer keine diplomatischen Beziehungen zu Pjöngjang aufgenommen.

In den Jahren nach dem Koreakrieg kam es in Südkorea mehrfach zu Massenprotesten und Aufständen, deren Ziel die Demokratisierung des Landes und die Unabhängigkeit von den USA waren und die Washington wiederholt in eine prekäre Lage brachten. Diese Unruhen waren in vielerlei Hinsicht den gegen die sowjetische Herrschaft gerichteten Aufständen in Ungarn 1956 und in der Tschechoslowakei 1968 vergleichbar, doch im Unterschied zu Moskau, das die Protestbewegungen von der Roten Armee niederwalzen ließ, übertrug Washington dieses schmutzige Geschäft der Armee der Republik Korea, deren Generale Südkorea von 1961 bis 1993 regierten. Der größte dieser Aufstände war der von Kwangju im Jahre 1980, der vor seiner Niederschlagung auch auf andere Städte und die Hochschulen übergriff und viele Gemeinsamkeiten zum ungarischen Volksaufstand von 1956 aufwies.

Wie die Koreaner versuchten auch die Ungarn nach dem Ende des Zweiten Weltkrieges eine demokratische Regierungsform zu installieren. In den ersten, bereits im Herbst 1945 abgehaltenen Wahlen traten sechs politische Parteien an. Wahlsieger wurde mit 245 Sitzen im Parlament die Partei der Kleinen Landwirte, die Kommunisten errangen 70, die Sozialdemokraten 69 und die Bauernpartei 23 Sitze. Diese vier Parteien bildeten eine Koalitionsregierung, doch in Folge der Anwesenheit der Roten Armee im Land konnten die Kommunisten rasch ihre Macht ausbauen – ähnlich wie Syngman Rhee dank der Präsenz der Amerikaner in Südkorea seine Position auf Kosten der anderen Gruppen stärken konnte. Bis 1948 waren die meisten nicht den Kommunisten angehörenden Führungspersönlichkeiten in Ungarn zum Schweigen gebracht, ins Exil geschickt oder verhaftet worden. 1949 rief Mátyás Rákosi, ein in Moskau geschulter Kommunist und Generalsekretär der Partei der Ungarischen Werktätigen, offiziell die Ungarische Volksrepublik aus.

Im Gegensatz zu Deutschland wurde Ungarn von den Alliierten nicht in Zonen aufgeteilt. Der im September 1947 in Kraft getretene Friedensvertrag der Alliierten mit Ungarn sah den Abzug aller alliierten Streitkräfte mit Ausnahme der Roten Armee vor, die zur Aufrechterhaltung der Kommunikations- und Nachschubwege zur sowjetischen Besatzungszone in Österreich im Land bleiben sollte. Im April 1948 schloss Ungarn einen »Freundschaftsvertrag« über Zusammenarbeit und »gegenseitigen Beistand« mit der Sowjetunion, in dem beide Seiten sich zu militärischer Hilfe verpflichteten, sollte einer von beiden von Deutschland oder »einem mit Deutschland verbündeten Land« angegriffen werden. In der Folgezeit wurde die ungarische Armee weit über die im Friedensvertrag festgelegten Grenzen hinaus aufgerüstet.

Im Juli 1955 endete die Besatzung Österreichs, und am 19. September verließen die letzten Einheiten der Roten Armee Wien. Unmittelbar vor der Unterzeichnung des Friedensvertrages mit der Alpenrepublik schlossen sich die Sowjetunion und die sieben osteuropäischen Volksrepubliken zum Warschauer Pakt zusammen, der sich gegen die NATO und ein »wiederbewaffnetes Deutschland« richtete. Gemäß dem Abkommen verlegte die Sowjetunion ihre 2. und 17. Motorisierte Division mit zusammen 600 Panzern und rund 20 000 Mann nach Ungarn.

Rákosi und die Kommunisten regierten Ungarn mit eiserner Hand und unterdrückten vor allem mit Hilfe der verhassten Staatssicherheit (AVH) jegliche Opposition. Im Juni 1949 ließ Rákosi nach einem parteiinternen Machtkampf Außenminister Laszlo Rajk wegen angeblicher Bestrebungen, die »demokratische« Ordnung umzustürzen, verhaften und später hinrichten. Sechs Jahre danach, im März 1956 und nach dem 20. Kongress der KPdSU, auf dem Nikita Chruschtschow das Ausmaß der Tyrannei Stalins enthüllte, unternahm Rákosi einen ähnlichen Schritt zur Entstalinisierung seines Landes. Er offenbarte seinen Landsleuten, dass Rajk allein auf der Grundlage »fabrizierter Beweise« exekutiert worden sei. Was Rákosi dabei übersah, war, dass er immer noch an der Macht war und nicht die politischen Verbrechen eines anderen, sondern seine eigenen zugab. Daraufhin erhob sich in Ungarn ein Proteststurm, der die Russen dazu bewog, Rákosi im Juli 1956 durch Ernö Gerö zu ersetzen, einen Parteisoldaten, der sich nicht lange hielt. Im Oktober 1956 wurden Laszlo Rajk und andere Opfer der Säuberungsverfahren des Jahres 1949 unter großer Anteilnahme der ungarischen Bevölkerung in allen Ehren erneut beigesetzt.

Dieser auf den 20. Parteikongress der KPdSU folgende Herbst 1956 bescherte der kommunistischen Welt das erste politische »Tauwetter«. China ermunterte unter dem Motto »Lasst hundert Blumen blühen« die Kritik an dem Regime, Polen unternahm erste, vorsichtige Schritte hin zu einer größeren Unabhängigkeit von der Sowjetunion, und in Ungarn weckte Rákosis Fall die Hoffnung der Menschen auf eine innenpolitische Liberalisierung. Dieses Tauwetter hielt zwar in keinem kommunistischen Land länger als ein Jahr an, aber zu der Zeit waren die Menschen zuversichtlich. Gerö ordnete das Ende des vorgeschriebenen Russischunterrichts an den ungarischen Schulen an und führte einige weitere kosmetische Reformen durch. Ermutigt von der Aufbruchsstimmung, die das Land erfasst hatte, versammelten sich Studenten und Intellektuelle, diskutierten laut über das Ende der Einparteienherrschaft und den Abzug der russischen Truppen und forderten die Rückkehr Imre Nagys, der nach dem Tod Stalins von 1953 bis 1955 Ministerpräsident gewesen war und als gemäßigt galt. Nagy, ein Kommunist der ersten Stunde und Parteimitglied seit 1918, hatte 15 Jahre in Moskau gelebt und war 1944 mit der Roten Armee nach Ungarn zurückgekehrt. Sein Ruf als der eines Gemäßigten gründete sich hauptsächlich auf seiner Abneigung gegen die Geheimpolizei und ihre Aktivitäten, was ihm die Feindschaft Rákosis und auch den Ausschluss aus der Partei eingebracht hatte.

Am 23. Oktober 1956 ereignete sich in dieser Stimmung der vorsichtigen intellektuellen Öffnung und des allgemeinen Optimismus in der Innenstadt von Budapest ein Vorfall, der einen landesweiten Aufstand und die Mobilisierung der russischen Truppen in Ungarn auslöste. Die verhasste und gefürchtete Staatssicherheit eröffnete das Feuer auf eine Gruppe von Demonstranten und tötete dabei einige Studenten. Kurz darauf trafen Krankenwagen mit aufgemalten roten Kreuzen am Ort des Geschehens ein, wo ein wildes Durcheinander herrschte. Doch als sich die Türen öffneten, entstiegen ihnen keine Sanitäter, sondern in weiße Arztkittel gekleidete und mit Maschinenpistolen bewaffnete AVH-Agenten.[5] Die Empörung der Menschen über die Morde und das Täuschungsmanöver brach sich im Aufstand von Budapest Bahn.

In den folgenden fünf Tagen kam es zu Straßenkämpfen zwischen Molotowcocktails werfenden Studenten und Arbeitern auf der einen und sowjetischen Soldaten, die versuchten, ihre Panzer durch die engen Straßen zu manövrieren. Nicht ein Vorfall wurde belegt, bei dem die ungarischen Truppen an der Seite der Russen gegen ihre eigenen Landsleute vorgegangen wären. Und selbst die Rotarmisten schienen sich ihrer Sache nicht ganz sicher gewesen zu sein. So hieß es in einem Bericht der Vereinten Nationen: »Die in Ungarn oder Rumänien stationierten sowjetischen Truppen waren von ihrer Umgebung beeinflusst worden ... Zu den Zivilisten, gegen die sie kämpften, gehörten auch Frauen, Kinder und Alte. [Die Sowjetsoldaten] konnten sehen, dass die Menschen einig waren in ihrem Kampf gegen die AVH und die ausländische Intervention; dass die Männer, gegen die sie kämpften, und die Aufständischen, die sie festnahmen, keine Faschisten waren, sondern Arbeiter und Studenten, welche die sowjetischen Soldaten ganz offensichtlich nicht als Befreier, sondern als Unterdrücker betrachteten.«[6]

Am Morgen des 24. Oktober wurde der erst eine Woche zuvor wieder in die Partei aufgenommene Imre Nagy in das Politbüro gewählt und in aller Eile zum Ministerpräsidenten ernannt. Mit dieser Geste sollten die aufgebrachten Massen beschwichtigt werden, die zu diesem Zeitpunkt die Macht der AVH gebrochen hatten und der russischen Armee in den Straßenkämpfen spürbare Verluste zufügten. Die Situation am 24. und 25. Oktober war überaus konfus, und die Menschen wussten zunächst nicht, ob Nagy tatsächlich an der Macht war und auf welcher Seite er stand. Am 25. Oktober wurde Janos Kádár an Stelle von Gerö zum Generalsekretär der ungarischen KP ernannt, woraufhin sich Gerö in die UdSSR absetzte. Erst am 27. Oktober konnte Nagy eine Regierung aufstellen, in die er neben Kommunisten auch Nichtkommunisten als Minister berief. Das ungarische Volk akzeptierte Nagy als Staatsoberhaupt, der zwar ein Kommunist, aber in ihren Augen auch ein ungarischer Patriot war. In den wenigen ihm noch verbleibenden Tagen ordnete Nagy einen Waffenstillstand an (der von den Aufständischen auch befolgt wurde), forderte die Sowjetunion auf, ihre Truppen aus Ungarn abzuziehen, verfügte die Auflösung der AVH, ließ alle politischen Gefangen frei, erklärte den Austritt seines Landes aus dem Warschauer Pakt und bat die internationale Gemeinschaft um den Schutz der Neutralität Ungarns – und damit weitaus mehr, als Chruschtschow und der Rest der sowjetischen Führung erwartet hatten oder hinzunehmen bereit waren.

Um 5.20 Uhr am Morgen des 4. November 1956 informierte Nagy über Radio Budapest seine Landsleute darüber, dass sowjetische Truppen in Gefechtsformation in die Stadt eingedrungen seien und planten, die legitime ungarische Regierung zu stürzen. Die hauptsächlich aus Zentralasien stammenden sowjetischen Truppen, denen man gesagt hatte, dass sie nach Ägypten geschickt würden, um gegen britische und französische »Imperialisten« zu kämpfen, rückten rasch und entschlossen vor.[7] Um 8.00 Uhr wurden alle Donaubrücken von russischen Panzern kontrolliert. Imre Nagy, Laszlo Rajks Witwe und mehrere andere prominente Demokraten suchten zusammen mit ihren Familien Zuflucht in der jugoslawischen Botschaft. Moskau versprach ihnen die ungehinderte Ausreise aus Ungarn, doch der Bus, der sie von der jugoslawischen Botschaft abholte, brachte sie nicht an die Grenze, sondern lieferte sie im Oberkommando der sowjetischen Truppen in Ungarn ab. Über ihr weiteres Schicksal drang zunächst nichts nach außen. Erst 1958 gab die ungarische Regierung bekannt, dass Nagy in einem Geheimverfahren verurteilt und anschließend hingerichtet worden sei.

Janos Kádár kehrte in einem sowjetischen Güterwaggon nach Budapest zurück und stellte die Einparteienherrschaft der Ungarischen Sozialistischen Arbeiterpartei wieder her. Kádár und die Sowjetunion gaben bekannt, dass sie erfolgreich den Versuch vereitelt hätten, »den Sozialismus in Ungarn zu beseitigen und die Macht der Kapitalisten und Grundbesitzer zu erneuern«. Kádár dankte der UdSSR für ihren Beistand im siegreichen Kampf gegen die »reaktionären Kräfte«. Bis zum 6. November stellte die neue Regierung die Ruhe im Land wieder her, doch 190 000 Studenten, Liberale und Intellektuelle hatten es geschafft, sich nach Österreich abzusetzen. Darüber hinaus deportierte die Sowjetunion eine nicht bekannte, jedenfalls aber große Anzahl Ungarn in die russischen Gulags.

Die Wurzeln des Kwangju-Aufstandes in Korea reichten zurück zu General Park Chung Hees Staatsstreich im Jahre 1961. Im Jahr zuvor hatten Studentenunruhen wegen verbreiteter Wahlfälschungen und der unter Syngman Rhee florierenden Korruption Rhee zum Rücktritt gezwungen. Doch die Regierung der in den Neuwahlen im Juli 1960 an die Macht gekommenen oppositionellen Demokratischen Partei erwies sich als unfähig; und im Mai 1961 stürzte das Militär unter Park, Absolvent einer japanischen Militärakademie in der Mandschurei, die Regierung Chang Myons. Kaum an der Macht, verkündete Park als seine politischen Ziele die Beendigung der extremen Abhängigkeit Südkoreas von der amerikanischen Wirtschaftshilfe und die Wiederaufnahme der Beziehungen zu Japan. Parks ökonomische Reformen erwiesen sich als weitaus erfolgreicher, als sich das irgendjemand hätte träumen lassen, und überraschte auch die für Korea zuständigen Amerikaner, die trotz des Aufstiegs Japans noch immer nicht glauben wollten, dass die staatliche Lenkung des Marktes Hochgeschwindigkeitswachstum erzeugen konnte.

General Kim Jong Pil, Parks Verbündeter in dem Putsch von 1961, baute zur Absicherung der Militärjunta Parks und mit tatkräftiger Hilfe der CIA die Korean Central Intelligence Agency auf. Die KCIA war – und ist – ein geheimer Polizeiapparat, der direkt und ausschließlich dem Staatspräsidenten untersteht und über die Jahre hinweg dazu benutzt wurde, alle Rufe nach einer echten Demokratisierung zum Schweigen zu bringen. »Mitte der sechziger Jahre gehörten dem KCIA bei einer Gesamtbevölkerung von 30 Millionen 350 000 Agenten an, ein Umfang, der den NKDV als Zwerg erscheinen ließ«, merkte der Historiker Perry Anderson an. »Die Kerker waren voll mit Regimegegnern jeglicher Couleur; Folterungen waren an der Tagesordnung. Dennoch konnte das Regime, das als Frontlinie der freien Welt zumindest formell an Wahlen festhalten musste, die Opposition niemals ganz zerschlagen.«[8]

Trotz Parks unbestreitbarem Erfolg bei der rapiden Industrialisierung Südkoreas schürten seine drakonischen Methoden und das damit einhergehende, extreme Wohlstandsgefälle den Widerstand gegen sein Regime. In den Wahlen von 1971 unterlag er um ein Haar dem Dissidentenführer Kim Dae Jung, der aus der in derselben Region wie Kwangju liegenden Stadt Mokpo stammte und der 16 Jahre später, im Dezember 1997, Staatspräsident werden sollte. Daraufhin änderte Park die Verfassung. Er schaffte die Direktwahl des Präsidenten ab, hob das Verbot der Wiederwahl auf und stattete den Präsidenten mit der Vollmacht aus, ein Drittel der Abgeordneten der Nationalversammlung (das Organ, das den Präsidenten wählt) zu bestimmen. Während Park dem Land in den siebziger Jahren eine Industrialisierungspolitik verordnete, die auf Kosten arbeitsintensiver leichter Industrien auf Stahl, Schiffbau, Petrochemie und die schwerindustrielle Produktion setzte, sorgte die KCIA für die Durchsetzung der neuen »Yushin«-Verfassung (die koreanische Aussprache des japanischen Wortes für »Restauration«).

Obwohl viele Ökonomen Parks wirtschaftliche Initiativen kritisierten, zielte er mit ihnen im Grunde – und damit den osteuropäischen Stalinisten nicht unähnlich – vor allem darauf ab, eine industrielle Grundlage für Südkoreas nationale Verteidigungsfähigkeit zu schaffen. In Anbetracht der unausweichlich scheinenden Niederlage der Vereinigten Staaten in Vietnam und ihrem im Anschluss nicht völlig auszuschließenden Rückzug aus Asien hielt Park diese Politik für unabdingbar. Schließlich war er nicht nur ein Antikommunist, sondern auch ein Nationalist, der nicht wollte, dass die USA allein das Sagen hatten, wenn es darum ging, sein Land zu schützen. Nixons Politik der Öffnung gegenüber China verfolgte er mit ebenso großem Argwohn wie die Machthaber in Pjöngjang.

Ende der siebziger Jahre galt Parks »Wirtschaftswunder« in Südkorea als irreversibel. Dennoch provozierte sein harter Führungsstil auch weiterhin Studentenproteste, Aufstände und Arbeiterunruhen. Bei einem Abendessen am 16. Oktober 1979 zog der

Chef der KCIA Kim Jae Kyu eine Pistole und erschoss zuerst Parks Leibwächter und dann Park selbst, um, wie er sagte, der Unterdrückung des südkoreanischen Volkes ein Ende zu setzen. Parks Ermordung führte zu einer ernsthaften Destabilisierung des Landes und eröffnete Nordkorea die günstigsten Aussichten für eine Wiederaufnahme des Bürgerkriegs seit dem Waffenstillstand von 1953. Dennoch unternahm Pjöngjang nichts. In Südkorea wurde der Verdacht laut, dass die Vereinigten Staaten Parks Beseitigung angeordnet hatten; zum einen war der Attentäter Kim Jae Kyu der wichtigste Verbindungsmann zwischen Washington und Park gewesen, zum anderen herrschte in weiten Teilen der Bevölkerung die Ansicht vor, dass Parks plötzliche Unabhängigkeitsbestrebungen den Unmut der USA erregt hatten.

In einer geheimen Depesche nach Washington stritt der amerikanische Botschafter in Seoul, William J. Gleysteen zwar ab, Kyu auch nur den geringsten Anlass für den Glauben gegeben zu haben, dass Park die Geduld der amerikanischen Regierung überstrapaziert habe. Andererseits hatten die Amerikaner ein gewichtiges Motiv für den Wunsch, sich Park vom Hals zu schaffen. Als Teil seiner Strategie, bei einem neuerlichen Waffengang mit dem Norden einen südkoreanischen Sieg zu garantieren, hatte Park nämlich ein Programm zum Bau einer südkoreanischen Atombombe initiiert, mit dem er bei den Vereinigten Staaten auf wenig Gegenliebe gestoßen war. Nach Informationen der bekannten Seouler Tageszeitung *Jungang Ilbo* hatte Park geplant, bis 1985 die ersten Atombomben einsatzbereit zu haben.[9] Sein Tod bedeutete das jähe Ende des Programms. Washington und Seoul hatten sich bereits seit Mitte der siebziger Jahre um die Frage der Atomforschung gestritten, und auch später und im Gegensatz beispielsweise zu Japan haben die USA bei der Entwicklung der Atomenergie niemals mit Südkorea zusammengearbeitet.[10] Derweil hatten die Nordkoreaner als Antwort auf Parks Atomwaffenpläne selbst ein Atomprogramm aufgelegt und setzten auch nach seinem plötzlichen Tod den Aufbau einer Atomstreitmacht fort, die ab Anfang der neunziger Jahre die größte Bedrohung für die Stabilität in der Region darstellen sollte.

Unser Verständnis der Vorgänge in Südkorea in den letzten Monaten des Jahres 1979 verdanken wir zu einem großen Teil den Recherchen des US-Journalisten Tim Shorrock, der als Kind amerikanischer Missionare in Seoul aufgewachsen war. Shorrock verklagte die US-Regierung unter Hinweis auf den Freedom of Information Act erfolgreich auf die Herausgabe von rund 2000 diplomatischen und militärischen, mit Korea befassten Depeschen, die 1979 und 1980 vom State Department und der Defense Intelligence Agency verschickt und empfangen worden waren. Allerdings wurden in den Dokumenten zahlreiche lange Passagen geschwärzt, und von einer vollständigen Offenlegung der in den US-Archiven zu den Vorgängen um Parks Tod unter Verschluss gehaltenen Unterlagen kann natürlich keine Rede sein. Die meisten Nachrichten stammen von einem zehn Tage nach der Ermordung Park Chung Hees von der Carter-Administration eingerichteten, geheimen Planungsausschuss mit dem von Außenminister Cyrus Vance gewählten Codenamen Cherokee. Dem Ausschuss gehörten an Präsident Jimmy Carter, Cyrus Vance, sein Stellvertreter Warren Christopher, der Staatssekretär für Ostasien und den pazifischen Raum im Außenministerium Richard Holbrooke, der leitende Geheimdienstbeamte im Nationalen Sicherheitsrat Donald Gregg und Botschafter Gleysteen.[11]

Wie diese Unterlagen belegen, lautete das primäre Anliegen der Vereinigten Staaten, zu verhindern, dass Südkorea zu einem »zweiten Iran« würde. Um das zu erreichen, war Washington auch durchaus bereit, die Ablösung General Parks durch einen neuen, womöglich beeinflussbaren Militärherrscher zu akzeptieren, der die immer lauter werdenden und potenziell »destabilisierenden« Forderungen nach einer Demokratisierung des Landes wirksam zu unterdrücken verstand.

Nach Parks Tod verhängte die von dem ehemaligen Diplomaten Choi Kyu Hah geführte Interimsregierung ein eingeschränktes Kriegsrecht übers Land. Als Nächstes legte Choi einen Fahrplan für den Übergang von der autoritären zu einer demokratischen Herrschaft vor, der für die Erstellung einer neuen Verfassung 20 Monate veranschlagte. Damit hoffte das Regime, den Befürwortern politischer Reformen für eine ausreichend lange Zeit den Wind aus den Segeln zu nehmen. Obgleich gewarnt, dass sich die koreanische Bevölkerung wohl kaum noch ein weiteres Jahr vertrösten lassen würde, unterstützte Washington Chois Plan. Das andauernde Machtvakuum an der Spitze gab einem bis dahin unbekannten Armeegeneral namens Chun Doo Hwan ausreichend Zeit, einen Militärputsch vorzubereiten. Am 12. Dezember 1979 zog Chun, zu der Zeit im Hauptquartier der südkoreanischen Streitkräfte Leiter der militärischen Abwehr- und Aufklärungsorganisation, die 9. Armeedivision unter Befehl seines Mitverschwörers General Roh Tae Woo von der entmilitarisierten Zone an der Grenze zu Nordkorea ab und sicherte sich mit ihrer Hilfe den Oberbefehl über den Rest der südkoreanischen Streitkräfte. Die Truppenverschiebungen wurden zwar ohne formelle Genehmigung des zuständigen UN-Kommandeurs General John Wickham unternommen, doch kann man getrost davon ausgehen, dass er über die Aktion unterrichtet war und Choi grünes Licht gegeben hatte. Zumindest zögerte Wickham im Mai des nächsten Jahres nicht, Chun die Genehmigung zum Einsatz der 20. Division zur endgültigen Niederschlagung des Kwangju-Aufstandes zu erteilen, und bei den Verhandlungen gegen General Chun 15 Jahre später stützte er seine Verteidigung dann auch hauptsächlich darauf, dass alles, was er in den Jahren 1979 und 1980 unternommen habe, ausdrücklich von Washington genehmigt worden sei.

Wie Botschafter Gleysteen die damaligen Vorgänge in den Cherokee-Unterlagen beschrieb, ist bezeichnend genug: »Was wir hier erlebt haben, ist ein Staatsstreich, auch wenn der nicht so genannt wird. Die schäbige Fassade der konstitutionellen Zivilregierung steht zwar noch, aber so gut wie alle Zeichen deuten auf eine sorgfältig geplante Übernahme der militärischen Schlüsselpositionen durch eine Gruppe von ›Jungtürken‹ innerhalb des Offizierskorps hin. Dabei scheint Generalmajor Chun Doo Hwan, begünstigt durch seine zentrale Stellung im Sicherheits- und Geheimdienstapparat, die wichtigste Figur in einer Gruppe von Männern zu sein, die Präsident Park sehr nahe standen...« Die Vorbereitungen des Putsches durch diese Verschwörergruppe zogen sich über wenigstens zehn Tage hin und wurden von jungen Offizieren aus allen Truppenteilen unterstützt. Gleysteen bereitete vor allem die Tatsache Sorgen, dass Chun »die Verantwortung des Gemischten Oberkommandos total übergangen hatte und entweder die Auswirkungen auf die USA einfach ignorierte oder damit rechnete, dass es keinen Unterschied machen« würde. »Dennoch«, fügte er hinzu, »sollten wir die neue Militärführung nicht so abweisend behandeln, dass wir Gefahr laufen, sie uns ernsthaft zu entfremden.« Einige Tage nach dem Putsch schrieb Gleysteen: »Was auch immer sich genau abgespielt haben mag, es war kein klassischer Staatsstreich, da die bestehenden Regierungsstrukturen technisch gesehen erhalten blieben.« Und gegen Ende Dezember fügte er hoffnungsvoll hinzu: »Falls die neuen Führer in ihrem Vorgehen Mäßigung beweisen, könnte die Sache ohne gewaltsame Gegenwirkungen ausgehen.«

Als derjenige, der das partielle Kriegsrecht über Südkorea verhängt hatte, war Chun de facto der Herrscher über das Land. Da ihm jedoch innerhalb des koreanischen Rechtssystems die Legitimation fehlte und er sich auch nicht der Loyalität aller Truppenteile sicher sein konnte, musste er vorsichtig vorgehen. Nicht viel anders als in der Aufbruchsstimmung in Osteuropa Mitte der fünfziger Jahre, herrschte in Südkorea die weit verbreitete Hoffnung, dass die nächsten, noch nicht auf einen bestimmten Termin festgesetzten Wahlen endlich den Übergang zur Demokratie einleiten würden, der nach dem Sturz Syngman Rhees 1960 nicht in Gang gekommen war.

Am 14. April 1980 ernannte der geschäftsführende Präsident Choi, zu dem Zeitpunkt bereits absolut von Chun abhängig, den Generalmajor zum Generalleutnant und zum Chef der KCIA. Diese Beförderungen lösten im ganzen Land Studentenunruhen aus. Die Studenten warfen Molotowcocktails auf die aufmarschierten Polizeieinheiten, die mit hypervirulentem CS-Gas zurückschlugen, mit eben jenem Gas, das das FBI 1993 in Waco einsetzte. Allen war klar, dass Chun seine Position festigen musste, bevor am 20. Mai die Nationalversammlung zusammentrat und die herrschende Demokratisch-Republikanische Partei, die Fassade, hinter der Park die Fäden gezogen hatte, gemeinsam mit der Opposition die Aufhebung des Kriegsrechts verfügen und damit Chun die Basis für seine weitergehenden politischen Ambitionen entziehen würde.

In einem auf den 7. Mai datierten, geheimen Telegramm, abgeschickt unmittelbar vor einem offiziellen Treffen mit Chun, schrieb Botschafter Gleysteen an seine Vorgesetzten in Washington: »In keinem unserer Gespräche werden wir auf irgendeine Weise andeuten, dass die USG [Regierung der Vereinigten Staaten] die Notstandspläne der ROKG [Regierung der Republik Korea] zur Aufrechterhaltung von Recht und Ordnung, und wenn es unbedingt notwendig erscheint, *auch mittels der Verstärkung der Polizeikräfte durch Armeeeinheiten*, missbilligt.« [Hervorhebung durch den Autor.] Am nächsten Tag kabelte Warren Christopher zurück: »Wir stimmen zu, dass wir den Notstandsplänen der ROK zur Aufrechterhaltung von Recht und Ordnung keinen Widerstand entgegensetzen sollten.« Pat Derien, Carters stellvertretende Außenministerin und zuständig für Menschenrechte, äußerte später gegenüber Shorrock, dass dies, »so weit ich damals sehen konnte und so weit ich das heute sehe, grünes Licht bedeutete«. Im nächsten Satz warf sie Holbrooke vor, der würde »Diktatoren stärken und eine nationale Sicherheitshysterie schüren«.[12]

Nach dem Gespräch mit Gleysteen wartete Chun nicht lange, seinen im vorangegangenen Dezember begonnenen Staatsstreich zum Abschluss zu bringen. Spät in der Nacht des 17. Mai 1980 verhängte Chun das volle Kriegsrecht über Südkorea, ließ alle Universitäten schließen, erklärte die Nationalversammlung für aufgelöst, verbot alle politischen Aktivitäten und ordnete die Verhaftung Tausender von Politikern an.[13] Im Gegensatz zu Park verfügte Chun über keinerlei Gefolgschaft außerhalb der Armee. In allen südkoreanischen Städten herrschte nach seinem Überraschungscoup eine höchst gespannte Atmosphäre, zum Ausbruch kam sie aber nur in Kwangju. Was daraus wurde, nannte der Historiker Donald Clark »den schlimmsten Akt politischer Gewalt in der Geschichte Südkoreas«. Die explizite Zustimmung Washingtons zur Wiedereroberung der aufständischen Stadt durch Chun verbindet, fügt Clark hinzu, die »Vereinigten Staaten auf immer mit dem Massaker von Kwangju«.[14]

Am 18. Mai 1980 protestierten in den Straßen von Kwangju einige hundert Demonstranten gegen die Verhängung des Kriegsrechts. Ihnen entgegen stellten sich die Fallschirmjäger der 7. Brigade der koreanischen Sondereinheiten, auch bekannt als die »Schwarzen Barette«, denen, von ihrer Zeit im Vietnamkrieg her, wo sie auf amerikanischer Seite gekämpft hatten, der Ruf extremer Brutalität vorauseilte. Der Brigade gehörte auch ein Bataillon von Infiltratoren und Provokateuren an, die lange Haare trugen und sich so anzogen wie Studenten. Nach Augenzeugenberichten machten die Fallschirmjäger mit aufgepflanzten Bajonetten und Flammenwerfern Jagd auf die Demonstranten. In einer Depesche vom 19. Mai an Washington schrieb Gleysteen: »Die Gerüchte vom Aufstand in Kwangju, die in Seoul kursieren, sprechen davon, dass die Sondereinheiten fixierte Bajonette einsetzten und zahlreiche Studenten töteten... Laut Berichten klagen viele Einwohner Kwangjus, dass die Soldaten rücksichtsloser sind, als es die Nordkoreaner jemals waren.«

Empört über diesen Akt des staatlichen Terrorismus, schloss sich die gesamte Bevölkerung Kwangjus und die von 16 weiteren der insgesamt 26 Städte in der Region Südcholla dem Aufstand an. Die Bürger von Kwangju vertrieben die Fallschirmjäger aus der Stadt, die in den nächsten fünf Tagen von Bürgerräten kontrolliert wurde. Sie baten die US-Botschaft um eine Vermittlung, doch General Wickham hatte bereits die Truppen, die Chun zur Rückeroberung der Stadt einsetzen wollte, vom UN-Oberbefehl freigestellt. Gleysteen behauptete später, er habe keine Möglichkeit gehabt, die Authentizität der Bitte um Vermittlung zu überprüfen und habe deshalb beschlossen, nicht einzugreifen. »Das war, wie ich zugebe, eine umstrittene Entscheidung, aber sie war die Richtige. Ob ich sie bereue? Nein, ich denke nicht.«

Am 21. Mai hob das Kriegsrechts-Hauptquartier in Seoul die nahezu absolute Nachrichtensperre über die Vorgänge in Kwangju auf und meldete, dass 150 000 Menschen, rund ein Fünftel aller Einwohner der Stadt, »randalierten«, und dass sie 3505 Schusswaffen und 46 400 Schuss Munition aus den Arsenalen gestohlen sowie vier gepanzerte Mannschaftswagen, 89 Jeeps, 50 Lastwagen, 40 Abschleppwagen, ebenso viele Busse, zehn Müllaster und acht mit Tränengasabschussvorrichtungen ausgerüstete Jeeps in ihre Gewalt gebracht hätten.[15] Am selben Tag schrieb Botschafter Gleysteen nach Washington, dass die »massenhafte Erhebung in Kwangju immer noch nicht unter Kontrolle ist und die Streitkräfte der ROK vor ernsthafte Probleme stellt«. Das koreanische Militär, meldete er weiter, konzentriere »seine Kräfte auf die Verteidigung von zwei Militäreinrichtungen und einem Gefängnis, in dem 2000 Linke einsitzen... Die Generale des 12. Dezember fühlen sich von dem Aufstand ganz offensichtlich unmittelbar bedroht.«

In den Tim Shorrock ausgehändigten Depeschen finden sich mehr als genug Hinweise darauf, dass man in der US-Botschaft über die Verlegung der Sondereinheiten nach Kwangju informiert war und auch wusste, was passieren würde, sollten sie ihre berüchtigten »Fertigkeiten« auf die Zivilbevölkerung anwenden. In auf den 7. und 8. Mai datierten Meldungen ließ sich Gleysteen im Detail über die Anzahl der Sondereinheiten aus, die zur »Kontrolle möglicher Studentendemonstrationen« nach Seoul und in die Umgebung des Kimpo Airport versetzt worden waren. Am 8. Mai informierte die U. S. Defense Intelligence Agency die Vereinigten Stabschefs im Pentagon, dass alle koreanischen Sondereinheiten in »Alarmbereitschaft« versetzt worden seien. »Nur die 7. Brigade wurde nicht in den Großraum Seoul verlegt«, eine Maßnahme, die »wahrscheinlich auf die Unterdrückung der Unruhen an den Universitäten von Chonju und Kwangju abzielte«.

Im Gegensatz zu den regulären südkoreanischen Truppen unterstanden die Sondereinheiten nicht der CFC und damit auch nicht der gemeinsamen amerikanisch-koreanischen Kontrolle, was bedeutete, dass Seoul sie auch ohne Genehmigung der Vereinigten Staaten verlegen konnte. Allerdings war es eine Standardprozedur, dass die Koreaner alle Truppenbewegungen an den CFC meldeten. Gleysteen spekulierte in einer Depesche vom 7. Mai, dass die Koreaner möglicherweise um die Genehmigung zur Verlegung der 1. Marinedivision bitten würden. »Wir haben bislang noch keinen dementsprechenden Antrag erhalten, aber sollte er gestellt werden, wird der CINCUNC (Oberbefehlshaber des UN-Oberkommandos in Korea) ihm zustimmen.« In einer Depesche vom 22. Mai beschrieb Gleysteen »das Ausmaß, in dem wir die Bemühungen der südkoreanischen Armee unterstützten, die Ordnung in Kwangju wieder herzustellen und die Situation in den anderen Regionen unter Kontrolle zu halten«. Gleichzeitig informierte er den südkoreanischen Außenminister, dass »wir weder die Absicht hatten noch sie haben, unser Vorgehen an die Öffentlichkeit zu bringen, da wir fürchten, der Kollaboration mit der Kriegsrechtsverwaltung beschuldigt zu werden und die anti-amerikanische Stimmung in dem Gebiet Kwangju anzuheizen«.

In Washington trat am 22. Mai im Weißen Haus ein neu gebildetes Komitee zusammen, dessen Auftrag lautete, die Koreapolitik kritisch zu beleuchten und die den Vereinigten Staaten offen stehenden Optionen auszuloten. Dem Komitee gehörten an der neu ernannte Außenminister Edmund Muskie, Carters Nationaler Sicherheitsberater Zbigniew Brzezinski, CIA-Direktor Admiral Stansfield Turner, Verteidigungsminister Harold Brown sowie Christopher, Holbrooke und Gregg. Brzezinski, polnischer Herkunft und Experte für die sowjetischen Satellitenstaaten in Osteuropa, fasste den bei dem Treffen gefundenen Konsens so zusammen: »Auf kurze Sicht Unterstützung, langfristig Druck auf politische Evolution.« Den Gleysteen übermittelten Gesprächsprotokollen zufolge bestand »dahingehend allgemeine Übereinstimmung, dass der Wiederherstellung der Ordnung in Kwangju durch die koreanischen Autoritäten mit so wenig Gewalt wie möglich und ohne die Saat für spätere, größere Aufstände zu legen, höchste Priorität« zukommt.

Am 23. Mai traf Gleysteen mit dem geschäftsführenden Premierminister zusammen und sagte ihm, dass »entschiedene Maßnahmen zur Wiederherstellung von Ruhe und Ordnung« ergriffen werden müssten. Er willigte ein, »CFC-Truppen dem koreanischen Kommando für den Einsatz in Kwangju« zu unterstellen. General Wickham befreite die 20. Division der koreanischen Armee von ihrem Dienst entlang der entmilitarisierten Zone und unterstellte sie den Kriegsrechtsbehörden. In einem geschickten Schachzug ließ General Chun die Nachricht von der Entscheidung der Amerikaner, die Truppen freizustellen, in ganz Südkorea bekannt machen und verstärkte dadurch den Eindruck, dass die Vereinigten Staaten hinter ihm standen. Um 3.00 Uhr morgens am 27. Mai rückte die 20. Division in Kwangju ein und brachte jeden um, der seine Waffen nicht niederlegte. Die 20. Division war eine sehr disziplinierte Einheit, und der Aufstand in der Stadt war ebenso schnell niedergeschlagen wie der in Budapest 1956.

Das Nachspiel des Aufstandes von Kwangju zog sich noch zwei Jahre hin. Im Sommer 1982 wurden zwei Brigaden der Sondereinheiten von der Grenze zu Nordkorea nach Kwangju und Chongju verlegt, um Aufständische zu jagen, die vor der 20. Division in die Berge im Umland geflohen waren. Laut Angaben der U.S.-Defense Intelligence Agency waren die noch flüchtigen Aufständischen keine Kommunisten, sondern hatten sich nur gegen die Ausschreitungen der koreanischen Truppen gewandt.

Unterdessen ließ in Seoul Chun den Dissidentenführer Kim Dae Jung aufgrund fabrizierter Anklagen der Sympathisierung mit Nordkorea verhaften – Kim hatte sich laut Gedanken über die Eignung eines föderalen Systems für ein wiedervereinigtes Korea gemacht – und erweiterte die Vorwürfe am 22. Mai auf das Aufwiegeln der Proteste in Kwangju, ungeachtet der Tatsache, dass er zu dieser Zeit bereits im Gefängnis saß. Dass der von der Kriegsrechtsbehörde zum Tode verurteilte Kim seiner Hinrichtung entging, verdankte er offensichtlich Richard Allen, Ronald Reagans erstem Nationalen Sicherheitsberater. Zumindest behauptet Allen, dass er Chun Doo Hwan im Gegenzug zur Einladung zu einem Staatsbesuch im Weißen Haus – Chun war im Februar 1981 das erste Staatsoberhaupt, das Reagan nach seinem Amtsantritt empfing – die Umwandlung von Kims Todesstrafe in eine lebenslange Haftstrafe abgerungen habe. (Allen schloss den Artikel, in dem er seinen Erfolg protokollierte, mit dem Satz: »Schreibt dem Schurken einen gut!«)[16] 1982 durfte Kim Dae Jung mit Erlaubnis des Diktators ins Exil in die Vereinigten Staaten gehen.

Am 24. Mai 1980 machte sich Chun daran, seine Spuren zu verwischen und ließ Kim Jae Kyu, Parks Mörder, für immer zum Schweigen bringen. Legitimiert durch die Yushin-Verfassung, stellte er einen »Wahlmännerausschuss« zusammen und ließ sich zum Präsidenten der Republik Korea wählen. Bis August 1980 hatte er seine Macht so weit konsolidiert, dass die Carter-Administration überzeugt war, in Chun über einen verlässlichen Verwalter eines der ältesten US-Satellitenstaaten zu verfügen.

Wie vielen Menschen genau die Revolte von Kwangju das Leben kostete, lässt sich nur schwer abschätzen. Im Gegensatz zu dem Aufstand in Ungarn strengten die Vereinten Nationen keine Untersuchung des Vorfalls an, und die USA zeigten sich noch weniger auskunftsfreudig über die damaligen Ereignisse als die Chinesen über das Massaker auf dem Platz des Himmlischen Friedens neun Jahre später. Westliche Augenzeugen gab es nur wenige, zum Beispiel den deutschen Fernsehreporter Jürgen Hinzpeter, der die Stadt am 20. Mai erreichte. Hinzpeters Bilder, auf denen zu sehen ist, wie Leichen auf Lastwagen aufgeladen, verängstigte Menschen von Soldaten mit vorgehaltenen Waffen abgeführt werden und Häuser in Flammen stehen, zirkulierten in Südkorea jahrelang in Studentenkreisen und in christlichen Gruppen.

Norman Thorpe vom *Asian Wall Street Journal* war so abgestoßen von dem, was er in Kwangju sah, dass er anschließend nie mehr als Journalist aus Ostasien berichtete. 1996 protestierte er gegen die Nominierung Richard Holbrookes für den Friedensnobelpreis wegen des von ihm für Bosnien ausgehandelten Friedensvertrages. »Wegen der Bedrohung durch Nordkorea stellte Mr. Holbrooke die Bewahrung der Stabilität vor alles andere«, schrieb Thorpe über Holbrookes Rolle in Korea. »Nichtsdestoweniger trug die von ihm mitgestaltete US-Politik mit zur Festigung der Militärherrschaft in Südkorea bei, verzögerte den Übergang zur Demokratie und kostete vielen Demonstranten das Leben.«[17]

Nach dem Angriff auf Kwangju am 27. Mai mietete sich Sam Jameson von der *Los Angeles Times* einen Wagen mit Fahrer und machte sich auf den Weg in die Stadt. Obwohl auch er sich außerstande sah, auch nur ungefähre Angaben über die Zahl der Toten zu machen, berichtete er von Gerüchten, denen zufolge sich bis zuletzt mindestens 200 bewaffnete Aufständische im Sitz der Provinzverwaltung verschanzt hatten. Er selbst zählte 61 Särge in einer Sporthalle gegenüber dem Provinzverwaltungsgebäude, Opfer der ersten Protesttage, die von ihren Angehörigen identifiziert worden waren. Die auf den Särgen liegenden Fotos zeigten vorwiegend die Gesichter junger Männer, aber auch das einer älteren Frau und eines siebenjährigen Kindes. Die Regierung in Seoul gab die Zahl der Toten später offiziell mit 240 an; in Kwangju selbst war von mehr als 3000 Toten und Verwundeten die Rede.

Chun Doo Hwan regierte Südkorea als Präsident von 1980 bis 1988. Ihm nach folgte sein Mitverschwörer Roh Tae Woo, der bis 1993 im Amt blieb. Unter der zivilen Präsidentschaft Kim Jung Sams nahm die Staatsanwaltschaft dann erstmals Ermittlungen wegen Bestechlichkeit und Korruption gegen die beiden Generale auf. Unter anderem legten die Staatsanwälte Beweise vor, nach denen Chun und Roh im Laufe der Jahre 1,2 Milliarden beziehungsweise 630 Millionen Dollar von den *chaebols* (den großen Konglomeraten, welche die südkoreanische Wirtschaft beherrschen) erhalten hatten. Im Dezember 1995 ließ die Regierung in Seoul die beiden Generale verhaften und klagte sie der Annahme von Bestechungsgeldern an, ein Schritt, der wie kaum ein anderer die Reife der südkoreanischen Demokratie signalisierte. Kurz darauf entschied Präsident Kim, sie auch für den Militärputsch vom Dezember 1979 und für das Massaker von Kwangju im Mai 1980 vor Gericht zur Verantwortung zu ziehen. Er begründete das damit, dass Chun und Roh mit ihrem Vorgehen in Kwangju einzig die Konsolidierung ihrer eigenen – auf illegalem Wege erworbenen – Macht bezweckt hätten.

Im August 1996 befand ein südkoreanisches Gericht die beiden Angeklagten des Hochverrats für schuldig. Chun wurde zum Tode und Roh zu zweiundzwanzigeinhalb Jahren Gefängnis verurteilt. Im Dezember desselben Jahres wandelte ein Berufungsgericht die Todesstrafe für Chun in eine lebenslange Haftstrafe um und reduzierte Rohs Haftmaß auf 17 Jahre, doch im darauf folgenden April bestätigte der Koreanische Oberste Gerichtshof völlig unerwartet die beiden erstinstanzlichen Urteile. Erst im Dezember 1997, nachdem Kim Dae Jung (seinerzeit von Chun zum Tode verurteilt) zum Präsidenten gewählt worden war, begnadigte der noch amtierende Kim Young Sam mit Zustimmung des neuen Präsidenten Chun und Roh.

Auf die Urteile aus dem Jahre 1996 gegen Chun und Roh angesprochen, erwiderte State-Department-Sprecher Nicholas Burns: »Das [Kwangju-Massaker] war zweifellos ein tragisches Ereignis für die davon betroffenen Menschen und eine interne Angelegenheit des Volkes der Republik Korea.«[18] Niemand in der US-Regierung schien sich daran zu erinnern, dass die Vereinigten Staaten eine wichtige Rolle bei den damaligen Ereignissen gespielt hatten, und dass manches dafür spricht, die Herren Gleysteen, Wickham, Holbrooke, Christopher und noch einige andere Amerikaner auf die Anklagebank neben Chun und Roh zu platzieren.

Als die koreanische Nationalversammlung 1989 eine eigene Untersuchung des Kwangju-Massakers anstrengte, weigerte sich die Regierung Bush, Botschafter Gleysteen und General Wickham vor Gericht aussagen zu lassen. Und die behördenübergreifende Task Force, die Shorrocks unter dem Freedom of Information Act gestellten Antrag auf Einsicht in die Unterlagen prüfte, verweigerte explizit die Herausgabe der Aufzeichnungen der Kommunikation zwischen Wickham und seinen koreanischen Kollegen und der US-Regierung, obwohl Wickham von allen Amerikanern am engsten in Kontakt mit dem koreanischen Militär gestanden war. Die *New York Times* erwähnte Shorrocks Antrag auf die Freigabe der Unterlagen nicht mit einem Wort, und die meisten US-Bürger haben immer noch keine Ahnung davon, was in Kwangju passierte oder welchen Part ihre Regierung dabei spielte. Sie wissen sehr viel mehr über das gewaltsame Vorgehen der chinesischen Regierung gegen die Demonstranten auf dem Platz des Himmlischen Friedens, als über die Rolle, den ihre eigene Regierung in der Zeit der Militärherrschaft in Südkorea spielte. Der potenzielle Rückstoß der damaligen amerikanischen Politik in Südkorea ist eines der unberechenbarsten Elemente der Politik im gegenwärtigen Südkorea.

KAPITEL 5

Nordkorea: Das Finale des Kalten Krieges

Nordkorea beanspruchte lange Zeit eine größere Legitimität aus dem Kampf gegen den japanischen Kolonialismus als Südkorea, ein Anspruch, den viele Studenten an den südkoreanischen Universitäten und viele Historiker des Koreakrieges auch akzeptierten. Darüber hinaus lag Nordkorea, was das Pro-Kopf-Bruttoinlandsprodukt anging, zumindest bis 1975 deutlich vor Südkorea, ein Verhältnis, das sich erst mit dem außergewöhnlichen wirtschaftlichen Erfolg Südkoreas langsam umkehrte.

Die vom Norden boykottierten Olympischen Spiele von 1988 in Seoul lenkten die Aufmerksamkeit der Welt auf den neuen Wohlstand Südkoreas. Selbst Russland und China, beide von innenpolitischen Reformbewegungen erschüttert, registrierten die gestiegene Bedeutung des Südens. Das einzige kommunistische Land, welches sich dem nordkoreanischen Olympiaboykott anschloss, war Kuba. 1990 nahm Russland diplomatische Beziehungen zur Republik Korea auf, zwei Jahre später zog China nach. Am 18. Dezember 1992 wurde Kim Young Sam zum Präsidenten der Republik Korea gewählt, das erste zivile Staatsoberhaupt des Landes seit 1961.

Obwohl der Norden diese Entwicklungen mit Misstrauen verfolgte, schloss er eine Anpassung an die neuen Realitäten im Süden nicht kategorisch aus. Seit Ende des Kalten Krieges hatte Nordkorea, wenn auch sehr zurückhaltend, eine größere Bereitschaft zu Gesprächen auf informeller Ebene über die Zukunft der Halbinsel signalisiert und zugleich versucht, sich gegen die massive ökonomische Übermacht des Südens abzuschotten. Ein nordkoreanischer Beamter drückte das 1990 gegenüber einem chinesischen Regierungsvertreter so aus: »Wir haben keinen Eisernen Vorhang, sondern ein Moskitonetz aufgehängt. Der Wind kann durch es hindurch wehen, zugleich aber schützt es uns vor den Moskitos.«[1] Der nordkoreanische Diktator Kim Il Sung starb am 8. Juli 1994, kurz vor seinem geplanten Treffen mit Kim Young Sam, das, wenn es zustande gekommen wäre, das erste koreanische Gipfeltreffen überhaupt gewesen wäre.

Die US-Medien kanzeln Nordkorea seit langem als einen »verbrecherischen Staat« ab, und seinen Führer Kim Jong Il, Kim Il Sungs Sohn und Nachfolger, als einen »verrückten Prinzen..., dessen Truppen (und Raketen) ihn zum Saddam Hussein Nordostasiens machen«.[2] Was wir über das Land wissen, legte indessen nahe, dass es weniger ein »verbrecherischer Staat« als vielmehr eine stolze und verzweifelte Nation am Ende ihrer Weisheit ist. In die Ecke getrieben, hat Nordkorea der Welt ein Lehrbuchbeispiel dafür geliefert, wie man mit einem schwachen Blatt auf der Hand einen beeindruckenden diplomatischen und wirtschaftlichen Sieg über einen weitaus mächtigeren, aber schlecht informierten Gegner erringt.

Der Fall der Berliner Mauer 1989 und der Kollaps der UdSSR zwei Jahre später stürzte Nordkorea in eine akute Krise. Obwohl die nordkoreanische Führung nicht bereit war, ihrer Ideologie abzuschwören und das ökonomische *juche*-System (das auf dem Prinzip der Selbstversorgung basiert) zu reformieren, erkannte sie, dass das Finale des Kalten Krieges für die Spieler auf der Verliererseite mit besonders hohen Risiken verbunden war. Der kommunistische Führer Rumäniens wurde an die Wand gestellt und exekutiert, einige der Mächtigen Ostdeutschlands wurden von den Gerichtshöfen des neuen, vereinten Deutschlands zu hohen Haftstrafen verurteilt. Einen Hinweis darauf, was Nordkorea möglicherweise blühte, bot auch die Tatsache, dass die Vereinigten Staaten auf ihrem Wirtschaftsboykott gegen das kommunistische Kuba beharrten, obwohl von der Regierung Castro keinerlei Bedrohung mehr für Nordamerika ausging. Auf die Frage, warum die Vereinigten Staaten einerseits bereit waren, sich in Nordkorea zu engagieren, während sie andererseits eine strikte Embargopolitik gegen Kuba verfolgten, antwortete ein auf Anonymität bestehender, »hochrangiger Regierungsbeamter« mit einem Lächeln: »Meines Wissens haben sie [die Kubaner] kein Kernwaffenprogramm.«[3] Unter dem Strich ist es dieser Unterschied, der erklärt, warum die USA Nordkorea mehr Aufmerksamkeit widmen.

Anfang der neunziger Jahre wurde den Nordkoreanern klar, dass sie statt eines Kriegs andere Wege suchen mussten, sich aus der Falle zu befreien, in die das Land mit dem Ende des Kalten Krieges, dem damit einher gehenden Verlust seiner wichtigsten Alliierten und der von ihnen geleisteten wirtschaftlichen Unterstützung geraten war. Zunächst bemühte sich die Führung um die Aufnahme diplomatischer Beziehungen zu Japan und lud eine Delegation führender japanischer Politiker nach Pjöngjang ein. Im September 1990, nur ein paar Wochen nachdem der südkoreanische Präsident Roh Tae Woo in San Francisco mit Michail Gorbatschow zusammengetroffen war und die Aufnahme diplomatischer Beziehungen zwischen beiden Ländern vereinbart hatte, reiste aus Tokio eine gemeinsame Delegation der Liberaldemokratischen Partei (LPD) und der Sozialistischen Partei unter Vorsitz des damaligen LPD-Vizepräsidenten Shin Kanemaru in die nordkoreanische Hauptstadt. Im japanischen Außenministerium stieß die Visite, die allein auf Betreiben Kanemarus zustande gekommen war, auf heftigen Widerstand. Zu der Zeit jedoch war man sich in Südkorea sicher, dass Japan es bewusst darauf anlegte, Seouls zusehends freundschaftlichere Beziehungen zur Sowjetunion zu unterminieren, so wie die Nordkoreaner selbstverständlich davon ausgingen, dass Kanemaru in seiner Eigenschaft als Vizepräsident der lange Jahre allein die Regierung stellenden Liberaldemokratischen Partei als offizieller Sprecher auftrat.

Wie sich jedoch zeigte, war Kanemarus Besuch nicht viel mehr als der letzte Versuch eines besonders korrupten japanischen Politikers, seine Brieftasche noch ein wenig besser zu füttern. Oder, wie der Tokioter politische Kommentator Takao Toshikawa anlässlich der Visite anmerkte: »Der Besuch in Pjöngjang war weitgehend eine persönliche Initiative: eine letzte Chance auf diplomatischen Ruhm für den sinkenden Stern des alten Shin und zugleich ein unverfrorener Versuch, aus dem Strom der Zuschüsse, Yen-Kredite und so weiter, die nach der Festlegung eines Modus für Re-

paraturzahlungen (für die von Japan in der Kolonialzeit und im Krieg begangenen Grausamkeiten) an Nordkorea fließen würden, gewaltige Schmiergelder in die eigene Tasche umzuleiten... Betrunken und leicht senil«, soll, fuhr Toshikawa fort, Kanemaru, bei seinem Aufenthalt in Pjöngjang, dem »nordkoreanischen starken Mann [Kim Il Sung] Zuschüsse und zinsvergünstigte Kredite in einer Gesamthöhe von 100 Milliarden Yen versprochen haben.«[4]
Von Anfang an dementierte das japanische Außenministerium, dass das Treffen in irgendeiner Form die offizielle japanische Haltung repräsentierte. Wichtiger noch vom nordkoreanischen Standpunkt war, dass Kanemaru im März 1993 wegen des Vorwurfes der Bestechung und der Korruption verhaftet wurde und kurz danach starb. Sein Sturz überzeugte Pjöngjang, dass die japanische Initiative keine Option mehr war, eine Einsicht, die Kim Il Sung offensichtlich zu dem Versuch der direkten Kontaktaufnahme mit den Vereinigten Staaten bewegte.
Das Ende des Kalten Krieges bedeutete für Nordkorea auch das Ende der sowjetischen Patronage. 40 Jahre lang hatte die UdSSR mit der Volksrepublik China um die Gunst des Regimes in Pjöngjang gestritten, und hauptsächlich dieser internationalen strukturellen Bedingung hatte der Norden ein gewisses Maß an Wohlstand und Unabhängigkeit von beiden Mächten verdankt. Nach der ersten Ölkrise unterstützte die Sowjetunion 1974 die Aufnahme Nordkoreas in die Internationale Atomenergieagentur (IAEA), Voraussetzung dafür, dass Moskau Nordkorea beim Aufbau einer Atomenergiewirtschaft unter die Arme greifen konnte. Elf Jahre später und ebenfalls auf Betreiben der Sowjetunion, trat Pjöngjang dem Internationalen Atomwaffensperrvertrag bei. Mit dem Zusammenbruch der Sowjetunion fiel für Nordkorea nicht nur die russische atomtechnische Hilfe und jeder Grund weg, sich weiterhin westlich dominierten Atomkontrollregimen zu unterwerfen, sondern auch der zweitwichtigste Erdöllieferant. Für eine weitere Verschärfung dieser Situation sorgte China, bis zu diesem Zeitpunkt Nordkoreas wichtigster Erdöllieferant, mit der Aufforderung an Pjöngjang, die chinesischen Erdöllieferungen in Zukunft mit Devisen zu bezahlen (allerdings wickelte Peking auch danach noch einige Lieferungen auf Tauschbasis ab).

Vor diesem Hintergrund kündigte Nordkorea im März 1993 seine Absicht an, aus dem Internationalen Atomwaffensperrvertrag auszutreten. Welche Gründe im einzelnen Pjöngjang auch immer zu diesem Schritt bewogen – die Angst vor Japan, die Sicherstellung der nationalen Energieversorgung, die Isolation, in die sich das Land nach dem Ende des Kalten Krieges manövriert hatte oder die Hoffnung auf eine mögliche »posthume Rache« (um mit Raymond Aron zu sprechen) an Japan und einem triumphierenden Südkorea –, Tatsache ist, dass Nordkorea die Voraussetzungen für ein bescheidenes Atomwaffenprogramm aufbaute, oder doch zumindest die IAEA davon überzeugte. Andererseits hat Pjöngjang bislang noch keinen einzigen Atomwaffentest durchgeführt (und es erscheint auch höchst unwahrscheinlich, dass es über einen Sprengkopf verfügt, der getestet werden könnte). Die sofortige amerikanische Reaktion auf den Rückzug Nordkoreas aus dem Sperrvertrag war, mit dem Knüppel zu drohen. Das Pentagon sprach von »chirurgischen Präventivschlägen« nach dem Vorbild des israelischen Angriffs auf den im Bau befindlichen irakischen Reaktor nahe Osisraq und verlegte mit Patriot-Raketen ausgestattete Einheiten nach Südkorea. Einmal mehr schienen die Vereinigten Staaten kurz davor zu stehen, mit Waffengewalt auf der koreanischen Halbinsel einzugreifen.

Die US-Politik hinsichtlich der Nichtweiterverbreitung von Atomwaffen leidet seit jeher unter offensichtlichen Widersprüchen. Bis Indien im Mai 1998 fünf Atomwaffentests durchführte, weigerten sich die Vereinigten Staaten mehr oder weniger kategorisch anzuerkennen, dass über Großbritannien, Frankreich, China und die Sowjetunion hinaus auch Israel, Indien, Pakistan und Südafrika faktisch in den Kreis der Atomwaffenstaaten vorgestoßen waren, dass Südkorea, Japan, Schweden, Brasilien, Argentinien, Algerien und Taiwan über die technologischen Voraussetzungen verfügten, Atomwaffen zu bauen, und dass der Irak – und möglicherweise auch der Iran – so gut wie sicher heimliche Atomwaffenprogramme verfolgten. Zudem ignoriert die amerikanische Nichtproliferationsdoktrin den Unmut, der sich in vielen Ländern angesichts eines Vertragsregimes regt, welches einigen wenigen Staaten den Besitz von Atomwaffen gestattet, anderen aber nicht, sowie darüber, dass sich die Vereinigten Staaten bislang kaum bereit gefunden haben, ihr eigenes, vor dem Hintergrund des weltpolitischen Status quo völlig überdimensioniertes Atomwaffenarsenal zu reduzieren.

In Anbetracht der Verwundbarkeit Nordkoreas gegenüber einem Ölembargo muss man dem Land mehr als ausreichend Grund für den Aufbau einer nationalen Atomenergieversorgung zugestehen. Und vom Standpunkt der nationalen Sicherheit aus betrachtet spricht vieles dafür, dass Japan mit seiner Atomwirtschaft, seinem Schnellen-Brüter-Programm, einem beträchtlichen Plutoniumarsenal und Feststoffraketen mit interkontinentalen Reichweiten für das vor nicht allzu langer Zeit von Japan besetzte und ausgebeutete Nordkorea überaus bedrohlich wirkt. Japan erzeugt in 41 Atomkraftwerken 30 Prozent seiner Elektrizität, weitere zehn Anlagen befinden sich im Bau. Bis zum Jahr 2010 will Tokio 43 Prozent seines Stromverbrauchs aus Atomkraftwerken decken.

Zudem muss Pjöngjang zu dem Schluss gekommen sein, dass, wie laut die Vereinigten Staaten auch mit dem Säbel rasseln, ein Militärschlag höchst unwahrscheinlich ist. Zum einen würde das auf den entschiedenen Widerstand Südkoreas stoßen, dessen Bevölkerung die nahezu vollständige Zerstörung der gerade einmal 35 Kilometer südlich der entmilitarisierten Zone liegenden Hauptstadt Seoul im Koreakrieg noch lange nicht vergessen hat. Als im März 1999 die USA wieder einmal eindringlich davor warnten, dass der Norden über Massenvernichtungswaffen verfügte und an der Entwicklung von ballistischen Raketen zu ihrem Einsatz arbeitete, schloss der südkoreanische Verteidigungsminister jede Partizipation seines Landes an dem Plan des Pentagons aus, einen regionalen Raketenschutzschild, das so genannte Theatre Missile Defense (TMD), aufzubauen. Weiter brachte er unmissverständlich zum Ausdruck, dass Seoul keinen Erstschlag gegen den Norden tolerieren werde, selbst wenn die Spannungen auf der Halbinsel ein unerträgliches Ausmaß annehmen sollten.[5]

Gleichermaßen ins Gewicht fällt, dass ein neuerlicher Koreakrieg fast unweigerlich das Ende der japanisch-amerikanischen Allianz einläuten würde. Da die USA bei einem Waffengang so gut wie sicher Verluste an Menschenleben zu beklagen hätten, wäre es zudem der amerikanischen Bevölkerung kaum zu vermitteln, dass die Japaner, wovon auszugehen ist, jegliche militärische Beteiligung ablehnen würden. Schon während des Golfkriegs war der japanisch-amerikanische Sicherheitsvertrag aus vergleichbaren Gründen unter heftigen Beschuss geraten; eine Wiederholung dieser Situation, noch dazu im japanischen »Hinterhof«, könnte sein Ende bedeuten. Aus diesen Gründen legte das Pentagon die militärische Option stillschweigend zu den Akten und befürwortete die Verhängung von Sanktionen gegen Nordkorea, sollte das Land dem Atomwaffensperrvertrag nicht wieder beitreten und der IAEA auch weiterhin die Inspektion seiner kerntechnischen Anlagen verweigern.

Auch wenn die Drohung mit wirtschaftlichen Sanktionen ins Leere lief, so führte sie der US-Regierung doch vor, wie wenig ihr strategisches Denken den komplexen Realitäten in der Region Rechenschaft trug. Die juristische Grundlage für die Verhängung von Sanktionen findet sich in den Artikeln 41 und 42 der UN-Charta, welche den Sicherheitsrat ermächtigen, zur Durchsetzung seiner Entscheidungen die wirtschaftlichen und diplomatischen Beziehungen zu unterbrechen und mit militärischen Mitteln erzwungene Blockaden zu verhängen. Abgesehen davon, dass China gegen die Anwendung des einen wie des anderen Artikels ein Veto eingelegt hätte, war es mehr als zweifelhaft, dass zu irgendeinem Zeitpunkt eine juristische Grundlage für Sanktionen bestand. Schließlich hatte Nordkorea formell und im juristischen Sinne vollkommen korrekt seine Absicht verkündet, aus dem Atomwaffensperrvertrag auszutreten. Wären Sanktionen verhängt worden, hätten diese zweifellos darauf abgezielt, die nordkoreanischen Fernmeldeverbindungen zu kappen, den für das Land lebensnotwendigen Kapitalzufluss von in Japan lebenden Nordkoreanern zu unterbinden sowie mittels einer Blockade des Personen- und Güterverkehrs von und nach Nordkorea den Außenhandel zum Erliegen zu bringen. Nordkorea kündigte denn auch unverzüglich an, dass es jeden Versuch einer Wirtschaftsblockade als einen kriegerischen Akt betrachten und darauf mit direkten Vergeltungsmaßnahmen gegen Südkorea reagieren würde, eine Drohung, die dem

Enthusiasmus der Südkoreaner für Sanktionen einen merklichen Dämpfer versetzte. Als besonders peinlich erwies sich der Versuch, Japan in die Sanktionsfront aufzunehmen; zum einen enthüllte dieser Vorstoß, wie stark Tokio bereits zu diesem Zeitpunkt Nordkorea wirtschaftlich unter die Arme griff, zum anderen das Ausmaß der japanischen Schuldgefühle wegen der jahrzehntelangen Misshandlung vieler in Japan lebenden Koreaner, die den Norden unterstützen.[6]

Die japanische Regierung nahm die amerikanischen Überlegungen, Sanktionen gegen Nordkorea zu verhängen, zum Anlass, eine umfassende Analyse der Folgen eines solchen Schrittes für die nationale Wirtschaft zu erstellen. Der geheime Schlussbericht, der über eine undichte Stelle an die Presse gelangte und in der Monatszeitschrift *Bungei Shunju* abgedruckt wurde,[7] führte Japan nach China als zweitwichtigsten Handelspartner Nordkoreas auf und enthüllte, dass über Chosen Soren, die Organisation der mit dem Norden sympathisierenden Koreaner in Japan, erhebliche Devisenmengen sowie umfangreiche Lieferungen von Gütern wie Computer und Mikrochips, die Exportrestriktionen unterliegen, nach Nordkorea gelangen. Sämtliche großen japanischen Banken, einschließlich Daiichi Kangyo, Fuji, Mitsubishi, Sumitomo, Sakura, Asahi, Sanwa und die Bank of Tokyo unterhalten Korrespondenzbeziehungen zu nordkoreanischen Banken. Die von Privatpersonen nach Nordkorea überwiesenen Beträge summieren sich auf mindestens 60 bis 70 Milliarden Yen pro Jahr – und liegen damit auf demselben Niveau wie der gesamte Handelsverkehr zwischen Nordkorea und der Volksrepublik China –, die koreanischen Betreiber von *Pachinko*-Hallen (Flipperhallen), von denen viele der Sozialistischen Partei Japans angehören, haben in der Vergangenheit anlässlich von Kim Il Sungs Geburtstag bis zu 100 Millionen Yen nach Nordkorea geschickt. Das Finanzministerium, heißt es in dem Regierungsbericht, habe so gut wie keine Möglichkeit, diese Zahlungen zu unterbinden, da die meisten Überweisungen von privater Hand und die Warenlieferungen nach Nordkorea über Drittländer und weiter über China abgewickelt werden. Selbst wenn die Amerikaner ein chinesisches Veto hätten verhindern und ein Plazet der UN zur Verhängung von Sanktionen erhalten können, hätten diese sich, so das Urteil der Japaner, nicht erfolgreich durchsetzen lassen.

Wie so oft, so war die Strategie, welche die USA 1994 gegenüber Nordkorea verfolgten, ebenso kriegstreiberisch wie unergiebig. Der Androhung einer militärischen Intervention mit dem Ziel, mögliche nordkoreanische Atomanlagen zu vernichten, mangelte es nicht nur an Glaubwürdigkeit, sie wurden auch weder von der südkoreanischen noch von der japanischen Bevölkerung unterstützt und hätte, wäre sie in die Tat umgesetzt worden, verheerende Folgen für die Beziehungen der USA zu Peking gehabt. Vor diesem Hintergrund bemühte sich der ehemalige US-Präsident Jimmy Carter mit einer privaten diplomatischen Initiative, einen Ausweg aus der Sackgasse zu eröffnen. Carter, der sich schon seit langem mit der koreanischen Problematik beschäftigt, hatte bereits während seiner Präsidentschaft im Zuge einer auf den Vietnamkrieg folgenden Neubewertung der wenig erfolgreichen amerikanischen Ostasienpolitik einen Abzug der US-Truppen von der Halbinsel befürwortet. Dass er damit gescheitert war, hatte zum einen an dem unerbittlichen Widerstand der kalten Krieger im Pentagon gelegen, zum anderen an der Ermordung Park Chung Hees, der anti-amerikanischen Revolution im Iran und dem Einmarsch der Sowjetunion in Afghanistan.

Der damalige US-Botschafter in Südkorea, James T. Laney, war schon früher im diplomatischen Dienst in Korea tätig gewesen. Als Präsident der Emory-Universität in Atlanta kannte und schätzte Laney Carter und wusste, dass der ehemalige Präsident, wenn er glaubte, persönlich von Nutzen sein zu können, privaten diplomatischen Initiativen nicht abgeneigt war. Laney wusste auch, dass Kim Il Sung Carter seit seinem gescheiterten Versuch Ende der siebziger Jahre, einen Friedensvertrag zwischen Nord- und Südkorea zu vermitteln, für weniger feindselig als die meisten anderen amerikanischen Politiker hielt. Wenn auch nicht gerade begeistert, so gab die Clinton-Administration einem Besuch Carters in Pjöngjang schließlich doch grünes Licht.

Wie sich zeigte, bewahrte Carter die Vereinigten Staaten fast sicher davor, einen in einer seit langer Zeit vom Militär dominierten Region tragischen Fehler zu begehen. Im Nachhinein betrachtet lässt sich seine Mission durchaus mit dem von Nixon und Kissinger 20 Jahre zuvor erreichten Durchbruch in den Beziehungen zu China vergleichen. Ob Kim Il Sung es persönlich befriedigender fand, mit einem ehemaligen statt mit einem amtierenden Präsidenten zu verhandeln, ist nicht bekannt, zweifellos jedoch versprach sich Kim Il Sung mehr davon, sich mit Carter an einen Tisch zu setzen als mit der Internationalen Atomenergieagentur, die ihm im Gegenzug zur Erfüllung der geforderten Inspektionsvorschriften nichts anzubieten hatte. Die Amerikaner dagegen konnten Nordkorea dringend benötigte Waren liefern sowie Südkorea und Japan Zugeständnisse und wirtschaftliche Beihilfen abzwingen. Wie schon Nixons Chinareise, so kam auch Carters Besuch in Pjöngjang der Anerkennung eines isolierten Regimes gleich, etwas, was die Vereinigten Staaten Kim Il Sung lange verweigert hatten. Nicht zuletzt deshalb sagte der nordkoreanische Führer Carter zu, das Atomprogramm des Landes auf Eis zu legen, und nahm Verhandlungen über die Bedingungen für einen permanenten Stopp des nordkoreanischen Atomwaffenprogramms und die Umstellung auf eine vom Westen akzeptierte Art der Atomstromerzeugung auf.

Damit endete die erste Phase einer der potenziell gefährlichsten Konfrontationen seit dem Ende des Kalten Krieges. Wäre die US-Regierung dem Rat des Pentagons gefolgt, hätten die Vereinigten Staaten möglicherweise auf der koreanischen Halbinsel ihr Tschetschenien erlebt (was jedoch nicht heißt, dass diese Gefahr für die Zukunft ausgeschlossen werden kann). Hätten die Nordkoreaner ihr Atomwaffenprogramm fortgesetzt (wozu sie sich immer noch entschließen können), hätten sie sich zum Irak, zum Paria Ostasiens, gemacht. Die Vereinigten Staaten hätten diesen Konflikt schon vor Jahren entschärfen können, hätten sie Mittel und Wege zu einem konstruktiven Dialog mit Pjöngjang gesucht. Stattdessen stehen sich nach wie vor amerikanische und nordkoreanische Soldaten entlang der entmilitarisierten Zone am 38. Breitengrad gegenüber. Der große Kriegsstratege Karl von Clausewitz sagte einmal, dass es selbst nach der Aufnahme von Feindseligkeiten wünschenswert ist, in irgendeiner Form Kommunikationswege zwischen den kriegführenden Parteien offen zu halten; das Versäumnis, in Friedenszeiten diplomatische Beziehungen zu errichten, hielt er für unentschuldbar. Dass Clausewitz Recht hatte, belegen die Beziehungen zwischen den USA und Nordkorea zur Genüge.

Die Gespräche zur Umsetzung des Carter-Kim-Abkommens begannen am 8. Juli 1994, wurden aber nach Kim Il Sungs unerwartetem Tod an diesem Tag sofort ausgesetzt. Wider Erwarten wirkten sich sein Ableben und der Mangel an zuverlässigen Informationen über seinen Sohn und Nachfolger, Kim Jong Il, so gut wie gar nicht auf den Verlauf der Gespräche aus. Anders in Südkorea, wo das offizielle Trauerverbot anlässlich von Kims Tod und das Verbot einer von der Kirche zur Feier der Befreiung Koreas von der japanischen Besatzung geplanten Menschenkette, die sich bis in die entmilitarisierte Zone hinein erstrecken sollte, erhebliche Unruhen auslöste. Verschärft wurden die inneren Spannungen noch dadurch, dass die südkoreanische Regierung Briefe veröffentlichte, die der russische Präsident Boris Jelzin Kim Young Sam bei seinem Besuch in Moskau im Juni 1994 übergeben hatte und die belegen sollten, dass Kim Il Sung den Koreakrieg ausgelöst hatte. Die Polizei drang sogar in den Campus der elitären Seoul National University ein und nahm rund 1400 Studenten fest, die den US-Truppen vorwarfen, die Wiedervereinigung zu blockieren und ihren Abzug aus Korea forderten.

Am 5. August wurden die Gespräche zwischen Nordkorea und den Vereinigten Staaten in Genf wieder aufgenommen, die in ein Atomabkommen (auch *freeze*-Abkommen genannt) mündeten, das von beiden Seiten am 21. Oktober unterzeichnet wurde. Die Vereinigten Staaten verpflichteten sich darin, bis zum Jahr 2003 zwei Leichtwasserreaktoren mit einer Leistung von jeweils 1200 Megawatt in Nordkorea zu errichten, während Nordkorea im Gegenzug zusagte, seine in Betrieb befindlichen graphitmoderierten Reaktoren abzuschalten. (In diesen Reaktoren sowjetischer Bauart lässt sich relativ einfach waffenfähiges Plutonium erzeugen.) Darüber hinaus sagten die USA zu, die Leistungsdifferenz zwischen den alten und den neuen Atomkraftwerken durch entsprechende Erdöllieferungen aufzufangen und auf der koreanischen Halbinsel weder Kernwaffen einzusetzen noch mit ihrem Einsatz zu drohen.

Zuletzt versprach Washington Pjöngjang die Aufnahme von Handels- und diplomatischen Beziehungen. Nordkorea verpflichtete sich, seine russischen Reaktoren stillzulegen und abzuwracken, die gebrauchten Brennstäbe ins Ausland zu verschiffen, seine Mitgliedschaft im Atomwaffensperrvertrag aufrechtzuerhalten und seine Atomanlagen von der IAEA inspizieren zu lassen.

Die Kosten für die beiden Reaktoren, deren Bau Washington zugesagt hatte, wurden auf vier bis fünf Milliarden US-Dollar veranschlagt. Bis zum März 1995 hatten Südkorea und Japan eingewilligt, 70 beziehungsweise 20 Prozent der Baukosten zu tragen (für den Rest zeichneten mehrere europäische Länder verantwortlich). Die USA hatten zwar das Abkommen ausgehandelt, sich aber zu keiner Kostenübernahme bereit gefunden. Zur Ausführung der Bauarbeiten gründeten die Vereinigten Staaten, Südkorea und Japan die Korean Energy Development Organisation, kurz KEDO.

Die japanische Regierung übernahm mit einer ersten Tranche in Höhe von 5,8 Millionen Dollar die Anschubfinanzierung der KEDO, hat seitdem aber ihr missliebige Vorgänge in Nordkorea regelmäßig zum Anlass genommen, die Zahlungen auszusetzen. Zudem torpedieren einige Gruppen innerhalb der US-Regierung das Abkommen. So erklärte beispielsweise der amerikanische Verteidigungsminister William Cohen bei einem Seoul-Besuch im April 1997, dass die Vereinigten Staaten selbst nach einer Wiedervereinigung nicht beabsichtigten, ihre Truppen aus Korea abzuziehen. Cohen führte für diese erstaunliche und einseitige Proklamation, welche eine unbegrenzte Fortsetzung der dominanten Rolle der Vereinigten Staaten im Fernen Osten impliziert, keinerlei Begründung an. Auf derselben Reise sagte er, seiner Meinung nach stünde Nordkorea kurz vor dem Zusammenbruch, eine Einschätzung, die möglicherweise die Zögerlichkeit zu erklären vermag, mit der sich die Vereinigten Staaten an die Umsetzung des Abkommens machten. Statt wie vereinbart und wie von den Nordkoreanern erwartet, Erdöl zu liefern und diplomatische und Handelsbeziehungen aufzunehmen, verlegte sich die Clinton-Administration auf das Taktieren und schob die Schuld an ihrem Versäumnis, ihren Worten auch Taten folgen zu lassen, wiederholt dem Kongress in die Schuhe. Ihre Absicht schien darin zu bestehen, Nordkorea mit gerade so viel Nahrungsmitteln zu versorgen, dass das Land in keine Hungersnot gestürzt wurde, und ansonsten darauf zu hoffen, dass der erwartete Kollaps »sanft«, ohne viel Blutvergießen und weitgehend kontrollierbar ablaufen würde. Womit Washington nicht gerechnet hatte, war, dass die weltweite Wirtschaftskrise 1997 Südkorea an den Rand des Staatsbankrotts brachte und Seoul sich außerstande sah, seinen Anteil an der Finanzierung der beiden neuen Reaktoren für Nordkorea aufzubringen. Dennoch sah man im Weißen Haus keinen Anlass, selbst in die Bresche zu springen oder doch zumindest andere Finanzierungsquellen zu erschließen.

Es ist wichtig zu verstehen, dass die Kriegsangst des Jahres 1994, zeitweise gemildert durch Jimmy Carters Mediation und das in der Folge ausgehandelte Atomabkommen, von zwei miteinander verbundenen Faktoren angetrieben wurde. Der erste Faktor war natürlich, dass Nordkorea nach dem Kollaps des kommunistischen Blocks, der das Land seit seiner Gründung unterstützt hatte, mit der nuklearen Option liebäugelte. Der zweite Faktor war der militärische Machismus des Pentagons und seiner Freunde und Verbündeten rund um die Welt. Ohne den herrschenden Realitäten in Korea oder Ostasien Rechenschaft zu zollen, schienen die amerikanische Militärführung und ihre politischen Hintermänner die Absicht zu verfolgen, einen weiteren »ruhmreichen kleinen Krieg« in Korea zu führen, eine Art Neuauflage des Golfkrieges von 1991, der den Militärs zahllose Orden, Beförderungen und neue Aufgaben in der Welt nach dem Kalten Krieg beschert hatte. Überflüssig darauf hinzuweisen, dass die Pentagonstrategen, in deren abstrakter Denkweise Nordkorea als der potenzielle Irak des Fernen Ostens figuriert, Korea als einem tatsächlich in Zeit und Raum existierenden Ort keine Beachtung schenkten – beispielsweise der Tatsache, dass die Halbinsel keine unbewohnte Wüste ist und jede Anwendung militärischer Gewalt dort unausweichlich auf beiden Seiten hohe Opfer fordern wird. Obwohl die koreanische Halbinsel eine der weltweit am meisten hochgerüsteten Regionen ist, gibt es keine plausible militärische Option zur Lösung des Konflikts. Dass 1994, als man sich endlich wieder an den Verhandlungstisch setzte, die Gefahr einer nuklearen Aufrüstung Koreas zumindest für eine gewisse Zeit gebannt werden konnte, beseitigte keinen der Faktoren, die diese Gefahr heraufbeschworen hatten, und so war es nur eine Frage der Zeit, bis Ende der neunziger Jahre die verschütteten Spannungen wieder aufbrachen und die Region neuerlich zu einem politisch-militärischen Krisenherd werden ließen.

Enttäuscht, dass die Vereinigten Staaten ihre Zusagen aus dem Atomabkommen nicht erfüllten, trieb Pjöngjang die Entwicklung eines eigenen Mittelstrecken- und eines möglicherweise interkontinentalfähigen Raketensystems weiter voran. Der Norden hatte schon vor längerer Zeit damit begonnen, Scud-Raketen – mit Flüssigtreibstoff betriebene Gefechtsraketen sowjetischer Bauart – zu kopieren, zu verbessern und nachzubauen und diese wann immer möglich gegen Devisen oder im Rahmen von Tauschgeschäften exportiert. Die ganzen achtziger Jahre hindurch belieferte Nordkorea den Iran im Austausch gegen Erdöl mit Waffen; während des Krieges gegen den Irak stammten bis zu 40 Prozent der iranischen Waffenimporte aus Nordkorea.[8]

Neben der Scud-Rakete verfolgte Pjöngjang als zentrales Ziel den Bau einer Mittelstreckenrakete als potenzielles Abschreckungsmittel gegen die von den Vereinigten Staaten auf ihren Stützpunkten in Japan und auf den Schiffen der 7. Flotte stationierten, massiven Kräfte. Es lässt sich nicht beurteilen, ob Pjöngjang dieses Projekt von der technischen Seite her ernsthaft vorantrieb oder es nur Abschreckung durch Angst zu erreichen suchte. Die erste nordkoreanische Interkontinentalrakete, die Nodong 1, war eine Scud, die dank zusätzlich an den Rumpf montierter Triebwerke genügend Schubkraft besaß, Teile von Japan zu erreichen. Im Juni 1993, bei dem bislang einzigen Test der Nodong 1, flog die Rakete 500 Kilometer, bevor sie in das Japanische Meer stürzte. Darüber, wie viele Raketen dieses Typs Nordkorea besitzt und wie groß ihre Zielgenauigkeit ist, ist nichts bekannt. Genauso wenig weiß man, ob Nordkorea auch nur einen einzigen Atomsprengkopf verfügt, mit dem die Nodong 1 bestückt werden könnte. Allgemein geht man davon aus, dass das Atomabkommen das Atomprogramm Nordkoreas unterbrach, und dass die vorhandenen Trägersysteme, auch wenn sie Ziele in Japan erreichen könnten, auf keinen Fall mit atomaren Sprengköpfen bestückt sind.

Dann, im August 1998, ließ eine im wahrsten Sinne des Wortes explosive Entwicklung die relativ entspannte Stimmung kippen und führte auf Seiten der Japaner und Amerikaner zu völlig überzogenen Reaktionen und blindem Ernstfall-Denken. Am 31. August 1998 gab die US-Regierung bekannt, dass Nordkorea eine zweistufige (beziehungsweise dreistufige, wie es später hieß), mit Flüssigtreibstoff betriebene Rakete auf Japan abgefeuert habe. Entdeckt worden war der Abschuss von einem Air-Force-Aufklärungsflugzeug vom Typ RC-135 S Cobra Ball, normalerweise auf dem Luftwaffenstützpunkt Offut in Nebraska stationiert, das zur Beobachtung der koreanischen Halbinsel in die Region entsandt worden war.[9] Die Japaner gingen, zumindest im übertragenen Sinne, in die Luft. Tokio warf Pjöngjang eine gefährliche militärische Provokation und eine direkte Bedrohung der japanischen nationalen Sicherheit vor, brach alle Beziehungen zu Nordkorea ab und kündigte an, eigene Spionagesatelliten in den Weltraum zu schießen, um die Vorgänge in Nordkorea besser überwachen zu können und sich aus seiner Abhängigkeit von amerikanischen Geheimdienstinformationen zu befreien. Japan ließ sogar verlauten, dass man einen Rücktritt vom Atomabkommen in Erwägung ziehe.

Wie sich hinterher herausstellte, hatten die Nordkoreaner anlässlich des fünfzigjährigen Bestehens des Landes mit einer dreistufigen Rakete einen vergleichsweise einfachen Satelliten in eine Umlaufbahn geschossen. Nach dem Vorbild des berühmten, 1970 gestarteten chinesischen Satelliten, der die Mao-Hymne »Der Osten ist rot« in den Weltraum strahlte, verkündete Radio Pjöngjang, dass es über seinen Satelliten das »Lied des General Kim Il Sung« und das »Lied des General Kim Jong Il«, nach Worten des Senders »unsterbliche Revolutionshymnen«, ausstrahle. Allerdings scheint der Satellit einem Defekt zum Opfer gefallen zu sein, zumindest hat bislang niemand auch nur eines der beiden Lieder empfangen. Zu den Vorwürfen merkte der nordkoreanische Außenminister spitz an: »Wir haben weder den USA noch Japan jemals vorgehalten, künstliche Satelliten im Weltraum zu stationieren – obgleich wir uns bewusst sind, dass sie diese Satelliten zur Ausspionierung unseres Landes benutzen.«[10] Japan beispielsweise hatte seit Gründung der Nationalen Japanischen Weltraumbehörde NASADA im Jahre 1969 mindestens 24 Satelliten auf Umlaufbahnen um die Erde geschossen.

Bei ihrer Kritik vergaßen die Japaner (wie die Amerikaner) auch daraufhinzuweisen, dass die im August 1998 abgefeuerte Rakete erst die vierte Rakete war, die Nordkorea überhaupt gezündet hatte, und, fünf Jahre nach dem Test der Nodong 1 im Mai 1993, erst die zweite in den neunziger Jahren. Genauso wenig erwähnte Tokio sein eigenes, hoch entwickeltes Raketenprogramm, zu dem unter anderem eine Riesenrakete mit der Bezeichnung H-2 gehört, die mit einer Nutzlast von fünf Tonnen deutlich die 3,8 Tonnen Nutzlast der amerikanischen MX »Peacekeeper«-Interkontinentalrakete übertrifft. Damit soll nicht gesagt werden, dass von dem nordkoreanischen Raketenprogramm keine Bedrohung ausging, sondern nur, dass es für Pjöngjang den plausibelsten Weg darstellte, sich gegen die weit überlegenen strategischen Kräfte zu schützen, die Japan und die Vereinigten Staaten vor seiner Haustür stationiert haben.

Trotzdem wurden die Vereinigten Staaten nicht müde, die Bedrohung der regionalen Stabilität durch das nordkoreanische Raketenprogramm hervorzuheben, und nutzen die Gelegenheit, mit der demonstrativen Verlegung von B-52- und B-2-Bombern nach Guam ihren Machtanspruch zu unterstreichen. Mit ein Motiv für diese aggressive Politik war der Wunsch des Pentagons und der Rüstungsindustrie, die Entwicklung eines Raketenabwehrsystems fortzusetzen. Auch wenn das Programm im Vergleich zum Star-Wars-Projekt der Regierung Reagan deutlich abgespeckt ist, zielt es immer noch darauf ab, anfliegende feindliche Raketen mit Abwehrraketen abzuschießen. Abgesehen davon, dass die technologischen Voraussetzungen, eine Rakete mit einer anderen Rakete abzufangen, extrem hoch sind, besteht immer die Gefahr, dass bei einem erfolgreichen Abschuss durch nuklearen Fallout und Schrott mehr Menschen ums Leben kommen, als wenn der Sprengkopf sein Ziel getroffen hätte.

Washington investierte mehrere Milliarden Dollar in die Installation eines taktischen Raketenabwehrsystems (»theater missile defense«, kurz TMD), musste dabei immer wieder Fehlschläge hinnehmen. Der US-Regierung war vor allem daran gelegen, dass die Japaner sich an der Finanzierung des Projekts (das, selbst wenn es niemals funktionieren sollte, für die daran beteiligten Unternehmen überaus lukrativ sein wird) beteiligten und technischen Input einbrachten, ein Ansinnen, welches Tokio mehrfach zurückwies. Zum einen, wandte die japanische Regierung ein, verstößt das TMD-Projekt gegen den ABM-Vertrag über die Beschränkung der Raketenabwehr, zum anderen hielt sie es von der Warte der Abschreckungstheorie aus betrachtet für extrem destabilisierend. Sollte ein Land jemals ein funktionsfähiges Raketenabwehrsystem installieren (oder glauben, es hätte das getan), würde das einen starken Anreiz ausüben, mit einem Präventivschlag seine Gegner auszuschalten, bevor diese ein vergleichbares Abwehrsystem in Betrieb nehmen. Das ist, abgesehen von der Abneigung, in einen potenziell ruinösen Rüstungswettlauf hinein gezwungen zu werden, auch der eigentliche Grund, warum China das amerikanische Liebäugeln mit dem TMD-Projekt wiederholt scharf kritisiert hat.

Als Nordkorea jedoch eine Rakete mit mehreren 1000 Kilometern Reichweite abfeuerte, revidierte Tokio seine Haltung und beschloss, sich am TMD-Programm zu beteiligen. Zur großen Genugtuung von US-Außenministerin Madeleine Albright und US-Verteidigungsminister William Cohen trat Japan am 20. September 1998 offiziell dem Raketenabwehrprogramm bei. Ob die Vereinigten Staaten und Japan gemeinsam die gewaltigen technologischen Hürden überwinden können, ist eine, zurückhaltend formuliert, offene Frage – ganz zu schweigen von strategischen Problemen wie militärischen Scheinanlagen, der Frage der Ausfallsicherheit, der eingeschränkten Wirksamkeit gegen (für das System zu tief fliegende) Marschflugkörper, der Möglichkeit, Massenvernichtungswaffen auf konventionellen Wegen ins Ziel zu bringen (beispielsweise mit Schiffen, Helikoptern, Flugzeugen und so weiter) und dem aller Wahrscheinlichkeit mangelnden Vertrauen der Zivilbevölkerung in solche Abwehrsysteme. Wie der Kalte Krieg bewies, ist ein ausreichend großes und glaubwürdiges Abschreckungspotenzial die einzige rationale Antwort auf Waffen, gegen die es keine direkte Verteidigungsmöglichkeit gibt. Nichtsdestoweniger verliehen der nordkoreanische Raketenstart und die Hinweise darauf, dass das Land an Trägersystemen noch größerer Reichweite arbeitete, der TMD-Idee einen neuerlichen Impetus.

Trotzdem wäre es ungerecht, allein Pjöngjang für das Scheitern des Atomabkommens verantwortlich zu machen. Denn zur selben Zeit betrieben in Washington mehrere Fraktionen die Dämonisierung Nordkoreas. So orakelte im Februar 1999 der republikanische Vorsitzende des Außenpolitischen Ausschusses des Repräsentantenhauses, Benjamin Gilman, dass seiner Überzeugung nach »Nordkorea eine Atombombe auf Seattle werfen«[11] könnte, und CIA-Direktor George Tenet erklärte vor dem Militärausschuss des Senats: »Ich kann kaum stark genug betonen, wie viel Sorgen mir Nordkorea bereitet.« Im Frühjahr 1999 deutete alles darauf hin, dass Nordkorea zum Feind Nr. 1 der Nation hochstilisiert wurde, bis dann die Ereignisse in Jugoslawien das Thema aus den Schlagzeilen verdrängte.

Obwohl Nordkorea nicht mehr als ein kleines, politisch und wirtschaftlich so gut wie bankrottes kommunistisches Land ist, dessen Menschen hungern und kein Öl zum Heizen haben, eignet sich das Regime in Pjöngjang für eine ganze Reihe von Interessengruppen in Washington als Prügelknabe. Wenn das Militär einen Gegner braucht, mit dem es auch nach dem Ende des Kalten Krieges seine Existenz begründen kann, geht es mit Nordkorea ein geringeres Risiko ein als mit China. Auf dem Kapitol versuchen Politiker aus dem Vorwurf gegen ihre Konkurrenten, das Land nicht entschlossen genug gegen »verbrecherische Regime« zu schützen, politisches Kapital zu schlagen. Und schließlich die Waffenlobby, die ihre Produkte unabhängig von der jeweiligen politischen Ausrichtung an möglichst viele Länder verkaufen will, hat ein quasi natürliches und unmittelbares Interesse daran, die politischen Spannungen in der Region zu überzeichnen.

Vieles deutet darauf hin, dass die Serie von rätselhaften Zwischenfällen, die sich seit der Unterzeichnung des Atomabkommens 1994 ereigneten, bewusst mit dem Ziel inszeniert wurden, die diplomatischen Bemühungen um eine Entspannung der Lage zu sabotieren. Beispielsweise war für den September 1997 ein Treffen der Vereinigten Staaten, Südkorea, China und Nordkorea angesetzt, bei dem nach 45 Jahren Waffenstillstand endlich über den Abschluss eines Friedensvertrages verhandelt werden sollte. Für denselben Monat hofften die Vereinigten Staaten, Nordkoreas Zustimmung zu einem erstmals 1987 ausgehandelten Internationalen Abkommen zur Kontrolle von Raketentechnologien zu erhalten. Dieses Abkommen zielt auf die Kontrolle des Transfers von Technologien zum Bau von Interkontinentalraketen. In Washington war vorab angedeutet worden, dass man zur Aufhebung bestimmter wirtschaftlicher Sanktionen gegen Nordkorea bereit sei, wenn das Land die Stationierung und den Export solcher Raketen einstellte.

Am 22. August 1997, am Vorabend des Treffens, lief der nordkoreanische Botschafter in Ägypten, der eine Schlüsselrolle bei dem Raketenexport in den Nahen Osten gespielt hatte, zu den Vereinigten Staaten über. R. Jeffrey Smith, ein Journalist der *Washington Post,* zitierte einen CIA-Mitarbeiter mit den Worten: »In der Geheimdienstszene gibt es ein paar Leute, denen bei der Aussicht, mit diesem Mann zusammenzutreffen, schon das Wasser im Mund zusammenläuft.«[12] Steven Lee Myers merkte in der *New York Times* an, dass der Überläufer die Friedensgespräche bedrohte, zitierte aber auch einen US-Regierungsvertreter, demzufolge »der Gedanke, einen Asylantrag von jemandem aus einem Land wie Nordkorea abzulehnen, ziemlich abwegig ist«.[13] Und State-Department-Sprecherin Jamie Rubin sagte, dass der Zwischenfall »keine Auswirkungen auf die Friedensgespräche haben wird«.[14] Kurz darauf enthüllte *Newsweek*, dass der abtrünnige nordkoreanische Botschafter in Wahrheit schon seit längerer Zeit auf der Gehaltsliste der CIA stand.[15] Daraus zogen Kenner der Materie den Schluss, dass er weniger übergelaufen war, als vielmehr von der CIA ganz bewusst zu diesem Zeitpunkt und mit der klaren Absicht, die bevorstehenden Gespräche aus dem Gleis zu bringen, zum Übertritt aufgefordert worden war. In Reaktion auf den Abfall des Botschafters sagte Nordkorea die Teilnahme an den Friedensgesprächen sowie an den Verhandlungen über den Beitritt des Landes zum Internationalen Abkommen zur Kontrolle von Raketentechnologien ab.

Ein Jahr später und nach mehreren Berichten, dass Pjöngjang angesichts des Versäumnisses der Vereinigten Staaten, die Beziehungen zwischen beiden Ländern zu normalisieren, zusehends desillusioniert sei, veröffentlichte die *New York Times* auf der Titelseite unter der Schlagzeile »US-Geheimdienst: Anlage in Nordkorea Atombombenfabrik« einen Artikel von David E. Sanger, in dem es unter anderem hieß: » US-Geheimdienste haben einen riesigen unterirdischen Komplex in Nordkorea entdeckt, der ihrer Ansicht nach das Kernstück eines Programms zur Wiederaufnahme des eingestellten nordkoreanischen Atomwaffenprogramms darstellt.«[16] Aus dem Kongress verlautete später, dass Sangers Quelle wahrscheinlich nicht analysierte Geheimdienstfotografien waren, die ihm von General Patrick Hughes, Leiter der Defense Intelligence Agency, zugespielt worden waren. Nach Aussagen von Kongressmitarbeitern hatte General Hughes regelmäßig Informationen über die Anlage, die später als Kumchang-ri identifiziert wurde, an republikanische Kongressabgeordnete weitergegeben.[17] Die *New York Times* zitierte in ihrer Berichterstattung über den unterirdischen Komplex nicht ein einziges Mal einen namentlich genannten Regierungsvertreter, sondern begnügte sich mit Angaben à la »wie aus ungenannt bleiben wollenden Quellen verlautet«, »in dem Weißen Haus nahe stehenden Kreisen heißt es«, »laut Angehörigen des Geheimdienstes« und so weiter.

Zwei Tage nach Veröffentlichung des Artikels gab das Pentagon bekannt, dass es sich bei der vorgeblichen Atombombenfabrik in Wahrheit wohl doch nur um ein großes Loch im Boden handle – eines von Tausenden solcher manchmal ganze Fabriken bergenden Löcher, die nach den verheerenden Flächenbombardements der Vereinigten Staaten während des Koreakrieges unter die Erde verlegt worden waren –, und dass man keinerlei Hinweise darauf habe, dass Nordkorea gegen die Vereinbarungen des Atomabkommens verstoße. Falls Nordkorea tatsächlich beschließen würde, von dem Vertrag zurückzutreten, bräuchte es, hieß es in asiatischen Expertenkreisen, nur die Reaktoren im Kernforschungszentrum bei Yongbyon wieder in Betrieb nehmen, statt eine nagelneue, hochriskante und sehr kostspielige unterirdische Aufbereitungsanlage zu errichten. Selbst die IAEA habe, so ein Sprecher der Aufsichtsbehörde in Europa, von der angeblichen neuen kerntechnischen Anlage erst aus der *New York Times* erfahren.

C. Kenneth Quinones, der von 1992 bis 1994 im State Department für Nordkorea verantwortlich war und seit seinem Ausscheiden Repräsentant der Asia Foundation in Südkorea, hat wohl häufiger als jeder andere Amerikaner den Norden der Halbinsel besucht. Quinones schrieb zu der Angelegenheit: »Diese Geschichte spielt in Washington, nicht in Pjöngjang. Sie handelt nicht vom nordkoreanischen Atomprogramm, sondern von den US-Geheimdiensten... Dass kürzlich nicht bestätigte ›Geheimdienstinformationen‹ an die Öffentlichkeit drangen, scheint die verantwortungslose Tat eines ›Pessimisten‹ innerhalb der US-Geheimdienstszene zu sein... Die US-Regierung hat offiziell erklärt, dass diese Berichte nicht der Wahrheit entsprechen.«[18] Dessen ungeachtet bezeichnete Außenministerin Madeleine Albright die »verdächtige Atomanlage« als eine »immense Bedrohung« und forderte für die Vereinigten Staaten das Recht, jederzeit und an jedem Ort Inspektionen in Nordkorea durchzuführen.[19] Im Austausch gegen Nahrungsmittellieferungen lud Nordkorea die Amerikaner ein, Kumchang-ri in Augenschein zu nehmen. Nach erfolgter Inspektion gestanden US-Regierungsbeamte, dass die Anlage ein riesiger, leerer Tunnel sei und sie vor Ort keinerlei Anzeichen gefunden hätten, die auf den Bau eines Kernreaktors oder die bevorstehende Installation von Maschinen glcich welcher Art in dem Tunnel hindeuteten.[20]

Abgesehen von diesen und anderen Fehlalarmen hinsichtlich der Vorgänge in Nordkorea brachte das Jahr 1999 eine Reihe von lautstarken, genau betrachtet aber übertriebenen Vorwürfen der USA, dass China neue Raketen stationiere und Atomspionage betreibe, sowie einige unglückliche »Unfälle« (namentlich das Bombardement der chinesischen Botschaft in Belgrad durch US-Flugzeuge während des Kosovokrieges). Diese Vorgänge warfen drängende Fragen darüber auf, ob das amerikanische Militär und die Geheimdienste entweder außer Kontrolle geraten oder aber aus politischen Gründen manipuliert worden waren.

Damit soll nicht gesagt werden, dass die nordkoreanischen Atomenergie- und Raketenprogramme kein ernsthaftes Sicherheitsproblem darstellen. Da es bis dato weder einen weltweiten Atomwaffensperrvertrag noch eine effektive Verteidigungsmöglichkeit gegen Atombomben gibt, sind *alle* Programme zur Entwicklung von Kernwaffen und weitreichenden Trägersystemen, auch die der Vereinigten Staaten und Japans, destabilisierend. Atombomben sind die derzeit gefährlichsten verfügbaren Offensivwaffen. Die Frage lautet, wie man mit dieser Bedrohung umgeht. Die Isolierung Nordkoreas gründet teilweise in der Politik, welche die Vereinigten Staaten in den letzten 45 Jahren verfolgt haben, eine Politik, die von den Bedingungen des Kalten Krieges geprägt ist. Mit dem Ende der alten Nachkriegsordnung in Ostasien jedoch hat sich für die USA die Chance eröffnet, zu einer friedlichen Wiedervereinigung der beiden koreanischen Staaten beizutragen. Doch statt diese Chance zu nutzen, betreibt das Pentagon den Bau eines ballistischen Raketenabwehrsystems – ein Widerspruch, der wie kein anderer die immer noch lebendigen imperialen Ansprüche und Verblendungen der Vereinigten Staaten illustriert.

Es lohnt auch, sich ins Gedächtnis zu rufen, dass das, was wir als den Koreakrieg bezeichnen, am Ende ein Krieg zwischen den Vereinigten Staaten und China war, der auf koreanischem Boden ausgetragen wurde. Wäre der Konflikt ein »rein« koreanischer Krieg geblieben, in dem lediglich die USA intervenierten, hätte der Süden auf dem Schlachtfeld den Sieg davongetragen und es gäbe heute kein geteiltes Korea. Sollte es auf der koreanischen Halbinsel jemals wieder zu einem Waffengang kommen, würde China, das schon im Koreakrieg massiv eingriff, zweifellos erneut eine Intervention in Erwägung ziehen. Tatsächlich scheint China heute vor allem daran interessiert zu sein, den Status quo auf der koreanischen Halbinsel aufrechtzuerhalten. Die Politik Pekings folgt dem Motto »keine Wiedervereinigung, kein Krieg«. Nicht unähnlich den Beziehungen der chinesischen Tang-Dynastie im siebten Jahrhundert zum koreanischen Silla-Reich, das zuvor die Reiche von Koguryo und Paekche geschluckt hatte, unterhält Peking heute diplomatische Beziehungen sowohl zu Seoul wie auch zu Pjöngjang, ein Indiz, dass China eine dauerhaft geteilte Halbinsel einem vereinten Korea vorzieht.

Solange Korea seine »natürliche« Rolle als Puffer zwischen China, Russland und Japan nicht spielen kann, verfügt China über einen entscheidenden Einfluss in der Region. Pekings größte Sorge ist, dass der kommunistische Staat im Norden aufgrund seiner wirtschaftlichen Isolation und seiner ideologischen Irrelevanz zusammenbricht und mit einem vereinten Korea ein neuer, unabhängiger und starker Akteur die politische Bühne Nordostasiens betritt, ein von seiner Größe und seinem Wohlstand her dem ehemaligen Westdeutschland ebenbürtiger Akteur, der über eine disziplinierte Armee und möglicherweise sogar über Atomwaffen verfügt – eine Entwicklung, welche die Chinesen aller Wahrscheinlichkeit nach nicht unbedingt begrüßen würden.

Aus diesen Gründen bin ich der Meinung, dass die Vereinigten Staaten ihre Beziehungen zu Nordkorea pflegen und sich aktiv für die Wiedervereinigung Koreas engagieren sollten. Nach der Wiedervereinigung sollten die USA zwar ihre Landstreitkräfte aus Ostasien abziehen, aber dennoch ihre Rolle als Ausgleichs- und nukleare Schutzmacht beibehalten. Ein vereintes, wirtschaftlich erfolgreiches Korea würde viel zur Entstehung und Bewahrung eines echten Machtgleichgewichts in Ostasien beitragen anstelle einer Hegemonie entweder Chinas, Japans oder der Vereinigten Staaten. Eine solche Politik wäre auch geeigneter, die aufstrebende Großmacht China zu einer sachlicheren Außenpolitik zu bewegen, als es die gegenwärtige Einstellung der USA bewirkt, die darauf hinausläuft, dass wir den Willen, das Geld und die Ausdauer haben, China »einzudämmen«.

KAPITEL 6

China: Zum Stand der Revolution

Am 29. Juni 1998 hielt Präsident Bill Clinton anlässlich eines Staatsbesuches in China eine live im ganzen Land ausgestrahlte Rede vor Studenten der Beijing Universität und stellte sich anschließend den Fragen aus dem Podium. »Sie haben mit einem freundlichen Lächeln den Boden Chinas betreten ... und dass Sie heute hier sind, ehrt und erfreut uns sehr«, ergriff ein junger Mann das Wort. »Was das chinesische Volk wirklich anstrebt, ist eine auf Gleichberechtigung gründende Freundschaft zwischen China und den Vereinigten Staaten. Wie ich weiß, sagten Sie vor Ihrer Abreise aus den Staaten, der Grund für Ihre Fahrt nach China sei, dass China zu wichtig, und dass Engagement besser als Eindämmung sei. Ich möchte Sie fragen, ob dies die Art Anliegen ist, die Sie mit diesem Besuch zu erreichen suchen, oder ob sich hinter Ihrem Lächeln noch etwas anderes verbirgt? Anders gefragt, verfolgen Sie noch eine andere Politik zur Eindämmung Chinas?«[1]

Eine gute Frage. Noch zwei Jahre zuvor hatte der US-Präsident zwei Flugzeugträgergruppen in Marsch gesetzt, nachdem China im Rahmen von »militärischen Übungen« in unmittelbarer Nachbarschaft Taiwans mehrfach Raketen abgefeuert hatte. Mit dieser eindrucksvollen Demonstration seiner Macht hatte Peking einerseits unmissverständlich auf die bevorstehenden Präsidentschaftswahlen auf Taiwan gezielt, andererseits auf die erste offizielle USA-Visite eines taiwanesischen Staatsoberhauptes im Jahr zuvor reagiert. Die Manöver sollten Taipeh und Washington daran erinnern, dass die Volksrepublik Taiwan niemals als etwas anderes als eine chinesische Provinz betrachten würde – während die gleichermaßen symbolische, massive Antwort der USA auf die chinesischen Raketenabschüsse Peking nochmals die gewaltige Militärstreitmacht ins Gedächtnis rufen sollte, welche die USA unterhalten und jederzeit vor der Küste Chinas aufmarschieren lassen können. Ironischerweise, zumindest im Hinblick auf die Ziele der Amerikaner, half Clintons Machtdemonstration unabsichtlich der Regierung in Peking, ihren Legitimationsverlust nach dem Zusammenbruch des Kommunismus in Europa und nach der brutalen Unterdrückung der Proteste auf dem Platz des Himmlischen Friedens 1989 zu überwinden. Wie schon die japanischen Aggressionen in den dreißiger Jahren, so trug auch das amerikanische Säbelrasseln mit dazu bei, dass die Chinesen sich hinter ihre Regierung stellten.

Seit die amerikanischen Flugzeugträger im Frühjahr 1996 vor der Küste Taiwans auftauchten, haben die Vereinigten Staaten mehrere, mit der pazifistischen Verfassung Japans unvereinbare Abkommen über ein verstärktes militärisches Engagement Tokios abgeschlossen und sich der Bereitschaft des Landes versichert, auch weiterhin als bevorzugte Basis für amerikanische Militäroperationen in allen Teilen der Welt zur Verfügung zu stehen. Welche Territorien und Gewässer in Ostasien von diesem Abkommen betroffenen sind, ist bewusst im Unklaren gelassen worden; während Washington in der Liste der »geschützten« Gebiete explizit die Formosastraße aufzählt, streitet Tokio eben dies ab. (Außerdem hat sich bislang keine der beiden Regierungen bemüßigt gefühlt, ihre Wähler über die durchaus signifikanten Mehrdeutigkeiten zu unterrichten, die sich in diesen neuen Abkommen verstecken.)

China hat ebenso vehement wie erfolglos gegen jede Einmischung der Vereinigten Staaten und ihres japanischen Vasallen in die taiwanesischen Angelegenheiten protestiert. In offener Missachtung eines Abkommens, welches die Reagan-Administration in den achtziger Jahren mit China getroffen hat, beliefern die USA Taipeh auch weiterhin mit Waffen. (In einem Kommuniqué vom 17. August 1982 versprach die damalige US-Regierung eine schrittweise Reduzierung ihrer Waffenlieferung an Taiwan und darüber hinaus, die Leistungsfähigkeit der gelieferten Waffensysteme nicht zu erhöhen.) Zu den in Widerspruch zu dem Abkommen an Taiwan verkauften Rüstungsgütern gehören unter anderem 150 Kampfflugzeuge vom Typ F-16, deren Lieferung Präsident Bush während des Präsidentschaftswahlkampfes 1992 zustimmte, um seine Chancen in Texas zu verbessern, wo die Flugzeuge hergestellt werden. Zusammen mit den 60 von Frankreich gelieferten Mirage-Jägern und den von Taiwan selbst produzierten, modernen Kampfflugzeugen verfügt Taipeh damit über eine Luftstreitmacht, welche der der Volksrepublik deutlich überlegen ist. Taiwans Fähigkeit, die chinesischen Küstenstädte einschließlich Shanghai anzugreifen, ist ein wirksames Abschreckungsmittel gegen jeden Versuch der Volksrepublik, die Insel zu besetzen. Das ist einer der Gründe, warum einerseits Peking Taipeh mit der Androhung eines Raketenangriffs und nicht mit der einer Invasion einzuschüchtern sucht, und warum andererseits der amerikanische Vorschlag, ein Raketenabwehrsystem auf Taiwan zu installieren, die chinesische Regierung so sehr alarmiert.

Kaum mehr als eine Woche, nachdem Clinton seinen chinesischen Zuhörern versichert hatte, keine geheime Strategie gegenüber China zu verfolgen, umriss US-Verteidigungsminister William Cohen auf einer gemeinsamen Pressekonferenz mit seinem südkoreanischen Amtskollegen eine Vision der militärischen Rolle der USA in Ostasien, die für China heute ebenso bedrohlich erscheinen muss wie 1996 für Washington das, was die Sowjetunion auf Kuba plante – und was die Welt damals an den Rand eines Atomkrieges brachte. Ohne darauf einzugehen, aus welchen Gründen US-Truppen in einem potenziell wieder vereinigten Korea bleiben oder gegen wen genau sie das Land verteidigen sollten, deutete Cohen die Absicht der Vereinigten Staaten an, auf unbegrenzte Zeit Kampftruppen auf der koreanischen Halbinsel zu unterhalten. Ähnlich äußerte er sich über einen Abbau der US-Truppen in Japan, was seiner Auffassung nach die Entstehung eines gefährlichen »Machtvakuums« nach sich zöge, welches »auf eine Art und Weise gefüllt werden könnte, welche die regionale Stabilität nicht fördern, sondern möglicherweise untergraben« würde. Diese Aussage wurde zu der Zeit von den japanischen und koreanischen Medien als eine kaum verhüllte Anspielung auf China als den zukünftigen machtpolitischen Gegenspieler der USA und als eine Warnung an die Adresse Japans interpretiert, keine von den Vereinigten Staaten unabhängige Außenpolitik zu betreiben.

Die freundschaftlichen Beziehungen, welche die Vereinigten Staaten nach der historischen Annäherung unter Nixon und Kissinger in den letzten 18 Jahren des Kalten Krieges mit China aufgebaut hatten, basierten auf der gemeinsamen Opposition gegenüber der Sowjetunion. Der Zusammenbruch der Sowjetunion bedeutete also das Ende der Rolle Chinas als nützlicher Alliierter der Vereinigten Staaten und rückte zugleich seinen Status als potenzieller Rivale der USA im Kampf um die politische Hegemonie in den Vordergrund. Zudem brauchte das Pentagon, das den Militärhaushalt auf annähernd demselben Niveau wie in der Zeit des Kalten Krieges halten wollte, neue, auf der globalen Bühne agierende Feinde. Während die unter Auflösungserscheinungen leidende Sowjetarmee zusehends als »Papiertiger« gesehen wurde, bot der Aufstieg des wirtschaftlich boomenden China zu einer Großmacht im pazifischen Raum dem Pentagon ein mögliches neues Feindbild. Darüber hinaus belegten – zumindest in den Augen der Amerikaner – Chinas anhaltende Auseinandersetzungen mit Taiwan, seine Ansprüche auf die Inseln im Südchinesischen Meer, seine freundschaftlichen Beziehungen zu Nordkorea, seine gelegentlichen bewaffneten Konflikte mit Vietnam und sein, wenn auch bescheidenes, Arsenal an Interkontinentalraketen die aggressiven Absichten Pekings und sein Potenzial, eines Tages zu einer ernst zu nehmenden Gefahr für die Interessen der Vereinigten Staaten in der Region zu werden.

Seit dem Ende des Kalten Krieges tobt in der Führungsebene der amerikanischen Regierung vom Weißen Haus über den Kongress bis hin zum Pentagon ein kaum verhüllt ausgetragener Streit über die Chinapolitik. Dabei dreht es sich hauptsächlich um die Frage, ob man, wie beispielsweise Clinton, gegenüber Peking eine Politik des »Engagements« verfolgt – sprich, den Handel als Instrument zur Einbindung Chinas in ein von den Vereinigten Staaten dominiertes, regionales System benutzt. Ob man, wie etwa der republikanische Kongressabgeordnete Christopher Cox fordert, einer Politik der Eindämmung den Vorzug gibt – sprich, China zu dem Feind macht, um den herum das regionale Machtsystem unter

Führung Washingtons organisiert wird. Oder ob nicht eine, derzeit allerdings noch nicht einmal in Ansätzen vorstellbare, Kombination beider Strategien gefahren werden soll. Im Bemühen, ihre Politik durchzusetzen, haben die unterschiedlichen Lager innerhalb der Regierung und der Bürokratie von Menschenrechtsverletzungen über die Handelspolitik bis hin zur mutmaßlichen Atomspionage die unterschiedlichsten Themen instrumentalisiert und dabei vertrauliche Informationen an die Medien weitergegeben, propagandistisch gefärbte Anhörungen angesetzt und subtile militärische Zeichen gesetzt.

Wie es aussieht, ist dabei im offiziellen Washington die Frage danach vollständig unter den Tisch gefallen, wie eine Politik der »Anpassung« an das wieder erstarkte Peking aussehen könnte. Die amerikanische Außenpolitik so auszurichten, dass sie Chinas legitime Interessen als die einer potenziellen zukünftigen Supermacht berücksichtigt, scheint jedenfalls jenseits des politischen Horizonts der Washingtoner Bürokratie zu liegen. Eine solche Anpassung müsste keineswegs auf eine Beschwichtigungspolitik hinauslaufen. Schließlich kann nicht ausgeschlossen werden, dass Peking sich verkalkuliert und so eklatant gegen die Rechte anderer verstößt, dass Vergeltungsmaßnahmen angemessen und notwendig sind. Allerdings scheint man in Washington davon auszugehen, dass ein solches Verhalten Chinas vorherbestimmt ist, statt auf diplomatischer und politischer Ebene Maßnahmen zu ergreifen, die einer solchen Entwicklung entgegensteuern.

Dem, was Clinton sagt, steht das entgegen, was die massive amerikanische Militärpräsenz in Südostasien impliziert. Während der ersten Hälfte des 20. Jahrhunderts sah sich China mehrfach einer vergleichbaren Lage hinsichtlich Japans gegenüber. Einerseits wurde die Regierung in Tokio nicht müde, ihre friedlichen Absichten zu bekunden, andererseits führte das japanische Militär gleichzeitig bewaffnete Angriffe auf chinesische Territorien durch. Das Misstrauen gegenüber öffentlichen Friedensbekundungen und die ausgeprägte Neigung, Schlussfolgerungen auf der Grundlage konkreter militärischer Gegebenheiten zu ziehen, gehören mit zu den außenpolitischen Lehren, die China aus seiner Vergangenheit gezogen hat. Diese Eigenheiten bestimmten das

Denken Pekings während des Koreakrieges, als die Widersprüche zwischen General MacArthurs strategischen Entscheidungen in Tokio und Präsident Trumans Erklärungen in Washington mit zu der Entscheidung Chinas beitrugen, in dem Konflikt zu intervenieren. Aus demselben Grund sind die Diskrepanzen, die zwischen der Bombardierung der chinesischen Botschaft in Belgrad am 7. Mai 1999 durch die US-Luftwaffe und der nachfolgenden Erklärung Washingtons bestehen, es habe sich bei dem von einem B-2-Bomber mit extrem zielgenauer Lenkmunition ausgeführten Angriff um einen durch »überholtes Kartenmaterial« verursachten Unfall gehandelt, für Peking nur schwer zu übersehen. Das Vorgehen der USA in Südostasien, das sich von den offiziellen Verlautbarungen aus Washington unterscheidet, trägt nur mit dazu bei, die Erinnerung der Chinesen an alte, aber auch recht aktuelle Ereignisse aufzufrischen.

Die Absichtserklärung Washingtons, nach dem Ende des Kalten Krieges überall dort die Stabilität aufrechtzuerhalten, wo die USA sie für bedroht hielten, löste nach Helmut Sonnenfeldt (einem leitenden Mitarbeiter des Atlantic Council in Washington D.C. und ehemals engen Vertrauten Henry Kissingers) in Peking so viel Unruhe aus, dass man dort anfing, sich mit den frühen Berichten George Kennans über die Sowjetunion zu beschäftigen. In der Anfangszeit des Kalten Krieges war Kennan der führende Russlandexperte des amerikanischen Außenministeriums. In einem berühmten, 1947 unter dem Pseudnoym »X« im *Foreign Affairs*-Magazin publizierten Artikel mit dem Titel »The Sources of Soviet Conduct« schlug er als Erster eine auf die »Eindämmung« der Expansion und des Einflusses der Sowjetunion abzielende Nachkriegspolitik vor. Laut Sonnenfeldt rührte das plötzliche Interesse der Chinesen an Kennan daher, dass »nun, da die Vereinigten Staaten die Eindämmungsstrategie gegen China richteten, [Peking] sich kundig machen wollte, wie [die Politik] begonnen und wie sie sich entwickelt hatte«.[2]

Die amerikanische Chinapolitik, welche Unstimmigkeiten auch immer darüber innerhalb der amerikanischen Führung bestehen mögen, wird von einer vertrauten Agenda bestimmt, einer Agenda, welche auf die Bewahrung und den Ausbau einer US-zentrierten Welt getreu der Überzeugung abzielt, dass die Vereinigten Staaten die »einzige noch existierende Supermacht« seien. Ob nun von »Globalisierung« die Rede ist, vom »Washington-Konsens«, von »sanfter Macht« oder von der »unverzichtbaren Nation«, stets steht dahinter dasselbe: der Wunsch, an einer von Amerika inspirierten, finanzierten und geführten Weltordnung festzuhalten. Während ein solcher Hegemonismus gegenüber Deutschland, Japan, Lateinamerika, Russland oder den Vereinten Nationen aller Voraussicht nach bloß die Gefahr einer imperialen Überdehnung und des langfristigen Niedergangs der Vereinigten Staaten hervorriefe, könnte jeder – so oder so zum Scheitern verurteilte – Versuch, eine US-Hegemonie gegenüber China zu errichten, weitaus explosivere Folgen zeitigen.

Wie die Geschichte der bisherigen großen Reiche demonstriert, kann die imperiale Überdehnung ein langwieriger Prozess sein, vorausgesetzt, alle Seiten sind sorgsam darauf bedacht, eine offene Konfrontation zu vermeiden (wie etwa im Falle des russischen und des Osmanischen Reiches). Doch die Anwendung einer hegemonialen Politik auf China wird aller Wahrscheinlichkeit nach in eine akute Krise führen. China ist das bevölkerungsreichste Land der Erde und hat in jüngster Vergangenheit ein Wirtschaftswachstum erreicht, welches ihm entsprechenden Wohlstand und eine entsprechende Macht verheißt. Darüber hinaus ist die chinesische Zivilisation eine sehr alte, und dazu eine, deren Erniedrigung durch ausländische Großmächte in den vergangenen zwei Jahrhunderten sich in der radikalsten und komplexesten aller modernen Revolutionen Bahn brach. Die Führung des Landes ist noch unentschlossen, ob sie auf der nach den westlichen Konzeptionen der internationalen Beziehungen definierten globalen Bühne Parität anstreben soll, ob sie versuchen soll, eine Neuauflage einer älteren, sinozentrischen Welt von Tributstaaten zu erschaffen, wie sie vor der Ankunft der europäischen Imperialisten in Ostasien bestand, oder eine Mischung aus beidem.

Auf jeden Fall schuldet China den Vereinigten Staaten keinen Gehorsam. Mit einem enormen Aufwand und unter großen Kosten stellte sich China zwischen 1950 und 1953 dem US-Militär in den Weg und zwang den USA einen Waffenstillstand auf. Eine Neuauflage der Eindämmungspolitik, dieses Mal gegenüber China, beschwört einmal mehr die Gefahr eines Krieges herauf, wie sie das bereits im Falle der Sowjetunion während des Kalten Krieges tat. Damals bewahrte das nukleare Gleichgewicht die Welt vor einem Waffengang der beiden Supermächte, eine Sicherung, die hinsichtlich Chinas möglicherweise nicht greifen wird, da allein schon im Hinblick auf das Menschenpotenzial unausweichlich eine große Asymmetrie zwischen China und jeder einzelnen externen Macht oder Allianz besteht. China verfügt über die Fähigkeit, einen amerikanischen nuklearen Erstschlag durch die Androhung von Vergeltungsschlägen gegen amerikanische Großstädte abzuschrecken, und die USA sind nicht in der Lage, eine Armee aufzustellen, die groß genug wäre, China am Boden zu besiegen. Zugleich bietet der neue chinesische Nationalismus der chinesischen Führung eine viel solidere Grundlage für die Abwehr ausländischer Bedrohungen als zur Zeit der britischen, französischen und japanischen Raubzüge in den vergangen eineinhalb Jahrhunderten. In den USA wird der chinesische Nationalismus aufgrund des Irrglaubens, er werde von der Kommunistischen Partei mit propagandistischen Mitteln zu ihrem eigenen Nutzen angefacht, vielfach falsch bewertet. Doch ähnlich wie der amerikanische Nationalismus nach Pearl Harbor, wurzelt das neue chinesische Nationalgefühl in konkreten historischen Erfahrungen, darunter dem Versuch Japans, China im Jahre 1915 in ein Protektorat zu verwandeln, dem von Tokio eingesetzten Marionettenregime in der Mandschurei im Jahre 1931 und der japanischen Invasion 1937. China stellt keine Bedrohung für das Territorium der Vereinigten Staaten dar, andererseits haben die USA (und Japan) in der Vergangenheit China direkt bedroht und könnten das auch wieder tun. Ein Krieg mit China würde die Vereinigten Staaten so gut wie sicher in den Ruin treiben, China radikalisieren und Japan zerreißen.

Die militärische Eindämmung Chinas stellt insbesondere für Japan (als amerikanischen Alliierten) eine gefährliche Strategie dar, da der Aufstieg Japans zu einer weltpolitisch bedeutenden Macht vor einem Jahrhundert ihren Anfang nahm mit der Invasion in und dem Sieg über China 1894/95 und der sich daran anschließenden und bis 1945 andauernden Besetzung Taiwans. Da zudem die Verwüstung Chinas durch Japan in den dreißiger und vierziger Jahren mit ausschlaggebend für den Ausbruch des Bürgerkriegs war, aus dem die kommunistische Partei als Siegerin hervorging, reagieren politisch bewusste Chinesen extrem sensibel auf jedes Anzeichen eines wieder erwachenden japanischen Militarismus, ähnlich wie auch die Russen mit größtem Misstrauen nach Zeichen eines neuen deutschen Militarismus suchen.

Eine in Hongkong kursierende Redensart lautet: China hat ein paar schlechte Jahrhunderte gehabt, aber jetzt ist es wieder da. Die Frage lautet, ob sich die Vereinigten Staaten auf die neuen machtpolitischen Gegebenheiten in Ostasien einstellen können. Wird Washington mit der aufstrebenden Großmacht China klüger und weniger blutig umzugehen verstehen als, sagen wir, die ehemalige Hegemonialmacht Großbritannien, die es zu Beginn des 20. Jahrhunderts versäumte, sich auf die Entstehung neuer Machtzentren in Deutschland, Japan und Russland einzustellen? Der gegenwärtige Trend ist nicht viel versprechend.

1949 rief Mao Zedong in Peking vom Tor des Himmlischen Friedens herab, das oberhalb des gleichnamigen Tiananmen-Platzes steht, die Geburt der Volksrepublik China aus und erklärte, damit sei China nun endlich »aufgestanden«. Mao hatte Unrecht. Das am Boden liegende China hatte sich nur auf die Knie erhoben. Von den zwei großen Zielen der chinesischen Revolution – die imperialistische Einmischung in Chinas innere Angelegenheiten unterbinden und die wirtschaftliche Unterentwicklung des Landes im Vergleich zu den Industrienationen überwinden – konnten die chinesischen Kommunisten nur das Erste verwirklichen. Das Zweite musste warten, bis China 40 Jahre später das Geheimnis des ostasiatischen Wirtschaftswunders für sich entdeckte – den staatlich gelenkten Kapitalismus japanischer Prägung – und danach zu handeln begann. Das sich daran anschließende, im zweistelligen Prozentbereich liegende Wirtschaftswachstum Chinas droht die globale Machtverteilung nachhaltig zu verändern. Das ohne Frage wichtigste Element der gegenwärtigen Phase des Machtzuwachses Asiens ist Chinas verspätete Entdeckung der Marktwirtschaft und seine sich daraus ergebende Stellung als die der zweiten Großmacht in Ostasien und möglicherweise sogar als die *der* Supermacht des 21. Jahrhunderts.

Seit Beginn der Industriellen Revolution stellten die sich aus ihr ergebenden wirtschaftlichen Ungleichheiten die wichtigste Ursache für weltpolitische Spannungen dar. Diese Ungleichheiten erlaubten es den ersten Industriemächten, ihre neue Macht zur Kolonialisierung und Ausbeutung der noch nicht industrialisierten Regionen der Welt auszunutzen. Die unterdrückten Völker ihrerseits suchten unter der Führung einer nationalistisch gesinnten Elite auf verschiedenste Weise, ihre relative Rückständigkeit zu überwinden und Gleichheit oder gar Überlegenheit in den Beziehungen zu ihren Ausbeutern herzustellen.

Doch wie können periphere Gesellschaften, selbst wenn sie nationale Souveränität zu erlangen vermögen, aus ihrer wirtschaftlichen und politischen Abhängigkeit ausbrechen? Nach Ansicht des bekannten Politikwissenschaftlers Andrew Janos enthüllt der Blick auf die Geschichte zwei grundlegende Strategien, wie solche Gesellschaften dieses Ziel zu erreichen suchten.[3] Die erste Strategie lief darauf hinaus, dass ein abhängiges oder »spätentwickelndes« Land durch Krieg und Revolution versuchte, seine politische Umwelt zu verändern. Dieses Vorgehen verlangte die Militarisierung der Gesellschaft und den Einsatz einer mobilisierten Bevölkerung zum Angriff auf und zur Veränderung seiner Umwelt. Konkret schlug sich das nieder in Form militärischer Aggression und Eroberung (Nazideutschland und Japan von 1931 bis 1945), der Unterstützung der globalen Revolution (die Sowjetunion unter Lenin und Stalin), der Führung von »Volksbefreiungskriegen« (China und Kuba), der aggressiven Neutralität (Indien) und anderer Strategien, die darauf abzielten, gewaltsam eine politische Umwelt zu verändern, in der »entwickelte« Länder »unterentwickelte« Länder ausbeuteten.

Die zweite große Strategie war, um weiter mit Janos zu sprechen, »der Versuch, die technologischen Innovationen der entwickelten Länder zu imitieren«, eine Zielsetzung, die allgemein nach innen orientiert war. Das beste Beispiel dafür ist die staatlich gelenkte Industrialisierung Japans von 1868 bis zum Ausbruch der Weltwirtschaftskrise und dann wieder von 1949 bis zur Gegenwart. Diese Strategie kann sich beschränken auf die Verhängung von Einfuhrzöllen zum Schutz der eigenen Wirtschaft vor der Marktmacht stärkerer Nationalökonomien, wie es zum Beispiel die Vereinigten Staaten im 19. und zu Anfang des 20. Jahrhunderts in Anlehnung an die Lehren Alexander Hamiltons und Friedrich Lists oder in abgewandelter Form Westdeutschland nach dem Zweiten Weltkrieg taten. Beinhaltet diese Strategie aber auch die staatliche Steuerung der Wirtschaft, die Kartellbildung und die strategische Zuteilung von Kapital, kann sie das soziale System unter Umständen so sehr dominieren, dass die wirtschaftliche Entwicklung selbst das zentrale legitimierende und organisierende Prinzip der Gesellschaft wird und demokratische Repräsentation, gesellschaftliche Traditionen oder jedes andere System politischer oder kultureller Prinzipien in den Hintergrund drängt oder ganz ersetzt. Das sich daraus ergebende Regime kann als »Entwicklungsstaat«[4] bezeichnet werden.

Überflüssig, darauf hinzuweisen, dass, vergleicht man die Bilanz der beiden Strategien, wie sie im 20. Jahrhundert eingesetzt wurden, die Entwicklungsstaaten weit erfolgreicher abgeschnitten haben als jene Länder, die sich an einer gewaltsamen Neugestaltung ihrer externen Umwelt versuchten. Allerdings darf man nicht übersehen, dass die Entwicklungsstrategie schwierig auszuführen ist und zahlreiche auf den ersten Blick nicht sichtbare Konsequenzen zeitigt. So ist sie unbedingt abhängig von einer permissiven internationalen Umwelt, wie beispielsweise jener, welche die Vereinigten Staaten im 19. Jahrhundert oder Japan gegenüber den USA nach 1952 vorfanden.

Diese beiden Strategien definieren auch die Geschichte der Volksrepublik China seit ihrer Entstehung 1949. Von dem Zeitpunkt an, als Mao feststellte, dass sich das stalinistische Entwicklungsprogramm nur unter großen Schwierigkeiten auf China anwenden ließ – sprich, als sich 1962 zeigte, dass sein »Großer Sprung nach vorne«, mit dem er das Land durch eine radikale Kollektivierung in Richtung Schwerindustrie zwingen wollte, für den Hungertod von rund 30 Millionen Menschen verantwortlich war –, experimentierte er damit, die externe Umwelt mit möglichst geringem Aufwand an die Bedürfnisse Chinas anzupassen. Nach innen versuchte er, die chinesische Gesellschaft zu militarisieren, und nach außen, die internationale Umwelt durch die faktische oder moralische Unterstützung von »Volksbefreiungskriegen« zu rekonstruieren. Obwohl dieser Ansatz im Falle Vietnams insoweit Erfolg hatte, dass der Vietnamkrieg das Ansehen der Supermacht USA schwer beschädigte, führte er zu keiner wirklichen Änderung des Machtgleichgewichts, und es dauerte nicht lange, bis sich die Vietnamesen gegen den politischen Führungsanspruch Pekings wandten. Maos »Große Proletarische Kulturrevolution«, die 1966 begann und fast eine Dekade andauerte, war seine Rache an der Kommunistischen Partei, über die er nach dem Desaster des Großen Sprungs nach vorne die Kontrolle verloren hatte. Doch die Kulturrevolution machte ihn – und mit ihm den chinesischen Kommunismus – in den Augen seiner wichtigsten Alliierten nur noch unglaubwürdiger; nach Maos Tod 1976 und zwei Jahre später, nach der Rückkehr Deng Xiaopings an die Macht, der während der Kulturrevolution in die Verbannung geschickt worden war, schwenkte das Land auf einen Reformkurs ein und versuchte, sich von den Folgen der Kulturrevolution zu erholen. Kurz gesagt, China fing an, mit der zweiten Strategie als Mittel zur Überwindung seiner Rückständigkeit zu experimentieren.

Bis Ende der achtziger Jahre hatte China ernsthaft begonnen, die von den amerikanisch dominierten Boomländern Südostasiens vorexerzierten Lektionen in Sachen Hochgeschwindigkeits-Wirtschaftswachstum umzusetzen. Auch die immer noch herrschende Kommunistische Partei Chinas suchte sich nach innen nunmehr stärker über den Nationalismus und weniger den Kommunismus zu legitimieren, der zu der Zeit in der Sowjetunion am Zusammenbrechen war. Auf der Grundlage dieses neuen Nationalismus ging China auf die 55 Millionen Auslandschinesen zu, und dabei vor allem auf diejenigen, die in Hongkong und Südostasien lebten, und akzeptierte Investitionen und andere Hilfeleistungen aus dieser Gruppe. Gleichzeitig öffnete Peking das Land vorsichtig dem Außenhandel und gegenüber Investoren aus kapitalistischen Ländern, vorausgesetzt, dass die chinesische Wirtschaft davon profitierte. Mit dieser Strategie eröffnete sich die Führung die Möglichkeit, langfristig auch das zweite Ziel der chinesischen Revolution zu erfüllen – konkret, die Erzeugung eines Pro-Kopf-Einkommens, welches sich dem der anderen großen Mächte annähert. Da China von der Einwohnerzahl alle anderen Länder der Erde bei weitem übertrifft, könnte das Reich der Mitte, sollte es dieses Ziel erreichen, durchaus auch zur mächtigsten Nation der Welt aufsteigen.

Der Versuch Chinas, die Volkswirtschaften Japans, Südkoreas, Taiwans und Singapurs nachzuahmen, stößt jedoch auf große Schwierigkeiten, insbesondere stellt sich die Frage, wie sich der stetig größer werdende Unterschied zwischen Arm und Reich in einem ehemals kommunistischen Land kontrollieren lässt. Was den Außenhandel angeht, wird China niemals denselben, praktisch unbegrenzten Zugang zum amerikanischen Markt und zur amerikanischen Technologie erhalten, wie dies beispielsweise Japan und anderen Ländern im Austausch für ihre Unterstützung der USA während des Kalten Krieges eingeräumt wurde. Das zeigte sich einmal mehr 1999, als in den USA angesichts von Vorwürfen, China betreibe im großen Stil Industriespionage und importiere zum Zwecke des *reverse engineering,* also der Rückentwicklung und dem Nachbau, technologisch hochwertige Ausrüstungsgüter aus den Vereinigten Staaten, eine politisch motivierte Panik ausbrach. Andererseits verfügt China im Gegensatz zu den meisten anderen Entwicklungsländern über einen beträchtlichen Vorteil – die vergleichsweise große Gemeinde der Auslandschinesen. Ein China, das sich nicht länger über den Kommunismus, sondern über den Nationalismus definiert, kann auf dieses Reservoir an Talent, Kapital und Erfahrung zurückgreifen. Was die Aufhebung der Währungskontrollen und der Importschranken betrifft, welche die chinesische Ökonomie vor dem vollen Druck und der Volatilität des internationalen Marktes schützen, hat Peking bislang einen sehr zurückhaltenden Kurs gesteuert, eine Vorsichtsmaßnahme, die sich während der Finanzkrise in Ostasien 1997 und danach auszahlte. Allerdings hat China keine andere Wahl, als sich dem internationalen Handel gegenüber weiter zu öffnen; seine Entwicklungsstrategie ist zum Scheitern verurteilt, sollte sich das Land, wie schon unter Mao, wieder von der Außenwelt abschotten. Zumindest zurzeit jedoch sind die Nachrichten aus China vergleichsweise positiv. Die friedliche Eingliederung Hongkongs in die Volksrepublik 1997 und Hongkongs auch nach der Machtübergabe fortdauernde Rolle als globales Finanzzentrum sind klare Zeichen der Entschlossenheit und Fähigkeit Chinas, einen auf wirtschaftlichen Fortschritt zielenden Kurs zu fahren.

Für den größten Teil der schriftlich festgehaltenen Geschichte war China die größte Volkswirtschaft der Erde. Heute hat das Reich der Mitte auf seinem Weg zurück auf die Weltbühne nach Einschätzung der Weltbank nicht nur bereits Deutschland überholt und sich hinter Japan und den USA auf den dritten Rang vorgeschoben, sondern es wächst von allen großen Volkswirtschaften auch am schnellsten. Laut Berechnungen des chinesischen Staatlichen Statistikbüros wuchs die chinesische Wirtschaft 1995 um 10,2 Prozent, was zwar weniger war als die 11,8 Prozent Zuwachs im Vorjahr, aber immer noch über dem von der Regierung vorgegebenen Wachstumsziel von 9 bis 10 Prozent lag. Die globale Wirtschaftskrise seit 1997 hat das Wachstum zwar gebremst, aber nicht zum Anhalten gebracht. Auch wenn die chinesische Wirtschaft in Zukunft nur noch um 7 Prozent pro Jahr zulegen sollte, wird sie eine US-Wirtschaft, die im selben Zeitraum eine jährliche Steigerungsrate von 3 Prozent erreicht, irgendwann zwischen 2020 und 2030 überholen. Überflüssig, darauf hinzuweisen, dass die Fortschreibung gegenwärtiger statistischer Trends in die Zukunft eine höchst zweifelhafte Angelegenheit ist. Es liegt durchaus im Bereich des Möglichen, dass die fortschreitende Umweltzerstörung, Naturkatastrophen oder durch eine schnelle und rücksichtslose industrielle Modernisierung ausgelöste soziale Verelendung Zwänge besonderer Art auf China ausüben, die wir uns heute noch nicht vorstellen können, und zwar schneller, als wir es heute für möglich halten. Doch bislang fährt Peking mit der aktuellen Entwicklungsstrategie besser als mit den Alternativen, mit denen es seit 1949 experimentiert hat.

Seit Beginn der Wirtschaftsreformen Ende 1978 hat sich das jährliche Pro-Kopf-Einkommen in China zwar fast versiebenfacht, liegt aber immer noch auf einem vergleichsweise sehr niedrigen Niveau: 464 Dollar in den Städten und 186,75 Dollar auf dem Land, laut offiziellen Schätzungen aus dem Jahre 1995 (was umgerechnet auf die Kaufkraft allerdings bis zu 2000 Dollar entspricht). Im Gegensatz dazu lag das durchschnittliche jährliche Pro-Kopf-Einkommen in Japan 1993 bei 31450 Dollar und in den Vereinigten Staaten bei 24750 Dollar. Die Arbeitskosten in China betragen immer noch nur 10 bis 15 Prozent der Arbeitskosten in Hongkong, Taiwan und Südkorea, haben aber mit denen in Indien gleichgezogen.

Die Kommunistische Partei Chinas, nach Mitgliedszahlen die größte politische Organisation der Welt, hat in den Augen der chinesischen Bevölkerung viel von ihrer Glaubwürdigkeit verloren. Obwohl die Kommunisten 1949 an der Spitze der größten und komplexesten aller Revolutionen der Weltgeschichte an die Macht kamen, haben sie ihre einstmals große Popularität in der Zwischenzeit weitgehend verspielt. Auf dem Land wegen der Hungersnot, die auf den Großen Sprung nach vorne folgte; bei den kommunistischen Hardlinern wegen der Kulturrevolution und bei den Intellektuellen und der aufblühenden Mittelklasse in den Städten wegen der blutigen Niederschlagung der Demonstration auf dem Platz des Himmlischen Friedens 1989 und dem fast zeitgleichen Kollaps des Kommunismus in Europa.

Dass die Kommunistische Partei Chinas das Ruder noch immer in Händen hält, verdankt sie zum einen der Trägheit des Systems, den sich verbessernden wirtschaftlichen Bedingungen, dem relativen Wohlstand der Menschen im Vergleich zu früher und dem neu aufblühenden Nationalismus, und zum anderen einem komplexen Instrumentarium aus Anreizen und Strafen. Trotz wiederkehrender Perioden der Instabilität gibt es keinen Grund zu der Annahme, dass sich daran in absehbarer Zukunft etwas ändern wird. Das Beispiel Taiwan, dessen politische Führung aus einem ähnlichen Hintergrund kommt wie die des Festlands (Einparteienherrschaft der Kuomintang unter Sun Yat-sen und seinem Nachfolger Tschiang Kai-schek), legt nahe, dass sich auch die Volksrepublik langsam zu einer prosperierenden, offenen Gesellschaft entwickelt. Der Ruf nach Demokratisierung wird, wenn überhaupt, erst um das Jahr 2010 herum, wenn rund 30 Prozent der Festlandchinesen ein Jahreseinkommen von 4000 Dollar erzielen, so laut werden, dass er eine ernsthafte innenpolitische Herausforderung darstellen wird. Bis dahin wird die große Mehrheit der Chinesen aller Voraussicht nach mit dem wirtschaftlichen Fortschritt, der besseren Gesundheitsversorgung sowie Verbesserungen in anderen Bereichen des täglichen Lebens zufrieden sein.

Vom Politbüro abwärts, stehen die meisten Chinesen heute hinter dem wirtschaftlichen Reformprozess, auch wenn unterschiedliche Gruppen die Reformen aus unterschiedlichen Gründen unterstützen. So etwas wie ein Konsens besteht auch hinsichtlich der Notwendigkeit einer starken unabhängigen politischen Autorität zur Durchsetzung dieser Reformen. Dass die chinesische Führung eine autoritäre Herrschaft als unerlässlich für den Erfolg ihrer marktgesteuerten Politik hält, dürfte kaum überraschen, aber zahlreiche Hinweise deuten darauf hin, dass auch die Bevölkerung nach den wirtschaftlichen Erfolgen der letzten Jahre diese Meinung teilt. Ohne autoritäre politische Kontrolle, so diese Sichtweise, leisten die Wirtschaftsreformen nur der Entstehung neuer wirtschaftlicher Interessen und der weiteren Ausbreitung der sowieso schon verbreiteten Korruption Vorschub. Auf lange Sicht setzt eine erfolgreiche Modernisierungspolitik eine staatliche Autorität voraus, die stark genug ist, die Korruption einzudämmen und dabei auch, wenn nötig mit öffentlichen Exekutionen, abschreckende Exempel zu statuieren. Je mehr die Korruption um sich greift, umso eher besteht die Gefahr, dass sich der öffentliche Unmut darüber in politischen Protesten Bahn bricht und damit die wirtschaftliche Stabilität in Frage gestellt wird. Der Zusammenbruch der ehemaligen Sowjetunion und die Verelendung weiter Teile der russischen Bevölkerung, nachdem die autoritäre Herrschaft der KPdSU geschliffen und die Wirtschaft nach den Vorgaben der Theorien amerikanischer Wirtschaftswissenschaftler »reformiert« wurde, steht der chinesischen Führung als warnendes Beispiel vor Augen.

Die größte Schwäche der Entwicklungsstaat-Strategie liegt darin, dass sie sowohl Ursache als auch Opfer innenpolitischer Unruhen sein kann. Die anderen Wirtschaftswunderstaaten Ostasiens haben diese Gefahr gebannt durch unterschiedliche Varianten autoritärer politischer Systeme, einer einigermaßen gerechten Einkommensverteilung und der Propagierung klarer »asiatischer

Werte«, die sich vorwiegend gegen die angebliche Selbstsüchtigkeit des westlichen Individualismus und teilweise auch gegen die angebliche Ineffizienz demokratischer Institutionen westlicher Prägung wandten. Viele asiatische Politiker sind der Auffassung, dass die Demokratisierung auf Kosten der wirtschaftlichen Entwicklung geht. Lee Kwan Yew, legendärer erster Premierminister des reichen Stadtstaates Singapur und unnachgiebiger Kritiker der amerikanischen Südostasienpolitik, ist der lautstärkste Vertreter dieser Sichtweise. »Abgesehen von einigen wenigen Ausnahmen hat die Demokratie den jungen Entwicklungsländern keine gute Regierung beschert«, erklärte Lee einmal. »Die Demokratie führte nicht zu wirtschaftlicher Entwicklung, weil die demokratisch gewählten Regierungen nicht in der Lage waren, die dafür notwendige Stabilität und Disziplin durchzusetzen.«[5] Man sollte dazu vielleicht anmerken, dass Singapur, für einen Individualisten zwar nicht unbedingt ein angenehmer Ort zum Leben, in den neunziger Jahren dennoch mit 23 565 Dollar ein deutlich höheres jährliches Pro-Kopf-Einkommen aufwies als Australien (19 960 Dollar), ein Umstand, der Lees Einstellung zumindest in den Augen vieler Asiaten zu einer gewissen Glaubwürdigkeit verhilft.

Für alle kapitalistischen Entwicklungsstaaten Asiens sind oder waren, wie ich sie nenne, »weiche autoritäre« Regierungen charakteristisch.[6] Auch in Japan, Südkorea und Taiwan existiert Demokratie – verstanden als ein politisches System, in dem die öffentliche Meinung mit ausschlaggebend ist, in der innerhalb der Regierung eine Machtbalance vorhanden ist (das, was im Westen als »Gewaltenteilung« bezeichnet wird) und Politiker, die den Erwartungen nicht gerecht werden, im Rahmen von freien Wahlen abberufen werden können – aufgrund des allgegenwärtigen und massiven Einflusses nicht gewählter Bürokraten nur teilweise. In keinem der drei Länder hat sich jemals eine unabhängige Justiz entwickeln oder das Rechtsstaatsprinzip voll durchsetzen können. Immerhin gelang es den demokratischen Reformbewegungen Südkoreas und Taiwans in den letzten Jahren, ihre vormals »harten« autoritären Regierungen stärker unter öffentliche Kontrolle zu stellen. Und in Japan übt die öffentliche Meinung zwar durchaus einen großen Einfluss auf die Regierung aus, aber weniger durch formale demokratische Institutionen wie das Parlament und die Gerichte, sondern hauptsächlich durch informelle und traditionelle Kanäle.

Wenn man die Regierungen Japans und seiner Imitatoren – Südkorea, Taiwan und selbst Singapur – als »weiche autoritäre« Regime charakterisieren kann, zumindest in der Phase ihres Hochgeschwindigkeits-Wirtschaftswachstums –, dann könnte man China als Beispiel eines »sanften Totalitarismus« beschreiben, auf einer Stufe mit Indonesien unter Suharto und Taiwan unter Tschiang Kai-schek, aber keineswegs vergleichbar mit den wirklich totalitären Diktaturen eines Hitler, Stalin oder Mao.

Ein Charakteristikum eines weichen totalitären Regimes ist die direkte Einschränkung der Rede- und Pressefreiheit. In Ländern mit einer weichen autoritären Führung bestehen diese Freiheiten zwar auf dem Papier, in der Praxis sind ihnen aber Grenzen gesetzt einmal durch die Kartellbildung in den Nachrichtenmedien – in Japan beispielsweise können Presseklubs Kollektiv- oder Individualstrafen gegen Journalisten verhängen, welche die öffentliche Ordnung störende Meldungen verbreiten –, zum andern aber auch durch staatlich kontrollierte Medien, die mandatorische Lizenzierung von Schulbüchern durch die Behörden und den beschränkten Zugang zu Werbung. Da es immer Wege um die Presseklubs und Kartelle herum gibt, ist die Öffentlichkeit in weichen autoritären Ländern natürlich besser informiert, dennoch wirkt sich die öffentliche Meinung kaum auf die politische Entscheidungsfindung aus. Während weiche totalitäre Staaten subversive Publikationen direkt verbieten, missliebige Autoren verhaften, Internetserver überwachen und Dissidenten aus öffentlichen Ämtern entfernen oder hinter Gitter stecken, setzen weiche autoritäre Staaten auf Gruppendruck, Einschüchterung, Furcht vor öffentlicher Ächtung, die Propagierung von Gruppennormen und versuchen allgemein durch soziale Sanktionen unterschiedlichster Art staatskonformes Verhalten zu erzeugen. In beiden Regimen sind Wahlen (und Parlamente) bis zu einem gewissen Grad bloß formale Veranstaltungen, hinter denen die immer gleichen Machteliten die eigentlichen Fäden ziehen.

Der ideologische Wechsel von einem alles umfassenden Kommunismus zu einem ebenso vereinnahmenden Nationalismus hat den Zusammenhalt der chinesischen Gesellschaft gestärkt und ihr in einer Zeit des von der wirtschaftlichen Transformation verursachten, intensiven Drucks Stabilität und eine gewisse intellektuelle und emotionale Energie verliehen. Eine der Schwächen des Kommunismus war sein quasireligiöser Anspruch auf wissenschaftliche Wahrheit, der nach seiner Entlarvung als Schimäre die Werte und die ideologische Bindungskraft der kommunistischen Regime schwächte. Seit dem Kollaps des Kommunismus in Osteuropa und der Sowjetunion bemüht sich die Kommunistische Partei Chinas um einen Konsens zwischen Festlands- und Auslandschinesen, der nicht auf einem ideologisch-wissenschaftlichen, sondern auf einem historisch fundierten Anspruch auf Macht, Ansehen und Reichtum gründet – und auf dem Glauben, dass China einmal mehr dazu bestimmt ist, seine frühere Rolle als die vorrangige Zivilisation in Asien wieder zu übernehmen und auf dem besten Wege ist, eine globale Supermacht zu werden. Früher nannte sich die Volksrepublik China mit stolzer Stimme das kommunistische China. Heute lautet der gängige Terminus einfach »China«, und dieses neue »China« beruft sich ebenso ausgiebig auf seine glorreiche Vergangenheit, wie es seine über mehr als ein Jahrhundert andauernde Erniedrigung durch die Hände der europäischen, amerikanischen und japanischen Imperialisten in politisches Kapital umzumünzen sucht. Das China der Gegenwart ist dabei, ein neues Selbstverständnis zu entwickeln, ganz zu schweigen davon, dass es seine Beziehungen zum Rest der Welt neu bewertet; wohin das führen wird, ist bislang weder in dem einen wie dem anderen Fall absehbar.

Natürlich gibt es Faktoren, die Chinas Aufstieg zu einer weltpolitischen Großmacht vereiteln könnten, insbesondere das ungenügende Bildungssystem und die ungleiche Entwicklung innerhalb des Landes. In Taiwan verfügten 1990 der Präsident, der Premierminister und die Hälfte der Kabinettsmitglieder über einen Doktortitel. Tatsächlich muss der hohe Anteil an Universitätsabsolventen unter der Bevölkerung des Inselstaates mit zu den wichtigsten Gründen für den erfolgreichen Demokratisierungsprozess im Kontext eines hohen Pro-Kopf-Einkommens, einer einigermaßen gleichmäßigen Einkommensverteilung und großer Devisenreserven gezählt werden. Eine vergleichbare bildungspolitische Bilanz – fast 40 Prozent der Taiwanesen zwischen 18 und 21 sind an einer höheren Bildungseinrichtung eingeschrieben – erscheint für das Festland unerreichbar. China kann bei einer Gesamtbevölkerung von 1,2 Milliarden Menschen auf gerade einmal sieben Millionen Universitätsabsolventen zur Verwaltung und Steuerung einer sprunghaft wachsenden und sich rasant modernisierenden Wirtschaft und Gesellschaft zurückgreifen. Insgesamt gibt es auf dem Festland heute 1065 Einrichtungen der höheren Bildung mit ungefähr 2,5 Millionen Studenten.[7]

China schickt zwar jedes Jahr tausende von Studenten an ausländische Universitäten, doch viele von ihnen kommen nicht zurück. China hat demnach nur beschränkte Möglichkeiten, jene Art leistungsorientierter Bürokratie aufzubauen, mit welcher Japan, Südkorea, Taiwan und Singapur ihr System sich in Privatbesitz befindlicher, aber staatlich kontrollierter Unternehmen organisiert und geleitet haben. Die Kommunistische Partei Chinas hat zurzeit zwar 50 Millionen Mitglieder, aber nur zwei Millionen davon verfügen über eine Universitätsausbildung. China mag seine Schwäche auf dem Bildungssektor zum Teil zwar durch das Anzapfen der Talente der vielen gut ausgebildeten Auslandschinesen und interessierter ausländischer Investoren kompensieren können, aber auf lange Sicht könnte sich dieser massive Mangel an technischer Kompetenz als ernsthafte oder gar unüberwindliche Hürde erweisen.

Ein weiteres, potenziell explosives Problem ist das zum Teil dramatische Entwicklungsgefälle innerhalb Chinas. Obgleich das Reich der Mitte in Zeiten des Niedergangs einzelner Dynastien oder der inneren Schwäche wiederholt von massiven zentrifugalen Kräften auseinander gerissen zu werden drohte, unter der Herrschaft von Warlords litt und mit regionalen Unabhängigkeitsbestrebungen zu kämpfen hatte, wird dies Peking auf absehbare Zeit aller Wahrscheinlichkeit nach vor kein drängendes Problem stellen. Eine reiche Provinz wie das an Hongkong angrenzende Guangdong beispielsweise hätte in einem Bürgerkrieg, der unzweifelhaft auf jeden Versuch der Abspaltung vom Rest des Landes folgen würde, nichts zu gewinnen, aber sehr viel zu verlieren. Worum es gegenwärtig geht, ist weniger, die reichen Provinzen bei der Stange zu halten, als vielmehr, in den armen Regionen für Ruhe und Ordnung zu sorgen, ohne ihnen dafür jedoch viel mehr als das Versprechen anbieten zu können, dass der zunehmende Wohlstand des Landes früher oder später auch ihnen steigende Einkommen bescheren wird.

Gegenwärtig sind in China schätzungsweise 100 Millionen Menschen, mehr als die Bevölkerungszahl Mexikos, ohne festen Wohnsitz. Dabei handelt es sich vor allem um Wanderarbeiter aus dem Landesinneren, die in den reichen Küstenprovinzen auf eine Anstellung hoffen. Der »Wohlstandstransfer« von den fortschrittlichen in die armen, ländlichen Provinzen beschränkt sich zumindest zurzeit auf das, was diese Wanderarbeiter von ihren mageren Löhnen abzweigen und an ihre Familien zu Hause schicken. Andererseits jedoch legen die Wanderarbeiter eine mehr als laxe Steuerdisziplin an den Tag und neigen dazu, die drakonische Ein-Kind-Politik Pekings zu ignorieren. Zudem besteht, zumindest von der Warte der Kommunistischen Partei aus betrachtet, die Gefahr, dass sich die Wanderarbeiter organisieren. Das würde nicht nur ihren Wert als Reservoir extrem billiger Arbeitskräfte reduzieren, der den aktuellen, exportgetriebenen Boom unterstützt, sondern beschwört auch die Gefahr herauf, dass sich die Wanderarbeitergruppen zu einer chinesischen Version der Solidarność zusammenschließen, der polnischen Gewerkschaftsbewegung, die hauptsächlich für den Sturz der kommunistischen Regierung in Warschau verantwortlich war. Dies ist der schlimmste Alptraum des Regimes und auch primärer Grund dafür, dass Peking entgegen seiner ansonsten weichen totalitären Linie hin und wieder zu sehr drakonischen Mitteln gegenüber politischen Dissidenten und insbesondere gegenüber Gewerkschaften greift. Die unheilige Allianz zwischen der chinesischen Führung und ausländischen Investoren gründet teils darauf, dass beide, wenn auch aus unterschiedlichen Gründen, herzlich wenig für Gewerkschaften und umfassendere Arbeiterrechte übrig haben.

Die Wirtschaftskrise, die 1997 in Asien ausbrach und in der Folge auf den Rest der Welt übergriff, bedroht China fast ebenso sehr wie seine Nachbarn. Allerdings tragen mehrere Faktoren dazu bei, dass es sich im Vergleich zu vielen anderen Entwicklungsländern in einer vorteilhaften Position befindet. Zunächst droht China, dessen Währung nicht frei auf dem Weltmarkt gehandelt wird, keine Gefahr durch Währungsspekulationen. Ein Jahr nach Beginn der Krise folgte mit Malaysia eine der am härtesten von dem Niedergang betroffenen ostasiatischen Volkswirtschaften dem chinesischen Beispiel und erließ strikte Kapitalverkehrskontrollen, die verhindern sollten, dass Spekulanten weiterhin riesige Mengen der malaysischen Währung Ringitt ungehindert ins Land oder aus dem Land schaffen konnten. China ist mit 120 Milliarden Dollar zwar eines der am höchsten verschuldeten Länder der Welt, im Gegensatz zu Südkorea, Thailand und Indonesien jedoch, die massiv kurzfristige Kredite aufgenommen hatten und an den Rand der Zahlungsunfähigkeit gedrängt wurden, als die internationalen Banken plötzlich ihr Geld zurück forderten, bestehen mehr als 85 Prozent der chinesischen Auslandsschulden in Form mittel- oder langfristiger Kredite. Da der Großteil der Auslandsinvestitionen in China in große Produktionsanlagen und weniger in Wertpapiere erfolgte, leidet das Land auch weniger unter der Gefahr eines massiven kurzfristigen Kapitalabflusses. Darüber hinaus übersteigen die Devisenreserven Chinas mit rund 130 Milliarden Dollar seine Auslandsschulden (damit verfügt China nach Japan weltweit über die zweithöchsten Devisenreserven).

Chinas hauptsächlicher struktureller Schwachpunkt ist das Bankensystem. Nach Schätzungen der Bank of China waren 1997 mindestens 22 Prozent der inländischen Kredite mit einem Wert von zusammen über 200 Milliarden Dollar Not leidend – sprich, wurden nicht bedient. Bei diesen Kreditnehmern handelt es sich vor allem um die 100 000 noch aus der Mao-Ära stammenden, oft horrend ineffizient geführten und fast durchgängig unprofitablen Staatsunternehmen, die zusammen rund 65 Millionen Menschen beschäftigen. Diese Unternehmen sind das Haupterbe des alten, nach sowjetischem Vorbild organisierten Wirtschaftssystems, welches die Kommunisten in den fünfziger Jahren übernommen hatten. Während der staatliche Unternehmenssektor 1996 das erste Mal unter dem Strich in die roten Zahlen rutschte, verdoppelten die von lokalen politischen Einheiten betriebenen Kollektivbetriebe zwischen 1978 und 1996 ihre Produktivität und erhöhte der privatwirtschaftliche Sektor seinen Anteil an der chinesischen Industrieproduktion auf mehr als 11 Prozent.

Auf dem 15. Kongress der Kommunistischen Partei Chinas im September 1997 kündigte die Parteiführung an, die Mehrheit der Staatsunternehmen in Aktiengesellschaften oder Gesellschaften mit beschränkter Haftung umzuwandeln. Damit wird es möglich, Unternehmen, die den Sprung in die Gewinnzone nicht schaffen, nach und nach zu schließen. Zhu Rongji wurde vor allem mit dem Auftrag zum Premierminister ernannt, diesen höchst heiklen Plan in die Tat umzusetzen, der die bislang garantierte lebenslange Beschäftigung zahlloser Arbeiter in Frage stellt. Zhus größtes Problem ist, dass er – mit der für die Sanierung des Bankensystems unerlässlichen, restriktiveren Handhabung von Bankkrediten – den Bankrott vieler Staatsunternehmen und damit explodierende Arbeitslosenzahlen riskiert. Trotz der Peking von der westlichen Wirtschaftspresse aufgedrängten »Wo gehobelt wird, da fallen Späne«-Ideologie wird die Sache nur sehr langsam angegangen; den Verantwortlichen ist bewusst, dass die bei einer überhasteten Liquidation des staatlichen Unternehmenssektors unausweichliche massive Arbeitslosigkeit und die dadurch ausgelösten sozialen Spannungen die Stabilität der gesamten Gesellschaft gefährden könnten. Im Juli 1998 befahl Präsident Jiang Zemin im Rahmen der Reformierung der alten Wirtschaftsstruktur der Volksbefreiungsarmee, die 15 000 von ihr betriebenen kommerziellen Unternehmen aufzulösen, welche für viele Offiziere und Soldaten von weitaus größerem Interesse sind als die militärische Vorbereitung auf den Ernstfall. Das starke Engagement der Streitkräfte im kommerziellen Sektor (und die damit einhergehende, weit verbreitete Korruption) zählt seit langem zu den charakteristischen Eigenheiten der chinesischen Wirtschaft. Allerdings steht zu erwarten, dass sich die Regierung sehr schwer damit tun wird, die Armee aus dem Geschäft zu drängen und damit die ausufernde Korruption und den blühenden Schmuggel einzudämmen.

Chinas langfristige Wirtschaftsstrategie ist die Umwandlung der staatlichen Unternehmen in Industriegruppen nach dem Vorbild der japanischen *zaibatsu* (nach dem Zweiten Weltkrieg umbenannt in *keiretsu)* oder der südkoreanischen *chaebol* (die sich, anders als die japanischen Konglomerate, häufig in Familienbesitz befinden). Durch die Zusammenfassung von profitablen und riskanten Unternehmen zu großen Konglomeraten und ihre Ausstattung mit Krediten zu Sonderkonditionen will China die Erfolgsgeschichten von Industriegruppen wie Mitsubishi, Sumitomo, Daewoo oder Samsung im eigenen Land wiederholen. Diese Entwicklung wird aber auch zu einer Teilung der Erwerbsbevölkerung in Arbeiteraristokraten, die bei strategischen Unternehmen beschäftigt sind, und in gewöhnliche Arbeiter nach sich ziehen, die in kleinen und mittleren, die Großunternehmen mit Vorprodukten beliefernden Betrieben arbeiten. Eben diese strukturelle Eigenschaft hat in Japan und Südkorea lange Zeit die Entstehung einer ausgeprägten Solidarität unter den Arbeitern verhindert – und wird das auch in China tun. Während die amerikanischen Wirtschaftstheoretiker im Allgemeinen wenig von einer Unternehmensorganisation nach dem im späten 19. Jahrhundert in Japan entstandenen *zaibatsu*-Modell halten, spielten die Nachfolgeorganisationen der ursprünglichen *zaibatsu* eine zentrale Rolle in der wirtschaftlichen Entwicklung Japans, Südkoreas und Taiwans. China hat allen Grund, ihnen nachzueifern.

Das eigentliche, wenn auch aus offensichtlichen Gründen nie angesprochene Wirtschaftsmodell für Festlandchina ist zweifelsohne weder Japan noch Südkorea, sondern Taiwan, wo der Staat und die herrschende Nationale Volkspartei dem Wert nach rund 50 Prozent der Unternehmen besitzen oder kontrollieren, die zusammen fast 30 Prozent des Bruttosozialprodukts erwirtschaften. Die Vielzahl sehr erfolgreicher Staatsunternehmen ist die auffälligste Besonderheit der taiwanesischen Wirtschaft. Obwohl Taiwan eines der reichsten der Länder ist und von dem wirtschaftlichen Einbruch Ende der neunziger Jahre kaum berührt wurde, ist seine Volkswirtschaft von ihrer Struktur her und von der Warte des amerikanischen Kapitalismusmodells aus betrachtet, weniger orthodox als die anderen ostasiatischen Volkswirtschaften.[8]

Doch Taiwan ist nicht nur das heimliche wirtschaftliche Vorbild der Volksrepublik, sondern auch eine ihrer größten politischen

Herausforderungen. Nach internationalem Recht ist die Insel zwar ohne Frage ein Teil Chinas, doch ist sie so reich geworden, dass die meisten ihrer Bewohner es lieber sähen, wenn sich Taipeh von China offiziell lossagen und für unabhängig erklären würde, statt sich als Anhängsel des ärmeren, politisch repressiven Festlands wieder zu finden. Sollte Taiwan tatsächlich seine Unabhängigkeit ausrufen, könnte das alle möglichen, fatalen Konsequenzen nach sich ziehen, angefangen von einer nationalistischen Revolte auf dem Festland, die zu einem Sturz des Regimes führen könnte, bis hin zu dem Versuch Pekings, Taiwan zur Bewahrung seiner territorialen Integrität zu besetzen und weiter gehend zu einem sich daraus entwickelnden, größeren Krieg unter Beteiligung der Vereinigten Staaten. Am Ende des 20. Jahrhunderts ist die Taiwan-Frage noch immer das, was sie auch schon in der Mitte des Jahrhunderts war: das komplexeste Problem der chinesischen Außenpolitik und der am stärksten krisenbehaftete Schnittpunkt amerikanischer und chinesischer Interessen. Sollte eine der beiden Seiten in dieser Frage über das Ziel hinaus schießen, könnten die Folgen sehr wohl die politische Weltbühne des nächsten Jahrhunderts dominieren.

KAPITEL 7

China: Außenpolitik, Menschenrechte und Handel

Über ihren Wunsch hinaus, die nationale Sicherheit zu garantieren, den wirtschaftlichen Fortschritt voranzutreiben und politische Dissidenten zu unterdrücken, appelliert die herrschende Kommunistische Partei Chinas auch massiv an die Erfahrungen ihrer Landsleute während der imperialistischen Fremdherrschaft im Land und mit dem neuen Nationalismus. Die Außenpolitik Pekings richtet sich nicht vorrangig auf die territoriale Ausweitung oder den Machtgewinn auf Kosten anderer Länder, sondern darauf, alte, irredentistische Ansprüche beizulegen. Der Begriff Irredentismus geht zurück auf eine italienische Partei, die Ende des 19. Jahrhunderts die Rückeroberung von Grenzgebieten forderte, welche vorwiegend von Italienern bewohnt wurden, aber im Hoheitsgebiet anderer Staaten lagen; heute bezeichnet der Begriff jede Politik, die auf die Rückeroberung verloren gegangener Territorien abzielt.

Im Falle Chinas handelt es sich dabei um Gebiete, die vom 1912 untergegangenen Kaiserreich beherrscht wurden und, so die Sichtweise Pekings, aufgrund ausländischer Interventionen verloren gingen, konkret um Hongkong, Taiwan, mehrere Inselgruppen in der Südchinesischen See und Tibet. Wie Peking mit diesen Ansprüchen umgeht (und in der Vergangenheit damit umging), hängt davon ab, ob das Gebiet von China oder einer anderen Macht besetzt ist, von der historisch begründeten Legitimität der jeweiligen Ansprüche und von der relativen Macht der involvierten Akteure. Darüber hinaus stellt sich die von Chinesen zwar selten explizit angesprochene, aber zu einem bestimmten Grad immer mit in Betracht gezogene Frage nach den Kosten, die mit dem Versuch einhergehen, alte Ansprüche durchzusetzen. Jeder der – mit Ausnahme von Hongkong, das 1997 an die Volksrepublik zurückfiel – noch bestehenden Ansprüche wird durch die steigende Bedeutung des Nationalismus als Grundlage der politischen Legitimation des Regimes in Peking angeheizt. Die Notwendigkeit, das Prinzip der Unverletzbarkeit des »chinesischen Mutterlandes« als Machtbasis zu aktivieren, setzt die politische Führung unter massiven Druck, alte Übel zu korrigieren, selbst wenn das auf Kosten der Souveränität anderer Staaten geht oder mit der kruden Missachtung der Menschenrechte von Völkern verbunden ist, die niemals im eigentlichen Sinne dem chinesischen Kaiserreich angehörten. Dass China erklärtermaßen auch bereit ist, seine irredentistischen Ziele nötigenfalls mit militärischen Mitteln zu erreichen, trägt nicht gerade zur Entspannung der Situation bei.

Das Thema Hongkong ist, wie bereits erwähnt, zu den Akten gelegt. Unter Kolonialherrschaft geriet das Gebiet Mitte des 19. Jahrhunderts, als sich Großbritannien nach dem siegreichen Opiumkrieg gegen China, das den Handel mit der Droge hatte unterbinden wollen, die Insel hatte übereignen lassen. Am 30. Juni 1997 gab die britische Regierung, wie im britisch-chinesischen Abkommen von 1984 vereinbart, Hongkong und die New Territories an die Volksrepublik zurück. Getreu ihrer Neigung, vorwiegend negativ über China zu berichten, prophezeiten die *New York Times*, *das Wall Street Journal*, die *Washington Post* und *Newsweek* unisono, dass die Rückgabe Hongkongs zu einem Desaster geraten würde, und stellten die Fähigkeit Pekings in Frage, das Territorium auch in Zukunft als Drehscheibe des internationalen Kapitals zu verwalten. Trotz der vielen Kassandrarufe hat sich seit dem Machtwechsel nichts Außergewöhnliches ereignet. Die heutige Regierung Hongkongs entspricht weitgehend denjenigen unter der britischen Kolonialherrschaft von 1841 bis 1989. Die britischen Herren hatten sich nämlich erst nach dem Massaker auf dem Platz des Himmlischen Friedens und in Anbetracht der vor der Tür stehenden Rückgabe bemüßigt gefühlt, gewisse demokratische Elemente in das politische Leben der Kolonie einzuführen. China hat einige dieser quasi fünf vor zwölf eingeleiteten demokratischen Reformen beibehalten, andere dagegen wieder rückgängig gemacht. Für Peking hing von einer friedlichen und erfolgreichen Rückgabe Hongkongs viel ab. Ohne Zweifel wurde Hongkong als Modell einer zukünftigen Wiedereingliederung Taiwans in die Volksrepublik und als Hinweis an die Taiwanesen gesehen, dass der Prozess trotz der großen Disparitäten zwischen beiden Gesellschaften kein schmerzhafter oder mit Zwang verbundener sein muss.

Taiwan entspricht zumindest in einer Hinsicht Hongkong – die kulturelle Kluft zwischen der Bevölkerung auf dem Festland und der von Hongkong oder Taiwan ist heute weitaus größer als vor 50 Jahren zur Zeit der Machtübernahme der Kommunisten. Taiwan wurde im 17. Jahrhundert von Emigranten aus der Provinz Fujian besiedelt und gehörte von 1895 bis 1945 als Kolonie zum japanischen Reich. Seitdem zählt für China die »Befreiung« Taiwans zu den vorrangigsten politischen Zielen, eine letzte Mission aus den Tagen der Revolution, die Mao in den dreißiger und vierziger Jahren gegen die Nationalpartei unter Tschiang Kai-schek geführt hatte, der sich nach einem erbitterten Bürgerkrieg mit den Resten seiner besiegten Truppen nach Taiwan absetzte.

Die Kuomintang-Exilanten, die 1949 nach Taiwan geflohen waren, sind inzwischen entweder gestorben oder von der auf der Insel bereits lebenden, chinesischen Bevölkerung assimiliert worden. Heute wird die Kuomintang von einem gebürtigen Taiwanesen geführt, der mit anderen, ebenso wenig wie er selbst von nationalistischen Altfrachten gebremsten Taiwanesen um die Macht ringen muss. Die Feindschaft, die nach dem Zweiten Weltkrieg das Verhältnis zwischen den Exilanten vom Festland und den seit langem auf der Insel ansässigen Chinesen prägte, hat sich mit der Zeit verflüchtigt, nicht nur wegen des Aussterbens der Exilanten der ersten Generation, sondern auch wegen zahlreicher Mischehen, des wachsenden Wohlstands beider Gruppen und einer schrittweisen politischen Demokratisierung, die Taiwans eigene Form der Dekolonialisierung war. Die Entstehung taiwanesisch geführter politischer Parteien signalisierte das Ende des politischen Machtmonopols der Exilchinesen. Eine Folge dieser Entwicklung ist, dass heute kaum ein taiwanesischer Politiker gleich welcher Couleur besonders auf die »Wiedervereinigung« mit der Volksrepublik erpicht ist. Gleichzeitig hält sie die Angst, mit einem solchen Schritt Peking zum Eingreifen zu zwingen, davon ab, die Unabhängigkeit der Insel auszurufen. Allerdings könnte Taipeh eine massive politische Instabilität auf dem Festland zum Anlass für eine unilaterale Unabhängigkeitserklärung nehmen, was wahrscheinlich China und die Vereinigten Staaten in einen Krieg hineinziehen würde, den keine Seite will und keine gewinnen kann.

Im Frühjahr 1995 gestattete Washington dem Präsidenten der Republik China und eingeborenen Taiwanesen, Lee Teng Hui, einen Besuch in den Vereinigten Staaten, obgleich die Vereinigten Staaten 1978 nach Anerkennung der Volksrepublik die diplomatischen Beziehungen zu Taiwan abgebrochen hatten. Offizieller Grund der Visite Lees war die Teilnahme an einem Ehemaligentreffen an der Cornell University, an der er studiert hatte. Obwohl sein Aufenthalt als private Reise angekündigt war, hatten das Repräsentantenhaus einstimmig und der Senat mit 97 zu 1 Stimmen Resolutionen verabschiedet, in denen sie Präsident Clinton aufforderten, Lee einreisen zu lassen. (Noch belastender geriet die Angelegenheit dadurch, dass Peking die Nachricht zuerst auf CNN hörte, statt dass es vorab durch diplomatische Kanäle davon in Kenntnis gesetzt wurde.) Höchst verstimmt wies die chinesische Regierung Washington darauf hin, dass ihre Ansprüche auf Taiwan ungleich älter als die der USA seien, und warf dem Kongress und Clinton vor, sich in die »inneren Angelegenheiten« der Volksrepublik einzumischen.

An diesem Beispiel wird ein von Washington häufig begangener und geradezu klassischer Fehler seiner Außenpolitik offenbar – der Irrglaube der Supermacht USA, unabhängig vom Kontext notwendigerweise eine zentrale Rolle zu spielen. Taiwan hat es immer wieder verstanden, der Volksrepublik weitaus wirksamer ins Handwerk zu pfuschen, als dies Washington mit seinen großen Tönen vermochte. Beispielsweise ist Taiwan der bei weitem größte Auslandsinvestor in Vietnam und hat insgesamt mehr als 15 Milliarden Dollar in wirtschaftliche Projekte im südostasiatischen Raum investiert. Was den Widerstand gegen den politischen und militärischen Druck Pekings auf seine Nachbarn im Süden angeht, kann das ASEAN-Mitglied Vietnam auf die größte Erfahrung und die erfolgreichste Bilanz zurückblicken. Mit anderen Worten, Taipeh hat sein Möglichstes getan, dafür zu sorgen, dass ein Angriff der Volksrepublik auf die Insel die Region insgesamt in Mitleidenschaft zieht, und zwar einschließlich der ASEAN, die sich an der Seite Japans und Chinas langsam als dritter zentraler Faktor in der neuen Machtbalance Ostasiens etabliert.

Unterdessen rasseln die Kalten Krieger in Washington weiter mit ihren Säbeln und versuchen die Spannungen zwischen Taiwan und China anzuheizen. Dahinter stecken zum Teil schlichtes parteipolitisches Machtkalkül, zum Teil der Wunsch, überaus kostspielige und teilweise noch gar nicht erprobte Waffensysteme in die Region zu verkaufen, und zum Teil die Bemühungen der von Taiwan bezahlten Lobbyisten in Washington, die sicherstellen wollen, dass im Falle eines Waffenganges in der Region die Vereinigten Staaten mit in den Konflikt hineingezogen werden, auch wenn Taiwan selbst mit seiner Politik dafür verantwortlich ist. In diesem Zusammenhang muss betont werden, dass das Internationale Recht den Vereinigten Staaten keinerlei Grundlage für eine Intervention aufseiten Taiwans in einem Konflikt bietet, der genau betrachtet ein noch nicht zum Ausbruch gekommener Bürgerkrieg ist. So gesehen stellt die Strategie der amerikanischen Falken, mit Hilfe gefälschter Geheimdienstberichte Japan in eine engere militärische Zusammenarbeit mit den Vereinigten Staaten zu locken und ein regionales Raketenabwehrsystem aufzubauen, nicht nur ein Spiel mit dem Feuer, sondern potenziell auch einen Verstoß gegen das Internationale Recht dar.

Am 11. Februar 1999 zitierten mehrere amerikanische Tageszeitungen eine ungenannte Quelle aus dem Pentagon mit der Behauptung, dass die »chinesische Regierung mehr als 120 und wahrscheinlich sogar 200 ballistische Raketen an die Formosastraße verlegt hat... Nach Ansicht von Experten wird die Stationierung – die mindestens eine Verdoppelung des bislang an der chinesischen Südküste stationierten Raketenarsenals bedeutet – in den USA die Forderung wieder laut werden lassen, Taiwan in das projektierte Raketenabwehrsystem mit einzubeziehen«.[1] Am nächsten Tag dementierte der Pentagon-Sprecher Marineleutnant Michael Doubleday diese Informationen und gab zu Protokoll, dass »China die Zahl der auf Taiwan gerichteten Raketen.... seit der Verstärkung seines Raketenarsenals Anfang der neunziger Jahre nicht erhöht hat«.[2] Am 26. Februar schließlich erklärte der taiwanesische Außenminister – möglicherweise aus Angst, zu einer massiven Investition in ein Raketenabwehrsystem gezwungen zu werden, das praktisch noch gar nicht existierte und von dem auch nicht klar war, ob es jemals funktionieren würde –, dass er die Sorge der Vereinigten Staaten um den Frieden und die Sicherheit in der Formosastraße zwar sehr zu schätzen wisse, fügte aber hinzu: »Die Politik der Regierung der Republik China basiert darauf, in der Formosastraße bestehende Probleme mit friedlichen Mitteln zu lösen.« Andererseits jedoch und charakteristisch für die Taktik Taipehs gegenüber den Vereinigten Staaten, deutete Shaw Yu Ming, ein hochrangiger taiwanesischer Regierungsbeamter, der inzwischen am Institute of International Relations der Universität Chengchi tätig ist, an, dass Taiwan die (falsche) Lageeinschätzung des Pentagon als Begründung für verstärkte Waffenlieferungen der USA heranziehen würde.[3]

Ein wirksames Raketenabwehrsystem würde vor allem die Interessen der Volksrepublik bedrohen. China verfügt zwar nicht über die Fähigkeit, Taiwan zu erobern, aber angesichts des derzeit stark nationalistisch geprägten innenpolitischen Klimas würde wohl keine Regierung in Peking eine einseitige Unabhängigkeitserklärung Taiwans überleben. Die chinesische Drohung eines Raketenangriffs dient denn auch einzig dem Zweck, Taipeh von einem solchen Schritt abzuhalten. Peking hegt keine Absichten, Taiwan tatsächlich anzugreifen, und ist sich auch bewusst, dass Taipeh einen unprovozierten Angriff des Festlands mit massiven Gegenschlägen beantworten würde. Das probateste Mittel, einen bewaffneten Konflikt in der Region zu verhindern, besteht demnach darin, den Status quo – die Selbstverwaltung eines faktisch, aber nicht formal unabhängigen Taiwans – festzuschreiben.

Das Bemühen der US-Regierung, Partner für ihr Raketenabwehrsystem zu werben, stellt in diesem Kontext eine alles andere alles wünschenswerte Provokation dar. Die (noch nicht getestete) Technologie wird den Taiwanesen am Ende keine Sicherheit garantieren, aber von Peking als Basis einer engeren militärischen

Allianz zwischen Washington und Taipeh interpretiert werden. Wang Daohan, ein leitender Berater des chinesischen Staatschefs Jiang Zemin, warnte gegenüber der Presse vor einer möglichen Einbeziehung Taiwans in das TMD-System. »Das ist ein Spiel mit dem Feuer. Sollte auf Taiwan ein TMD-System installiert werden, würde das die aktuelle weltpolitische Situation« völlig umkrempeln und einen neuen Kalten Krieg provozieren.«[4]

Dabei ist dieses Szenario alles andere als zwangsläufig. Die Vereinigten Staaten müssen lediglich ihren eigenen Sicherheitsapparat unter Kontrolle bringen und aufhören, die von Peking ausgehende militärische Bedrohung zu überzeichnen. Zwischen 1964, als China seinen ersten Atomsprengkopf testete, und 1996, als Peking den Atomwaffenteststoppvertrag unterzeichnete, zündete das Land 45 Sprengköpfe. Die Vereinigten Staaten dagegen haben insgesamt 1030 Kernwaffentests durchgeführt. Der Geheimdienstoffizier Robert Walpole, bei der CIA für strategische und Atomwaffenprogramme zuständig, sagte im September 1998 aus, dass China bestenfalls über 20 Interkontinentalraketen verfügte, die nicht aufgetankt und nicht mit Sprengköpfen bestückt gelagert würden.[5] Ähnlich äußerte sich Admiral Dennis C. Blair, Befehlshaber der amerikanischen Pazifikflotte, bei einer Anhörung vor dem Kongress im März 1999, als er erklärte, dass »China keine militärische Bedrohung der amerikanischen Interessen [repräsentiert]. Es wird noch viele Jahre dauern, bis die Volksarmee eine ernsthafte Herausforderung für die US-Streitkräfte darstellt.«[6] Und doch stimmte der Senat im selben Monat mit 97 zu 3 Stimmen für die Entwicklung einer hauptsächlich gegen China und Nordkorea gerichteten, »nationalen Raketenabwehr« und bewilligte Präsident Clinton dafür Ausgaben in Höhe von 10,6 Milliarden Dollar über die nächsten fünf Jahre. Das ist keine verantwortungsbewusste nationale Verteidigungspolitik, sondern imperiale Überdehnung.

Darüber hinaus gehen einige Kongressmitglieder und Pentagonmitarbeiter mit Worst-case-Szenarien über mögliche chinesische Aktionen im Südchinesischen Meer hausieren. Das Südchinesische Meer, durch das praktisch das gesamte Erdöl aus dem Mittleren Osten nach Japan, Südkorea und Taiwan transportiert wird, ist ein strategisch höchst bedeutender Wasserweg. In diesem Meer liegen zwei große Insel- und Riffgruppen, die Spratly- und die Paracelinseln (auf Chinesisch Nansha beziehungsweise Xisha genannt), die in ihrer Gesamtheit oder in Teilen von sieben Staaten beansprucht werden – von China, Vietnam, Taiwan, den Philippinen, Malaysia, Brunei und Indonesien. In der chinesischen Außenpolitik spielt die Frage der Souveränität über die Spratlyinseln erst seit Ende 1987 eine Rolle, eine Gewichtsverlagerung, an der sich auch die gestiegene Bedeutung des Nationalismus als legitimierendes Prinzip des Pekinger Regimes ablesen lässt. Die meisten dieser öden Felseninseln sind unbewohnt, doch Ende der achtziger und Anfang der neunziger Jahre spitzte sich die Lage zu. Um ihren jeweiligen Ansprüchen mehr Nachdruck zu verleihen, besetzten China und die Philippinen jeweils sechs Inseln des Archipels, Vietnam 21, Malaysia drei und Taiwan eine.[7]

Nachdem China im März 1988 Soldaten auf sechs Inseln der Spratlygruppe stationiert hatte, gliederte es später im selben Jahr die Insel Hainan aus der Provinz Guandong aus, erklärte sie zur Sonderwirtschaftszone und errichtete auf der Insel eine große Militärbasis. Im Februar 1992 erklärte Peking per Gesetz das gesamte, rund 340 000 Quadratkilometer große Gebiet des Spratly-Archipels zum Teil seines Hoheitsgebietes und ermächtigte seine Seestreitkräfte, »Eindringlinge« in das Gebiet nötigenfalls mit Gewalt daraus zu entfernen. Im Februar 1995 errichtete China auf einem 150 Kilometer vor der chinesischen Küste und knapp 200 Kilometer westlich der Philippinen gelegenen Felsenriff eine Betonkonstruktion. Der treffend auf den Namen »Mischief Reef« [ungefähr: Riff der Zwietracht] getaufte Fels wird zwar auch von Manila beansprucht, war zu der Zeit aber nicht bewohnt. Obwohl die chinesische Regierung in der Sache der Spratlys von Anfang an verbal sehr aggressiv aufgetreten ist, hat sie es sorgsam vermieden, ein bereits von einem anderen Land besetztes Riff zu okkupieren.

China und Vietnam sind im Südchinesischen Meer bereits zweimal aneinander geraten; das erste Mal, 1974, waren die Paracelinseln der Stein des Anstoßes, das zweite Mal, 1988, lieferten sich die beiden Länder ein kurzes, aber blutiges Seegefecht im

Gebiet der Spratlys. China leitet seine Souveränitätsansprüche aus einer Serie von Reisen ab, die Cheng Ho, ein Admiral der Ming-Dynastie, im 15. Jahrhundert zu den Inseln unternommen hatte, eine Begründung, die Vietnam mit dem Hinweis darauf zurückweist, dass schon Cheng Ho die Souveränität des vietnamesischen Territoriums verletzt habe. Alle Länder, die Ansprüche auf die Inseln erheben, haben ihre Verteidigungsanlagen vor Ort deutlich verstärkt, während Malaysia auf der von ihm besetzten Insel, Terumbu Layang, unterdessen mit dem Bau einer Ferienanlage begonnen hat.

Chinas Politik im Hinblick auf die Spratly- und Paracelinseln reflektiert zweifellos den Einfluss des neu aufblühenden Nationalismus im Reich der Mitte und die Entschlossenheit der Führung in Peking, zum Zwecke der Dramatisierung der dem Land durch die imperialistischen Mächte zugefügten Schmach ihre historischen Ansprüche auf chinesische Territorien in der Region durchzusetzen. Gleichzeitig mag die Politik aber auch Ausdruck eines beginnenden chinesischen Hegemonialismus sein, eine Antwort auf den Zusammenbruch der Sowjetunion und auf ein Amerika, das für sich die Rolle der unverzichtbaren Nation in Ostasien in Anspruch nimmt. Vor allem aber gilt der Meeresboden unter den Spratly-Inseln als erdölhöffig. Da China aufgrund des steigenden Industrialisierungs- und Motorisierungsgrades inzwischen zu den Nettoerdölimporteuren zählt, hat das Land ein natürliches Interesse an jedem potenziellen neuen Ölvorkommen. Doch selbst wenn sich unter den Inseln reichhaltige Lagerstätten finden sollten, warnen viele Experten angesichts einer Wassertiefe von rund 2000 Metern vor allzu großen Hoffnungen, diese Vorkommen jemals in großem Umfang ausbeuten zu können. Wie hoch die technologischen Hürden sind, die dem entgegenstehen, wird klar, wenn man sich vor Augen hält, dass die größte Tiefe, aus der bislang Offshore-Öl gefördert wird, gerade einmal bei 872 Metern liegt.

Die territorialen und sonstigen Probleme im Südchinesischen Meer werden aller Wahrscheinlichkeit nach auch bei den laufenden Verhandlungen zwischen China und der ASEAN zur Sprache kommen, wobei es allerdings weniger um die Frage der Souveränität als vielmehr um »vertrauensbildende Maßnahmen« gehen dürfte. Tatsächlich hat Peking seine Ansprüche in letzter Zeit gemäßigt. Der Disput ist, wie er sich bislang entwickelt hat, ein klassisches Beispiel für die Gefahren der Worst-case-Analyse – sprich der Neigung, Möglichkeiten als Wahrscheinlichkeiten oder Unausweichlichkeiten zu betrachten –, und zwar insbesondere dann, wenn das wie im Falle der Vereinigten Staaten, eine Aufblähung des Militärhaushalts nach sich zieht.

Der Fall Tibet ist völlig anders gelagert. Als souveräner Staat oder auch nur als eigenständige Gesellschaft besitzt Tibet, wie es aussieht, keine Zukunft mehr. China setzt derzeit das um, was der Dalai-Lama die »Endlösung« für Tibet nennt – eine offen rassistische Politik der staatlich unterstützten Ansiedlung chinesischer Bürger in dem Gebiet und der zwangsweisen »Assimilation« (die chinesische Presse benutzt dafür den Begriff *hanhua*, was wörtlich übersetzt so viel wie »zu Chinesen machen« bedeutet) dessen, was von der tibetischen Bevölkerung noch übrig ist. Tibets einzige Hoffnung liegt in den unermüdlichen Bemühungen des Dalai-Lama, des tibetischen Priesterkönigs, und seiner Gefolgsleute, von ihrem Exil in der indischen Stadt Dharamsala aus den Kampf um die Befreiung des Landes zu internationalisieren. Stellt sich China in dieser Angelegenheit in Zukunft nicht geschickter an, ist es nicht ausgeschlossen (wenn auch wenig wahrscheinlich), dass der internationale Druck ein solches Niveau erreicht, dass Peking den Preis seiner unnachgiebigen und menschenverachtenden Tibetpolitik nicht mehr länger zu zahlen bereit ist. Wie gesagt, dass es so kommt, ist relativ unwahrscheinlich, zumal in vielen Ländern sinophile Experten an Hochschulen und in Außenministerien sitzen und ihrer politischen Führung weiszumachen versuchen, dass Tibet schon immer Teil Chinas gewesen sei, eine Aussage, die schlichtweg falsch ist.

Tibet paßt nicht in das Konzept des Irredentismus. Tibet war noch nie eine Provinz Chinas, noch war es dem Kaiserreich jemals tributpflichtig, wie es die anderen Vasallenstaaten gegenüber Peking waren. Das Volk der Tibeter ist mongolischer Herkunft, erstmals zu einem Staat vereinten sich die nomadisch lebenden Hochlandstämme im 7. Jahrhundert, als eine frühe Version des Mahajana-Buddhismus in der Region Fuß fasste. Die ersten Kontakte Chinas mit Tibet datieren auf die Zeit der Tang-Dynastie (618 bis 906). Im 12. und 13. Jahrhundert wurde Tibet stark von indischen Buddhisten beeinflusst, die vor der islamischen Invasion des Subkontinents flohen. Im 13. Jahrhundert geriet das Land, wie auch China, unter mongolische Vorherrschaft, deren Einfluss aber in Tibet noch bis ins 18. Jahrhundert hinein und damit viel länger als in China präsent blieb. Wie eng die Beziehungen zwischen den Mongolen und den Tibetern war, zeigt sich auch daran, dass Kublai Khan im Jahre 1270 in dem Lamakloster Sakya zum Lamaismus übertrat.

1720 vertrieben die Chinesen die Mongolen, und die Manchu-Dynastie übernahm die Herrschaft über Tibet. Von dieser Zeit an beanspruchte China eine begrenzte Oberhoheit über das Land – genau genommen ein loses Arrangement, in dem Peking die Verantwortung für die Außenbeziehungen und die militärische Verteidigung zufiel, während die inneren Angelegenheiten ausschließlich im Zuständigkeitsbereich Lhasas lagen. Nach dem Zusammenbruch des Kaiserreichs im Jahre 1912 konnte sich Tibet vom chinesischen Joch befreien und die meisten Chinesen aus dem Land vertreiben. Von da ab bis zur chinesischen Invasion 1950 war Tibet de facto ein souveräner Staat.

Der völkerrechtliche Status Tibets ist eindeutig geregelt und von seiner Natur her ähnlich der Kolonialherrschaft, die Japan ab 1910 über Korea ausübte. Mit einem 17 Punkte umfassenden Abkommen, 1950 von Vertretern Pekings und Lhasas zu einer Zeit unterzeichnet, als die Volksarmee bereits weite Teile des Landes besetzt hatte, wurde Tibet als »nationale autonome Region« in die Volksrepublik eingegliedert. Obwohl der Vorgang in der Geschichte der gegenseitigen Beziehungen ohne Beispiel war, gingen die Tibeter davon aus, dass China sich – wie in früheren Zeiten – aus der inneren Verwaltung des Landes heraushalten würde. Doch die brutale Besatzungspolitik der neuen Herren, die auch vor Massenexekutionen, Zwangsarbeit, der Beschlagnahme von Eigentum und der Zerstörung religiöser Stätten nicht zurückschreckten, führte ab Mitte der fünfziger Jahre zu einer vor sich hin schwelenden Rebellion gegen die Besatzer, die schließlich im März 1959 in einen offenen Aufstand mündete. Dass die CIA die Aufständischen in einer geheimen Operation unterstützte, mag mit erklären, warum die Chinesen in ihrer Tibetpolitik so wenig Flexibilität gezeigt haben.⁸ Der Rückstoß der CIA-Hilfe, die ungefähr zu der Zeit eingestellt wurde, als der damalige US-Präsident Nixon auf eine Politik der Öffnung gegenüber China umschwenkte, hat sich für Tibet als sehr kostspielig erwiesen. 1959 musste der Dalai-Lama ins indische Exil fliehen, wo er sich seitdem der Aufgabe widmet, das schlimme Los der Tibeter weltweit publik zu machen. 1999 wurde der Dalai-Lama 69 Jahre alt, und alles deutet darauf hin, dass die Regierung in Peking auf den Zeitfaktor setzt und darauf spekuliert, nach seinem Ableben den Nachfolger des Dalai-Lama bestimmen zu können, so, wie sie es bereits mit dem Pantschen-Lama getan hat, dem zweithöchsten Lama in der tibetischen Hierarchie.

Aller Wahrscheinlichkeit nach wird Peking seine Herrschaft über Tibet aufrechterhalten können und auf lange Sicht mit seinem Versuch, das tibetische Volk und die tibetische Kultur zu assimilieren, auch Erfolg haben. Dass die Chinesen dazu nach wie vor entschlossen sind, lässt sich auch an den massiven Propagandaanstrengungen Pekings und Taipehs erkennen, die das tibetische Volk als »feudalistisch« und dem Untergang geweiht abstempeln. Das Pech der Tibeter ist, dass es keine Interessengruppen gibt, welche die Macht und den Willen hätten, Tibet zu retten, ein Umstand, der ihre Lage in einem gewissen Sinne jener der präkolumbianischen Ureinwohner Mittel- und Südamerikas vergleichbar macht. Allerdings sind die Chinesen, was das Thema Tibet betrifft, überaus nervös und begehen regelmäßig dumme Fehler.

Ein typisches Beispiel dafür war der Versuch des offiziell atheistischen China, einen prochinesischen Pantschen-Lama zu ernennen. Am 15. Mai 1995 erkor der Dalai-Lama von Dharamsala aus den sechsjährigen Sohn eines Schäfers zum »Lebenden Buddha« und damit zum Nachfolger des Pantschen-Lama, der im Januar 1989 in China gestorben war. Daraufhin warf die chinesische Regierung dem Dalai-Lama vor, sich in die inneren Angelegenheiten Chinas einzumischen. In pompösen Zeremonien in Peking und Lhasa bestimmte China einen anderen sechsjährigen Jungen zum Nachfolger des Pantschen-Lama (der Kandidat des Dalai-Lama wurde samt seiner Familie unter Hausarrest gestellt) und ernannte ihn am 9. Dezember des Jahres offiziell zum elften Pantschen-Lama. Die Zeitungen zitierten ihn mit den Worten: »Ich danke euch, Jiang Zemin, und ich danke der Regierung der Volksrepublik. Ich werde eifrig lernen und mein Mutterland lieben.«[9]

Möglicherweise werden die Chinesen, die immer mehr an nationalem Selbstvertrauen gewinnen, irgendwann in der Zukunft dem Dalai-Lama erlauben, wieder nach Tibet zurückzukehren und eine Beziehung in der Art aufzubauen, wie sie früher zwischen Lhasa und Peking bestand. Dafür spräche, auch von der Warte Pekings aus gesehen, vieles. Immerhin kann nicht ausgeschlossen werden, dass die Menschen in buddhistischen Ländern wie Japan und Korea (und, nicht zu vergessen, in Hollywood) ihr Herz für das Schicksal Tibets entdecken, so, wie andere das ihre für die Pandas entdeckt haben, denen ein vergleichbares Los zu drohen scheint. Am wahrscheinlichsten jedoch ist, dass Tibet sinifiziert wird und die wenigen noch existierenden Lamaklöster zu langsam zerbröckelnden Museen einer vergangenen Zeit werden.

Ein Thema, das die internationale Öffentlichkeit mit besonderer Aufmerksamkeit und Besorgnis verfolgt, ist die Menschenrechtspolitik der Kommunistischen Partei Chinas in Tibet und in anderen Bereichen. Über dieses ebenso heikle wie komplexe Feld schrieb der prominente Soziologe Irving Louis Horowitz auf der Höhe des Kalten Krieges: »Politik ist ein Spiel mit Verwundbarkeiten, und die Menschenrechtsfrage ist eindeutig ein Feld, auf dem die ›sozialistische‹ Welt sich am verwundbarsten erwiesen hat, so, wie die ›kapitalistische‹ Welt in der Frage der ökonomischen Gleichberechtigung am ehesten der Kritik ausgeliefert ist... Die Menschenrechtsdebatte lässt sich zum Teil als der Kampf zwischen den libertären, im 18. Jahrhundert gründenden Überzeugungen [des Westens] und den im 19. Jahrhundert wurzelnden, egalitären Glaubenssätzen [Chinas] konzeptualisieren – sprich, zwischen einer Vision der Menschenrechte, die mit dem Recht des Einzelnen auf Gerechtigkeit vor dem Gesetz zu tun hat, und einer, die sich auf die Anerkennung des Rechts des Einzelnen auf soziale Absicherung und gleiche Arbeits- und Lebensbedingungen bezieht.«[10]

Während des Kalten Krieges nutzte der Westen die Menschenrechte unablässig als Waffe im Kampf gegen den Kommunismus – allerdings nur in ihrem ursprünglichen, im 18. Jahrhundert verankerten Sinne. Der kommunistische Block vergalt Gleiches mit Gleichem und setzte seinerseits die Menschenrechte – jedoch in ihrem zweiten, im 19. Jahrhundert geprägten Sinne – als Waffe gegen den Westen ein. Die Regierung der Vereinigten Staaten mag gelegentlich die politischen Rechte ihrer Bürger etwa bei Telefonabhöraktionen oder verdeckten Operationen missachten, doch üblicherweise reagieren wir auf solche Missbräuche weitaus sensibler als auf wirtschaftliche Ungerechtigkeiten. In China sind die Gewichte im Allgemeinen genau andersherum verteilt.

Wir Amerikaner betrachten die Menschenrechte als universal gültige Normen, was sie in einem philosophischen Sinne natürlich auch sind, doch wir vergessen dabei zweierlei: einmal, dass eine universalistische Sichtweise hin und wieder als Vehikel sehr spezifischer Interessen missbraucht werden kann, und zum Zweiten, dass sie als politische Waffe zur Beförderung unserer eigenen Interessen eingesetzt werden kann. So verzichten wir bequemerweise darauf, die von Landminen ausgehende Bedrohung der bürgerlichen Sicherheit unter dem Aspekt der Menschenrechte zu betrachten, und wir sagen nichts oder schauen schlicht zur Seite, wenn die Menschenrechte, wie wir sie definieren, von Staaten wie der Türkei, Chile oder Israel, die für uns aus politischen, strategischen oder wirtschaftlichen Gründen wichtig sind, missachtet werden. Die selektive Anwendung des Meistbegünstigungsprinzips (sprich, die Gewährung oder Nichtgewährung des Zugangs zum US-Markt zu bevorzugten Konditionen) in Abhängigkeit der Menschenrechtsbilanz eines Landes ist ein hervorragendes Beispiel dieses Prozesses. Im Dezember 1974 wandte der Kongress erstmals das Jackson-Vanik-Amendment auf das noch von Nixon 1972 mit der Sowjetunion abgeschlossene Handelsabkommen (das der Sowjetunion den so genannten *Most Favored Nation*-Status zugestand), um russischen Juden die Auswanderung zu erleichtern. Der Zusatz schrieb vor, dass der Präsident alljährlich bestätigen muss, dass der Handel mit kommunistischen Ländern mit dem Recht auf internationale Freizügigkeit einhergeht. Als Washington 1979 auch China MFN-Status einräumte, gelangte – da China ein kommunistisches Land ist – automatisch das Jackson-Vanik-Amendment zur Anwendung. Als Deng Xiaoping bei seinem erstem Staatsbesuch in den Vereinigten Staaten nach der Anerkennung Chinas durch die USA gefragt wurde, wie es um das Auswanderungsrecht der Chinesen stehe, grinste er breit und erwiderte: »Wie viele wollen Sie?«

Im Herbst 1989 jedoch, nachdem die chinesische Armee eine Massendemonstration auf dem Platz des Himmlischen Friedens mit Gewalt aufgelöst und dabei zahlreiche Studenten und Arbeiter getötet hatte, brachte die kalifornische Kongressabgeordnete Nancy Pelosi ein Gesetz ein, das Tausenden chinesischer Studenten in den Vereinigten Staaten ein verlängertes Aufenthaltsrecht einräumte. Der Kongress ergänzte diese Vorlage später noch durch die Vorgabe an den Präsidenten, jedes Jahr aufs Neue zu belegen, dass China »allgemeine und signifikante Fortschritte« in seiner Menschenrechtspolitik, seinen Handelspraktiken und im Bereich der Waffenexportbeschränkung machte und verlieh diesen Auflagen mit der Drohung Nachdruck, dem Land andernfalls den MFN-Status abzuerkennen. Allerdings war diese Drohung zu keiner Zeit sonderlich glaubwürdig, hätte ihre Umsetzung doch bedeutet, die beträchtlichen US-Investitionen in China aufs Spiel zu setzen. Die Drohung mit Entzug des Meistbegünstigungsstatus muss demnach primär als eine bloß rhetorische Waffe betrachtet werden, welche die Kongressabgeordneten vornehmlich zwecks innenpolitischer Profilierung zücken und weniger mit der ernsthaften Absicht, die amerikanische Außenpolitik zu verändern.[11]

Die selektive Anwendung des Menschenrechtsarguments durch die US-Regierung löste eine nicht beabsichtigte Folgeerscheinung aus. Die Politik Washingtons bewog eine Reihe asiatischer Länder höchst unterschiedlicher politischer und ideologischer Provenienz zur Entwicklung eines »asiatischen Konzepts der Menschenrechte« und zu dem Vorwurf an die Vereinten Nationen, dass ihre universelle Menschenrechtserklärung alles andere als »universell« sei, sondern lediglich eine weitere Manifestation des westlichen Kulturimperialismus. Wie so oft, wenn es um Vergleiche zwischen Asien und dem Westen geht, profilierte sich auch in diesem Fall der ehemalige Premier Singapurs, Lee Kwan Yew, als Sprachrohr der asiatischen Interessen: »Die Amerikaner glauben, ihre Ideale – das Supremat des Individuums und das Recht auf freie, unbeschränkte Meinungsäußerung – seien universell. Aber das sind sie nicht... und das waren sie auch niemals«, verkündete Lee. »Das Ideal des Supremats des Individuums und des Rechts auf freie Meinungsäußerung haben, zum Extrem getrieben, versagt. Die Vereinigten Staaten haben große Probleme, ihre Gesellschaft vor dem Auseinanderbrechen zu bewahren. Wir Asiaten können sehen, dass es nicht funktioniert.«[12]

Lees Hinweis auf die sich auflösende amerikanische Gesellschaft ist bezeichnend für die Haltung der asiatischen Führungsschichten gegenüber dem Westen. Eine der Hauptsorgen der chinesischen Führung ist die Desintegration von Gesellschaften wie die der ehemaligen Sowjetunion oder Indonesiens unter Suharto, die sich gezwungen sahen, sich an westliche wirtschaftliche und politische Praktiken anzupassen. In ihren Augen bahnt die Einführung der Versammlungs- und Demonstrationsfreiheit in einer Gesellschaft, die von in der alten Ordnung wurzelnden, vielfältigen und teils extremen Ungleichheiten gekennzeichnet ist, eher den Weg zur politischen Revolution, als dass sie politische Harmonie erzeugt. Am 15. März 1999 sagte der chinesische Premierminister Zhu Rongji in einer auch von westlichen Journalisten besuchten Pressekonferenz: »Wir fordern Sie auf, diese sogenannten prodemokratischen Aktivisten nicht zu unterstützen. Sie bringen China weder Demokratie noch die Herrschaft des Gesetzes.«[13]

Auch bei der Ausbeutung der billigen chinesischen Arbeitskräfte machen sich Peking – und die ausländischen Investoren – der Missachtung der Menschenrechte schuldig. Das geschieht – und wird gerechtfertigt – hauptsächlich unter der Prämisse, dass sich für die Menschenrechte (wie sie im Westen definiert werden) keine Grundlage in der chinesischen Kultur finden. In ganz Asien bedienen sich die Führungszirkel heutzutage dieser Rhetorik. Das Militär in Myanmar, dem früheren Burma, (und seine japanischen Geldgeber) rechtfertigt mit eben dieser Rhetorik, dass es die Friedensnobelpreisträgerin und Führerin der Oppositionspartei Nationale Liga für Demokratie, Aung Sann Suu Kyi, unter Hausarrest hält, obgleich ihre Partei in den Wahlen vom Mai 1990 82 Prozent der Parlamentssitze gewann; 1995 bedienten sich die Regierung und die Gerichte Singapurs dieser Argumentation zur Rechtfertigung der Hinrichtung des philippinischen Hausmädchens Flor Contemplacion für Morde, die aller Wahrscheinlichkeit nach von ihrem chinesischen Arbeitgeber begangen wurden;[14] und auch Peking begründete damit die Verurteilung des prodemokratischen Aktivisten Wei Jingsheng zu 15 Jahren Haft; alles, was Wei sich zuschulden hatte kommen lassen, war, vorzuschlagen, über die vier von Parteiführer Deng Xiaoping betriebenen Modernisierungen hinaus eine fünfte Modernisierung (die Demokratisierung) in Angriff zu nehmen. Später, nach Präsident Jiang Zemins Staatsbesuch in den Vereinigten Staaten im Jahre 1997, entließ Peking Wei zwar ins amerikanische Exil, aber die Regierungen Myanmars und Singapurs zeigen sich nach wie vor taub gegenüber ausländischer Kritik an ihrer Menschenrechtspolitik. Überhaupt nimmt sich die Bilanz Pekings, was die Freilassung politischer Gefangener angeht, nicht schlecht aus, solange das Thema diskret zur Sprache gebracht wird. In der bereits erwähnten Pressekonferenz im März 1999 erklärte Zhu unter anderem auch: »Wir begrüßen die Kritik unserer ausländischen Freunde an unserer Arbeit, bitten sie aber, nicht ungeduldig zu werden«, und merkte an, es sei für ihn zur Gewohnheit geworden, dass seine »ausländischen Freunde Listen mit den Namen prodemokratischer Aktivisten herausziehen«, deren Freilassung ihnen am Herzen liegt.[15]

In der abschließenden Analyse bin ich überzeugt, dass zwei Aspekte der Menschenrechtspolitik über bloße politische Rhetorik hinausgehen und auf lange Sicht unsere Aufmerksamkeit verdienen. Zum einen müssen sich die Vereinigten Staaten den Respekt der relativ kleinen Gruppe chinesischer Eliten bewahren, die im nächsten Jahrhundert die Schalthebel der Macht und die einflussreichen Positionen in China besetzen werden. Der Dalai-Lama unterteilt das chinesische Volk nach ihrem jeweiligen politischen Gewicht in drei Gruppen.[16] Die erste Gruppe umfasst die Führer der Kommunistischen Partei, deren »Hauptinteresse in der langfristigen Bewahrung ihrer Macht besteht«, und in dieser Hinsicht unterscheiden sie sich, sagt der tibetische Exilführer weiter, in nichts von den anderen herrschenden Eliten Asiens wie beispielsweise der Liberaldemokratischen Partei in Japan oder der Militärjunta in Myanmar, deren zentrales Anliegen gleichfalls die Absicherung ihrer Macht ist.

Die zweite Gruppe besteht aus den Intellektuellen und den Studenten. »Diese Gruppe ist es, die China schlussendlich die Demokratie bringen wird ... Kein Außenstehender, weder die Vereinigten Staaten noch sonst jemand, kann China demokratisieren. Die Demokratisierung Chinas liegt allein in der Hand dieser Leute.« Eine auf langfristigen Erfolg angelegte Menschenrechtspolitik muss darauf abzielen, sich den Respekt der Angehörigen dieser Gruppe zu bewahren; das Mittel dazu sind angemessene Unterstützungsaktionen in den westlichen Ländern und auf der Ebene der internationalen Organisationen, ohne dabei laufend so zu tun, als komme man diesem Ziel durch »konstruktives Engagement« näher – der aktuelle Euphemismus für die kontraproduktive Moralapostelei und die Einschüchterungstaktiken, deren sich das State Department und andere politische Interessengruppen bei ihren verbalen Angriffen auf China bedienen. Die persönliche Diplomatie von gut informierten Beamten, die sich der Eigenarten der chinesischen Gesellschaft bewusst sind, wird stets mehr Erfolg zeitigen, wenn es darum geht, Menschen aus dem Gefängnis zu holen, die ihr Leben für Ideale, die wir unterstützen, auf das Spiel gesetzt haben.

Die dritte vom Dalai-Lama genannte Gruppe der chinesischen Gesellschaft sind die Massen; jene Menschen, die sich um ihr »tägliches Auskommen« sorgen und für deren Alltagsleben »die Demokratie kaum relevant« ist. Nach Ansicht des Dalai-Lama sollen alle, die sich für die Beachtung der Menschenrechte in China einsetzen, bei der zweiten Gruppe Rat einholen, was getan werden könnte, um die Rechte dieser dritten Gruppe zu schützen.

Die Menschenrechte müssen eine gewichtige Rolle in jeder amerikanischen Chinapolitik spielen, die für sich in Anspruch nimmt, auf die eigentlichen Probleme des Landes einzugehen und auch im konkreten Einzelfall ein Bewusstsein für die chinesische Haltung zu entwickeln. Eine solche Politik lässt sich am besten umsetzen von speziell ausgebildeten und erfahrenen Diplomaten, nicht von Politikern, die mit populistischen Allgemeinplätzen auf der innenpolitischen Bühne punkten wollen. Hält das Regime in Peking an den Grundzügen seiner derzeitigen Politik fest, wird es nicht ausbleiben, dass auch in China, wie zuvor schon in Taiwan und Südkorea, der Druck der Bevölkerung auf die Machthaber wächst, politische Reformen durchzuführen. Bis es so weit ist, wäre Washington am besten beraten, im Umgang mit China Geduld und Beständigkeit an den Tag zu legen und sich ansonsten darauf zu beschränken, in Einzelfällen, in denen man realistisch gesehen etwas bewirken kann, mit der gebotenen Diskretion zu intervenieren.

Die zweite Dimension der Frage nach den Menschenrechten in China, die wir berücksichtigen müssen, sind die potenziell negativen Auswirkungen der katastrophalen Arbeitsbedingungen und der verbreiteten Zwangsarbeit in China auf den amerikanischen Arbeitsmarkt. Zweifellos das wirksamste Instrument, das den Vereinigten Staaten in diesem Zusammenhang zur Verfügung steht, wäre der Ausschluss von Produkten internationaler Konzerne aus dem amerikanischen Markt, die Arbeitsplätze in den USA abbauen, um von den niedrigeren Löhnen ausländischer Arbeiter zu profitieren, die weniger ökonomische oder politische Rechte genießen, ganz zu schweigen von Menschenrechten. Eine solche Strategie mag von der Wirtschaft als »protektionistisch« verunglimpft werden, doch es ist längst schon an der Zeit, dass Washington den Konzernen den Verweis auf die Gewinnsituation, die zunehmende Globalisierung oder den internationalen Wettbewerbsdruck – »Adam Smith hat uns dazu gezwungen« – nicht länger als Entschuldigung für ihre Indifferenz gegenüber den grundlegenden Menschenrechten, egal ob in den USA oder im Ausland, abnimmt. Das Versäumnis, auf diese Dimension der Menschenrechtsfrage einzugehen, setzt die Vereinigten Staaten der Gefahr aus, der Heuchelei beschuldigt zu werden.

Die Vereinigten Staaten sind formell als auch emotional und intellektuell einer Lehrbuchdefinition des »freien Handels« verpflichtet, die ihrer Überzeugung (oder wenigstens ihrer scheinbaren Überzeugung) nach die Grundlage für das Allgemeine Zoll- und Handelsabkommen GATT (General Agreement on Tariffs and Trade) bildet. Das 1948 als Sondereinrichtung der Vereinten

Nationen verabschiedete GATT regelte in der Ära des Kalten Krieges den Handel zwischen den so genannten »freien Marktwirtschaften«. Die wichtigsten Errungenschaften des GATT, das am 1. Januar 1995 von der Welthandelsorganisation WTO abgelöst wurde, waren eine Serie von multilateralen Abkommen zwischen den Mitgliedsstaaten zur Senkung oder Aufhebung von Zöllen und Handelsbeschränkungen auf eine Vielzahl unterschiedlicher Produkte, was über die Jahre hinweg zu einer starken Stimulation des internationalen Handels führte. Für den Großteil des Kalten Krieges war das GATT Teil einer globalen Strategie Washingtons gegenüber Moskau, in der die USA Ländern wie Japan, Südkorea und Taiwan im Austausch gegen ihre Unterstützung im Kampf gegen den Kommunismus Zugang zu ihren Märkten und zu ihrer Technologie gewährten. Die WTO verfolgt keinen vergleichbaren strategischen Zweck; entweder sie erschließt uns die angeblich *wechselseitigen* Vorteile des freien Handels, oder aber sie ist eine Bedrohung für den Lebensstandard aller arbeitenden Amerikaner. Viel zu oft in der Vergangenheit hat sich das hehre Wort vom freien Handel praktisch darauf beschränkt, dass die Vereinigten Staaten ihre Märkte für ausländische Produkte öffneten, gleichzeitig aber ohne Rücksicht auf die negativen Folgen für die Industrie und den Arbeitsmarkt zu Hause tolerierten, dass ausländische Märkte geschlossen blieben.

Pekings primäres handelspolitisches Ziel ist, mit dem Status eines Entwicklungslandes in die WTO aufgenommen zu werden. Als Entwicklungsland müsste China seine Märkte nicht ausländischen Konkurrenten öffnen und wäre von den WTO-Vorschriften hinsichtlich nationaler Subventionen für Industriebetriebe und der geistigen Eigentumsrechte an Erzeugnissen wie ausländischen Filmen und Büchern ausgenommen. Falls China damit Erfolg hat – was angesichts der ideologischen Kurzsichtigkeit der amerikanischen WTO-Unterhändler beider Parteien und der Ökonomen, die sie beraten, wahrscheinlich erscheint –, dann wird der chinesische Merkantilismus der amerikanischen Wirtschaft, ganz zu schweigen vom WTO-System selbst, auf lange Sicht ernsthaften Schaden zufügen. Statt ausgeglichene und gegenseitig vorteilhafte Handelsbeziehungen aufzubauen, wird China, wie zuvor schon Japan, im Handel mit den Vereinigten Staaten gewaltige Überschüsse erzielen. Das zu verhindern, setzt einen staatlich gelenkten Handel voraus. Doch obgleich eine solche Politik keineswegs zwangsläufig auf Kosten der wirtschaftlichen Entwicklung Chinas gehen muss, gilt sie in den Kreisen der amerikanischen Wirtschaftsideologen als Anathema. Außerdem setzt ein regulierter Handel mit China eine Art politischer Führerschaft und staatlicher Handlungsbereitschaft voraus, wie sie die USA in der Welt nach dem Kalten Krieg möglicherweise schlicht nicht mehr aufbringen können. Schließlich haben die Vereinigten Staaten dem Handel noch nie dieselbe Priorität wie den Menschenrechten, Waffenexporten oder territorialen Konflikten eingeräumt.

Schon vor der weltweiten Wirtschaftskrise 1997, in deren Gefolge sich die globale Abhängigkeit vom amerikanischen Markt noch weiter verstärkte, gingen rund ein Viertel aller Exporte aus Ostasien in die USA und summierte sich das Handelsdefizit Washingtons mit der Region auf weit über 100 Milliarden Dollar. Mit einem Überschuss im Warenverkehr mit den Vereinigten Staaten in Höhe von mehr als 60 Milliarden Dollar 1998 rangiert China bei deutlich stärkeren Zuwachsraten bereits an zweiter Stelle hinter Japan. Als China 1978 seine Wirtschaft reformierte, belief sich sein gesamter Außenhandel auf gerade einmal knapp über 20 Milliarden Dollar; bis 1993 explodierte das Außenhandelsvolumen auf 195,8 Milliarden Dollar, umgerechnet ein Anstieg von 950 Prozent. Rund 80 Prozent der chinesischen Ausfuhren entfallen auf Industriewaren, und China ist heute nicht nur der weltweit bedeutendste Textilexporteur, sondern auch die wichtigste Bezugsquelle der USA für Textilien und Bekleidung. Zwar weisen auch die Handelsbilanzen der Europäer und Japaner mit China negative Vorzeichen auf, doch das US-Defizit liegt schätzungsweise zwei- bis dreimal höher.

In gewissem Sinne ist dieses »Handelsproblem« tatsächlich eine Sache systembedingter »Reibungen«, eine Folge des Aufeinanderprallens unterschiedlicher Formen des Kapitalismus, wie man sie in Anbetracht der auf eine Anerkennung als Entwicklungsland ausgelegten WTO-Strategie Chinas auch nicht anders erwarten darf. Schlussendlich zielt Peking mit seiner Strategie darauf ab, die Regeln und Normen des *laissez-faire*-Kapitalismus, nach dem ja der Handel ein Nullsummenspiel ist, bei dem einige Nationen auf Kosten anderer gewinnen, im Interesse eines vermehrten nationalen Wohlstands und größerer wirtschaftlicher Macht zu beugen. China hat nie ernsthafte Schritte in Richtung einer »freien Marktwirtschaft« unternommen, sondern vielmehr versucht, in andere Marktwirtschaften einzudringen und diese auszubeuten, um selbst zur Großmacht aufzusteigen. Die seit Ende der siebziger Jahre durchgeführten Wirtschaftsreformen dienten denn in erster Linie auch dazu, die politische Macht der Kommunistischen Partei abzusichern und mit anderen Mitteln das zu erreichen, woran das Land zunächst mit dem Stalinismus und anschließend mit dem Maoismus gescheitert war.

Die Antwort der USA auf diese Herausforderung beschränkte sich primär darauf, China zu einer Reform seiner Wirtschaft in Richtung eines Kapitalismus à la Amerika zu überreden. Vor diesem Hintergrund überrascht auch nicht, welche drei Punkte ein 1994 in der *Washington Post* erschienener Meinungsartikel, der die Haltung der Washingtoner Wirtschaftstheoretiker und Handelsbürokraten widerspiegelte, als Voraussetzung für eine Aufnahme Chinas in die WTO anführte. China, hieß es da, müsse 1) alle Handelsvorschriften in transparenter Form veröffentlichen und sie allen Importeuren zugänglich machen, 2) dafür sorgen, dass ausländische und einheimische Unternehmen vor dem Rechtssystem gleich behandelt werden, und 3) aufhören, mit Hilfe künstlich niedriger gehaltener Wechselkurse seine Exporte zu stimulieren und Importe zu behindern.[17] Diese Forderungen widersprechen nicht nur diametral der von Peking gewählten Strategie zur wirtschaftlichen Entwicklung, sondern auch der chinesischen Kultur. Selbst wenn China seiner derzeitigen wirtschaftspolitischen Strategie den Rücken kehren sollte, würde die chinesische Wirtschaft trotzdem niemals nach dem Vorbild der amerikanischen funktionieren.

Die Antwort auf diese Probleme, sprich der Ausweg aus dem Dilemma, einerseits die wirtschaftliche Entwicklung Chinas fördern und zugleich verhindern zu wollen, dass es mit seiner rücksichtslosen Handelspolitik internationale Konflikte heraufbeschwört, ist ein staatlich gelenkter Handel. Staatlich gelenkter

Handel bedeutet hier nichts anderes als eine Politik, die sich mehr um Ergebnisse und weniger um Vorgehensweisen kümmert. Dieser Ansatz geht davon aus, dass, wenn entweder öffentliche oder private Unternehmen aus unterschiedlichen wirtschaftlichen Systemen miteinander Handel betreiben und in die jeweils andere Volkswirtschaft investieren, allein eine Einigung über die Prozeduren nicht ausreicht, um wechselseitig vorteilhafte Ergebnisse zu garantieren. Staatlich gelenkter Handel ist nicht annähernd so ungewöhnlich, wie das professionelle Ökonomen gemeinhin unterstellen. Als beispielsweise die USA 1960, auf dem Höhepunkt des Kalten Krieges, Handelsbeziehungen zu Polen, Rumänien und Ungarn aufnahmen, legte Washington spezifische Ziele fest, die erfüllt werden mussten. Von Polen wurde etwa verlangt, seine Importe aus GATT-Ländern pro Jahr um mindestens 7 Prozent zu steigern, andernfalls würden die Handelsbeziehungen wieder abgebrochen.[18]

Die wirtschaftliche Herausforderung, die China darstellt, wird aller Voraussicht nach der schwierigste Test sein, dem sich die USA im ersten Viertel des 21. Jahrhunderts stellen müssen, und zwar nicht nur auf dem Feld der Wirtschaftspolitik, sondern dem ihrer Außenpolitik insgesamt. Unglücklicherweise scheinen die Amerikaner noch immer nicht ganz begriffen zu haben, dass heutzutage politische Macht nicht länger in der militärischen, sondern in der wirtschaftlichen und industriellen Stärke eines Landes wurzelt. Sie tolerieren und applaudieren irrational aufgeblähten Verteidigungsbudgets, tun aber wenig dafür, die wirtschaftlichen Grundlagen des amerikanischen Erfolgs zu bewahren oder auszubauen. Als 1997 in Asien die globale Wirtschaftskrise ihren Anfang nahm, reagierten die Vereinigten Staaten mit dem überholten Instrumentarium des Internationalen Währungsfonds und verschlimmerten damit nur noch alles. Eine überforderte politische Führerschaft, eine ungenügend besetzte Exekutive und die Unfähigkeit, die außenpolitischen, militärischen, technologischen und nachrichtendienstlichen Einrichtungen dazu zu bewegen, mehr Aufmerksamkeit auf Asien im Allgemeinen und China im Besonderen zu richten, scheinen hausgemachte Probleme zu sein, die uns noch auf lange Zeit hinaus beschäftigen werden.

KAPITEL 8

Japan und die Ökonomie des amerikanischen Imperiums

Moskau verlor während des Kalten Krieges die Gunst zahlreicher Freunde und potenzieller Alliierter mit seinen endlosen Belehrungen in Sachen Marxismus und den Stadien der wirtschaftlichen Entwicklung, die sie würden durchlaufen müssen, um so zu werden wie die Sowjetunion. Diese Rigidität der Marxisten kam den USA im Machtkampf der Supermächte natürlich nur zugute. Die ideologische Arroganz der Kommunisten veranlasste beispielsweise Tansania und Ägypten, sich von ihren sowjetischen Wirtschaftsberatern zu trennen, und die Überheblichkeit der Russen trug auch viel zum chinesisch-sowjetischen Zerwürfnis bei. Leider sind es heute, nach dem Ende des Kalten Krieges, die Vereinigten Staaten, die sich einer kapitalistischen Version dieses Arroganz mit Schwerfälligkeit paarenden Verhaltens befleißigen.

Ideologie – sprich, die Doktrinen, Meinungen oder Denkweisen eines Individuums, einer Klasse, einer Nation oder eines Imperiums – ist als Waffe in internationalen Konflikten ebenso zweischneidig wie Giftgas. Wie bei Giftgas besteht auch bei der Ideologie die Gefahr, dass der Wind sich dreht und die Waffe sich gegen den Angreifer wendet. Schon in den fünfziger Jahren, auf der Höhe des Kalten Krieges, vermuteten viele Amerikaner, dass die sowjetische Volkswirtschaft bestenfalls drittklassig war; aber die Sowjetunion verfügte immer noch über die anziehungskräftigste Ideologie der Welt, ein Gedankengerüst, welches mehr Menschen anzulocken verstand als der von den Vereinigten Staaten vertretene »possessive Individualismus« (um einen Begriff des Philosophen C. B. MacPherson zu benutzen). Der intellektuelle Anreiz der sowjetischen Ideologie basierte auf den Lehren Karl

Marx' – ganz ohne Zweifel ein Mann des Westens und angemessenerweise auf dem Londoner Highgate-Friedhof beerdigt – und war so stark, dass ihm selbst das chauvinistischste Volk der Erde, die Chinesen, nicht zu widerstehen vermochte. Der von der Sowjetunion propagierte Marxismus-Leninismus lieferte Erklärungen für die Ungleichheiten des Kolonialismus, ein auf den Erfolgen Russlands unter Stalin basierendes Modell der wirtschaftlichen Entwicklung, das darüber hinaus, hatten erst einmal alle Länder den Imperialismus, das »finale Stadium des Kapitalismus«, hinter sich gelassen, eine Welt des Friedens in Aussicht stellte.

Dass die sowjetische Ideologie ganze Völker in der Dritten Welt für sich einnehmen konnte, lag zum Teil mit an der Art und Weise, wie sie die unumstrittenste Ideologie des 20. Jahrhunderts assimilierte und für sich in Anspruch nahm – die der Wissenschaft. Der Kommunismus behauptete, nicht auf den Träumen idealistischer Reformer, sondern auf der Logik des »wissenschaftlichen Sozialismus« aufzubauen. Die Sowjets gaben vor, in Übereinstimmung mit den von ihren Schutzheiligen Marx und Lenin entdeckten Gesetzen der menschlichen Entwicklung zu handeln. Im Gegensatz dazu nahm sich die Ideologie der »freien Welt« bestenfalls aus wie der Versuch einer Rationalisierung der den Amerikanern aufgrund ihrer außergewöhnlichen Geografie und Geschichte zufallenden Privilegien.

Vor diesem Hintergrund konnte es kaum überraschen, dass die amerikanischen Führer es für dringend notwendig erachteten, in dem, was sie für die alles entscheidende Schlacht um die belagerte Seele der Menschheit hielten, ein Gegengewicht zur sowjetischen Ideologie zu errichten. Obwohl der Kommunismus damals überall auf der Welt eine akute Herausforderung für die USA darstellte, erschien diese Notwendigkeit nirgendwo drängender als in Ostasien. Obwohl die Marx'sche Analyse des Klassenkampfes in industrialisierten Ländern praktisch nicht auf die tatsächliche Situation in der Dritten Welt anwendbar war, hatten die Kommunisten in China, Nordkorea und Vietnam die Macht übernehmen können. Die Anziehungskraft des Kommunismus für die Asiaten rührte eben von seinem Anspruch her, auf wissenschaftlichen Erkenntnissen zu basieren – Erkenntnissen derselben Wissenschaft, welche dem Anschein nach die Grundlage der industriellen und militärischen Macht ihrer europäischen, amerikanischen und japanischen Kolonialherren darstellte –, und darauf, dass das Beispiel der Sowjetunion die Hoffnung auf eine Lösung nährte, die eines Tages auch für sie erreichbar wäre.

Die amerikanische Antwort – niemals explizit ausgesprochen, aber basierend auf der absoluten Mobilisierung des amerikanischen Volkes im Kalten Krieg durch Präsident John F. Kennedy und andere politische Führer – war eine Zweifache. Die Erste lautete, alles in der beträchtlichen Macht der Vereinigten Staaten Stehende zu tun, Japan zu einer kapitalistischen Alternative zur Volksrepublik China aufzurüsten, zu einem Modell und einem Schaufenster dessen, was die Länder Asiens eines Tages auch für sich erhoffen durften, sollten sie statt auf die Kommunisten auf Amerika setzen. Zweitens wurde die akademische Ökonomie, wie sie an den meisten amerikanischen Universitäten gelehrt wurde, nach und nach in eine Kampfideologie des »Westens« transformiert. Beide Ansätze sollten nach dem Ende des Konkurrenzkampfes mit der Sowjetunion um die Weltherrschaft schicksalhafte Folgen für das amerikanische Imperium zeitigen. Da die meisten Amerikaner weder die eine noch die andere Strategie jemals als Teil einer auf die besonderen Erfordernisse des Kalten Krieges gemünzten Politik begriffen, nahmen sie sowohl den Erfolg Japans als auch den Wohlstand des Westens als Beweis für die naturgegebene Bestimmung der Vereinigten Staaten, dem Rest der Welt als Rollenmodell zu dienen. Jeder an dieser Annahme geäußerte Zweifel wurde als Angriff auf die Grundfesten des amerikanischen Imperiums gesehen. So verwandelte sich das, was als taktische Reaktion auf zeitweilige, oftmals nur eingebildete oder fälschlich als solche interpretierte »Vorteile« der Sowjets gedacht war, in die ideologischen Glaubenssätze der »einzigen Supermacht« der Welt nach dem Kalten Krieg.

Von ungefähr 1950 bis 1975 verhätschelten die Vereinigten Staaten Japan als ihr geliebtes Mündel, sorgten dafür, dass alle wirtschaftlichen Bedürfnisse des Landes erfüllt wurden und führten es der Welt mit Stolz geschwellter Brust als ihren kapitalistischen Musterschüler vor. Lange, bevor sich ein internationaler

Nachkriegskonsens zugunsten Japans herausgebildet hatte, setzten die Vereinigten Staaten die Aufnahme Tokios in zahlreiche internationale Institutionen durch, beispielsweise in die Vereinten Nationen oder die Organisation für Wirtschaftliche Entwicklung und Zusammenarbeit, OECD. Darüber hinaus räumten die USA Japan praktisch ohne jede Gegenleistung Zugang zu wichtigen neuen Technologien ein, öffneten ihren Markt für japanische Produkte und nahmen es hin, dass Japan seinen heimischen Markt nach außen abschottete. Das ging so weit, dass Washington sich bei Streitigkeiten zwischen japanischen und amerikanischen Unternehmen, die sich von ihren Konkurrenten aus Fernost geschädigt sahen, grundsätzlich auf die Seite der Japaner schlug. Weiter erlaubten die USA Tokio im Interesse der Stimulation des japanischen Exportsektors eine künstlich unterbewertete Währung aufrechtzuerhalten, und zwar mehr als ein Jahrzehnt länger, als sie dies den wieder aufgebauten europäischen Volkswirtschaften zugestanden.

Die USA proklamierten Japan zu einer Demokratie und zu einem Modellfall dessen, was die freie Marktwirtschaft zu erreichen imstande war, während sie gleichzeitig tatkräftig mithalfen, seine ökonomischen und politischen Systeme zu manipulieren. Washington bediente sich der CIA zur Finanzierung der herrschenden Liberaldemokratischen Partei und griff zu allen möglichen schmutzigen Tricks, um die sozialistische Opposition zu spalten und zu diskreditieren.[1] Bei diesem Prozess streuten sich die USA selbst allzu lange Sand in die Augen. Viel zu lange auch unterschätzte die amerikanische Führung das Potenzial Japans, den USA auf wirtschaftlichem Gebiet gefährlich werden zu können. Eisenhowers Außenminister John Foster Dulles beispielsweise war überzeugt, dass die Japaner über Hemden, Pyjamas und »vielleicht noch Cocktailservietten« hinaus kaum etwas herstellen konnten, was sie nach Amerika exportieren könnten.[2] Die USA wurden sich der Gefahr erst bewusst, als ihre Stahl-, Unterhaltungselektronik-, Automatisierungs-, Auto-, Kamera- und Halbleiterindustrien bereits um das Überleben kämpften oder schon nicht mehr konkurrenzfähig waren.

Nach den »Sicherheitspaktunruhen« von 1960, als eine japanische Massenbewegung gegen den Abschluss eines Vertrags kämpfte, der die Stationierung amerikanischer Truppen in Japan und auf Okinawa auf unbegrenzte Zeit festschrieb, verstärkte Washington seine Bemühungen, Japan als eine Modelldemokratie zu präsentieren. Die US-Regierung entsandte Edwin O. Reischauer, einen bekannten Harvard-Historiker und ausgewiesenen Japanexperten, der mit einer aus einer angesehenen Politikerfamilie stammenden Japanerin verheiratet war, als Botschafter nach Tokio. Reischauers Auftrag lautete, das seit den Unruhen von 1960 – für viele Asiaten das japanische Gegenstück des Aufstandes von Budapest 1956 – angeschlagene Image der japanisch-amerikanischen Freundschaft zu reparieren. Reischauer sollte den Dialog mit der entfremdeten japanischen Linken »wieder beleben« und zugleich die konservative Liberaldemokratische Partei stabilisieren, die ihre ins Alter gekommenen rechten Hardliner aus den Vorkriegs- und Kriegskabinetten aus dem Brennpunkt der öffentlichen Debatte herausgezogen hatte und neuerdings wirtschaftliches Wachstum vor Demokratisierung stellte.

Reischauers vielleicht folgenschwerster Schritt zu der Zeit war, in einigen seiner zahlreichen Schriften und Reden das Bemühen eines Flügels innerhalb der amerikanischen Politik- und Geschichtswissenschaften gutzuheißen, der die Geschichte des modernen Japan in die Fallstudie einer erfolgreichen »Modernisierung« umschreiben wollte. In den sechziger Jahren, und damit eben zu einer Zeit, als die japanische Wirtschaft »abhob« (um einen beliebten Begriff der Modernisierungstheoretiker zu bemühen) und zweistellige Wachstumsraten erzielte, erlebte in den USA die sogenannte Modernisierungstheorie ihre Blütezeit. Dieser neue Ansatz setzte bei der Meiji-Restauration von 1868 an, die das Ende des feudalistischen Kleinstaatentums und das Debüt Japans als Nationalstaat markierte, und stellte Japans Aufstieg zu einer Großmacht den anderen, von Kolonialmächten abhängigen oder beherrschten Ländern Asiens und insbesondere China gegenüber. Die Modernisierungstheoretiker zeichneten nach, wie der anfänglich autoritäre Regierungsstil der Meiji-Oligarchen in den zwanziger Jahren in eine Toleranz gegenüber politischen Parteien mündete und zumindest die Entstehung einer parlamentarischen

Demokratie möglich erscheinen ließ. Und sie lenkten die Aufmerksamkeit auf die in den »liberalen« zwanziger Jahren entstandenen Reformansätze, auf die viele japanische Politiker zurückgriffen, als während der amerikanischen Besatzungszeit mit der Demokratisierung des Landes Ernst gemacht wurde.

Japan wird in dieser anrührenden Geschichte der politischen und wirtschaftlichen Entwicklung als eine Vorbildnation porträtiert, als das einzige Land Asiens, das sich erfolgreich gegen das Joch der Kolonisation wehrte. Die Tatsache, dass es das nur deshalb tun konnte, weil es an der Seite der westlichen Imperialisten gleichfalls zur Kolonialmacht in Asien aufstieg, fiel in diesen Darstellungen weitgehend unter den Tisch. Japans *kuroi tanima*, das »dunkle Tal«, welches es zwischen 1931 und 1945 durchwanderte und in dem es mit China und den Vereinigten Staaten Krieg führte, wurde mit einer historisch einmaligen Verkettung internationaler Faktoren erklärt: der Weltwirtschaftskrise, der Abschottung der europäischen und amerikanischen Kolonien für japanische Exporte, Tokios Angst vor dem Bolschewismus und dem amerikanischen Isolationismus. Was sich in diesem »dunklen Tal« tatsächlich abspielte – von der »Vergewaltigung« Nankings bis hin zum Bataan-Todesmarsch – wurde als unerheblich für die wirtschaftliche Entwicklung und die politische Konsolidierung des Landes und als nicht der Erinnerung wert abgetan; Japans Aggression galt nur als ein zeitweiliger Zwischenfall auf seinem langen Weg zur Modernisierung. Der japanische Kaiser, der seit 1926 residierte und während dessen Herrschaft ein Großteil der militärischen Aggressionen und Brutalitäten begangen wurden, war nun nichts weiter als ein einfacher Meeresbiologie und Pazifist, der von Anfang an gegen den Krieg eingestellt war und ihn 1945 in einem beherzten und aus eigenem Antrieb heraus unternommenen Schritt beendet hatte. Dass er von Kriegsende bis zu seinem Tod kaum mehr vor der Öffentlichkeit auftrat, oder besser gesagt, auftreten durfte, wurde damit erklärt, dass er ein Mann weniger Worte war.

Die amerikanische Öffentlichkeit, wie ihre politischen Eliten in Washington bestenfalls unzureichend über Japan informiert, kaufte Washington dieses rosarot eingefärbte Bild von einem Japan als dem zentralen Bollwerk gegen den Kommunismus in Asien ab.

Die wenigen amerikanischen Japanexperten, die wie der Wissenschaftler John Dower die Modernisierungstheorie für unvollständig hielten und deren Ansicht nach der japanische Militarismus ebenso tief in der Geschichte des Landes wurzelte wie sein Willen nach Modernisierung, fanden kaum Gehör.[3] Japan galt im amerikanischen Bewusstsein als ein vollwertiger demokratischer Verbündeter, dessen System auf dem Prinzip der freien Marktwirtschaft fußte und über kurz oder lang einen liberalen, konsumorientierten Staat nach dem Vorbild der Vereinigten Staaten hervorbringen würde.

Natürlich litten die Beziehungen unter gelegentlichen »Missverständnissen«, da die Kapitalisten dies- und jenseits des Pazifiks natürlich unablässig versuchten, sich gegenseitig auszustechen. Bei der Beilegung solcher »unwillkommener« Zwischenfälle lautete die Aufgabe der Diplomaten und der Auftrag der US-Botschaft nicht, die Interessen der amerikanischen Wirtschaft zu vertreten, sondern den Konflikt zu entschärfen, und zwar üblicherweise zum Vorteil der japanischen Seite. Dass sich daraus ernsthafte Probleme ergeben könnten, wurde verneint; schließlich lehrte die Modernisierungstheorie, dass die beiden Gesellschaften auf demselben Entwicklungspfad unterwegs waren und gemeinsame wirtschaftliche Ziele anstrebten.

Die zweite Antwort auf die ideologische Herausforderung des Kommunismus war die Entwicklung und Propagierung einer amerikanischen Wirtschaftsideologie, deren Anziehungskraft der des Marxismus ebenbürtig war. Diese, wie wir sie heute nennen, »neoklassische Wirtschaftslehre«, hat in der amerikanischen Wirtschaft und in Washington einen intellektuellen Status erlangt, der dem des Marxismus-Leninismus in der Sowjetunion entspricht. Man braucht wohl kaum darauf hinzuweisen, dass die Sowjetbürger den Marxismus-Leninismus bis zu seinem Zusammenbruch ebenso wenig als Ideologie betrachteten, wie die Amerikaner die dominante westliche Wirtschaftstheorie als eine Kampfdoktrin sahen und sehen, mit deren Hilfe die USA ihre Interessen auf Kosten der anderer Länder zu verteidigen und durchzusetzen suchen. Vielmehr ziehen sie es vor, sie als ein wissenschaftliches Teilgebiet zu begreifen (oder wenigstens so zu tun). Sie mögen die meisten Wirtschaftswissenschaftler als wenig vertrauenswürdige Quacksalber betrachten, doch die Lehrsätze eines *laissez-faire*-Kapitalismus, der von einem gnadenlosen Wettbewerb, überbordenden Börsenspekulationen, massiven Einkommensungleichheiten und einem auf eine ordnungspolitische Nebenrolle reduzierten Staat geprägt wird, gelten ihnen als selbstverständliche Wahrheiten.

Bis in die späten fünfziger Jahre zählte die akademische Ökonomie wie die Anthropologie, die Soziologie und die Politikwissenschaft zu den Sozialwissenschaften und beschränkte sich auf nichtexperimentelle, oftmals spekulative Untersuchungen der Art und Weise, wie sich Individuen, Familien, Firmen, Märkte, Industrien und Volkswirtschaften unter bestimmten Bedingungen verhielten und wie sie auf Veränderungen in ihrer Umwelt reagierten. Sie beschäftigte sich hauptsächlich mit Themen wie der Vollbeschäftigung, der Preisstabilität, dem Wirtschaftswachstum, den öffentlichen Finanzen, den Beziehungen zwischen Arbeitern und Arbeitgebern und vergleichbaren sozioökonomischen Fragen. Erst als die Wirtschaftswissenschaften im Kalten Krieg als zentrales ideologisches Gegengewicht zum Marxismus-Leninismus instrumentalisiert wurden, bemühte man sich, sie aus den Sozialwissenschaften herauszulösen und als eine »harte« Wissenschaft zu etablieren.

Wirtschaftswissenschaftliche Erkenntnisse wurden von nun an weniger verbal denn in Form von Simultangleichungen ausgedrückt, der Stellenwert der empirischen Forschung ging zurück, und die Ideen beispielsweise eines Adam Smith feierten in Gestalt mathematischer Axiome eine Wiederauferstehung. Aus Daten wurden »idealisierte Fakten«, und Scharen von Wirtschaftswissenschaftlern machten sich daran, mittels deduktiver, in mathematische Formeln gekleideter Ableitungen nachzuweisen, dass nur ein unregulierter Markt eine effiziente Ressourcenallokation gewährleisten konnte. Zu diesem Zeitpunkt waren aus allen diesen Begriffen – Ressourcen, Effizienz, Märkte – Abstraktionen geworden, nicht unähnlich den abstrakten Konzepten – Proletariat, Bourgeoisie, Klassenkampf –, mit denen die Gegenseite operierte. Die angelsächsische Wirtschaftswissenschaft wurde so sehr zu einer »harten«, einer »Naturwissenschaft«, dass die schwedische Zentralbank ab 1969 einen Nobelpreis für Wirtschaftswissenschaften ausschrieb. Damit war sichergestellt, dass sich fortan so gut wie alle aufstrebenden Ökonomen der sogenannten theoretischen Ökonomie – sprich, der algebraischen Modellierung von Märkten – widmeten, wodurch die traditionelle empirische und induktive Erforschung realer Wirtschaftssysteme ins Abseits gedrängt wurde.

Die Ökonomie trennte sich von den Sozialwissenschaften und bezog eine neue, der Mathematik benachbarte Position. In einem fort wurden nun Wirtschaftswissenschaftler vor Regierungsausschüsse berufen, um zu bezeugen, dass das amerikanische Wirtschaftssystem allen anderen überlegen sei, auch wenn es sich hin und wieder auf Grund von ausgabenwütigen Liberalen, einer klientelistischen Politik und geldgierigen Monopolisten nicht so verhielt, wie die Theorie das vorhersagte. Was es an Alternativen gab, bewegte sich entweder auf das amerikanische System zu oder war zum Scheitern verurteilt. Die offizielle Wirtschaftswissenschaft befasste sich nicht länger mit der Wirtschaft; sie legte ex cathedra fest, was der orthodoxen Linie entsprach und was als Häresie galt. Die empirische Forschung ökonomischer Phänomene blieb den betriebswirtschaftlichen Fakultäten, kommerziellen Denkfabriken und den anderen Sozialwissenschaften überlassen.

Gezwungen, zwischen einer auf dem Marxismus-Leninismus oder einer auf dem marktwirtschaftlichen Kapitalismus basierenden Volkswirtschaft – exemplifiziert in den Wirtschaftssystemen der Sowjetunion beziehungsweise der Vereinigten Staaten – zu entscheiden, hätten in den ersten beiden Jahrzehnten des Kalten Krieges die meisten Menschen zweifellos der freien Marktwirtschaft den Vorzug gegeben. Doch auf der Höhe des chinesisch-sowjetischen Konflikts und des Vietnamkriegs hatten zumindest in Ostasien die Ideologien der rivalisierenden Supermächte nicht die von ihnen erhoffte Wirkung. Welche Anziehungskraft auch immer die mit einem gewaltigen Aufwand erzwungenen wirtschaftlichen Errungenschaften des sowjetischen Modells zu dem Zeitpunkt noch gehabt haben mochte, wurde von den Chinesen auf immer diskreditiert. Mit einer Mischung aus Unfähigkeit und

Größenwahn und ohne Rücksicht auf das, was der Marxismus und die sowjetische Erfahrung lehrten, schaffte es die Kommunistische Partei Chinas mit ihrem Großen Sprung nach vorne, 30 Millionen Menschen in den Hungertod zu treiben, nur um anschließend in dem Kulturrevolution genannten internen Machtkampf das einmalige kulturelle Erbe des Landes nahezu vollständig zu zerstören.

Was damals in China passierte, gilt heute – selbst in China – als ein monumentaler Fehler. Doch damals sahen viele Amerikaner – angefangen von idealistischen linken Studenten bis hin zu Präsidenten und anderen politischen Führern – nicht, was sich im Reich der Mitte tatsächlich abspielte, und hielten an ihrer Bewunderung für die Totengräber der chinesischen Revolution, Mao Zedong und Tschou En-lai fest.

Die eigentlich überraschende Entwicklung in Ostasien jedoch war, dass die »antikommunistischen« Satelliten, Protektorate und Dependancen der Vereinigten Staaten wirtschaftlichen Erfolg hatten und anfingen, ihrem Wohltäter ernsthaft Konkurrenz zu machen. Überlagert und verdeckt vom Kalten Krieg, lief der wirtschaftliche Aufstieg Ostasiens fast unbemerkt ab. Dass vormalige Armenhäuser wie Japan, Südkorea und Taiwan plötzlich Jahr um Jahr immer neue Wachstumsrekorde aufstellten, war zwar nicht genau das, was die amerikanischen Eliten erwartet hatten, ließ sich aber als eindrucksvolle Bestätigung der marktwirtschaftlichen Ideologie interpretieren und wurde mit geradezu väterlichem Stolz willkommen geheißen.

Als dann die kapitalistischen Volkswirtschaften Ostasiens sich anschickten, die Vereinigten Staaten zu überflügeln, wurde diese »Anomalie« zunächst irgendwelchen mysteriösen japanischen oder, je nach dem, asiatischen kulturellen oder gar geistigen Faktoren sowie beispielsweise der trägen Selbstzufriedenheit auf Seiten der amerikanischen Manager und Arbeiter zugeschrieben. Als der Westen endlich aufwachte und bemerkte, was tatsächlich geschehen war, nährte sich Wirtschaftswachstum in Ostasien schon aus sich selbst heraus und konnte von außen nicht mehr gestoppt werden (auch wenn viele Asiaten den USA genau diese Absicht unterstellten, als sie mit ihrem Vorgehen die Region 1997 in eine

Wirtschaftskrise trieben). Das von den Schatten des Kalten Krieges überlagerte rasante Wohlstandswachstum in Ostasien ist zweifellos die wichtigste bislang ungenügend untersuchte weltpolitische Entwicklung in der zweiten Hälfte des 20. Jahrhunderts und stellt bis zum heutigen Tag eine in den USA nicht verarbeitete intellektuelle Herausforderung dar.

Das grundlegende Problem liegt nicht einfach darin, dass Japan während des Kalten Krieges eine Fünf-Billionen-Dollar-Wirtschaft aufbaute – obwohl auch das schon eine unerwartete Gefahr für die wirtschaftliche Dominanz der USA darstellte –, sondern vor allem darin, wie es das tat. Das Land hatte einen dritten Weg zwischen der von sowjetischen Theoretikern propagierten Ablösung des Marktes durch die sozialistische Planwirtschaft und dem von amerikanischen Ökonomen angepriesenen unkritischen Vertrauen in den Markt eingeschlagen. Die Japaner hatten eine neue Kapitalismusvariante erfunden – etwas, was kein Verteidiger des amerikanischen Imperiums hinnehmen konnte. Entsprechend ging man davon aus, dass die Japaner entweder betrogen (und die US-Wirtschaft nur gleiche Wettbewerbsbedingungen brauchten, um mithalten zu können), oder dass sie auf einen ähnlichen Kollaps zusteuerten, wie er sich bereits in der UdSSR ereignet hatte.

Im Rahmen der Umwandlung der neoklassischen Wirschaftstheorie in eine Kampfideologie mussten sich die amerikanischen Ideologen mit einem Element der kapitalistischen Theorie auseinandersetzen, welches sich nicht in abstrakten, scheinbar »wissenschaftlichen« mathematischen Begriffen fassen ließ – mit Institutionen, vermittels derer konkurrenzorientierte Marktbeziehungen Nutzen erzeugen. Institutionen sind die konkreten, mehr oder minder dauerhaften Beziehungen, durch die Individuen arbeiten, sparen, investieren und sich ihren Lebensunterhalt verdienen, Dinge also wie Wertpapierbörsen, Banken, Gewerkschaften, Unternehmen, Einrichtungen der sozialen Fürsorge, Familien, Erbvorschriften oder Steuersysteme. In diesem Reich der juristischen, politischen und gesellschaftlichen Ordnung streben über das Effizienzkriterium hinaus zahlreiche andere Faktoren das Primat über die Ausgestaltung der Wirtschaft an. Für die Wirtschaftstheoretiker sind diese Institutionen »Blackboxes«, abgeschlossene Einheiten, die zwar wirtschaftliche Stimuli empfangen und aussenden, selbst aber von den Wirtschaftstheoretikern nicht untersucht werden.

In dem Bemühen, ein rein numerisches, wissenschaftlich erscheinendes Modell der kapitalistischen Ökonomie aufzustellen, gingen die westlichen Ideologen einfach davon aus, dass die Institutionen des modernen Kapitalismus eben die sein mussten, die in der späten Ära Eisenhower in den Vereinigten Staaten existierten. Daraus folgten etwa die Annahmen, dass erspartes Kapital üblicherweise über einen Kapitalmarkt (wie die New Yorker Aktienbörse) vom Sparer in die Industrie gelangt, statt beispielsweise durch das Bankensystem; dass Lösungen für Konflikte zwischen Arbeitgebern und Gewerkschaften erst nach endlosen Streiks erzielt werden und nicht beispielsweise durch die Gewährung von Arbeitsplatzgarantien; oder dass der eigentliche Zweck einer Ökonomie darin besteht, die unmittelbaren Bedürfnisse der Verbraucher zu decken und nicht etwa in der Erfüllung eines umfassenderen Zieles wie beispielsweise dem Reichtum oder der Macht der gesamten Nation liegt.

Dieses Denken entsprach fast exakt dem der sowjetischen Ideologen, die mit dem gleichen Maß an Engstirnigkeit davon ausgingen, dass die Institutionen des »Sozialismus« genau denen der Sowjetunion während der Chruschtschow-Ära entsprechen müssten. Keine von beiden Seiten schaffte es jemals, ein für den »Export« gedachtes ideologisches Modell zu entwickeln, das sich nicht ausschließlich auf ihr Land bezog. Angesichts dieser Unfähigkeit, die Institutionen entweder des Sozialismus oder des Kapitalismus auf kulturell neutrale – oder wenigstens weniger einseitige – Weise auszudrücken, nimmt es nicht Wunder, dass viele Außenstehende die Gültigkeit der marxistisch-leninistischen Ideologie auf die Sowjetunion und die des marktwirtschaftlichen Kapitalismus auf die Vereinigten Staaten beschränkten.

Der dritte Weg des »Wirtschaftswunder«-Japans der Nachkriegszeit erfand nicht etwa die Wirtschaftstheorie neu, sondern die Institutionen des modernen Kapitalismus, Institutionen, die drastisch andere als die vom amerikanischen Modell entworfenen

Ergebnisse erzielten. In Anbetracht der späten Industrialisierung des Nachzüglers Japan, seinem Kampf gegen Ausbeutung und Kolonialisierung, die zum Schicksal des restlichen Ostasiens wurden, der Tatsache, dass es über so gut wie keine Rohstoffe verfügt und zur Versorgung seiner großen Bevölkerung auf die industrielle Massenfertigung und den internationalen Handel angewiesen ist, sowie seiner vernichtenden Niederlage im Zweiten Weltkrieg war von vornherein ausgeschlossen, dass das Land jemals zu einem Klon der Vereinigten Staaten würde. Die Nachkriegsplaner und -Technokraten Tokios schufen stattdessen eine kapitalistische Wirtschaft, welche die Interessen der Hersteller vor die der Verbraucher setzte. Mit einem bewusst dünnen Netz der sozialen Absicherung zwangen sie die japanischen Bürger zu einer hohen Sparquote; ohne Rücksicht auf die Folgen für die Rechte des Einzelnen förderten sie harmonische Beziehungen zwischen Arbeitgebern und Arbeitnehmern, und sie bauten Industrien auf, die auf dem höchstmöglichen Input an Humankapital statt einfach auf irgendwelchen »naturgegebenen« Konkurrenzvorteilen wie beispielsweise billiger Arbeitskraft oder der Nähe zu einem großen Markt wie dem Chinas beruhten. Ihr Ziel lautete, Japan – nicht notwendigerweise die Japaner selbst – reicher zu machen. Ökonomische Transaktionen verstanden sie ausschließlich als strategische; die japanische Wirtschaft war eine Kriegswirtschaft gewesen, die nun für einen – zumindest dem Anschein nach – friedlichen Wettbewerb mit anderen Ländern umgerüstet werden musste.

Seit den fünfziger Jahren sahen die Vereinigten Staaten die ganze Welt durch die Brille des Kalten Krieges, und Japan war als antikommunistischer Alliierter weit wichtiger denn als potenzieller wirtschaftlicher Konkurrent. Um die Stationierung amerikanischer Truppen und den Fortbestand der US-Militärbasen zu sichern, öffneten die USA den Japanern ihren Markt und drängten amerikanische Unternehmen, auf ihre Rechte an nach Japan transferierten Technologien zu verzichten. Je mehr die japanischen Handels- und Industriebürokraten von dieser Großzügigkeit Gebrauch machten, umso häufiger kam es zu Handelskonflikten. Von den »Dollarblusen«, die zur Eisenhower-Zeit die USA überschwemmten, bis zu den Textilkonflikten unter Kennedy und Nixon, die Klagen über die Kosten der »Allianz« mit Japan wurden zu einem festen Bestandteil in der Washingtoner Politik. Sie führten auch zu Entstehung eines lukrativen Betätigungsfeldes für in den Lobbybereich abgewanderte ehemalige Regierungsmitarbeiter, die in zunehmender Zahl von den Japanern angeheuert wurden, um die allfälligen Konflikte zu entschärfen oder wenigstens zu übertünchen. Während man im Weißen Haus kaum eine Ahnung davon hatte, wie die Regierung in Tokio tatsächlich funktionierte, interessierten sich die Japaner in höchstem Maße für Washingtons Rolle bei der Regulation der US-Wirtschaft. Darüber hinaus taten die japanischen Politiker und leitenden Beamten alles in ihrer Macht Stehende, um die von der US-Regierung selbst ausgebrütete, künstliche Trennung von Handels- und der Verteidigungspolitik in der US-Administration aufrechtzuerhalten und dafür zu sorgen, dass das Pentagon mit dem ihm zugewiesenen Stück vom Kuchen zufrieden war.

Diese künstliche Trennung von Handels- und Verteidigungspolitik ist eine der bemerkenswertesten Besonderheiten der über ein halbes Jahrhundert währenden amerikanischen Hegemonie über Japan. Die amtlichen Hüter des japanisch-amerikanischen Sicherheitspaktes und ihre akademischen Unterstützer zogen eine unüberwindbare Schutzmauer zwischen dem, was sie unter Zuhilfenahme des japanischen Euphemismus »Handelsfriktionen« nennen, und der Anwesenheit von 100 000 amerikanischen Soldaten in Japan und Südkorea. Es gab keinen Grund, diese beiden Aspekte der japanisch-amerikanischen Beziehungen so zu behandeln, als seien sie zwei voneinander unabhängige Dinge, abgesehen davon, dass, wäre man nicht so verfahren, die wahre Natur der Beziehungen weitaus leichter zu durchschauen gewesen wäre.

Bis in die achtziger Jahre hinein ignorierten die Vereinigten Staaten alle Hinweise darauf, dass die Weigerung, die massive amerikanische Militärpräsenz in und das wachsende Handelsbilanzdefizit mit Japan als zwei Seiten ein und derselben Medaille zu behandeln, sie sehr teuer zu stehen kommen würde. Im Gleichschritt mit dem Aufrollen verschiedener, von Tokio ins Ziel gefasster Industrien stiegen ab 1968 die jährlichen Defizite der

USA im Handel mit Japan sprunghaft an. Das führte regelmäßig zu Konsultationen der zuständigen US-Beamten mit ihren japanischen Amtskollegen, die zumeist in Abkommen mündeten, die den in die Ecke gedrängten amerikanischen Unternehmen und Gemeinden zwar Abhilfe versprachen, tatsächlich aber kaum mehr als Feigenblattfunktion hatten. Mit Ausnahme der Entscheidung Präsident Nixons, Tokio zu einer Korrektur des künstlich unterbewerteten Yenkurses zu zwingen, leistete Washington den Japanern keinen nennenswerten Widerstand.

In den achtziger Jahren jedoch nahm der Druck, endlich Gegenmaßnahmen zu ergreifen, merklich zu. Zum einen war das in der Zwischenzeit zu einer der größten Wirtschaftsmächte aufgestiegene Japan auf dem besten Wege, die industriellen Grundlagen der Vereinigten Staaten zu untergraben. Zum anderen lag der Kalte Krieg in seinen letzten Zügen. Auch wenn die CIA in ihren Berichten die sowjetische Stärke stark überzogen darstellte, zeichnete sich bereits vor Gorbatschows Aufstieg zur Macht immer deutlicher ab, dass die beiden verfeindeten Lager sich einander annäherten und die Gefahr eines neuen Weltkrieges stetig abnahm. Vor diesem Hintergrund entwickelte sich ein neues Bild von Japan und der Natur der amerikanischen Beziehungen zum neureichen Asien. Die *Business Week* sprach von »Revisionismus« und schrieb:

> »Was sich gerade auf den höchsten Ebenen der US-Regierung, der Wirtschaft und der Wissenschaft abspielt, ist nicht weniger als eine fundamentale Neubewertung Japans. Nach dieser neuen Denkweise funktionieren die Standardregeln der freien Marktwirtschaft in Japan schlichtweg nicht... Einige Leute nennen dieses neue Denken ›Revisionismus‹, da es von der orthodoxen Sichtweise Abschied nimmt, dass Japan sich eines Tages in eine verbraucherorientierte Gesellschaft nach US-Vorbild verwandelt.«[4]

Die Japaner, die so stolz auf ihren »Entwicklungsstaat« und ihre staatlich gelenkte Wirtschaft waren und sich auf der innenpolitischen Bühne damit auch gerne brüsteten, reagierten höchst besorgt, als die amerikanischen »Revisionisten«, darunter auch ich, sagten, dass es in Anbetracht der fundamentalen Verschiedenheit beider Wirtschaftssysteme nicht mehr nur darum gehen könne, das wirtschaftliche »Spielfeld einzuebnen«. Für Japan und seine Lobbyisten war es eine Sache gewesen, die Vorhaltungen wegen der restriktiven japanischen Importpolitik und der zahllosen Barrieren abzuwehren, mit denen es, angefangen von Automobilen über Halbleiter bis hin zu Grapefruits, ausländische Produkte von seinen Märkten fern zu halten suchte. Eine ganz andere Sache war es, wenn ihnen die Amerikaner nun plötzlich vorwarfen, sie würden nach gänzlich anderen Regeln spielen, und es dauerte nicht lange, bis Vorwürfe laut wurden, die Revisionisten würden auf Japan einprügeln oder seien Rassisten.

Zur selben Zeit ließen eine Reihe japanischer Politiker dem Schaden noch den Spott folgen, indem sie die Faulheit der amerikanischen Arbeiter für das US-Handelsdefizit verantwortlich machten oder rassistisch argumentierten und auf die ethnisch stark gemischte Arbeitskräftestruktur in den USA hinwiesen und die amerikanischen Minderheiten als undiszipliniert und unfähig zum Lernen charakterisierten. 1989 legten der prominente japanische Politiker Shintaro Ishihara und Sony-Präsident Akio Morita ein gemeinsam verfasstes Buch mit dem Titel *The Japan That Can't Say No* vor. Ishihara und Morita forderten, keine der von den Amerikanern als wichtig für die nationale Sicherheit klassifizierten, japanischen Technologien mit den USA zu teilen, solange diese nicht ihre Kritik an Japan zügelten. Neun Jahre später schrieb Ishihara vor dem Hintergrund einer in die Krise schlitternden japanischen Wirtschaft eine Fortsetzung – *The Japan That Can't Say No Again*. Dieses Mal regte er an, keinen Yen mehr in amerikanische Regierungsanleihen zu investieren und damit den USA, die Japan zur Öffnung seiner Wirtschaft gezwungen hatten, eine Lektion zu erteilen. Diese Forderungen machten ihn so populär, dass er im Jahr darauf, 1999, zum Bürgermeister von Tokio gewählt wurde.

Nichtsdestoweniger hielt die US-Regierung bis Anfang der neunziger Jahre an ihrer vom Kalten Krieg geprägten Wirtschaftspolitik fest. Noch 1988 beispielsweise regten die Spitzen des Pentagons und des State Department an, die Konstruktionsdaten des F-16-Kampfflugzeuges an Japan zu liefern, das mit dem FSX ein eigenes Kampfflugzeug bauen wollte. Das führte zu einem heftigen Streit über die Frage, warum die Japaner nicht einfach so viele F-16-Fighter kauften, wie sie zu Verteidigungszwecken benötigten, was nicht nur Jobs in den USA sichern, sondern auch zu einer ausgeglicheneren Handelsbilanz beitragen würde. Außenamtsmitarbeiter Kevin Kearns, der zu der Zeit, als der FSX-Deal verhandelt wurde, in Tokio weilte, stimmte den Kritikern zu und schrieb im *Foreign Service Journal:* »Solange der Chrysanthemen-Club [der projapanischen US-Beamten] den politischen Prozess in Washington verzerrt und von Japan bezahlte Lobbyisten und käufliche Wissenschaftler weiterhin einen unverhältnismäßigen Einfluss auf das Japanbild in der Öffentlichkeit ausüben, werden die Vereinigten Staaten an ihrem überkommenen, den eigenen Interessen zuwider laufenden Ansatz im Umgang mit Japan festhalten.«[5] Der Stellvertretende Außenminister Lawrence Eagleburger nahm diese Äußerungen zum Anlass, Kearns öffentlich abzukanzeln. Nachdem er im Februar 1990 Kearns Abschied aus dem State Department erzwungen hatte, stellte die Bush-Administration Tokio die F-16-Konstruktionsdaten zur Verfügung.

Ein gleichermaßen aufschlussreicher Vorfall war der Kauf des Hollywooder Unterhaltungskonglomerats MCA Inc. im Jahre 1990 durch die japanische Matsushita Electric Company für 7,5 Milliarden Dollar, eine der bis dato größten Übernahmen eines amerikanischen Unternehmens durch eine ausländische Firma. Matsushita erwarb MCA weniger als ein Jahr nachdem sich Sony für 3,4 Milliarden Dollar Columbia Pictures einverleibt hatte und *Newsweek* auf seinem Titelblatt die Fackelträgerin des Columbia-Logos einen Kimono hatte tragen lassen.[6] Über die zu dem Zeitpunkt weitverbreitete Besorgnis hinaus, mit der man den massiven Zufluss japanischen Kapitals betrachtete, wurde die MCA-Übernahme noch dadurch kompliziert, dass MCA eine lukrative Tochtergesellschaft besaß, die sich mit Dienstleistungen für Besucher des Yosemite National Park eine goldene Nase verdiente. Um den nach Bekanntwerden der Tatsache, dass ein japanisches Unternehmen einen Teil eines amerikanischen Nationalparks besaß, zu erwartenden öffentlichen Aufruhr zu vermeiden, schlug das Innenministerium Matsushita vor, die Beteiligung als Spende der Parkverwaltung zu überlassen. Die von dem Vorschlag wenig erbauten Matsushita-Manager beauftragten eine ganze Phalanx der besten Washingtoner Anwälte, Lobbyisten und PR-Experten damit, ihren Erwerb sicher am Kongress und ihren Kritikern innerhalb der Regierung vorbeizuschleusen.

An der Spitze des Matsushita-Teams stand der ehemalige US-Handelsrepräsentant Robert Strauss. Nach Aussage der *Washington Post* erhielt er für den erfolgreichen Abschluss des Deals und die begleitende PR-Kampagne, die unter anderem beinhaltete, das Innenministerium zu einem Rückzug zu bewegen, acht Millionen Dollar. Auf die Frage von Journalisten, warum ihm für so wenig Arbeit eine solch hohe Summe bezahlt wurde, erwiderte Strauss nonchalant: »Ich rechne nicht mehr nach Stunden ab. Ich verkaufe mich nicht unter Wert.«[7] Diese Bemerkung löste bei den Matsushita-Managern zwar großes Rätselraten aus, vor allem aber waren sie hoch erfreut über das, was ihre Großzügigkeit ihnen erkauft hatte. Die Japaner kamen zu dem Schluss, dass Washington ebenso korrupt war wie Jakarta oder Seoul, und dass alles zu haben war, solange nur der Preis stimmte. Statt ihre Aufmerksamkeit auf die potenziellen Schwachpunkte ihrer besonderen Spielart des Kapitalismus zu richten, begingen sie denselben Fehler wie Washington und redeten sich ein, die USA seien unwiderruflich im Niedergang begriffen und sie selbst unbesiegbar. Das war der Anfang ihres eigenen, ein Jahrzehnt währenden wirtschaftlichen Abstiegs.

Das alles trug mit dazu bei, die Aufmerksamkeit der Amerikaner von einer der charakteristischsten Eigenschaften des japanischen Kapitalismus abzulenken – konkret, der dominanten Rolle der staatlichen Industriepolitik und ihrer Funktion in einer kapitalistischen Wirtschaft. Mit Industriepolitik ist hier der Versuch des Staates gemeint, strategische Industrien zu fördern, die von einer Volkswirtschaft aus Gründen der nationalen Sicherheit, der Konkurrenzfähigkeit auf dem Weltmarkt oder des Wirtschaftswachstums für unerlässlich erachtet werden.[8] Aus diesem Grund entging den meisten Amerikanern, in welch hohem Maße Japans Industriepolitik von seinen politischen und militärischen Beziehungen zu den Vereinigten Staaten und vom Zugang zu den US-Märkten abhing. Genauso wenig durchschauten sie, dass die Japaner ihre gewaltigen Profite aus dem Handel mit den Vereinigten Staaten in US-Schatzbriefe investierten, über die wiederum Washington sein gewaltiges Haushaltsdefizit finanzierte, was zur Folge hatte, dass das amerikanische Finanzsystem von den japanischen Investitionen abhängig wurde. Angesichts dieser wachsenden Abhängigkeit hütete sich das offizielle Washington so weit wie möglich, Japan auf irgendeine Weise zu kritisieren. Wurden doch Vorwürfe laut, so erklärten sich die Japaner das damit, dass diese vor allem durch die Innenpolitik der USA motiviert waren.

Weiter übersahen die USA, dass die japanische Wirtschaft, nach wie vor hauptsächlich auf den Export immer fortschrittlicherer und technologisch höher entwickelter Produkte vorwiegend für den US-Markt ausgerichtet, eine industrielle Überkapazität aufbaute, die mit der Zeit das weltwirtschaftliche Gleichgewicht gefährden könnte. Und je mehr die anderen asiatischen Länder dem Vorbild des japanischen Kapitalismus nacheiferten oder zu Offshore-Produktionsstandorten japanischer Konzerne wurden, nahm diese Überkapazität dann auch tatsächlich ein krisenhaftes Ausmaß an. Diese Krise kam 1997 offen zum Ausbruch und spielt seither eine dauerhafte Rolle in der globalen Ökonomie.

Mit vorangetrieben worden war diese Krise von einer Reihe politischer Entwicklungen. 1992 wählten die Amerikaner Bill Clinton, der mit dem Wahlkampfslogan »Es geht um die Wirtschaft, Idiot« angetreten war, zum Präsidenten, und im Jahr darauf brach in Japan die – nicht länger als Bollwerk gegen die kommunistische Gefahr benötigte – Liberaldemokratische Partei zusammen, Opfer ihrer Korruptheit und politischen Redundanz.

Die Clinton-Administration experimentierte kurzzeitig mit von den Revisionisten empfohlenen wirtschaftspolitischen Maßnahmen, unter anderem einem staatlich gelenkten Handel. Sie spielte sogar kurz mit dem Gedanken, Tokio mit in die Verantwortung für die Steuerung des japanisch-amerikanischen Handels zu nehmen, verfolgte diese Idee aber nur halbherzig. Die eigentliche Arbeit wurde, wie üblich, Washingtoner Anwälten und Wirtschaftswissenschaftlern überlassen, die so gut wie nichts über Ostasien wussten – mit der unschwer vorhersehbaren Folge, dass die weitaus erfahreneren und besser informierten Japaner Katz und Maus mit ihren amerikanischen Verhandlungspartnern spielten.

Um Washington in den meisten Handelskonflikten zum Einlenken zu bewegen, setzten die Japaner auf die Abhängigkeit der US-Regierung vom Zustrom japanischen Kapitals zur Finanzierung ihres Haushaltsdefizits und die Tatsache, dass Clinton, wollte er 1996 wieder gewählt werden, auf eine prosperierende US-Wirtschaft angewiesen war. Die um ihr Ansehen besorgte Clinton-Administration schob als Grund für ihre Nachgiebigkeit vor, sie könne es nicht zulassen, dass wirtschaftliche Streitereien in militärische und sicherheitspolitische Angelegenheiten hineinspielten. Das Problem damit war nur, dass, abgesehen von den martialischen Verlautbarungen und Militärmanövern Washingtons, überall in Ostasien der Frieden ausbrach. So nahmen beispielsweise 1992 China und Südkorea diplomatische Beziehungen zueinander auf, und im selben Jahr kündigten die Philippinen den Stationierungsvertrag für die amerikanische Marinebasis Subic Bay unweit von Manila. Unbeirrt beharrte Washington darauf, dass Nordkorea und China nach wie vor ein erhebliches Sicherheitsrisiko darstellten, und wie nicht anders zu erwarten pflichten die Japaner, erpicht darauf, alles zu tun, um das Pentagon zufrieden zu stellen, dieser Sichtweise bei.

Im Jahr darauf verlor die Liberaldemokratische Partei erstmals nach 38 Jahren ihre Mehrheit im japanischen Unterhaus. Die Partei – die wenig dazu beitragen konnte, dass Japan seine Wirtschaft wieder in Gang brachte und seine Außenpolitik in die eigenen Hände nahm – verlor ihre Macht weniger an den Wahlurnen, als dass sie schlicht von innen heraus zerfiel. Zunächst bildeten die vielen neu im Parlament vertretenen Parteien eine Koalitionsregierung, was die Hoffnung auf eine lange überfällige politische Neuordnung nährte. Doch wie sich zeigte, war die von den Vereinigten Staaten wegen ihres »Neutralismus« lange verteufelte Sozialistische Partei so erpicht darauf, auch einmal das Ruder in den Händen zu halten, dass sie mit der Zeit alles aufgab, wofür zu stehen sie vorgegeben hatte und in einem Akt des puren Zynismus eine Koalition mit der LPD einging. Am Ende erbrachte der

Sturz der LPD nur die Einsicht, dass das japanische Parteiensystem der Nachkriegszeit nicht viel mehr gewesen war als eine hübsche Schaufensterdekoration. 1997 kehrte die LPD an die Macht zurück und übernahm einmal mehr ihre Rolle als Hüterin der von den Bedingungen des Kalten Krieges definierten Sonderbeziehungen Tokios zu Washington.

Zumindest jedoch setzte das von 1993 bis 1997 während Interregnum der bisherigen Opposition und nicht der traditionellen Parteilinie folgenden LPD-Politikern eine wichtige Debatte darüber in Gang, wie es das Land trotz einer so unfähigen, demokratisch gewählten Regierung zu solch großem Wohlstand hatte bringen können. Sowohl Angehörige der Bürokratie als auch Intellektuelle und Akademiker fingen an, sich öffentlich über genau die Punkte auszulassen, die bereits von den amerikanischen Revisionisten angeführt worden waren. Der *New York Times*-Korrespondent James Sterngold berichtete aus Tokio: »Vor fünf Jahren wurde eine Reihe westlicher Kritiker vom japanischen Establishment für die seiner Ansicht nach falsche – vermutlich sogar rassistische – Behauptung attackiert, die japanische Politik werde von Bürokraten und nicht von Politikern bestimmt und Korruption sei in der japanischen Politik an der Tagesordnung... Plötzlich jedoch werden die bislang als blasphemisch verurteilten Aussagen und Vorwürfe der ›Revisionisten‹ und ›Japan-Basher‹ mit einer überraschenden Selbstverständlichkeit debattiert.«[9] Diese Auseinandersetzung eröffnete völlig neue Einblicke in die wechselseitig verflochtenen bürokratischen, sozialen und wirtschaftlichen Systeme Japans und belegte, dass hinter der demokratischen Fassade ein Kreis von durch keine Wahl legitimierten Elitebürokraten die Fäden im Land zog. Diese Elitebürokraten waren es gewesen, die die großen Unternehmen dazu angehalten hatten, angeleitet von der Regierung eine Produktionskapazität aufzubauen, die um ein Vielfaches höher war als das, was der heimische Markt jemals aufnehmen konnte, und sich damit auf Gedeih und Verderb vom Export in die amerikanischen und asiatischen Märkte abhängig zu machen. Auf ihre Karte gingen die Kartelle, die restriktiven Lizenzierungsbestimmungen, das eingeschränkte gerichtliche Widerspruchsrecht und eine Vielzahl anderer neben den Zöllen existierender Handelshemmnisse, die dafür sorgten, dass amerikanische und europäische Konzerne weitgehend vom japanischen Markt ausgeschlossen blieben.

Ein Grund für die neue, selbstkritische Einstellung lässt sich sicherlich in der veränderten wirtschaftlichen Atmosphäre finden. Nach dem Investitionsboom Ende der achtziger Jahre und einer mit dem neuen Reichtum einher gehenden Spekulationsblase auf dem Immobiliensektor geriet die japanische Wirtschaft auf eine abschüssige Bahn. 1998, nach acht Jahren der Stagnation, kam es zu einer wirklichen Rezession. Es entbehrte nicht einer gewissen Ironie, dass die amerikanischen Ideologen diese Entwicklung als Bestätigung dafür sahen, dass die amerikanische Variante der freien Marktwirtschaft der einzig und allein zu wirtschaftlichem Erfolg führende Weg sei. Sie flochten in ihrer Kritik an der japanischen Wirtschaftspolitik nun sogar revisionistische Erkenntnisse ein, ohne diese jedoch als solche auszuweisen. Beispielsweise hatte Paul Gigot vom *Wall Street Journal* lange die Ansicht vertreten, die japanische Wirtschaft funktioniere ganz genauso wie die der Vereinigten Staaten. »Das japanische Wirtschaftswunder war, wie schon zuvor das Großbritanniens und das der USA, weitgehend ein Produkt der Kreativität und des Unternehmungsgeistes von Individuen und ihren Firmen«, schrieb Gigot 1986.[10] Kaum eine Dekade später verhöhnte er in einer Kolumne mit der Überschrift »Die große Japan-Debatte ist vorüber: Raten Sie, wer gewonnen hat?« das japanische »Modell des bürokratiegeführten Wirtschaftswachstums« als dem »Kapitalismus amerikanischer Art« klar unterlegen. Gigots neues Argument lautete: Die Revisionisten mochten mit ihrer Analyse der Funktionsweise der japanischen Wirtschaft Recht gehabt haben, aber sie hatten sich darin geirrt, es für einen Erfolg zu halten. Sollte die japanische Wirtschaft jemals wieder auf ein Comeback hoffen wollen, dann nur, argumentierte Gigot in der für seine Gesinnungsgenossen typischen Art, wenn sie sich »stärker an das amerikanische Modell« anlehnte.[11] Mit anderen Worten, diese Wirtschaftsideologen sahen in Japans ökonomischem Schicksal einen überzeugenden Beweis dafür, dass ein hegemoniales Amerika die Regeln des internationalen Handels bis in die ferne Zukunft diktieren würde, selbst wenn sich diese Hegemonie hinter modischen Begriffen wie »Globalisierung« verbarg.

Während der Kalte Krieg Teil der Geschichte wurde, hielten die Vereinigten Staaten nicht nur an dem auf die besondere Situation dieser Zeit ausgerichteten politischen Instrumentarium fest, sondern machten sich noch daran, es als Teil eines neuerlichen Feldzuges zur Absicherung ihrer globalen Hegemonie weiter zu stärken. Diese Strategie wies Japan den Platz eines Satelliten der USA zu, ob nun jemand wagte, diesen Begriff in den Mund zu nehmen oder nicht. Unterdessen stiegen die amerikanischen Defizite im Handel mit Japan von Jahr zu Jahr an, und die industriellen Überkapazitäten, die Japan und seine südostasiatischen Nachbarn weiter aufbauten, setzten den amerikanischen Produktionssektor immer mehr unter Druck. Die Kapitaltransfers von Japan in die USA bescherten den Finanziers gewaltige Profite und erzeugten in den Vereinigten Staaten den Eindruck eines wachsenden Wohlstands. Doch dann, 1997, fing das alles an, sich aufzulösen. In den ostasiatischen Volkswirtschaften brach die schlimmste ökonomische Krise seit der Weltwirtschaftskrise aus und breitete sich von dort aus über den Rest der Welt aus.

KAPITEL 9

Schmelzzeit

Cobra Gold, ein gemeinsames Manöver der amerikanischen und der thailändischen Armee, bringt alljährlich rund 10 000 amerikanische Soldaten nach Thailand. Obwohl sich der militärische Part der Übung für die amerikanischen und thailändischen Mitarbeiterstäbe weitgehend auf die Vermeidung von Langeweile beschränkt, fiebern die amerikanischen Soldaten Cobra Gold jedes Jahr entgegen. Der Grund: Sex. Nach Angaben der Militärzeitung *Pacific Stars and Stripes* warten an den Strandpromenaden von Süd-Pattaya unweit des Utapo-Luftwaffenstützpunktes rund 3000 Prostituierte auf die Seeleute und Marines. Noch einmal so viele junge Thailänderinnen vom Land, von denen viele zuerst vergewaltigt und dann in die »Sexindustrie« gezwungen wurden, bieten sich im Patpang-Distrikt in der Innenstadt Bangkoks feil. Praktisch alle von ihnen sind mit dem Aidsvirus infiziert, was die mit Kondomen ausgerüsteten US-Soldaten aber wenig zu kümmern scheint. Zur Zeit der Manöver 1997, unmittelbar vor Ausbruch der Wirtschaftskrise, kostete der Sex mit einer thailändischen Prostituierten 1500 Baht, was zu dem damaligen fixen Wechselkurs von 25 Baht für einen US-Dollar rund 60 Dollar entsprach. Als die Soldaten ein Jahr später für Cobra Gold nach Thailand kamen, mussten sie nur noch halb so viel Dollars auf den Tisch legen[1] – einer der vielen Vorteile, in deren Genuss die Amerikaner dank ihrer Rollback-Operation gegen das »asiatische« Kapitalismusmodell kamen.

Die globale Wirtschaftskrise, die im Juli 1997 in Thailand ihren Anfang nahm, hatte zwei Ursachen. Zum einen hatten sich die in das amerikanische Satellitenstaatensystem in Ostasien eingebauten Widersprüche so sehr zugespitzt, dass das System selbst erste

Risse zeigte und auseinanderzubrechen drohte. Zum anderen hatten die Vereinigten Staaten, befreit von der ihnen im Kalten Krieg auferlegten Notwendigkeit eines vorsichtigen Vorgehens – schließlich wurde jeder Fehltritt Washingtons auf der Habenseite der Sowjetunion verbucht – einen gerne unter dem Schlagwort »Globalisierung« abgehandelten Feldzug gestartet, mit dem sie den Rest der Welt zur Übernahme ihres Kapitalismusmodells zwingen wollten. Die Umsetzung dieser beiden Ziele – die Aufrechterhaltung der obsolet gewordenen politischen Strukturen aus der Zeit des Kalten Krieges sowie der Versuch, Länder zu »globalisieren«, die glaubten, eine andere Kapitalismusvariante entwickelt zu haben – drohte einen weltweiten Nachfrageeinbruch und eine neue Wirtschaftsdepression auszulösen. Was auch immer geschehen mag, der Ausbruch der Krise signalisierte aller Wahrscheinlichkeit nach den Anfang vom Ende des amerikanischen Imperiums und den Übergang zu einer tripolaren Welt, in der die USA, Europa und Ostasien sich zugleich die Macht teilen und um sie konkurrieren.

Während des Kalten Krieges warf die kommunistische Seite den Vereinigten Staaten routinemäßig vor, den Marshallplan für den Aufbau des darniederliegenden Westeuropa und die daran anschließenden Wirtschaftshilfeprogramme zugunsten der Interessen der amerikanischen Konzerne und zur Sicherstellung der Abhängigkeit der Dritten von der Ersten Welt zu missbrauchen. Der kommunistischen Theorie des wirtschaftlichen Kolonialismus zufolge zwangen die kapitalistischen Staaten den weniger entwickelten Ländern durch den Export von Industriegütern und der weitgehenden Beschränkung der Importe auf Rohstoffe eine inhärent diskriminierende Arbeitsteilung auf – ein für die Kapitalisten in den Industrieländern extrem profitables Arrangement und eines, welches die unterentwickelten Länder in der Unterentwicklung gefangen hielt. Aus diesem Grund strebten die revolutionären Bewegungen in den Entwicklungsländern entweder den Sturz der kapitalistischen Ordnung oder die schnellstmögliche Industrialisierung ihrer Volkswirtschaften an.

Ein solcher ökonomischer Kolonialismus hat lange Zeit die Beziehungen der Vereinigten Staaten zu Lateinamerika geprägt.

Während des Kalten Krieges verpackte Washington dieses Abhängigkeitssystem in die Rhetorik des Antikommunismus, verunglimpfte demokratisch gewählte Staatsführer, welche die Interessen der US-Konzerne zu gefährden schienen, als Kommunisten, oder beauftragte, wie beispielsweise in Guatemala 1954, die CIA damit, unliebsame Regierungen zu stürzen. Auch die Feldzüge gegen den Einfluss Fidel Castros in Lateinamerika erwiesen sich für amerikanische Unternehmen häufig als überaus profitabel. Aber es war nicht dieses Beziehungsmuster, das die globale Wirtschaftskrise Ende der neunziger Jahre auslöste.

Die grundlegende strukturelle Ursache der Krise ist darin zu sehen, wie die Vereinigten Staaten sich über mehr als 40 Jahre hinweg die Loyalität ihrer ostasiatischen Satellitenstaaten gewinnen und erhalten konnten. Diese nichtkommunistischen Länder akzeptierten den von Washington angebotenen Deal und setzten voll auf das »exportgetriebene Wachstum«, wobei der Export vornehmlich in den amerikanischen Markt erfolgte. Angeführt wurde diese Bewegung von Japan, gefolgt von drei unterschiedlichen Gruppen von Nachahmern: erstens, den sogenannten ostasiatischen »Tigern«, den sich rasch industrialisierenden Ländern Südkorea, Taiwan, Hongkong und Singapur; zweitens den südostasiatischen »Spätentwicklern« Malaysia, Indonesien, Thailand und die Philippinen; und drittens China, zurzeit die am schnellsten wachsende Volkswirtschaft der Welt. Den Japanern gefiel dieses »Gänseflug«-Muster gut; es schmeichelte ihnen, die Leitgans zu sein und ihren Nachbarn als Inspiration zu dienen. Die Eliten dieser Länder gingen davon aus, dass ihre wirtschaftliche Zielrichtung – Los Angeles (und der dahinter liegende US-Markt) – permanent festgeschrieben war. So lange der Kalte Krieg währte, war dieses System auch so dauerhaft, wie etwas auf dem Gebiet der zwischenstaatlichen Beziehungen nur sein kann.

Mit der Zeit jedoch erzeugte dieses Arrangement gewaltige Überinvestitionen und exzessive Produktionskapazitäten in Ostasien, bescherte den Vereinigten Staaten Rekordhandelsdefizite und brachte das Angebots- und Nachfragegleichgewicht im pazifischen Raum völlig zum Kippen. Entgegen der kommunistischen Analyse der Funktionsweise des Neokolonialismus erwies sich dieses Austauschsystem als höchst kostspielig für die imperiale Macht. Es vernichtete in den USA zahllose Arbeitsplätze, zerstörte ganze Industriezweige und machte die Hoffnungen vieler Minderheitenangehöriger und Frauen zunichte, endlich der Armut entkommen zu können.

Judith Stein, Professorin für Geschichte am City College of New York, zeichnete im Detail nach, wie Washingtons Industriepolitik, die zur Finanzierung des amerikanischen Imperiums einheimische Arbeitsplätze opferte, zahllose afroamerikanische Haushalte in Birmingham, Alabama, und Pittsburgh, Pennsylvania, zerrüttete. Das ist natürlich nur eine andere Form des Rückstoßes. Stein schreibt: »Zu Beginn des Kalten Krieges kam dem Wiederaufbau beziehungsweise dem Aufbau einer Stahlindustrie in den darniederliegenden ausländischen Volkswirtschaften eine Schlüsselrolle in der strategischen Politik der USA zu, und die Förderung des Stahlimports wurde zum Instrument der Pflege strategischer Allianzen. Dabei ignorierten die Führer der Nation durch die Bank den zwangsläufigen Konflikt zwischen den strategischen, am Kalten Krieg orientierten und den innenpolitischen Zielen. Im Rückblick auf das Denken der Eliten in dieser Ära, sagte der ehemalige Vorsitzende des Federal Reserve Board, Paul A. Volcker: ›Die Stärke und die Prosperität der amerikanischen Volkswirtschaft waren zu offensichtlich, als dass man sich Sorgen um die Kosten gemacht hätte.‹«[2] Darüber hinaus dominierten die Wirtschaftsideologen das, was an Debatten stattfand, und formulierten das Problem in der Dichotomie Protektionismus versus Internationalismus statt in der Zweiteilung Wohlstand für die Weißen versus Armut für die Armen. Bei der Berechnung der wahren Kosten der imperialistischen Politik für die Vereinigten Staaten müssten über das bloße Handelsdefizit hinaus auch die Zunahme der Kriminalität, die Verwahrlosung der Innenstädte und der um sich greifende Drogenmissbrauch mit einfließen.

Erst spät fingen die USA an, mit Japan und den anderen »Wirtschaftswunderländern« ernsthaft über die Öffnung ihrer Märkte für US-Produkte zu verhandeln. Allerdings kollidierten diese Bemühungen stets mit den Zielsetzungen der sicherheitspolitischen Beziehungen. Um das wirtschaftliche Spielfeld »einzuebnen«, hätten die Vereinigten Staaten auch das sicherheitspolitische Spielfeld einebnen müssen, und dazu sind sie bis heute nicht bereit.

Zum Aufbau von Industrien, die in den US-Markt exportieren konnten, zur Entwicklung vermarktbarer Produkte und zur Erreichung konkurrenzfähiger Preise und Qualitätsniveaus setzten die aufstrebenden Länder Ostasiens durch die Bank auf eine staatliche Industriepolitik. Dabei exerzierte Japan vor, wie man kooperative Beziehungen zwischen Staat und Wirtschaft schmiedet. Tokio griff dabei zum einen auf seine Geschichte als einer der weltweit erfolgreichsten Spätindustrialisierer und zum anderen auf sein Kriegswirtschaftsystem zurück, in dem der Staat und die *zaibatsu* – riesige Industriekonglomerate – in der Rüstungsproduktion eng zusammengearbeitet hatten. Dass die USA nach Ausbruch des Kalten Krieges die Japaner nicht vom Wiederaufbau dieser (nun *keiretsu* genannten) Konglomerate und der sie stützenden Rechtsstruktur abhielten, lag wohl vor allem daran, dass die Besatzungsbehörden entweder nicht begriffen, was da vor sich ging, oder aber dass sie die möglichen Folgen dieser Entwicklung schlicht nicht voraussahen.

Eine kapitalistische Wirtschaft weniger auf die Forderungen des nationalen Marktes, hauptsächlich aber auf den Export auszurichten, gefährdet auf lange Sicht die zentrale Funktion des freien Weltmarktes, einen Ausgleich zwischen Angebot und Nachfrage herzustellen. Statt das zu produzieren, was die Menschen in einer bestimmten Volkswirtschaft tatsächlich nutzen können, mästeten sich die ostasiatischen Exportwirtschaften an der von einer imperialistischen Macht künstlich erzeugten Auslandsnachfrage. Diese Strategie funktionierte nur, solange die amerikanische Wirtschaft ein Vielfaches größer war als die der Satellitenstaaten und nur Japan und vielleicht noch einer oder zwei der kleineren Tigerstaaten ebendiese Strategie verfolgten. Doch in den achtziger Jahren war die japanische Wirtschaft doppelt so groß wie die der beiden deutschen Staaten zusammengenommen, und alles, was die Japaner taten, wirkte sich nicht nur auf die amerikanische, sondern auch auf die Weltwirtschaft aus. Darüber hinaus verfügten alle ostasiatischen (und so gut wie alle anderen Entwicklungsländer) über zumindest ein begrenztes Wissen dessen, wie sich ein Wirtschaftswunder à la Japan bewerkstelligen ließ, und viele versuchten denn auch, das japanische Hochgeschwindigkeits-Wachstumsmodell nachzuahmen. Das Überangebot der auf den US-Markt zielenden Produkte (oder der Produkte, die für die weitere Expansion der aufstrebenden exportorientierten Volkswirtschaften notwendig waren) nahm extreme Formen an. Es gab schlicht zu viele Fabriken, die zu viele Sportschuhe, Autos, Fernseher, Halbleiter, petrochemische Erzeugnisse, Schiffe und zu viel Stahl für zu wenige Käufer auf den Markt warfen. Die globale Nachfrage nach Autos beispielsweise hat ihren Gipfel offensichtlich bei rund 50 Millionen Fahrzeugen erreicht; dem gegenüber steht eine inzwischen bereits auf 70 Millionen Einheiten angewachsene globale Produktionskapazität. Noch verschärft wird diese Diskrepanz zwischen Angebot und Nachfrage durch den von der weltweiten Wirtschaftskrise ausgelösten Einbruch des Automobilabsatzes in Südostasien von 1,3 Millionen Einheiten 1997 auf nur noch 450 000 Einheiten ein Jahr später.

Das soll nicht heißen, dass der gesamte potenzielle Bedarf bereits gedeckt sei. Noch gibt es viel zu viele Menschen, die barfuß gehen müssen und gerne ein Paar Sportschuhe hätten, oder die sich gerne einen Fernseher ins Wohnzimmer stellen oder ein Auto anschaffen würden. Mag sein, dass sie eines Tages auch die Mittel dazu haben, aber noch sind sie zu arm, um die Nachfrage wirksam anzuheizen. Die in Ostasien entstandene Überkapazität läutete einen gnadenlosen Konkurrenzkampf zwischen amerikanischen und europäischen Konzernen ein. Die Unternehmen reagierten darauf mit Kostensenkungsmaßnahmen, was vornehmlich hieß, dass sie – soweit möglich – ihre Fertigung in Länder mit einem niedrigeren Facharbeiterlohn auslagerten. Während sich die schlecht bezahlten Arbeiter in Ländern wie Vietnam, Indonesien oder China mangels Kaufkraft die von ihnen erzeugten Güter kaum leisten können, stößt das zusätzliche Angebot auch in den unter stagnierenden oder gar rückläufigen Einkommen leidenden und sowieso schon gesättigten Märkten der USA und Europas kaum auf Nachfrage. Das beschwört die Gefahr eines strukturellen Zusammenbruchs der globalen Nachfrage herauf, dem eine Rezession und möglicherweise sogar so etwas wie eine zweite Weltwirtschaftskrise folgen könnte. Oder, wie der Wirtschaftsjournalist William Greider in seinem Buch *Endstation Globalisierung: Neue Wege in eine Welt ohne Grenzen* schrieb: »Der Export von gut bezahlten Arbeitsplätzen in Niedriglohnländer erschließt den Unternehmen klare und unmittelbare ökonomische Nutzen. Allerdings ersetzt er, grob gesagt, auch gut verdienende Verbraucher durch schlecht verdienende, ein das gesamte System schwächender Wandel.«[3] Die einzige Antwort darauf wäre, durch die bessere Bezahlung der Arbeiter in den Niedriglohnländern die darniederliegende Nachfrage zu stimulieren. Doch selbst wenn die politischen Autoritäten in den betroffenen Ländern das wollten, sie könnten es nicht, da die »Globalisierung« ihnen die Entscheidungsfähigkeit in dieser Sache aus den Händen genommen hat.

Eine durch ein Überangebot ausgelöste Krise war mittelfristig und angesichts der mangelnden Bereitschaft der imperialen USA, ihr Satellitenstaatssystem zu reformieren, unausweichlich. Auch in den ausgehenden neunziger Jahren spielte die amerikanische Wirtschaft weiter ihre Rolle als Abnehmer der woanders nicht absetzbaren, enormen Produktionsüberschüsse des ostasiatischen Raumes, obwohl das, wie an den riesigen Handelsbilanzdefiziten ersichtlich wird, unter dem Strich den Transfer von Billionen von Dollar von den USA nach Asien bedeutete. Dieser Kapitalabzug löste einen realen Rückgang der Einkommen der unteren 10 Prozent der US-Haushalte aus – zwischen 1973 und 1995 sank ihr Einkommen inflationsbereinigt im Schnitt um 13 Prozent. Es dauerte bis 1997, bis ein schwaches Glied in der Kette riss – ironischerweise nicht im Handel, sondern im Finanzbereich – und das System lahm zu legen drohte.

Die Finanzsysteme der wachstumsstarken ostasiatischen Volkswirtschaften finanzierten das für den raschen industriellen Ausbau nötige Kapital ohne Ausnahme vor allem aus dem staatlich geförderten, außergewöhnlich hohen Sparaufkommen ihrer privaten Haushalte. Die vergleichsweise hohe Sparquote der ostasiatischen Haushalte erklärt sich dadurch, dass mit bewusst hohen Preisen für Verbrauchsgüter auf den Inlandsmärkten der private Konsum gebremst wurde (eine Preispolitik, die unweigerlich »Dumping«-

Vorwürfe auslöste, wenn die Waren zu normalen Preisen in den Export gingen). Sparen war in diesen Ländern nicht nur ein patriotischer Akt, sondern auch eine Frage des Überlebens. Die ostasiatischen Gesellschaften, die praktisch kein soziales Sicherheitsnetz für schlechte Zeiten kannten, in denen Wohnungen oft auf einen Schlag bezahlt werden mussten und in denen Zinszahlungen auf Hypothekenkredite nicht steuerlich absetzbar waren, ließen ihren Bürgern keine andere Wahl, als möglichst viel Geld auf die hohe Kante zu legen.

Die ostasiatischen Staaten sammelten dieses Sparkapital in mit den Industriekonglomeraten assoziierten Banken oder in staatlichen Sparinstituten wie beispielsweise der Post. Sie hatten sich bewusst dagegen entschieden, das für den Aufbau und die Expansion ihrer Exportindustrie benötigte Kapital primär über die Börse zu erheben, sondern fanden es viel wirksamer, das in diesen Banken angesparte Kapital in die Industrien zu lenken, die sie zu entwickeln trachteten. Das führte dazu, dass die scheinbar privaten Banken Ostasiens nicht zu unabhängigen, vorrangig an der Profitabilität eines Unternehmens oder am Erfolg eines Kredites interessierten Kreditinstituten wurden, sondern zu Partnern von Privatunternehmen und Industriegruppen, die den Anweisungen der Regierung folgten und sich auf der sicheren Seite wussten, solange sie eben das taten.

An der Oberfläche sahen die Konzerne der meisten ostasiatischen Ländern ihren Konkurrenten in Europa oder Amerika ähnlich, doch dieser Eindruck täuschte. Das bekam beispielsweise der amerikanische Unternehmensausschlachter T. Boone Pickens zu spüren, als er einen kleinen japanischen Hersteller von Autoscheinwerfern übernehmen wollte und feststellen musste, dass ein signifikanter Teil der Aktien von der Toyota Motor Company gehalten wurde. Das Unternehmen, dessen Mehrheit er erwerben wollte, gehörte zum Toyota-*keiretsu,* einem unter dem Dach des Autoherstellers operierenden Konglomerats kooperierender Firmen und Banken. Obwohl Pickens einen Anteil hielt, der ihm in den USA eine Stimmenmehrheit gesichert hätte, konnte Toyota seinen Übernahmeversuch abwehren und verhindern, dass Pickens eigene Direktoren und Manager in die Unternehmensführung berief. Schon den Umstand, dass Pickens überhaupt in nennenswertem Umfang Aktien der Firma hatte aufkaufen können, verdankte er einem glücklichen Zufall – ein unzufriedener Anteilseigner hatte ihm seine Aktien verkauft. Bis vor sehr kurzer Zeit befanden sich die japanischen Konzerne durch ein Geflecht wechselseitiger Anteilseignerschaften ausschließlich in gegenseitigem Besitz, ein System, das darauf ausgelegt war, Leute wie Pickens außen vor zu halten und sicherzustellen, dass die Unternehmen im Interesse des Landes handelten und weniger im Hinblick auf die Maximierung der Aktionärsprofite. Kapital wurde nicht über den Verkauf von Anteilen erhoben, und die Anteilseigner interessierten sich nicht für die mit den Geschäften des Unternehmens einhergehenden Risiken oder Profite.

Und dieses System funktionierte auch hervorragend. Die britische Entwicklungs- und Hilfsorganisation Oxfam lobte die ostasiatischen Volkswirtschaften dafür, während des Kalten Krieges »die Armut von sehr vielen Menschen schneller als je zuvor in der Geschichte gelindert« zu haben.[4] Doch die Stabilität der ostasiatischen Volkswirtschaften hing von ihrer Fähigkeit ab, ihre Finanzsysteme abgeschlossen – sprich, unter nationaler Kontrolle und Aufsicht – zu halten. Als sie geöffnet wurden, zeigte sich, dass die Finanzstrukturen der ostasiatischen Entwicklungsländer den Angriffen ausländischer Investoren und internationaler Finanzspekulanten nahezu schutzlos ausgeliefert waren. Das ostasiatische System brachte Unternehmen hervor, deren Schuldenlast den Wert der Aktionärseinlagen um fast das Fünffache übertraf. Im Vergleich dazu weisen US-Unternehmen in der Regel einen Verschuldungskoeffizient von weniger als eins zu eins auf. Die mit einer so hohen Verschuldung wirtschaftenden ostasiatischen Unternehmen schenkten dem Wert ihrer Stammaktien üblicherweise keine sonderliche Beachtung. Stattdessen finanzierten sie ihre exorbitanten Bankschulden mit den Einnahmen aus dem Exportgeschäft. Als sich jedoch immer mehr Unternehmen außerstande sahen, ihre Schulden zu bedienen, gerieten auch die kreditgebenden Banken schnell in Zahlungsschwierigkeiten. Anders gesagt, das ganze System war auf Gedeih und Verderb auf das kontinuierliche Wachstum der Exporteinnahmen angewiesen.

Die ostasiatischen Banken waren nicht unfähiger oder korrupter als die Banken in anderen Ländern. Was ihnen Probleme bereitete, war der Umstand, dass die Industriepolitik der Volkswirtschaften, innerhalb derer sie operierten, die Profitabilität eines Kredits sehr nahe an der Untergrenze der Kriterien ansiedelte, von denen sie eine Investitionsentscheidung abhängig machten. Stattdessen konzentrierten sich diese Banken auf den Ausbau der produktiven Kapazität, die Vergrößerung des Marktanteils, den Erwerb von Anlagevermögen und möglichst eindrucksvolle Bilanzen. Von einer rein westlichen Warte aus betrachtet, hätten sie in der Tat viele der Kredite, die sie gewährten, nicht vergeben dürfen. Dem westlichen Beobachter erscheint es als nachgerade idiotisch, wirtschaftliche Kriterien wie beispielsweise die Profitabilität zu ignorieren. Doch für einen südkoreanischen Banker war es wichtiger, ein assoziiertes Unternehmen, das beispielsweise Autos für den US-Markt herstellte, zu unterstützen, als die Investitionsentscheidungen des Unternehmensmanagements in Frage zu stellen. Das gehörte mit zu der Logik, die sich daraus ergab, Banker in einem der amerikanischen Hegemonialordnung in Ostasien angehörenden Land zu sein.

Dann, ohne jede Vorwarnung, änderte sich diese Ordnung. Der wahrscheinlich erste wichtige Schlag für das ostasiatische Kapitalismusmodell erfolgte 1971, als US-Präsident Nixon das Bretton-Woods-System der festen Wechselkurs aufkündigte, das auf der Währungs- und Finanzkonferenz der (späteren) Vereinten Nationen im Sommer 1944 vereinbart worden war. Die in Bretton Woods, New Hampshire, geschlossenen völkerrechtlichen Verträge der späteren Siegermächte des Zweiten Weltkrieges stellten die wichtigste Grundlage für ein neues und besseres globales Finanzsystem dar. Die Alliierten beabsichtigen damit, dem Protektionismus und der von vielen Ländern betriebenen, bewussten Abwertung ihrer nationalen Währung zur Verbesserung der Konkurrenzfähigkeit ihrer Wirtschaft einen Riegel vorzuschieben, der die Weltwirtschaftskrise Ende der zwanziger, Anfang der dreißiger Jahre verschärft und den Aufstieg des Nationalsozialismus begünstigt hatte. Erreicht wurde dies über ein System der festen Wechselkurse zwischen den Währungen aller beteiligten Länder. Auf der Konferenz wurde auch der Internationale Währungsfonds

(IWF) gegründet, der diejenigen Länder unterstützen sollte, deren wirtschaftliche Situation sie zur Anpassung des Wechselkurses ihrer Währung zwang, sowie die Weltbank als Institut zur Finanzierung des Wiederaufbaus der vom Krieg zerstörten Länder. Dabei wurde der Wert jeder Währung an den US-Dollar gekoppelt, dessen Wert wiederum von der Zusage Washingtons garantiert wurde, jederzeit Dollars zu einem fixen Kurs in Gold umzutauschen.

Als der Vietnamkrieg den Vereinigten Staaten so gewaltige Ausgaben aufbürdete, dass das Land finanziell auszubluten drohte, beschloss Nixon 1971, das Bretton-Woods-System zu beenden. Die USA konnten es sich, begründete Nixon den Schritt, einfach nicht länger leisten, Dollars zu einem festen Kurs gegen Gold zurückzukaufen. Viel wirksamer wäre es jedoch gewesen, den Vietnamkrieg zu beenden und den Bundeshaushalt auszugleichen. Stattdessen erlaubte man dem Dollar und den anderen Währungen, frei zu »floaten«– sprich, man überließ es den Marktkräften, den Wechselkurs zwischen den Währungen zu bestimmen.

Der Historiker, Manager und Romanautor John Ralston Saul bezeichnete Nixons Entscheidung als die »vielleicht fatalste wirtschaftspolitische Entscheidung der Nachkriegszeit. Der Westen wurde in die monetäre Barbarei und die Instabilität des 19. Jahrhunderts zurückgestoßen.«[5] Die frei schwankenden Wechselkurse erzeugten ein hohes Maß an Unsicherheit im internationalen Handelssystem. Sie stimulierten das Wachstum des sogenannten Finanzkapitalismus – also den Handel mit Aktien, Anleihen, Währungen und anderen Finanzinstrumenten und das Verleihen von Geld an Unternehmen, Staaten und Verbraucher – auf Kosten der Herstellung von Gütern und ihrem Verkauf zu von einem freien Markt bestimmten Preisen. Der Finanzkapitalismus impliziert, wie der Name schon andeutet, dass man mittels der Manipulation von Kapital Geld zu verdienen versucht, und nicht etwa dadurch, dass man ein Gleichgewicht zwischen den Produzenten und den Konsumenten von Gütern herzustellen anstrebt. Im Gegenteil, um Profit aus den Diskrepanzen schlagen zu können, verschärft der Finanzkapitalismus die Ungleichgewichte in und zwischen den kapitalistischen Volkswirtschaften. Im 19. Jahrhundert wurde das Entstehen und später die Dominanz des Finanzkapitalismus weithin als unerwünschte Begleiterscheinung schlecht regulierter kapitalistischer Wirtschaftssysteme betrachtet. Von Adam Smith bis John Hobson konstatierten viele Theoretiker der Zeit, dass die meisten Kapitalisten eigentlich gar keine Kapitalisten sein wollen. Viel lieber wären sie Monopolisten, Rentiers, Wucherer oder auf jeden Fall in einer Position, die ihnen einen unfairen Vorteil einräumt und es ihnen erlaubt, leichter Profit aus der geistigen und körperlichen Arbeit anderer zu ziehen. Smith und Hobson waren beide überzeugt, dass der Finanzkapitalismus die Ursache der Pathologien der Weltwirtschaft war, die sie Merkantilismus und Imperialismus nannten, anders gesagt, die wirtschaftliche Ausbeutung anderer statt eines *wechselseitig* Nutzen schaffenden Austausches zwischen den wirtschaftlichen Akteuren.

Gegner des Kapitalismus wie beispielsweise die Marxisten betrachteten diese Probleme als unausweichlich und als den eigentlichen Grund, warum kapitalistische Systeme früher oder später implodieren müssen. Fürsprecher des Kapitalismus wie Smith und Hobson hielten dagegen, dass diese Probleme sich durch die Institutionalisierung volkswirtschaftlicher Kontrollen des monetären Systems – wie es beispielsweise das Bretten-Woods-Abkommen tat – in den Griff bekommen ließen. Das Versäumnis, solche Steuerungsinstrumente zu installieren, resultiert ihrer Ansicht nach in einer nicht optimalen Kaufkraftdistribution. Gibt es in einer Volkswirtschaft zu wenige Reiche und zu viele Arme, bleibt die Nachfrage hinter dem Güter- und Dienstleistungsangebot zurück. Das in dieser Situation entstehende »Überschuß«-Kapital muss sich neue Betätigungsfelder erschließen. Die Kapitalbesitzer in den reifen kapitalistischen Ländern des 19. Jahrhunderts bedrängten ihre Regierungen, Kolonien zu gründen, in die sie investieren konnten und die ihnen Profitquoten ermöglichten, wie sie auf den heimischen Märkten nicht länger erzielbar waren. Die Wirtschaftstheoretiker des 19. Jahrhunderts sahen darin die eigentliche Ursache des Imperialismus und empfahlen dagegen auch ein konkretes Mittel: die Intervention des Staates mit dem Ziel, die Kaufkraft der Bevölkerung zu steigern. Mit dem Ausstieg der Vereinigten Staaten aus dem Bretton-Woods-System kehrten diese Probleme wieder auf die weltwirtschaftliche Bühne zurück.

Als in den achtziger Jahren die Exporte Japans anfingen, der Wirtschaft der Vereinigten Staaten ernsthaft Schaden zuzufügen, vereinbarten Tokio und Washington, dem Problem mit einer Manipulation der Wechselkurse entgegenzusteuern. 1985 vereinbarten die Finanzminister beider Länder auf einem Sondergipfel im New Yorker Plaza Hotel, den Wert des Dollars zu drücken und den des Yen anzuheben und dadurch amerikanische Produkte billiger und japanische Produkte teurer zu machen. Dazu beauftragten sie ihre Zentralbanken, je nach Entwicklung am Devisenmarkt in gegenseitiger Abstimmung Dollar beziehungsweise Yen aufzukaufen oder auf den Markt zu werfen. Dieses Wechselkursregime sorgte ein Jahrzehnt lang für einen niedrigen (mithin billigen) Dollar.

Sinn und Zweck des Plaza-Währungsakkords war es, das gigantische Defizit der USA im Handel mit Japan zu reduzieren. Allerdings wirkt sich das Drehen an der Wechselkursschraube nur auf die Preise und die Wettbewerbsfähigkeit aus, und Preisvorteile der Japaner waren nicht der Grund der amerikanischen Außenhandelsdefizite. Das Abkommen basierte zwar auf solider akademischer Wirtschaftstheorie, ignorierte aber die besondere Organisation der japanischen Wirtschaft und ihre kritische Abhängigkeit vom Zugang zum amerikanischen Markt – und wurde deshalb zur eigentlichen Ursache der Krisen, welche die ostasiatischen Volkswirtschaften in den nachfolgenden 15 Jahren befielen.

Nachdem das Wechselkursregime in Kraft getreten war, ging die US-Regierung davon aus, dass sich das Handelsungleichgewicht von alleine korrigieren würde. Washington unternahm weder etwas gegen die Importbarrieren, mit denen Tokio seine Märkte schützte, noch beschränkte es die japanischen Exporte in die Vereinigten Staaten. Japan reagierte auf den starken Yen mit einer industriepolitischen Großoffensive zur Kostensenkung, um trotz des Wechselkurshandikaps sein exportgetriebenes Wachstum fortsetzen zu können. Parallel dazu senkte das japanische Finanzministerium die Zinssätze auf dem nationalen Markt, was die Kapitalkosten praktisch auf null drückte und bei den Industriekonglomeraten einen regelrechten Investitionsboom auslöste. Die Folge waren die Entstehung einer geradezu fantastischen industriellen Überkapazität und eine »Seifenblasen-Wirtschaft«, in der die Preise beispielsweise von Immobilien jeglichen Bezug zu den ihnen zugrunde liegenden, realen Werten verloren. Das ging so weit, dass sich ein japanischer Wirtschaftsboss völlig realitätsfern im amerikanischen Fernsehen damit brüstete, dass ein Quadratmeter im Tokioter Vergnügungsviertel Ginza mehr wert sei als ganz Seattle. Mit der Zeit liefen gewaltige Schulden auf, und die japanischen Banken hatten mindestens 600 Milliarden Dollar nicht abbezahlter Kredite in den Büchern stehen, die das gesamte Bankensystem in den Ruin zu treiben drohten.

Mitte der neunziger Jahre spitzten sich die Dinge zu. Japan erwirtschaftete zwar immer noch riesige Kapitalüberschüsse und investierte diese auch in US-Schatzbriefe, ein Kapitalexport, der den USA dabei half, ihre Schulden zu finanzieren und die Zinsen niedrig zu halten. Gleichzeitig jedoch sah sich Japan der Gefahr gegenüber, dass mehrere der faktisch bankrotten Banken des Landes zusammenbrachen. Darauf reagierten die japanischen Finanzinstitute, die immer noch hofften, ihre Probleme auf traditionelle Weise über ein stärkeres exportgetriebenes Wachstum lösen zu können, mit der Forderung, zur Stimulation des Exports den hohen Yen-Kurs zu senken. Eisuke Sakakibara, damals Vizeminister für internationale Angelegenheiten im japanischen Finanzministerium, macht keinen Hehl daraus, dass er in Washington auf eine Yen-Abwertung drängte und damit »die Welt unbeabsichtigt in eine der größten Wirtschaftskrisen des 20. Jahrhunderts stürzte«.[6] Die US-Regierung ging auf Sakakibaras Wunsch ein; 1996 war Wahljahr in den USA, und es hätte Bill Clintons Erfolgsaussichten nicht unbedingt erhöht, hätten die Japaner zur Sanierung ihrer in Schieflage geratenen Banken gerade jetzt massiv Kapital aus den USA abgezogen. Das »umgekehrte Plaza-Abkommen«, das die US-Notenbank und die japanische Nationalbank zwischen 1995 und 1997 umsetzten, ließ den Yen gegenüber dem Dollar um 60 Prozent an Wert verlieren.

Doch im Windschatten des Plaza-Abkommens hatten viele der aufstrebenden Volkswirtschaften Südostasiens ihre Währungen an den niedrigen Dollar gekoppelt und damit offizielle Kurse definiert, zu denen Unternehmen und andere Länder die südostasiatischen Währungen gegen Dollar eintauschen konnten. Solange der Dollar billig war, garantierte ihnen das einen Preisvorteil gegenüber ihren Konkurrenten, auch gegenüber Japan, und machte die Region mit ihrem boomenden Exportsektor äußerst attraktiv für ausländische Investoren. In den frühen neunziger Jahren verzeichneten alle ostasiatischen Länder mit Ausnahme Japans ein geradezu explosives Wachstum. Doch als mit dem »umgekehrten Plaza-Abkommen« der Dollar drastisch teurer wurde, brach das Unheil über sie herein. Die durch den Kursanstieg des Dollars ausgelöste drastische Verteuerung ihrer Produkte auf dem Weltmarkt, wo sie nun selbst gegenüber Japan ins Hintertreffen gerieten, ließ das Exportwachstum in den Ländern aus dem zweiten Glied wie Südkorea, Thailand, Indonesien, Malaysia und die Philippinen von jährlich 30 Prozent Anfang 1995 bis Mitte 1996 auf null sinken.[7]

Verschärft wurde die Krise noch durch die neuen Finanzinstrumente, die in dem Jahrzehnt seit dem Plaza-Abkommen vor allem in den westlichen Industrieländern entwickelt worden waren und die unter anderem den Abschluss von Wetten auf die Kursentwicklung an den Devisenmärkten ermöglichten. Gleichzeitig hatten sich in diesen Ländern gewaltige Kapitalpools gebildet, teilweise aus dem einfachen Grund, dass die zusehends ältere Bevölkerung ein explosives Wachstum der Pensionsfonds nach sich gezogen hatte, die das Kapital ihrer Anleger irgendwo investieren mussten. Allein in den Vereinigten Staaten stieg das in Investmentfonds angelegte Kapital von einer Billion Dollar Anfang der achtziger Jahre auf 4,5 Billionen Dollar Mitte der neunziger Jahre. Damit war der Weg in die Katastrophe vorgezeichnet: Falls diese Investmentfonds massiv Kapital in ein Land transferierten und dann – aus welchen Gründen auch immer – plötzlich wieder abzogen, würde sich das verheerend auf die Währung dieses Landes auswirken. Dank der raschen Fortschritte der Computer- und der Telekommunikationstechnologien sanken die Transaktionskosten und nahm zugleich die Geschwindigkeit und die Präzision zu, mit der die Finanzkapitalisten Geld von einem Markt in den nächsten verschieben und weltweit Währungskurse manipulieren konnten. Mit dem Schlagwort »Globalisierung«, eine emphatische Umschreibung für das, was im 19. Jahrhundert noch schlicht Imperialismus geheißen hatte, legten die Manager dieser Fonds ihr Kapital in aller Herren Länder an. Wissenschaftlich untermauert wurde ihr Vorgehen von Ökonomen, die trotz zahlloser gegenteiliger Hinweise unbeirrt argumentierten, dass der freie Kapitalverkehr dasselbe sei wie der freie Warenverkehr und deshalb kein Grund bestünde, den Transfer von überschüssigem Kapital in alle und aus allen Ländern zu reglementieren.

Der Zustrom ausländischen Kapitals in die Entwicklungsländer Asiens und Lateinamerikas schnellte von rund 50 Milliarden Dollar pro Jahr vor dem Ende des Kalten Krieges auf jährlich 300 Milliarden Dollar Mitte der neunziger Jahre hoch. Von 1992 bis 1996 wuchsen die Geld- und Kreditmärkte Indonesiens, Malaysias, Thailands und der Philippinen pro Jahr zwischen 25 und 30 Prozent. In derselben Zeit investierten Südkorea, Thailand und Indonesien fast 40 Prozent ihres Bruttoinlandsproduktes in den Ausbau ihrer Produktionskapazitäten und die Errichtung von Hotels und Bürogebäuden. In Europa lag dieser Anteil bei gerade einmal 20 Prozent und in den Vereinigten Staaten sogar noch darunter. 1996 ging fast die Hälfte des weltweit von Europäern, Japanern und Amerikanern investierten Auslandskapitals nach Asien. Ein paar Zahlen aus den Vereinigten Staaten machen das Ausmaß dieses Engagements deutlich. Die Citybank hatte 1997 etwa 22 Milliarden Dollar auf ostasiatische Währungen lautende Kredite, rund 20 Milliarden Dollar in Anleihen aus der Region und acht Milliarden in Dollarkrediten in den Büchern stehen, die Morgan Bank Asienanleihen im Wert von 19 und Dollarkredite in Höhe von sechs Milliarden Dollar, und die Chase Manhattan Bank hielt vier Milliarden Dollar auf ostasiatische Währungen lautende Kredite, asiatische Anleihen im Wert von 15 Milliarden Dollar und gleichfalls Dollarkredite in Höhe von sechs Milliarden Dollar.[8]

Inzwischen haben mehrere berühmte Finanziers und Ökonomen, auch wenn sich keiner von ihnen zu der Zeit zu Wort meldete, auf die Gefahren des sogenannten »heißen Geldes« oder »vagabundierenden Kapitals« hingewiesen. So erklärte etwa George Soros, einer der reichsten Finanzmagnaten und Chef eines großen Hedgefonds mit Sitz auf den Niederländischen Antillen, dass die »Finanzmärkte keineswegs zu einem Gleichgewichtszustand tendieren, sondern im Gegenteil inhärent instabil« sind, und warnte davor, die Deregulation der Finanzdienstleistungsindustrie weiter voranzutreiben.⁹ Jagdish Bhagwati, einer der leidenschaftlichsten Fürsprecher des freien Welthandels und ehemaliger Berater des GATT-Generaldirektors, klagt, das Prinzip des freien Handels sei von »den Befürwortern des mobilen Kapitals gekidnappt« worden. Seiner Ansicht nach hat sich ein dem militärisch-industriellen Komplex vergleichbarer, neuer »Wall-Street/Finanzministeriumkomplex« geformt, der wenig zur Stabilität der Weltwirtschaft beiträgt, aber enorm davon profitiert, dass er den Anschein erweckt, eben dies zu tun. Genau betrachtet, so Bhagwati weiter, waren die ostasiatischen Volkswirtschaften gar nicht auf das »heiße Geld« der ausländischen Investoren angewiesen, da die meisten von ihnen ihr Wachstum aus dem nationalen Sparaufkommen finanzieren konnten. Darüber hinaus kann sich ein unreguliertes Finanzsystem relativ einfach von dem produktiven System, dem es dienen soll, abkoppeln und so eine hohe Anfälligkeit für »Panikausbrüche und Psychosen« entwickeln.¹⁰

Aber die am Horizont dräuende Krise wurde noch durch andere Faktoren begünstigt. Ohne besonders groß darüber nachzudenken oder die Frage gar zum Gegenstand einer öffentlichen Debatte zu machen, entwarf die US-Regierung ihre neue weltpolitische Strategie um die zentralen militärischen Institutionen des Kalten Krieges herum. Sie öffnete die NATO für die ehemaligen sowjetischen Satelliten Ungarn, Tschechien und Polen, verstärkte ihre ostasiatischen Allianzen und verpflichtete sich, den Zugang der Industrieländer zum Öl vom persischen Golf sicherzustellen. Der Golfkrieg von 1991 war die erste Demonstration dieser Politik. Zu Lasten einer möglichen »Friedensdividende«, welche die Vereinigten Staaten in den Ausbau ihrer industriellen und sozialen Infrastruktur hätten investieren können, verzichteten sie auf eine signifikante Reduzierung des 270 Milliarden Dollar schweren Verteidigungshaushaltes und richteten den militärischen Fokus von der Möglichkeit eines Krieges mit einem mehr oder weniger ebenbürtigen Feind auf die Aufgaben eines imperialen Weltpolizisten.

Vor dem Hintergrund einer auf militärischer Ebene etablierten Hegemonie und einer Öffentlichkeit, die über die Politik ihrer Regierung mehr oder weniger nicht unterrichtet war, startete die Regierungsbürokratie gemeinsam mit Wirtschaftstheoretikern und Mitgliedern des Wall-Street/Finanzministeriumkomplexes einen überaus ehrgeizigen, um nicht zu sagen megalomanischen Feldzug mit dem Ziel, den Rest der Welt zur Übernahme der wirtschaftlichen Institutionen und Normen der Vereinigten Staaten zu bewegen. Man könnte dies als den letzten groß angelegten Versuch betrachten, den Rationalismus der Aufklärung des 19. Jahrhunderts in die Tat umzusetzen, als eine ebenso idealistische und utopische Vision wie das von Marx erträumte Paradies des reinen Kommunismus. Man könnte aber auch zu dem Schluss kommen, dass die Vereinigten Staaten nach dem Sieg zuerst über die Faschisten und dann über die Kommunisten nun die letzten Rivalen im Kampf um die globale Vorherrschaft niederzuringen versuchten – die ostasiatischen Staaten, welche die politischen Bedingungen des Kalten Krieges zu ihrer Bereicherung ausgenutzt hatten. Dieser Sichtweise zufolge ging es den Vereinigten Staaten weniger um die »Globalisierung« der Weltwirtschaft, sondern vielmehr darum, ihre zusehends selbstbewussteren ostasiatischen Konkurrenten in die Knie zu zwingen.

So oder so, beflügelt von dem, was der Apologet Amerikas, Francis Fukuyama, das »Ende der Geschichte« nannte – der Glaube daran, dass mit dem Ende des Kalten Krieges alle Alternativen zum Wirtschaftssystem der USA diskreditiert seien –, verfielen die Führer Amerikas dem Hochmut. Obwohl es keine Hinweise darauf gibt, dass Washington eine auf die Ausweitung seiner globalen Hegemonie abzielende Verschwörung ausheckte, reichten das von manchen an den Tag gelegte Gefühl der moralischen Überlegenheit und der Opportunismus der anderen aus, einen vergleichbaren Effekt zu bewirken.

Die Operation erfolgte in zwei strategischen Phasen. Ungefähr von 1992 bis 1997 führten die USA eine ideologische Kampagne, die auf die Öffnung aller nationalen Märkte für den freien Welthandel und den ungehinderten Kapitalverkehr über nationale Grenzen hinweg abzielte. Konkret bedeutete dies, den Einfluss des Staates zu beschränken, und zwar insbesondere seine wirtschaftliche Aufpasserfunktion in allen »marktwirtschaftlichen Demokratien«. Wo dieser Ansatz erfolgreich war (namentlich in Südkorea), führte er zu einer Aufweichung des ehemaligen Entwicklungsstaates, die seine Verwundbarkeit im internationalen Markt merklich erhöhte.

Dann, ab Juli 1997, ließen die Vereinigten Staaten diese Länder die Macht des seiner Fesseln entledigten internationalen Kapitals spüren. Ob Washington dies bewusst tat oder ob es unbeabsichtigt geschah, lässt sich gegenwärtig noch nicht beurteilen. Zumindest aber kann niemand behaupten, dass man in Washington nichts von der Größe und der Macht der in Off-Shore-Steuerparadiesen residierenden Hedgefonds und den fantastischen Profiten wusste, die sie mit ihren spekulativen Angriffen auf anfällige Währungen erzielten. 1994 beispielsweise wechselte der ehemalige Professor an der Harvard Business School und spätere Stellvertreter Alan Greenspans, David W. Mullins, vom Posten des Vizevorstands des Federal Reserve Board in das Direktorium von Long-Term Capital Management (LTCM), einem riesigen Hedgefonds mit Sitz in Greenwich, Connecticut, der sein Kapital geschützt vor dem Zugriff der Steuerbehörden von den Cayman-Inseln aus verwaltete. 1998, nachdem die vom LTCM mit zu verantwortenden Bedingungen die Firma selbst an den Rand des Bankrotts getrieben hatten, arrangierte die Federal Reserve Bank eine 3,65 Milliarden Dollar schwere Rettungsaktion für den Hedgefonds – ein geradezu klassisches Beispiel für den »Vetternwirtschaftskapitalismus«, der ansonsten immer mit den wachstumsstarken Volkswirtschaften Ostasiens in Verbindung gebracht wird. Als die Rettungsaktion bekannt wurde, erinnerten denn auch eine Reihe asiatischer Zeitungen daran, wie sich die *New York Times* erst ein paar Monate zuvor in einem Editorial kritisch darüber ausgelassen hatte, dass in Asien »geheime Absprachen und Deals nicht nur toleriert, sondern sogar ermutigt« würden, und dass »die Vereinigten Staaten die Bedeutung der vollen Transparenz von Unternehmen und Finanzinstitutionen nochmals hervorheben« müssten.[11] Nach der LTCM-Rettungsaktion klagte mit Martin Mayer einer der anerkanntesten Experten des amerikanischen Finanzsystems, dass »die Fed ungeachtet ihres ganzen Geredes von ›Transparenz‹ den am raschesten wachsenden Sektor der Bankenindustrie selbst für die Aufsichtsbehörden total undurchsichtig« gemacht hat.¹²

Um den kleineren asiatischen Volkswirtschaften die Annahme des ganzen Kapitals, das die Vereinigten Staaten, Japan und die anderen Industrienationen ihnen anboten, auf der intellektuellen Ebene akzeptabler erscheinen zu lassen, setzte die US-Regierung auf das Asiatisch-Pazifische Wirtschaftsforum (APEC), eine von den Australiern bei einer Zusammenkunft der Handelsminister in Canberra im November 1989 ins Leben gerufene Organisation. Doch richtig in die Gänge kam die Organisation erst im November 1993, als Bill Clinton an einem APEC-Treffen in Seattle teilnahm und es in einen asiatisch-pazifischen Gipfel der Staatschefs der wichtigsten ostasiatischen Länder ummünzte. Auf dem Seattle-Gipfel wurde auch die erste »Deklaration zur wirtschaftlichen Zukunft« der APEC erarbeitet – »Die progressive Entwicklung einer Gemeinschaft der asiatisch-pazifischen Volkswirtschaften, basierend auf der Freiheit und Offenheit des Handels *und der Investition.*« Unter amerikanischer Führung mauserte sich die APEC zur führenden, die »Globalisierung« in Ostasien vorantreibenden Organisation. Auf jährlichen Folgetreffen in den verschiedenen pazifischen Anrainerstaaten wurde propagandistischer Druck auf die asiatischen »Tigerwirtschaften« ausgeübt, nicht auf dem Niveau bloßer Entwicklungsstaaten zu verharren, sondern sich in Übereinstimmung mit den fortschrittlichsten (das heißt, amerikanischen) Kapitalismustheorien den globalen Marktkräften zu öffnen.

Auf dem APEC-Treffen im November 1994 in der indonesischen Stadt Bogor vereinbarten die Teilnehmer, den Grundsatz des freien Handels und der freien Investition im pazifischen Raum bis 2010 in allen entwickelten und bis 2020 in allen sich noch entwickelnden Anrainerstaaten in die Tat umzusetzen. Ein Jahr später in Osaka verständigten sich die APEC-Länder auf eine unilaterale Öffnung ihrer Volkswirtschaften und verzichteten darauf, einen Vertrag nach dem Vorbild des Nordamerikanischen Freihandelsabkommens NAFTA auszuhandeln, was in vielen der Mitgliedsstaaten zweifellos auf starken Widerstand gestoßen wäre. Der APEC-Gipfel 1996 in Manila verlief ereignislos – abgesehen vielleicht von einem Abstecher der Staatsführer zu dem alten US-Marinestützpunkt Subic Bay, der in eine Freihandels- und Wirtschaftsentwicklungszone umgewandelt worden war. Auf der APEC-Sitzung in Vancouver im November 1997 – in Asien war die Finanzkrise schon ausgebrochen – drängten die USA auf die rasche Aufhebung der Zoll- und der nichttarifären Handelsschranken in 15 verschiedenen Branchen. Beim APEC-Gipfel 1998 in Kuala Lumpur schließlich kam es zum Bruch. Nur ein paar Monate zuvor hatte der malaysische Premierminister Mahathir Mohamad zum Schutz seiner Wirtschaft vor vagabundierendem Kapital die Wiedereinführung von Kapitalverkehrskontrollen verfügt, ein Schritt, der ihm eine öffentliche Rüge von US-Vizepräsident Al Gore einbrachte, der bei der Gelegenheit gleich auch noch das malaysische Volk dazu aufrief, Mohamad zu stürzen. Das Treffen endete in einem offenen Aufruhr, und Japan setzte sich an die Spitze der Länder, die zumindest für die nächste Zukunft alle weiteren Maßnahmen zur Öffnung ihrer Märkte ablehnten. Das japanische Außenministerium verkündete, die Regierung in Washington sei von einem »bösen Geist« besessen, und warf ihr vor, mit ihrem Druck auf Länder, die dazu wirtschaftlich viel zu schwach seien, ihre nationalen Märkte noch mehr zu öffnen, das fragile wirtschaftliche Gleichgewicht in der Region zu gefährden.[13] Zum nächsten APEC-Treffen im neuseeländischen Auckland fanden die Vereinigten Staaten und Malaysia es noch nicht einmal notwendig zu erscheinen.

Die wirtschaftlichen Erschütterungen, die das APEC-Gebäude schließlich zum Einsturz brachten, hatten ihren Anfang im Sommer 1997 genommen. Damals entdeckten einige ausländische Investoren, dass sie riesige Summen an asiatische Unternehmen mit absurd hohen Schulden und einem nach westlichen Standards sehr niedrigen Anteil an Eigenkapital ausgeliehen hatten. Die Finanziers fürchteten, dass auch andere Geldgeber und vor allem die Hedgefonds dieses Missverhältnis entweder bereits entdeckt hätten oder aber bald entdecken würden. Sie wussten, sollten alle ausländischen Investoren gleichzeitig anfangen, ihre Risiken zu minimieren, würde das die lokalen Regierungen zur Lösung ihrer Währung vom Dollar und zu massiven Abwertungen zwingen.

Da ein solcher Schritt die Schuldenlast auch des bestmöglich geführten Unternehmens stark erhöhen musste, würden auch sie sich möglichst rasch noch mit Dollars eindecken, bevor sich der Wechselkurs noch mehr verschlechtern und damit den Wert ihrer Währung noch weiter in den Keller treiben würde.

Am härtesten traf die Krise jene Länder, welche die amerikanischen Ratschläge am getreulichsten beherzigt hatten. Ohne sich darüber bewusst zu sein, dass sie die Risiken kontrollieren mussten, denen sich ihre nationalen Banken und Unternehmen aussetzten, hatten sie alle Kapitalverkehrskontrollen aufgehoben. Sie achteten nicht darauf, dass ihre Banken und Unternehmen das im Ausland aufgenommene Kapital in Projekte investierten, die entsprechende Gewinne erwirtschafteten oder zumindest adäquate Sicherheiten für die Kredite darstellten. Genauso wenig wurden sie von den ausländischen Wirtschaftsexperten, die sie berieten, auf die institutionellen und rechtlichen Strukturen hingewiesen, ohne die man in einer Welt des amerikanischen *laissez faire* kaum bestehen konnte. Keiner warnte sie, dass, setzten sie die Zinsen herauf, um die Inflation zu bremsen, die Aussicht auf höhere Renditen ausländisches Kapital ins Land lockte, während eine Zinssenkung zur Ankurbelung der Wirtschaft einen massiven Abzug ausländischen Kapitals auslösen würde. Kurz gesagt, sie wussten nicht, dass sie sich mit der Öffnung ihres Kapitalmarktes in eine ausweglose Situation manövriert hatten. Was sich da in Ostasien abspielte, war der Zusammenprall zweier Kapitalismusvarianten: des amerikanischen Kapitalismus, diszipliniert durch die Notwendigkeit, Profite zu erzeugen, und des Kapitalismus asiatischer Prägung, diszipliniert durch die Notwendigkeit, über den Export wirtschaftliches Wachstum zu erzeugen.

Das Eingreifen des Internationalen Währungsfonds verwandelte die Panik auf den Finanzmärkten in eine Krise der ihnen zugrunde liegenden Wirtschaftssysteme. Wie bereits erwähnt, war der IWF 1944 auf der Konferenz von Bretton Woods zur Absicherung des festen Wechselkurssystems gegründet worden, das bis zum »Nixon-Schock« von 1971 Bestand hatte. Der IWF überlebte den Wegfall seiner eigentlichen Mission und wurde, wie Robert Kuttner es formulierte, zum »wichtigsten Instrument der Deflation und zugleich zur mächtigsten, keiner externen Kontrolle unterstehenden Institution der Welt«.[14] Genau betrachtet ist der IWF ein Anhängsel des US-Finanzministeriums, steht aber als formal internationale Organisation außerhalb der Kontrolle des US-Kongresses. Die Stimmverteilung im IWF stellt sicher, dass die Organisation von den Vereinigten Staaten und ihren Verbündeten beherrscht wird. So haben beispielsweise Indien und China weniger Stimmen im IWF als etwa die Niederlande. Oder, wie es der prominente Harvard-Ökonom Jeffrey Sachs einmal ausdrückte: »Nicht viel anders als in den Tagen, als das britische Empire unmittelbar führende Beamte in die Finanzministerien Ägyptens und des Osmanischen Reiches [und das Chinas] berief, logiert der IWF heute in den inneren Heiligtümern der Regierungen von fast 75 Entwicklungsländern – Länder mit einer Bevölkerung von zusammengenommen rund 1,4 Milliarden Menschen.«[15]

Im Krisenjahr 1997 eilte der IWF den Not leidenden Ländern Ostasiens zu Hilfe und versprach Bangkok 17, Jakarta 40 und Seoul 57 Milliarden Dollar. Im Gegenzug allerdings verlangte der Währungsfonds von diesen Ländern eine strikt auf Sparkurs ausgerichtete Haushaltspolitik, die massive Anhebung der Zinssätze und den Notverkauf hoch verschuldeter lokaler Unternehmen an ausländische Schnäppchenjäger. Diese Maßnahmen würden, so der IWF, die wirtschaftliche Gesundheit der asiatischen »Tiger« wiederherstellen – und sie nebenbei in »offene« Volkswirtschaften nach dem Vorbild der Vereinigten Staaten verwandeln. Bei einem früheren Krisengipfel im November 1997 in Manila hatten Japan und Taiwan angeboten, ihren ins Schlingern geratenen Nachbarn mit 100 Milliarden Dollar unter die Arme zu greifen, ein Vorschlag, den der Stellvertretende US-Finanzminister Lawrence Summers als Angriff auf das Monopol des IWF zur Bekämpfung internationaler Finanzkrisen verurteilt und abgeschossen hatte. Summers lehnte Japans Beistandsangebot ab, weil Tokio seine Finanzhilfe kaum an dieselben Bedingungen geknüpft hätte wie der IWF, Bedingungen, die der US-Regierung ebenso wichtig waren wie die eigentliche Bekämpfung der Krise.[16]

In Indonesien fiel die Rupiah nach Aufhebung der Anbindung an den Dollar und der Freigabe des Wechselkurses von 2300 Rupiah auf 3000 Rupiah pro Dollar, ein Niveau, auf dem der Kurs sich dann zunächst stabilisierte. Doch dann ordnete der IWF, der kaum über nennenswerte empirische Grundlagen über Indonesien verfügte, die Schließung mehrerer Banken in einem Bankensystem, das keine Einlagensicherung kannte. Die Ankündigung dieser Maßnahme löste einen Run auf die Einlagen in allen anderen Banken aus, und die vermögende chinesische Minderheit im Land beeilte sich, ihr Kapital außer Landes nach Singapur und in andere Länder zu schaffen. Die dadurch ausgelösten politischen Unruhen führten schließlich zum Sturz Präsident Suhartos. Alle indonesischen Unternehmen mit auf Dollar lautenden Verbindlichkeiten tauschten Rupiah gegen Dollar ein, die Börse verlor praktisch über Nacht 55 und die Rupiah 60 Prozent ihres Werts. Am Ende kostete ein Dollar 15 000 Rupiah. David Hale, Chefökonom der Zurich Insurance Group, schrieb damals: »Es ist schwierig, wenn nicht gar unmöglich, ein vergleichbares Beispiel für Wechselkursverluste zu finden, wie die, welche die Rupiah seit Mitte 1997 hinnehmen musste.« Das einzige Beispiel, das ihm einfallen mochte, war die Hyperinflation, die 1923 in Deutschland gewütet hatte.[17]

Als der IWF mit Indonesien fertig war, hatten über 1000 vorwiegend chinesischstämmige Ladenbesitzer ihr Leben verloren, waren 20 Prozent der Bevölkerung arbeitslos und mussten über 100 Millionen Menschen – die Hälfte aller Indonesier – mit weniger als einem Dollar pro Tag auskommen. William Pfaff bezeichnete die Politik des IWF als »eine Episode eines rücksichtslosen Feldzuges zur Neudefinition der Weltwirtschaft, dessen destruktiven kulturellen und sozialen Konsequenzen sich als ebenso übermächtig erweisen könnten wie die des Kolonialismus des 19. Jahrhunderts«.[18] Nur Japan, China und Taiwan entgingen dem Wüten des IWF in Ostasien. Tokio machte selbst dann noch keine Anstalten, sich dem Druck zu beugen, als Washington das Land öffentlich dafür rügte, seine Importe aus den krisengebeutelten Ländern nicht zu erhöhen; allzu gut wussten die Japaner, dass die USA nichts gegen sie unternehmen würden, solange noch Marines auf Okinawa stationiert waren. An China ging die Krise fast spurlos vorüber, weil seine Währung nicht frei konvertibel war und Peking den Aufrufen des APEC, den Kapitalverkehr zu liberalisieren, kein Gehör geschenkt hatte. Und Taiwan überlebte die Krise vor allem deshalb, weil es den Abbau der Finanzschranken nur sehr zögerlich angegangen war. Darüber hinaus weist das Land eine relativ geringe Investitionsquote im Verhältnis zum Bruttoinlandsprodukt auf, ist weiter auf dem Weg zur einer weniger kapitalintensiven Dienstleistungsgesellschaft und hat – etwa im Gegensatz zu Südkorea, das sich beispielsweise übermäßig stark auf die Produktion von Halbleitern für den US-Markt konzentrierte – auf einen diversifizierten Exportsektor geachtet. Zudem ist der Auslandsbesitz an taiwanesischen Devisen vernachlässigbar, da der besondere politische Status das Land für die Hedgefonds wenig attraktiv macht. All dies zusammen versetzte Taipeh in die Lage, den angeschlagenen südostasiatischen Ländern einen Teil seiner gewaltigen Devisenreserven zur Sanierung anzubieten.

Nachdem die großen Investoren ihr Kapital aus Ostasien abgezogen und die Region noch tiefer in die Rezession gestürzt hatten, wandten sie sich Russland zu. Da sie davon ausgingen, dass der Westen nicht tatenlos zusehen würde, wie die ehemalige Supermacht mit einem Arsenal voller Atombomben Bankrott ging, erachteten sie den Kauf von mit 12 Prozent verzinsten russischen Staatsanleihen für kaum oder gar nicht riskant. Doch die Lage in Russland war zu diesem Zeitpunkt bereits dramatischer, als die Fondsmanager es sich hatten träumen lassen, und im August 1998 erklärte sich das Land für zahlungsunfähig (noch heute steht Russland bei ausländischen Investoren mit schätzungsweise 200 Milliarden Dollar in der Kreide). Sollte Moskau diese Außenstände nicht begleichen, wäre das der größte Kreditausfall in der Geschichte überhaupt. Aufgeschreckt von diesen Entwicklungen zogen die Finanzkapitalisten überall auf der Welt ihr Geld ab und brachten damit selbst gut geführte Volkswirtschaften in Gefahr, die alle Empfehlungen der Ökonomen beherzigt hatten, wie man es nach dem Vorbild der Vereinigten Staaten zu Wohlstand und Reichtum bringt. Die brasilianische Wirtschaft geriet so sehr aus den Fugen, dass sich der IWF Mitte November 1998 gezwungen sah, ein knapp 42 Milliarden Dollar schweres »Hilfspaket« für das lateinamerikanische Land zu schnüren. Überflüssig zu sagen, dass der IWF auch sein Scherflein dazu beitrug, Millionen armer Brasilianer in noch schlimmere Armut zu stürzen. Um die vom IWF geforderten Sparmaßnahmen zu ergreifen, musste Brasilia sogar ein 250 Millionen Dollar umfassendes Pilotprojekt zum Schutz des Amazonasregenwaldes streichen. Daraufhin stiegen auch andere Länder aus, die eine ebenso hohe Summe für das Amazonasprojekt zugesagt hatten, und der Raubbau an einem Wald, der 20 Prozent des weltweiten Süßwassers erzeugt, ging unvermindert weiter.[19]

In Reden in Russland und Ostasien in der zweiten Hälfte des Jahres 1998 warnte der amerikanische Präsident die Länder dieser Region, nicht »rückfällig« zu werden und drängte sie, den Umstieg auf den amerikanischen *laissez-faire*-Kapitalismus noch intensiver voranzutreiben. Doch Clinton hatte sein Auditorium verloren. Inzwischen hatten die eigentlichen Adressaten seiner Worte nämlich eingesehen, dass die Ursache ihrer Misere nicht auch ihr Heilmittel sein konnte. Viele erinnerten sich daran, dass am Anfang der ersten großen Weltwirtschaftskrise eine Panik auf den Finanzmärkten gestanden hatte, die durch deflationäre Maßnahmen vergleichbar denen, die der IWF 1997 und 1998 zuerst in Ostasien und dann Russland und Brasilien verschrieben hatte, weiter angeheizt worden war. Dass dies bislang nicht, wie Anfang der dreißiger Jahre, einen weltweiten Zusammenbruch der Kaufkraft ausgelöst hat, liegt vor allem daran, dass die Vereinigten Staaten in einen Konsumrausch verfielen und praktisch im Alleingang jenes Nachfragewachstum erzeugten, das die globalen Produktionsüberschüsse schluckte. Wie lange allerdings die Vereinigten Staaten diese »Kaufen, bis wir darin ersaufen«-Strategie noch weiter finanzieren können, steht in den Sternen.

Die globale Wirtschaftskrise am Ende des Jahrhunderts hatte ihre Ursprünge in dem Versuch der USA, die Volkswirtschaften ihrer Satelliten und der von ihr abhängigen Länder in Ostasien für den Weltmarkt zu öffnen und auf eine neue Grundlage zu stellen. Sinn und Zweck war, sie zum einen als Konkurrenten in die Schranken zu verweisen, und zum anderen, den Anspruch der USA auf die Rolle der globalen Hegemonialmacht abzusichern. Betrachtet man nur die Oberfläche, scheint Washington mit seiner Kampagne Erfolg gehabt zu haben. Der Globalisierungsfeldzug führte zu einem deutlichen Rückgang der Wirtschaftskraft und wirtschaftspolitischen Unabhängigkeit zumindest einiger der asiatischen »Tiger« – auch wenn sich, wie im Falle Russlands und Brasiliens, die Krise nicht auf den ostasiatischen Raum beschränken ließ. Unter eher engstirnigen Gesichtspunkten muss das als ein wichtiger imperialer Erfolg der USA gewertet werden.

Trotz solcher unmittelbar positiver Ergebnisse beruhte der Feldzug gegen den asiatischen Kapitalismus (und die damit verbundene Gefahr eines verstärkten eigenständigen politischen Gewichts der amerikanischen Satelliten in der Region) auf irrigen Annahmen und schuf ein erhebliches Potenzial für spätere Rückstöße. Die Vereinigten Staaten übersahen, dass der ostasiatische Erfolg zu beträchtlichen Teilen auf dem unter den Vorzeichen des Kalten Krieges gewährten bevorzugten Zugang zum amerikanischen Markt beruhte. Indem die USA ihre wahren Absichten hinter den hehren Worten von einer Notwendigkeit der Marktöffnung und der Deregulation versteckten, statt offen mit der Notwendigkeit einer Reform der überholten Arrangements aus der Zeit des Kalten Krieges zu argumentieren, zerstörten sie nicht nur die Glaubwürdigkeit ihrer ökonomischen Ideologie, sondern missbrauchten auch das Vertrauen ihrer Alliierten aus dem Kalten Krieg. Die Verelendung und Erniedrigung zahlloser Menschen von Indonesien bis Südkorea stellt an sich schon einen ernsten Rückstoß dar, auch wenn er zumindest bislang keine Folgen für den Durchschnittsamerikaner hatte. Doch falls und wenn sich die ostasiatischen Volkswirtschaften wieder aufrappeln, kann man getrost davon ausgehen, dass sie auf der Suche nach Führerschaft nicht mehr in Richtung USA blicken werden. Auf alle Fälle werden sie sich dagegen wappnen, sich jemals wieder von schönen Worten aus Washington aufs Glatteis führen zu lassen. Kurz gesagt, die USA haben, indem sie es versäumten, die überkommenen Strukturen des Kalten Krieges zu reformieren und stattdessen versuchten, andere Völker gegen ihren Willen auf den »American Way« einzuschwören, sich selbst einen unnötigen und möglicherweise tödlichen Fall der imperialen Überdehnung zugezogen. Statt weltweit das

Schreckgespenst der Instabilität zu bannen, halfen sie, eine solche Instabilität unausweichlich zu machen.

Nicht zuletzt hat die siegestrunkene Rhetorik der amerikanischen Führung, die sich im Glanz der »traumhaften Performance« ihrer Wirtschaft sonnt, im Ausland die Alarmglocken schrillen lassen. Als Alan Greenspan vor dem Kongress bekundete, die Krise bedeute nur, die Welt nähere sich der »westlichen Form des marktwirtschaftlichen Kapitalismus« an, war fast niemand der Ansicht, dass das wahr, möglich oder auch nur wünschenswert sei. Gleichgültig, wie die Wirtschaftswissenschaften sich selbst sehen, nirgendwo hat die Ökonomie die Kultur oder die Geschichte ersetzt. Viele ostasiatische Politiker sind sich deutlich bewusst, dass der Globalisierungsschub und die darauf folgende Krise ihrer Bevölkerung großes Leid zufügte, ein Leid, dem so gut wie keine wahrnehmbaren Gewinne entgegenstehen.[20] Dass die Globalisierung in den Augen vieler Ostasiaten auf die Ausbreitung der Armut in jedem Land mit Ausnahme der USA hinauszulaufen scheint, nimmt da nicht mehr groß Wunder.

Eindeutig in die Defensive gedrängt, klagten Richard N. Haas und Robert E. Litan, Leiter der Abteilungen für außenpolitische beziehungsweise wirtschaftliche Studien an der Washingtoner Brookings Institution: »In einigen Regionen wird [die Globalisierung] für die je nach Einschätzung der Investoren unvermittelten Kapitalzu- oder abflüsse und damit auch für die Finanzkrisen in Mexiko [1995] und Asien verantwortlich gemacht.« Eine, wie sie meinen, irrige Schlussfolgerung. Sie zu akzeptieren hieße, so Haas und Litan weiter, »Amerikas Selbstverpflichtung aufzugeben, überall auf der Welt die Ideale der freien Marktwirtschaft und Demokratie zu propagieren, und zwar just zu einem Zeitpunkt, da diese Konzepte im Trend liegen.«[21] Doch ob diese Ideale tatsächlich im Trend liegen, muss seit dem Ausbruch der Wirtschaftskrise angezweifelt werden. Es sind Zweifel, welche die Gefahr weiterer Rückstöße bergen. Die Pflichten der »letzten Supermacht« mündeten in der militärischen und die Globalisierung in der wirtschaftlichen Überdehnung, und beide zusammen tragen zu einer krisenhaften Zunahme der Rückstöße bei.

KAPITEL 10

Die Konsequenzen des Imperiums

In der amerikanischen Politik und den amerikanischen Medien ist viel von »verbrecherischen Staaten« wie dem Irak und Nordkorea die Rede. Doch wir müssen uns die Frage gefallen lassen, ob die Vereinigten Staaten nicht selbst zu einer »verbrecherischen« Supermacht geworden sind. Im November 1998 beschrieb Tom Plate, ein auf die pazifischen Anrainerstaaten spezialisierter Kolumnist der *Los Angeles Times*, die Vereinigten Staaten als »eine geistig beschränkte, muskelbepackte Supermacht mit kaum mehr als Cruise Missiles anstelle eines Gehirns«.[1] Im selben Monat antwortete ein führender Nordkoreaspezialist des State Department auf die Frage eines rechts stehenden Journalisten, wie es den sei, sich jeden Tag mit einer durchgedrehten Regierung auseinandersetzen zu müssen, mit der Gegenfrage: »Welche Regierung meinen Sie?« Ein ehemaliger Beamter des US-Außenamtes gab zu bedenken, dass militärische Macht nicht mit »Führerschaft der freien Welt« gleichzusetzen sei und fügte hinzu: »Madeleine Albright ist die erste Person im Amt des Außenministers in der Geschichte der Vereinigten Staaten, deren diplomatische Spezialität, wenn man das überhaupt so nennen darf, darin besteht, ausländischen Regierungen unter Verwendung einer einschüchternden Sprache und schamloser Lobreden auf die Macht und die Tugenden ihres Heimatlandes Vorlesungen zu halten.«[2] Natürlich gibt es auch andere amerikanische Außenminister, auf welche diese Beschreibung zutrifft, beispielsweise John Foster Dulles, aber im Gegensatz zu Dulles kann Albright noch nicht einmal den Kalten Krieg als Rechtfertigung für ihren politischen Chauvinismus anführen.

Die Amerikaner sind zutiefst davon überzeugt, dass ihre Rolle in der Welt eine tugendhafte ist – dass ihre Handlungen praktisch unfehlbar sowohl für andere als auch für sie selbst gut sind. Selbst wenn die Politik Washingtons Katastrophen produziert, gehen sie noch davon aus, dass die dahinterstehenden Motive ehrenhafte sind. Doch die Hinweise mehren sich, dass die Vereinigten Staaten seit dem Ende des Kalten Krieges ihre außenpolitischen Ziele weniger mit den Mitteln der Diplomatie, der Entwicklungshilfe, des internationalen Rechts oder der multilateralen Organisationen verfolgen, sondern vorwiegend auf Drohgebärden, militärischen Druck und auf finanzielle Manipulationen setzen.

Die Welt ist in diesen zehn Jahren kein sicherer Ort geworden. Wer einer Hegemonialrolle der Vereinigten Staaten das Wort redet, argumentiert, wie es beispielsweise der für das *Wall Street Journal* schreibende Journalist Mark Yost tat, meist folgendermaßen: »Es steht so gut wie fest, dass die Zahl der Atommächte nach einem Abzug oder einer Reduzierung der US-Kräfte [in Asien] beträchtlich zunehmen würde.«[3] Doch trotz vergleichbar massiver amerikanischer Truppenstationierungen wie in den letzten Tagen des Kalten Krieges ereignete sich in Asien der dramatischste Fall der nuklearen Proliferation seit den sechziger Jahren. 1998 zündeten sowohl Indien als auch Pakistan zu Testzwecken mehrere Atomsprengköpfe und kündigten an, intensiv an der Weiterentwicklung ihrer Atomwaffen und der notwendigen Trägersysteme zu arbeiten – gaben, mit anderen Worten, den Startschuss für ein atomares Wettrüsten in Südasien. Kaum jemand wird in Frage stellen, dass eine von den USA angeführte, ernst gemeinte Initiative zur nuklearen Abrüstung weit mehr zu einem Stopp oder gar einer Umkehrung der atomaren Aufrüstung der Welt beigetragen hätte als das praktizierte Festhalten an der präventiven Stationierung nuklear bewaffneter Truppen und an der Weiterentwicklung noch fortschrittlicherer Atomwaffen in den Labors der amerikanischen Rüstungsschmieden.

Im Februar 1989 rechtfertigte Außenministerin Madeleine Albright den Einsatz von Cruise Missiles gegen den Irak mit folgenden Worten: »Wenn wir Gewalt anwenden müssen, dann, weil wir Amerika sind. Wir sind die unverzichtbare Nation. Wir sind groß.

Wir blicken weiter in die Zukunft.«[4] Ich habe in diesem Buch versucht, einige wichtige Aspekte der globalen Politik Amerikas zu präsentieren, die das genaue Gegenteil nahe legen. Ich habe auch versucht zu erklären, wie sich die Natur und die Gestalt dieser Rolle aus den strukturellen Charakteristiken des Kalten Krieges und den Strategien ergab, welche die USA in dieser Phase und der Zeit danach vor allem in Ostasien zur Durchsetzung dessen verfolgten, was sie als ihre Ziele definierten. Ich habe angeführt, dass die Vereinigten Staaten ihre Satelliten in Ostasien aus denselben Gründen aufbauten, wie die Sowjetunion die ihren in Osteuropa. Über 40 Jahre hinweg zeitigten die Strategien, die erforderlich waren, um diese abhängigen Staaten wirtschaftlich am Leben zu erhalten und sie zugleich militärisch zu beschützen und zu kontrollieren, ebenso weitreichende wie unvorhergesehene Konsequenzen, welcher sich die meisten Amerikaner erst noch voll bewusst werden müssen. Sie haben den amerikanischen Produktionssektor unterhöhlt und ein militärisches Establishment hervorgebracht, welches heute praktisch schon jenseits jeder zivilen Kontrolle operiert. Geht man davon aus, dass die Regierung in Washington lediglich versucht, sich mit diesen anachronistischen Strukturen zu arrangieren, statt sie zu verändern, dann lautet die Frage nicht ob, sondern wann unser zufälliges Imperium auseinander bricht.

Nach einer Studie der Brookings Institution haben Aufbau und Unterhalt des amerikanischen Atomwaffenarsenals die Vereinigten Staaten bislang 5,5 Billionen Dollar gekostet.[5] Dass die Rüstungskosten auf der anderen Seite des Eisernen Vorhangs zum Zusammenbruch der ehemaligen Sowjetunion führten, ist heute allseits wohl bekannt. 1988, kurz vor dem Fall der Berliner Mauer, zählte der eloquenteste Chronist der imperialen Überdehnung, Paul Kennedy, im Detail die zahllosen Schwächen der Sowjetwirtschaft auf, aber nur, um den Schluss zu ziehen: »Das heißt *nicht*, dass die Sowjetunion dicht vor dem Zusammenbruch steht, aber sie sollte auch nicht als ein Land von fast übernatürlicher Stärke angesehen werden. Was es aber auf jeden Fall heißt, ist, dass ihr eine unangenehme Entscheidung bevorsteht.«[6] Diese verständliche Fehleinschätzung eines der weltweit anerkanntesten Experten in Sachen imperialer Niedergang sollte den Verantwortlichen in den USA zu denken geben. Vor gerade einmal 15 Jahren konnte sich niemand in der Sowjetunion oder sonst wo auch nur im Entferntesten vorstellen, dass sich die UdSSR von innen heraus auflösen würde. Bedenklicher noch, es gibt Parallelen zwischen dem, was sich in der früheren Sowjetunion nach dem Ende des Kalten Krieges abspielte und dem inneren Zustand der Vereinigten Staaten heute, zu Beginn des 21. Jahrhunderts. Das gilt auch, wenn man berücksichtigt, dass die Sowjetunion lange Zeit nur noch dank einer immensen (und offiziell illegalen) Schattenwirtschaft überleben konnte, während sie nach außen eine waffenstarrende imperiale Armee und ein Furcht erregendes Atomarsenal präsentierte.

Im März 1985 trat Michail Gorbatschow die Nachfolge Konstantin Tschernenkos als Generalsekretär der Kommunistischen Partei der Sowjetunion an. Er war genauso wenig ein Gegner des sowjetischen Sozialismus, wie seine Kontrahenten in den Vereinigten Staaten Gegner der »Demokratie und der freien Marktwirtschaft« waren. Allerdings war er sich deutlich bewusst, welche Belastungen der sich ohne Hoffnung auf einen Sieg in die Länge ziehende Krieg in Afghanistan und der Rüstungswettlauf mit den USA der sowieso schon kränkelnden Wirtschaft der Sowjetunion aufbürdeten. Einen Monat nach Amtsantritt initiierte Gorbatschow eine von oben kontrollierte Wirtschaftsreform, die er *perestroika* – Umstrukturierung – nannte. Gorbatschows begrenztes Ziel lautete, die wirtschaftliche Leistung durch die Lockerung des zentralistischen Planungssystems anzukurbeln. Was er nicht genügend würdigte, war, dass die Schwächung der vertikalen Strukturen des Systems ohne den vorhergehenden Aufbau (wenn auch ideologisch nicht akzeptabler) horizontaler Institutionen wie beispielsweise von Märkten, Preissystemen oder Privateigentum in chaotischen Zuständen münden musste. Parteigenossen, die es sich im alten System eingerichtet hatten, rebellierten selbst gegen seine bescheidensten internen Reformansätze und unterliefen sie, wo es nur ging. Um diesen Widerstand zu brechen, führte Gorbatschow 1987 etwas wirklich Neues ein – *glasnost,* die Offenheit. Immer noch zielte er lediglich auf ein effizienteres Produktionssystem und eine Verbesserung des Lebensstandards der Bevölkerung unter Beibehaltung des etablierten politischen Systems ab.

Doch weit mehr als die Perestroika erwies sich *glasnost* als der entscheidende Fehler in der Rechnung Gorbatschows, der eigentlich nur angetreten war, den sowjetischen Kommunismus zu reformieren. Glasnost förderte nicht nur das wahre Ausmaß des stalinistischen Terrors ans Tageslicht, sondern enthüllte auch, wie sehr die totalitäre Herrschaft dem Land Schaden zugefügt hatte. Glasnost – die offene Diskussion der Vergangenheit – führte am Ende zur Diskreditierung eben der Institutionen, die seit 1929 das Leben der Sowjetbürger bestimmten, und ebnete den Weg für die Loslösung von der kommunistischen Ideologie und den nachfolgenden Zusammenbruch jedweder Form politischer Autorität in Russland. Ein Jahrzehnt später war das Land bankrott, mehr oder weniger führungslos und ein Hort der Korruption. Kein Wunder, dass Russland heute eines der Länder ist, wo der Groll auf den Westen einen besonders fruchtbaren Nährboden findet. Auch wenn die USA sich noch immer mit ihrem »Sieg« im Kalten Krieg brüsten, die Gefahr eines zukünftigen russischen Revanchismus nimmt beständig zu.

Der Kollaps der Sowjetunion war keineswegs vorherbestimmt. Die Probleme des Landes spitzten sich zu, als die kumulativen Kosten des Kalten Krieges schließlich seine produktiven Kapazitäten überstiegen. Wichtiger jedoch ist, dass Gorbatschows Gegenmaßnahmen den Problemen nicht angemessen waren und zu einem Verlust politischer Autorität und schließlich zu einem kaum noch funktionsfähigen politischen System führten. Die militärische Zurückhaltung, die Gorbatschow im Umgang mit Osteuropa bewies, verdient Anerkennung, doch das Ende der Sowjetunion war und bleibt eine Warnung für jedes Imperium, das sich übernommen hat und zu lange damit wartet, sich der Krise entgegenzustemmen. Im Gegensatz zur Sowjetunion hat China bislang bewiesen, dass es möglich ist, eine nach sowjetischem Muster organisierte Wirtschaft umzukrempeln, ohne zugleich das politische System zu zerstören.

Egal, wie human (oder unfähig) Gorbatschow die Krise der Sowjetunion in den achtziger Jahren zu meistern suchte, was die

Sowjetunion zu Fall brachte, war ihre imperiale Überdehnung. So, wie während des Kalten Krieges hinsichtlich der jeweiligen Imperien in Osteuropa und Ostasien eine Symmetrie zwischen der früheren UdSSR und den Vereinigten Staaten bestand, so lassen sich auch in ihrer Geschichte seit dem Ende des Kalten Krieges zumindest gewisse potenzielle Symmetrien ausmachen. Die Vereinigten Staaten glauben, immun zu sein gegenüber der Art wirtschaftlicher Probleme, unter denen die Sowjetunion litt. Das mag wahr sein, auch wenn das grotesk aufgeblähte militärische Establishment Amerikas und die Art und Weise, wie die Rüstungsindustrie gehegt und verhätschelt wird, in ihrer Ineffizienz an das sowjetische System erinnern. Wichtiger jedoch ist, dass die Politiker in Washington, unfähig, sich auf einen klaren Kurs für das Land zu verständigen und eingelullt von dem Reichtum, der in den späten neunziger Jahren in das Land floss, eine Entwicklung zugelassen haben, die zu ähnlichen politischen Zuständen wie in Russland nach dem Ende des Kalten Krieges führen könnte.

Am 19. Dezember 1998 stimmte der republikanisch beherrschte Kongress für die Einleitung eines Amtsenthebungsverfahrens gegen den demokratischen Präsidenten – das erste Mal in der Geschichte Amerikas, dass ein solches Verfahren gegen einen *gewählten* Präsident angestrengt wurde. Das Motiv dafür war rein parteipolitischer Natur und der offizielle Grund an den Haaren herbei gezogen – der Präsident habe die Unwahrheit über sexuelle Zusammentreffen mit einer Angestellten in seinem Büro gesagt. In dem Versuch, sich dieser entwürdigenden politischen Schlammschlacht zu entziehen, ordnete Clinton zweimal Militärschläge gegen unliebsame Länder an, etwas, was vor ihm noch niemand getan hatte und wofür man ihn zu Recht des Amtes hätte entheben können. Im August 1998, einen Tag nach Veröffentlichung der gegen ihn zusammengetragenen Indizien, befahl er den Abschuss von Marschflugkörpern auf ein pharmazeutisches Werk im Sudan und ein *Mudschahedin*-Lager in Afghanistan, die beide, Ersteres angeblich als Produktionsstätte für Giftgas, Letzteres als vermeintliches Ausbildungslager, von einer internationalen Terroristengruppe kontrolliert wurden, die Anschläge auf US-Botschaften in Ostafrika verübt hatte. Und am Vorabend der Abstimmung über die Amtsenthebung im Repräsentantenhaus ließ Clinton unter dem Vorwand, einmal mehr Saddam Hussein eine Lektion erteilen zu müssen, Cruise Missiles auf den Irak abfeuern. In keinem der beiden Fälle hatten die Vereinigten Staaten die Erlaubnis der Vereinten Nationen oder einer anderen internationalen Autorität für ihr Vorgehen.

Der Freispruch des Präsidenten am 12. Februar 1999 bedeutete zumindest nach außen hin das Ende seines Streits mit dem Kongress. Doch ähnlich wie die Auseinandersetzung zwischen Gorbatschow und der Garde der alten Kommunisten in Moskau, hatte die Affäre die Strukturen der politischen Autorität weiter geschwächt. Die Bereitschaft des Kongresses, sich eines ebenso massiven wie noch niemals eingesetzten Mittels wie der Einleitung eines Amtsenthebungsverfahrens zu bedienen, deutet zusammen mit der Bereitschaft Clintons, die Aufmerksamkeit der Öffentlichkeit mit militärischen Aktionen gegen souveräne Staaten von der Sache abzulenken, einen Verlust an politischem gesunden Menschenverstand, wenn nicht sogar einen wachsenden Zynismus aufseiten der amerikanischen Eliten an, der sich für das amerikanische Imperium in Krisenzeiten als fatal erweisen könnte.

Auch wenn die Vereinigten Staaten am Beginn des neuen Jahrtausends allem Anschein nach über die notwendige militärische Schlagkraft und die ökonomischen Reserven verfügen, jeden denkbaren Herausforderer in die Schranken zu verweisen, glaube ich, dass unser Hochmut unseren Fall garantiert. Es ist ein klassischer Fehler imperialer Politiker, dem Glauben zu verfallen, dass ihre Präsenz an jedem Ort innerhalb ihres Reiches – in unserem Fall, überall auf der Erde – unabdingbar sei. Früher oder später wird es psychologisch unmöglich werden, sich nicht überall einzumischen, was natürlich eine Definition der imperialen Überdehnung ist.

Bereits heute sind die Vereinigten Staaten außerstande, die Kosten ihrer globalen militärischen Präsenz und ihrer Kriseninterventionen alleine zu tragen und fordern von den »Gastländern« ein immer höheres Maß an Unterstützung oder sogar direkte Subventionen von ihren »Alliierten«. Japan, einer von vielen Verbündeten, die den massiven Militäraufmarsch der USA im Persischen

Golf mit finanzierten, wurde mit 13 Milliarden Dollar zur Kasse gebeten. (Die US-Regierung behauptete später sogar, das Unternehmen *Desert Storm* mit einem Profit abgeschlossen zu haben.) Japan überweist Washington auch mehr als jedes andere Land für die auf seinem Boden stationierten US-Truppen. An der wirtschaftlichen Front garantieren die Arroganz, die Verachtung und das Triumphgeschrei, mit der die USA die Finanzkrise in Ostasien handhaben, auf Jahrzehnte hinaus unerwünschte Folgeerscheinungen. In Hauptstädten wie Jakarta und Seoul gärt dieselbe Art Verbitterung, die in den zwanziger Jahren in Berlin spürbar war, als die galoppierende Inflation und die unnachgiebige Haltung der Briten und Franzosen zur Destabilisierung der Weimarer Republik beitrugen.

Auf lange Sicht ist die amerikanische Bevölkerung weder militaristisch noch wohlhabend genug, die ständigen Polizeiaktionen, Kriege und finanziellen Rettungsmanöver hinzunehmen, welche die Fortsetzung der hegemonialen Politik Washingtons nach sich ziehen muss. Zudem stehen die Vereinigten Staaten in Asien nun einem erstarkenden China gegenüber – und damit nicht nur der ältesten, durchgängig existierenden Zivilisation der Welt, sondern auch dem Produkt der radikalsten Revolutionen in der Geschichte der Menschheit. Heute ist China das bevölkerungsreichste Land und die am schnellsten wachsende Volkswirtschaft der Welt. Die Vereinigten Staaten können nicht darauf hoffen, China »einzudämmen«; alles, was sie tun können, ist zu versuchen, sich auf diese neue Macht einzustellen. Doch ihre auf globale Hegemonie ausgerichtete Außenpolitik steht der USA selbst in den begrenzten Anstrengungen entgegen, eine solche Anpassung vorzunehmen. Gleichzeitig sind sich die Chinesen sehr deutlich der Konzentration amerikanischer Streitkräfte in Reichweite ihrer Landesgrenzen und der permanent vor ihren Küsten kreuzenden US-Marineeinheiten bewusst. Man muss nicht Thukydides heißen, um zu dem Urteil zu gelangen, dass diese dynamische Situation überaus konfliktträchtig ist.

Das eine Instrument, ohne das sich das amerikanische Imperium nicht aufrechterhalten lässt, ist das riesige militärische Establishment. Trotz den Unsummen, die in das Militär hineingepumpt werden, den Lobreden, die in den Medien auf es gehalten werden und der Überdehnung und der Rückstöße, für die es verantwortlich ist, fordert es immer mehr Geld. In dem auf das Ende des Kalten Krieges folgenden Jahrzehnt räumte das Pentagon einem Rüstungswettlauf finanzielle Priorität ein, an dem niemand sonst teilnahm. So forderte das Pentagon in seinem Haushaltsplan für das Steuerjahr 2000 die Ersetzung der F-15, des »modernsten Flugzeuges der Welt«, durch die F-22, gleichfalls das »modernste Flugzeug der Welt«. Die Luftwaffe beantragte 339 F-22 zu einem Preis von je 188 Millionen Dollar – rund dem Dreifachen des Preises des Vorläufermodells. Dabei stehen bei der US-Luftwaffe aktuell 1094 F-15 im Dienst, Flugzeuge, die von ihrer Kampfkraft her einmalig sind auf der Welt. Und der letzte Verteidigungshaushalt der Regierung Clinton sah Mittel für die Anschaffung von weiteren Atom-U-Booten der Jägerklasse vor, U-Booten, für die es keine aktuelle und noch nicht einmal eine denkbare Verwendung gibt. Alles, was damit erreicht wird, ist, die Auftragsbücher der einheimischen Rüstungslieferanten zu füllen und die amerikanische Flotte der »schwimmenden Tschernobyls« zu verstärken, die durch die Weltmeere kreuzen und warten, bis es zu einem Unfall kommt.

Das amerikanische Militär ist auf dem besten Wege, sich in ein autonomes System zu verwandeln. Wir haben keine Wehrpflichtigenarmee mehr, die auf der Pflicht der Bürger des Landes gründet, ihren Teil zur Verteidigung der Nation beizutragen. Als der Vietnamkrieg die Ungerechtigkeiten des Einberufungsmodus offen legte – beispielsweise die Leichtigkeit, mit der sich Collegestudenten zurückstellen lassen konnten –, zog es der Kongress vor, die Wehrpflicht ganz abzuschaffen, statt für eine Gleichbehandlung aller Wehrpflichtigen zu sorgen. Heute ist die US-Armee eine Söldnerarmee, in der vom Pentagon bezahlte Freiwillige Dienst tun. Obwohl sich das Militär immer noch um die Unterstützung der Öffentlichkeit für eine aus ihren Mitbürgern bestehende Streitkraft bemüht, verlieren die Streitkräfte zusehends die Verbindung zu den zivilen Belangen und widmen sich ausschließlich militärischen Interessen.

Ausgerüstet mit hochpräzisen Lenkwaffen, hochgerüsteten

Flugzeugen und Interkontinentalraketen, können die US-Streitkräfte zweifellos überall auf der Erde praktisch jeden Gegner vernichten, ohne dafür groß Vergeltung fürchten zu müssen. Trotzdem fordern sie lautstark immer mehr und immer bessere Waffen und Technologien, während das Pentagon unterdessen mehr oder weniger seine eigenen Aufgaben definiert. Gewöhnt an das Leben in einem mittlerweile ein halbes Jahrhundert alten, fest im Sattel sitzenden Imperium, hat das Militär angefangen, seine eigenen Interessen höher zu bewerten als das alte Ideal, dass es nur eines von mehreren Mitteln ist, welcher sich eine demokratische Regierung zur Umsetzung ihrer Politik bedienen kann. Je mehr im Laufe der Zeit die Größe und die Bedeutung der Streitkräfte eines Imperiums wachsen, umso mehr tendieren sie dazu, andere Instrumente der außenpolitischen Interessensverfolgung zu verdrängen. Was auch wächst, ist der Militarismus, »eine Vielzahl an Gewohnheiten, Interessen, Stellungen, Handlungen und Denkweisen, die mit Armeen und Kriegen assoziiert sind und dennoch den eigentlichen militärischen Zweck transzendieren« – eine Definition, die zugleich eine zutreffende Beschreibung des modernen amerikanischen militärischen Ethos darstellt.[7]

Der Begriff Rückstoß bringt auf einen Nenner, dass ein Land eben das erntet, was es gesät hat, selbst wenn es nicht genau weiß oder versteht, was es da ausgesät hat. In Anbetracht ihres Reichtums und ihrer Macht werden die Vereinigten Staaten in absehbarer Zukunft ein primäres Objekt der offenkundigeren Formen des Rückstoßes sein, womit ich hier insbesondere terroristische Angriffe auf uniformierte und zivile amerikanische Staatsbürger überall auf der Erde einschließlich der USA selbst meine. Doch es ist der Rückstoß auf einer anderen Ebene – der der unmittelbaren Kosten des Imperiums –, welche seinen Fortbestand am akutesten gefährden. Imperien sind kostspielige Gebilde, und je länger sie existieren, umso teurer wird ihre Aufrechterhaltung. Der Niedergang der amerikanischen Industrie beispielsweise ist eine Form des Rückstoßes – eine unbeabsichtigte negative Konsequenz des Imperiums –, auch wenn er selten als solcher anerkannt wird, die zunehmende Militarisierung einer einstmals demokratischen Gesellschaft eine andere. Das Imperium selbst ist das Problem.

Auch wenn die Vereinigten Staaten sich unverwundbar fühlen und über substanzielle militärische und wirtschaftliche Instrumente verfügen, welche dieses Gefühl begründet erscheinen lassen, machen ihre imperialen Ambitionen eine Krise unausweichlich. Das Festhalten an der imperialistischen Politik wird vor allem eines erzeugen: noch mehr Rückstoß. Wenn wir nicht endlich anfangen, Probleme weitsichtiger und bescheidener anzugehen, werden sich die Rückstöße nur weiter verstärken.

David Calleo, ein Professor für internationale Politik, hat Folgendes beobachtet: »Das internationale System bricht nicht nur deshalb auseinander, weil neue und noch nicht integrierte aggressive Mächte die Dominanz über ihre Nachbarn zu erringen suchen, sondern auch, weil die im Niedergang begriffenen Mächte, statt sich auf die neue Situation einzustellen und sich an sie anzupassen, versuchen, ihre schwindende Vorherrschaft in eine ausbeuterische Hegemonie umzuwandeln.«[8] Ich glaube, dass diese Beschreibung auf die Vereinigten Staaten am Ende des 20. Jahrhunderts zutrifft. Die Entwicklungen der letzten Jahre weisen alle Anzeichen einer solchen ausbeuterischen Hegemonie auf: die sich zuspitzende Entfremdung zwischen Bevölkerung und Regierung; der Entschluss der Eliten, trotz des Verlustes ihrer moralischen Autorität an der Macht festzuhalten; die Ausbreitung des Militarismus und die Abspaltung des Militärs von der Gesellschaft, der zu dienen ihre Aufgabe ist; die Unterdrückung nicht gesellschaftskonformen Verhaltens (die riesige und immer noch zunehmende Zahl amerikanischer Bürger, die im Gefängnis sitzen, sowie die sich ausbreitende Befürwortung der Todesstrafe mögen dafür symptomatisch sein); und eine ihrer Natur nach globale Wirtschaftskrise. Der Blick in die Geschichte fördert kaum eine hegemoniale Macht zu Tage, die ihren Niedergang umkehren konnte oder sich ihm friedlich beugte, auch wenn die Sowjetunion unter Gorbatschow am Ende des Kalten Krieges ein Beispiel für Letzteres darstellen dürfte. Hält man sich vor Augen, wie unwahrscheinlich es ist, dass ein amerikanischer Führer dieselbe Autorität oder denselben Weitblick hätte, im Umgang mit unseren Satelliten eine vergleichbare Zurückhaltung zu üben (beispielsweise durch den Rückzug unserer Truppen von der koreanischen Halbinsel), muss man zu dem Schluss kommen, dass der unausweichliche Rückstoß früher oder später eine Krise auslösen wird, die dem hegemonialen Einfluss der USA ein plötzliches und gewaltsames Ende bereitet. Berücksichtigt man dabei die fast sakrosankte Position, die das imperiale Amerika seinen Streitkräften einräumt, erscheint es äußerst unwahrscheinlich, dass die Krise im militärischen Bereich ausbrechen wird. So ist es am wahrscheinlichsten, dass sich zuspitzende wirtschaftliche Widersprüche das Ende des amerikanischen Imperiums erzwingen werden – vorausgesetzt, es ereignet sich kein Wunder in Gestalt einer grundlegenden Reform der amerikanischen Außen- und Wirtschaftspolitik.

Marx und Lenin irrten sich in ihren Aussagen über die Natur des Imperialismus. Es sind nicht die inneren Widersprüche des Kapitalismus, die zum Imperialismus führen, sondern es ist der Imperialismus, der einige der zentralen Widersprüchlichkeiten des Kapitalismus gebiert. Spitzen sich – was unvermeidlich ist – diese Widersprüche zu, erzeugen sie verheerende wirtschaftliche Krisen.

Nachdem der Kalte Krieg vorüber war und die Vereinigten Staaten beschlossen hatten, ihre »schwindende Vorherrschaft in eine ausbeuterische Hegemonie« umzuwandeln, machten sie sich daran, jede größere Volkswirtschaft auf der Erde dazu zu zwingen, sich nach dem Vorbild der amerikanischen zu reorganisieren. Diese ignorante Unternehmung ist nicht nur fehlgeschlagen, sondern brachte auch die Idee des freien Welthandels in Verruf und veranlasste die Ökonomen Ostasiens und der gesamten Dritten Welt, sich ernsthafte Fragen über die eigentlichen Motive der globalen Wirtschaftspolitik der USA zu stellen. Die Welt steht nach wie vor am Rande einer möglichen, von den Vereinigten Staaten verursachten Rezession, auch wenn die USA selbst bislang unter der aktuellen Wirtschaftskrise am wenigsten zu leiden hatten. Selbst wenn sich ein Zusammenbruch der globalen Nachfrage vermeiden lässt, die verfehlte amerikanische Wirtschaftspolitik hat in Südostasien die Früchte von 30 Jahren wirtschaftlichen Fortschritts zunichte gemacht und die Grundlage für unvorhersehbare Formen der wirtschaftlichen, politischen und militärischen Vergeltung seitens der am schlimmsten betroffenen Länder geschaffen.

Ashok Nath, geschäftsführender Direktor der Asialink Advertising Corporation und eine einflussreiche Figur im asiatischen Wirtschaftsleben, hinterfragt die amerikanische Globalisierungskampagne kritisch: »Sollte es keinen anderen Weg geben, als den zu einer allgemein gültigen Weltordnung, in der jedes Land gezwungen wird, sich dieselbe Demokratieinterpretation wie die USA anzueignen? Werden die Spekulanten, dieser keinen Mehrwert, sondern Krisen schaffende Teil der modernen Gesellschaft, ihr Treiben ungehindert fortsetzen können? Sind die Vereinigten Staaten, angetrieben von einem trotz niedriger Sparquoten boomenden Konsumsektor, die nächste Wirtschaftsboomblase, die platzt?«[9] Solche Fragen sind seit dem Beinahe-GAU der Wirtschaft Ostasiens überall zu hören. Sie stellen eine Anti-Globalisierungs-Zeitbombe dar, die, wenn sie hochgeht, einen wechselseitig zerstörerischen Protektionismus und einen massiven Einbruch der globalen Wirtschaftsaktivitäten zur Folge haben könnte.

Die Wiedereinführung eines Regimes der festen Wechselkurse und Kapitalverkehrskontrollen wie das zwischen 1944 bis 1971 gültige Bretton-Woods-Abkommen, setzt eine starke Führungsmacht voraus. Statt die Weltwirtschaft weiter zu homogenisieren, sollten wir den ergebnisorientierten, wechselseitig vorteilhaften Handel mit Ländern fördern, die von uns abweichende Wirtschaftssysteme haben. Länder mit vollkommen andersartigen juristischen, wirtschaftlichen und politischen Systemen brauchen keinen IWF, der ihnen mit Gewalt etwas aufzwingt, was selbst in den Vereinigten Staaten eine zweifelhafte Form des Kapitalismus ist. Abgesehen davon, dass die rund 200 Milliarden Dollar, die der IWF bislang in den vergeblichen Versuch investiert hat, die von der amerikanischen Globalisierungskampagne verursachten Schäden zu reparieren, hat sein Eingreifen die Krisen in den angeschlagenen Volkswirtschaften oft nur noch weiter verschärft.

Wir müssen uns der Notwendigkeit stellen, im Interesse der Absicherung und Stimulation der globalen Nachfrage die Privateinkommen in den Entwicklungsländern zu steigern. Da dies zweifellos nicht über die Institutionalisierung von Arbeitnehmerrechten auf einem globalen Niveau erreicht werden kann (und wahrscheinlich auch gar nicht sollte), sollten die Vereinigten Staaten Mindestlöhne für die Herstellung von Gütern festlegen, die in den US-Markt exportiert werden. In Anerkennung dieses Sachverhalts gab beispielsweise der Sportschuhhersteller Nike bekannt, dass er mit Wirkung vom 1. April 1999 die Einstiegslöhne für seine Arbeiter in Indonesien um 6 Prozent anheben werde.[10] Leider stöhnte Indonesien 1998 und 1999 unter einer Inflationsrate von 80 Prozent, und für das Jahr 2000 prognostizierte die Weltbank dem Land eine Teuerungsrate von immer noch 20 Prozent.

Auf dem Weltwirtschaftsforum in Davos im Februar 1999 verteidigte US-Finanzminister Robert Rubin den Finanzkapitalismus. Obwohl er zugab, dass die Welt gerade »die schlimmste Finanzkrise der letzten 50 Jahre« durchlebte, wies er die von anderen Politikern und Experten erhobene Forderung nach einer Reform des globalen Finanzsystems kategorisch zurück. Auch etwas später im selben Monat, auf einem Treffen der Finanzminister der G7-Länder in Bonn, blockierten die Vereinigten Staaten alle Reformvorschläge: weder würden sie neue Kapitalverkehrskontrollen akzeptieren, noch der Gründung eines »Super-Weltwährungsfonds« als Zentralbank aller Nationen oder der Einführung von Mindestlöhnen in armen Ländern zustimmen. Wenn überhaupt etwas mit den Vereinigten Staaten machbar sei, dann Zinssenkungen durch die Zentralbanken einzelner Länder zur Stimulation ihrer darniederliegenden Wirtschaft. Stattdessen setzten sich die Vertreter Washingtons für eine noch weitergehende Deregulation des Handels und der Finanzen ein.

Unterdessen wächst der Unmut darüber, wie die Vereinigten Staaten die globale Krise für sich ausnutzen. US-Konzerne kaufen in Ostasien und anderswo Fabriken und Unternehmen zu lächerlich geringen Preisen. So hat Procter & Gamble praktisch für ein Butterbrot mehrere hochmoderne Betriebe in Südkorea übernommen.[11] Die Investmentbanker von Morgan Stanley, Bankers Trust, Salomon Brothers und CS First Boston gehen davon aus, dass die Immobilienkredite, die sie in Tokio erworben haben, 20 Prozent Profit abwerfen.[12] Und Thailand wurde Opfer eines massiven Ausverkaufs von Firmen aus der Dienstleistungs-, der Stahl- und der Energiebranche an amerikanische Investmentgesellschaften. Im Juni 1998 schickte eine in Washington ansässige Handelsbank, die Carlyle Group, eine Gruppe hochrangiger Manager unter Führung ihres Beraters, des ehemaligen US-Präsidenten George Bush, zu »Sondierungsgesprächen« nach Bangkok. Die Bank plant, bis zu 500 Millionen Dollar in Thailand zu investieren. Asia Properties, eine Immobiliengesellschaft mit Sitz in San Diego, wurde im April 1998 explizit mit der Zielsetzung gegründet, »die Schlussverkaufspreise für Immobilien an den wichtigsten Straßen Bangkoks auszunutzen«. Nach Aussage des Asia Properties-Vizepräsidenten »erlebt Asien derzeit den größten Vermögenstransfer in der Geschichte der Menschheit«.[13] Kein Wunder, dass viele Ostasiaten vom »Geier-Kapitalismus« sprechen und argwöhnen, eben dies sei das wahre Motiv hinter den wirtschaftlichen Ratschlägen gewesen, die man ihnen erteilt hatte.

Die Amerikaner, die sich in Ostasien auf Einkaufstour begeben, mögen der Meinung sein, lediglich auf ganz normale Marktsignale zu reagieren, aber sie wären einfältig, würden sie annehmen, dass die Verkäufer das ebenso sehen. Staaten wie Indonesien oder Thailand wurden lange Zeit von Washington unter Druck gesetzt, ihre Märkte zu deregulieren und für internationale Investoren zu öffnen. Sie haben diesem Druck nachgegeben, und jetzt stecken sie in der Krise und müssen das verkaufen, was sie sich mit ihrer eigenen Hände Arbeit in den Jahren seit Ende des Vietnamkrieges mühselig aufgebaut haben. Es ist nur eine Frage der Zeit, bis die kleinen Nationen Ostasiens angesichts des rücksichtslosen Auftretens der Amerikaner die Geduld verlieren und sich nach einem geeigneten Führer zur Bildung einer anti-amerikanischen Koalition umsehen.

Gleichzeitig setzt sich auf der anderen Seite des Pazifiks die Vernichtung der industriellen Basis ungebremst fort. 1998 war es die US-Stahlindustrie, die es besonders hart traf, aber auch die Werkzeugmaschinen-, die Chemie-, die Halbleiter- und die Bekleidungsindustrien mussten heftige Rückschläge einstecken. Japan führte 1998 sechzehnmal so viel Stahl in die USA aus wie noch im Vorjahr, und das zu Preisen, mit denen selbst die modernsten amerikanischen Stahlerzeuger wie beispielsweise die in North Carolina ansässige Nucor nicht mehr mithalten konnten. In den ersten zehn Jahren nach Ende des Kalten Krieges legte die

US-Stahlindustrie Anlagen mit einer Produktionskapazität von insgesamt 30 Millionen Tonnen still. In den vergangenen 30 Jahren gingen in der Branche 400 000 Arbeitsplätze verloren. Heute beschäftigen die amerikanischen Stahlunternehmen nur noch 165 000 Menschen, bezahlen sie aber mit durchschnittlich 65 000 Dollar pro Jahr deutlich besser als früher. Obwohl die US-Stahlindustrie dank dieser Reorganisation und massiver Investitionen in die fortschrittlichsten Produktionstechnologien heute jedem Konkurrenten Paroli bieten kann, kann sie der globalen Produktionsüberkapazität nur wenig entgegensetzen.[14]

Mag sein, dass die amerikanische Politik, die dabei ist, der heimischen Stahlindustrie das Grab zu schaufeln, in der Zeit von 1950 bis 1970 Sinn machte, als sie auch so behäbige und selbstzufriedene Branchen wie die Automobilindustrie zwang, sich dem Wettbewerb zu stellen. Doch seitdem und angesichts einer japanischen Regierung, die beispielsweise im Dezember 1998 beschloss, zum Schutz ihres hoffnungslos ineffizienten Agrarsektors den Zoll auf kalifornischen Importreis um 1000 Prozent zu erhöhen, ist diese Toleranz seitens Washingtons nur noch eins: selbstzerstörerisch. Noch 1997 lieferten die USA fast die Hälfte der 640 000 Tonnen Reis, die Japan importierte, und praktisch alles davon stammte von den 2500 Reisfarmen in Kalifornien. Mit der Importzollerhöhung umging Tokio seine 1993 bei der sogenannten Uruguay-Runde der GATT-Verhandlungen gemachte Zusage, die Reiseinfuhren stetig zu erhöhen. Die amerikanischen Reisfarmer arbeiten ohne Zweifel effizienter als ihre japanischen Konkurrenten, und sie bauen auch die Sorten an, welche die japanischen Verbraucher bevorzugen. Trotzdem zwingt die japanische Regierung ihre Bürger, für ihr wichtigstes Grundnahrungsmittel das Zehnfache des Weltmarktpreises zu bezahlen, und zwar einzig und allein aus dem Grund, die ländliche Stimmbasis der Liberaldemokratischen Partei zu schützen.[15] Dass Tokio mit diesem Verhalten davonkommen kann, liegt vor allem daran, dass die Vereinigten Staaten das Land als sichere Basis für ihre militärische Präsenz in Asien behalten möchten.

Wie soll, wie kann Amerika reagieren? Sollte sich das Bewusstsein einer drohenden Krise des Imperiums in den Köpfen der

Amerikaner und ihrer Führer durchsetzen, liegt auf der Hand, welche Schritte zunächst getan werden müssten: Anpassung an und Unterstützung der Rückkehr Chinas als bedeutende Macht auf die weltpolitische Bühne; Aufnahme diplomatischer Beziehungen zu Nordkorea und Abzug der Bodentruppen aus Südkorea; Begleichung der bei den Vereinten Nationen noch ausstehenden Beiträge; Förderung der globalen wirtschaftlichen Diversität statt der Globalisierung der Weltwirtschaft; Beendigung der Handel-für-Militärbasen-Deals mit den reichen ostasiatischen Ländern, nötigenfalls auch gegen deren Willen; Aufwertung des Begriffes »Verteidigung« im Verteidigungsministerium und dafür Sorge tragen, dass es seinem Namen auch gerecht wird; einseitige Reduzierung des Atomwaffenarsenals und Verkündung des prinzipiellen Verzichts auf einen atomaren Erstschlag; Unterzeichnung und Ratifizierung des Landminenvertrags; Unterzeichnung und Ratifizierung des Vertrages über die Einrichtung eines Internationalen Kriegsverbrechertribunals.

Insgesamt müssen die Vereinigten Staaten mehr durch Diplomatie und Vorbildfunktion und weniger durch militärische Macht und wirtschaftlichen Druck führen. Eine solche Agenda ist weder unrealistisch noch revolutionär. Im Gegenteil, sie ist – in der Welt nach dem Kalten Krieg – einer USA angemessen, welche die Wohlfahrt ihrer Bürger dem Ehrgeiz ihrer Imperialisten voranstellt. Viele unserer Politiker scheinen sich davon überzeugt zu haben, dass die Welt einstürzen muss, wenn auch nur einer der amerikanischen Stützpunkte im Ausland aufgegeben oder auch nur einem einzigen Land erlaubt wird, seine Wirtschaft nach seinen eigenen Vorstellungen zu organisieren. Diese Politiker täten besser daran, sich den Kreativitäts- und Wachstumsschub vorzustellen, der sich in vielen Ländern einstellte, würden nur die Vereinigten Staaten ihre erstickende Umarmung lösen. Und sie täten gut daran, sich vor Augen zu halten, dass ihr Streben nach Aufrechterhaltung der imperialen Hegemonie unweigerlich vielfältige Formen des Rückstoßes nach sich ziehen wird. Obwohl es ein Ding der Unmöglichkeit ist, vorherzusagen, wann dieses Spiel zu Ende sein wird, doch, wie es ausgehen wird, darüber besteht kaum ein Zweifel.

Die internationale Politik des 21. Jahrhunderts wird aller Wahrscheinlichkeit nach primär von den Reaktionen auf die Ereignisse in der zweiten Hälfte des 20. Jahrhunderts bestimmt werden – sprich, von den unbeabsichtigten Konsequenzen des Kalten Krieges und der ausschlaggebenden Entscheidung der USA, auch nach dem Ende des Kalten Krieges eine Politik des Kalten Krieges zu verfolgen. Die verschiedenen Regierungen in Washington taten in der Zeit des Kalten Krieges das, was sie meinten, tun zu müssen. Die Geschichte wird zeigen, dass die USA in einigen Regionen Außerordentliches erreichten; anderswo, vor allem in Ostasien, aber auch in Mittelamerika, führten sie sich kaum besser auf als die kommunistischen Bürokraten von jenseits des Eisernen Vorhanges. Die Vereinigten Staaten sehen sich gerne als den Sieger des Kalten Krieges. Aller Voraussicht nach werden die, die in einem Jahrhundert zurückblicken, keinen Sieger erkennen können, vor allem dann nicht, wenn die Vereinigten Staaten weiter an ihrem derzeitigen imperialen Kurs festhalten.

Anmerkungen

Vorwort: Ein Bannerträger des Imperiums

1 Stanford University Press, 1962.
2 Siehe Chalmers Johnson, »Civilian Loyalties and Guerrilla Conflict«, *World Politics* XIV:4 (Juli 1962), S. 646–661.
3 »Lin Piao's Army and Its Role in Chinese Society«, Teile I und II, *Current Scene* (Amerikanisches Generalkonsulat, Hong Kong) 4:13 und 14 (1. und 15. Juli 1966).

Kapitel 1: Rückstoß

1 »Some Aid Canceled for Gondola Deaths«, *Los Angeles Times*, 15. Mai 1999.
2 Verteidigungsministerium, »U.S. Military Installations« (Stand 17. Juli 1998), *DefenseLINK*, Online unter: <http://www.defenselink.mil/pubs/installations/foreignsummary.htm>; sowie John Lindsay-Poland und Nick Morgan, »Overseas Military Bases and Environment«, *Foreign Policy in Focus* 3:15 (Juni 1998), Online unter: <http://www.foreignpolicy-infocus.org/briefs/vol13/v3n15mil.html>. Einem Bericht zufolge unterhielten die USA, als die Sowjetunion 1991 zusammenbrach, 375 Militärbasen rund um den Globus, auf denen über eine halbe Million Soldaten stationiert waren. Joel Brinkley, »U.S. Looking for a New Path as Superpower Conflict Ends«, *New York Times*, 2. Februar 1992.
3 Charles Krauthammer, »What Caused Our Economic Boom?«, *San Diego Union-Tribune*, 5. Januar 1998.
4 Zu Beweisdokumenten, einschließlich der Notizbücher von Oliver North, siehe »The Contras, Cocaine, and Covert Operations«, *National Security Archive Electronic Briefing Book No.2*, Online unter: <http://www.seas.gwu.edu/nsarchive>. Siehe auch James Risen, »C.I.A. Said to Ignore Charges of Contra Drug Dealing in '80's«, *New York Times*, 10. Oktober 1998.
5 Zitiert in: Ivan Eland, »Protecting the Homeland: The Best Defense Is to Give No Offense«, *Policy Analysis* (Cato Institute), Nr. 306 (5. Mai 1998), S. 3.
6 Tim Weiner, »U.S. Spied On Iraq Under U.N. Cover, Officials Now Say«, *New York Times*, 7. Januar 1999; Philip Shenon, »C.I.A. Was With U.N. in Iraq for

Years, Ex-Inspector Says«, 23. Februar 1999; und Seymour M. Hersh, »Saddam's Best Friend«, *The New Yorker,* 5. April 1999.

7 Tim Weiner und James Risen, »Decision to Strike Factory in Sudan Based on Surmise«, *New York Times,* 21. September 1998 sowie Seymour M. Hersh, »The Missiles of August«, *The New Yorker,* 12. Oktober 1998.

8 Mireya Navarro, »Guatemala Study Accuses the Army and Cites U.S. Role«, *New York Times,* 26. Februar 1999; Larry Rohter, »Searing Indictment«, *New York Times,* 27. Februar 1999; Michael Shifter, »Can Genocide End in Forgiveness?«, *Los Angeles Times,* 7. März 1999; »Coming Clean on Guatemala«, *Los Angeles Times,* 10. März 1999, und Michael Stetz, »Clinton's Words on Guatemala Called ›Too Little, Too Late‹«, *San Diego Union-Tribune,* 16. März 1999.

9 José Pertierra, »For Guatemala, Words Are Not Enough«, *San Diego Union-Tribune,* 5. März 1999.

10 John M. Broder, »Clinton Offers His Apologies to Guatemala«, *New York Times,* 11. März 1999. Siehe auch Broder, »Clinton Visit In Honduras Dramatizes New Attitude«, *New York Times,* 10. März 1999, und Francisco Goldman, »Murder Comes for the Bishop«, *The New Yorker,* 15. März 1999.

11 Peter W. Galbraith, »How the Turks Helped Their Enemies«, *New York Times,* 20. Februar 1999.

12 John Tirman, *Spoils of War: The Human Cost of America's Arms Trade* (New York: Free Press 1997), S. 236.

13 John Diamond, »CIA Thwarts Terrorists with ›Disruption‹; It's Prevention by Proxy«, *San Diego Union-Tribune,* 5. März 1999 und Tim Weiner, »U.S. Helped Turkey Find and Capture Kurd Rebel«, *New York Times,* 20. Februar 1999.

14 Jon Lee Anderson, »The Dictator«, The *New Yorker,* 19. Oktober 1998; Peter Kronbluth, »Chile and the United States: Declassified Documents Relating to the Military Coup«, *National Security Archive Electronic Briefing Book,* Nr. 8, Online unter: <http://www.seas.gwu.edu/nsarchive> und Philip Shenon, »U.S. Releases Files on Abuses in Pinochet Era«, *New York Times,* 1. Juli 1999.

15 Michael Ratner, »The Pinochet Precedent«, *The Progressive Response* 3:3 (28. Januar 1999).

16 Milovan Djilas, *Conversations with Stalin* (London: Rupert Hart-Davis, 1962), S. 105.

17 Tim Golden, »C.I.A. Says It Knew of Honduran Abuses«, *New York Times,* 24. Oktober 1998. Siehe auch James Risen, »C.I.A. Said to Ignore Charges of Contra Drug Dealing in '80's«, *New York Times,* 10. Oktober 1998; National Security Archive, »Secret CIA Report Admits ›Honduran Military Committed Hundreds of Human Rights Abuses‹ and ›Inaccurate‹ Reporting to Congress, Online unter: < www.seas.gwu.edu/nsarchive> und Fairness & Accuracy in Reporting, »Snow Job: The Establishment's Papers Do Damage Control for the CIA«, *Extra!* Januar – Februar 1997, Online unter: <http://www.fair.org/extra/9701/contracrack.html>.

18 Barbara Conry, »The Futility of U.S. Intervention in Regional Conflicts«, *Policy Analysis* (Cato Institute), Nr. 209 (19. Mai 1994), S. 7. Siehe auch Barbara Conry, »U.S. ›Global Leadership‹: A Euphemism for World Policeman«, *Policy Analysis,* Nr. 267, 5. Februar 1997.

19 Ronald Steel, *Pax Americana* (New York: Viking, 1967), S. 13.
20 Paul Kennedy, *Aufstieg und Fall der großen Mächte. Ökonomischer Wandel und militärischer Konflikt von 1500 bis 2000* (Frankfurt: Fischer 1989), S. 759.
21 Giovanni Arrighi und Beverly Silver, *Chaos and Governance in the Modern World System* (Minneapolis: University of Minnesota Press, 1999), S. 288 f.

Kapitel 2: Okinawa, Asiens letzte Kolonie

1 *Los Angeles Times,* 28. Dezember 1995.
2 Robert Burns, Associated Press, *San Diego Union-Tribune,* 18. November 1995.
3 Katharine H.S. Moon, *Sex Among Allies: Military Prostitution in U.S.-Korea Relations* (New York: Columbia University Press 1997), S. 7.
4 *New York Times*, 2. November 1995.
5 Brief an die *San Diego Union-Tribune* vom 20. Juli 1996.
6 *Los Angeles Times,* 2. Dezember 1996.
7 »Proposal For a New Okinawa—The Voice of Women«, *The Ryukyuanist* (Mitteilungsblatt der International Society for Ryukyuan Studies), Nr. 37, Sommer 1997, S. 2.
8 *New York Times* (Leitartikel), 29. Oktober 1995.
9 *Time*, 29. November 1949; Nicholas E. Sarantakes, *Keystone: The American Occupation of Okinawa and U.S.-Japanese Relations, 1945–1972*, unveröffentlichte Dissertation, University of Southern California.
10 *Japan Times,* 8. Dezember 1995.
11 *Nikkei Weekly,* 9. Oktober 1995.
12 Der vollständige Bericht (64 Seiten) von Russell Carollo, Jeff Nesmith und Carol Hernandez ist (für $ 19,65) erhältlich bei: Investigative Reporters and Editors, Inc., 138 Neff Annex, Missouri School of Journalism, Columbia, MO 65211.
13 *The Nation,* 1. Juli 1996.
14 *Los Angeles Times,* 8. Oktober 1995.
15 *Newsweek,* 14. Oktober 1996.
16 *Okinawa Times,* 9. März 1996.
17 *Japan Times,* 21. April 1996.
18 *Newsweek,* 14. Oktober 1996.
19 *Washington Post,* 8. Dezember 1995.
20 *Okinawa Times,* 27. April 1998.
21 General Accounting Office, *Overseas Presence: Issues Involved in Reducing the Impact of the U.S. Military Presence on Okinawa: Report to the Honorable Duncan Hunter, House of Representatives* (Washington, DC: Government Printing Office, März 1998), S. 47.
22 Siehe zum Beispiel Bill Mesler, »Pentagon Poison: The Great Radioactive Ammo Cover-Up«, *The Nation,* 26. Mai 1997.
23 Bill Gertz, »U.S. Slow to Inform Japan of Accident; Hundreds of Radioactive Bullets were Fired in Training Exercise Near Okinawa«, *Washington Times,* 10. Februar 1997.
24 *Mainichi Shimbun,* 25. Juni 1997.

25 »The Okinawan Charade«, Japan Policy Research Institute, *Working Paper* Nr. 28, Januar 1997.
26 *Nikkei Weekly,* 5. Mai 1997.
27 *Ryukyu Shimpo,* 22. Dezember 1995, Abendausgabe.
28 Kozy K. Amemiya, »The Bolivian Connection: U.S. Bases and Okinawan Emigration«, Japan Policy Research Institute, *Working Paper* Nr. 25, Oktober 1996 und *Asia Times*, 21./22. Oktober 1996.
29 *Los Angeles Times*, 26. Oktober 1995.
30 *Aera* (Tokio), 9. Oktober 1995; *Asahi Evening News*, 6. Mai 1997; *Asahi Shimbun*, 17. Mai 1997; *Japan Press Weekly,* Nr. 2040, 24. Mai 1997, S. 7; *Nikkei Weekly*, 11. August 1997.
31 *Pacific Stars and Stripes*, 23. Juli 1998.
32 *Asahi Evening News*, 28. Juni 1998.
33 *New York Times*, 2. April 1994.
34 Morihiro Hosokawa, »Are U.S. Troops in Japan Needed?« *Foreign Affairs* 77:4 (Juli–August 1998), S. 2–6.
35 Shunji Taoka, »The Japanese-American Security Treaty Without A U.S. Military Presence«, Japan Policy Research Institute, *Working Paper* Nr. 31, März 1997 und Taoka, »The Way to Save the U.S.-Japan Alliance«, *NIRA Review*, Sommer 1997, S. 3–8.
36 *Washington Post,* 27. März 1990.
37 Mary Jordan und Kevin Sullivan, *Washington Post,* 7. März 1996.
38 *Asahi Shimbun,* 19. März 1999.
39 *Asahi Shimbun,* 18. April 1996; siehe auch Morihiro Hosokawa, »A De Facto Treaty Revision«, *The Japan Times International,* 1.–15. Juni 1999.
40 »Interview with Governor Ota: Japanese Democracy on Trial«, *Japan Echo,* Herbst 1996, S. 43 (aus *Sekai,* Juli 1996).
41 Joseph S. Nye, Jr., »The Case for Deep Engagement«, *Foreign Affairs* 74:4 (Juli–August 1995), S. 90–102.
42 *Washington Post,* 8. Dezember 1995.
43 Verteidigungsministerium, *United States Security Strategy for the East Asia-Pacific Region* (Washington: Verteidigungsministerium, Abteilung für Angelegenheiten der Internationalen Sicherheit, Februar 1995), S. 23 f.
44 *Reuters,* Tokio, 24. März 1997.
45 *Reuters,* Washington, 9. Juli 1998.
46 *Japan Times*, 25. Juli 1998.
47 *The Defense Monitor* 19:6 (1990), S. 3.
48 Camp Foster USO, *Exploring Okinawa Travel Guide* (Naha: Barclay Publishing, 4. Auflage 1996), S. 62, 64, 68.

Kapitel 3: Heimlicher Imperialismus

1 Rudolph J. Rummel, *Death by Government* (New Brunswick, New Jersey: Transaction Books, 1994).
2 Michael P. Scharf, »Results of the Rome Conference for an International Crimi-

nal Court«, *American Society of International Law Insight,* August 1998, Online unter: <http://www.asil.org/insigh23.htm>.

3 *New York Times,* 11. Oktober 1997 und 3. Dezember 1997.

4 Siehe den Bericht in der koreanischen Zeitung *Chosun Ilbo,* 12. November 1997.

5 »Australia A Key Player in Global Landmine Removal«, *Australia Report,* Juni 1998, S. 1.

6 *New York Times,* 3. Dezember 1997 und 11. Oktober 1997.

7 *Washington Post,* 12. Juli 1998.

8 Siehe Dana Priest, »Free of Oversight, U.S. Military Trains Foreign Troops«, *Washington Post,* 12. Juli 1998; Douglas Farah, »A Tutor to Every Army in Latin America«, *Washington Post,* 13. Juli 1998; Dana Priest, »Special Forces Training Review Sought«, *Washington Post,* 15. Juli 1998; Mary McGrory, »In Joint Training, a Singular Failure«, *Washington Post,* 26. Juli 1998 und Lee Siew Hua, »U.S. to Review Training of Foreign Troops«, *Singapore Straits Times,* 13. August 1998.

9 *Washington Post,* 12. Juli 1998.

10 *The New York Times,* 20. Juli 1998.

11 *The Nation,* 15.–22. Juni 1998. Siehe auch Tim Weiner, »A Tale of Torture From an Indonesian Dissident«, *New York Times,* 8. Mai 1998.

12 *New York Times,* 4. November 1998.

13 *New York Times,* 1. August 1998. Siehe auch David E. Sanger, »U.S. Backs Indonesian Loans But Cancels Military Exercise«, *New York Times,* 9. Mai 1998.

14 »Indonesian Special Ops Force Praised for Protecting National Security«, *Special Warfare,* Bd. 10, Nr. 2, Frühjahr 1997.

15 Zu Einzelheiten siehe Allan Nairns Berichte in *The Nation* vom 30. März, 6. April, 8. Juni und 15. Juni 1998. Am 18. März 1998 verwies das indonesische Militär Nairn des Landes; danach schickte er seine Artikel aus Singapur.

16 *Business Week,* Asien-Ausgabe, 3. August 1998. Siehe auch David Lamb, »6 Students in Jakarta Protest Killed by Police«, *Los Angeles Times,* 13. Mai 1998.

17 *The New Republic,* 13. Juli 1998.

18 George Hicks, »Indonesian Mayhem and American Imperialism«, unveröffentlichtes Manuskript vom 26. Juli 1998, das Hicks dem Autor zur Verfügung stellte.

19 *The Jakarta Post,* nachgedruckt in *The Straits Times,* 20. Juli 1998.

20 *Asiaweek,* 24. Juli 1998, S. 30.

21 William McGurn in *Asian Wall Street Journal,* 10.–11. Juli 1998.

22 *The Nation,* 15.–22. Juni 1998.

23 *Washington Post,* 25. Juli 1998.

24 Philip Shenon *(New York Times),* »U.S. Delegation Puts Emphasis on Human Rights in Indonesia«, *San Diego Union-Tribune,* 2. August 1998.

25 *International Herald Tribune,* 21. Juli 1998.

26 Ken Silverstein, »Privatizing War, How Affairs of State are Outsourced to Corporations Beyond Public Control«, *The Nation,* 28. Juli – 4. August 1997.

27 Siehe Website des Amtes für Rüstungskontrolle und Abrüstung: <http://www.acda.gov/factshee/conwpn/wmeatfs.htm>.

28 Center for Defense Information, *Weekly Defense Monitor* 2:24 (18. Juni 1998), Online unter: <http://www.cdi.org/weekly/1998/issue24/index.html#1>.

29 Zu Einzelheiten siehe Website des SIPRI: <http://www.sipri.se>.
30 Pressemitteilung über die vom Präsidenten beschlossenen Richtlinien (Presidential Decision Directive 34) vom 17. Februar 1995.
31 Zitiert von Lora Lumpe in *The Nonviolent Activist*, Mai–Juni 1995.
32 Zitiert in »Clinton's Conventional Arms Export Policy: So Little Change«, *Arms Control Today*, Mai 1995, erhältlich bei der Federation of American Scientists über: <http://www.fas.org/asmp/library/articles/actmay95.html>.
33 Associated Press, 27. August 1998.
34 Oscar Arias, »Stopping America's Most Lethal Export«, *New York Times*, 23. Juni 1999.
35 Mary McGrory in *Washington Post*, 26. Juli 1998.
36 *Los Angeles Times*, 28. Juni 1996.
37 Jimmy Carter, »Have We Forgotten the Path to Peace?« *New York Times*, 27. Mai 1999.

Kapitel 4: Südkorea: Das Vermächtnis des Kalten Krieges

1 Raymond Aron, »The Impact of Marxism in the Twentieth Century«, in: Milorad M. Drachkovitch, Hrsg., *Marxism in The Modern World*, Stanford 1965, S. 17.
2 Die wichtigsten Quellen zum Cheju-Aufstand finden sich in *Korea Web Weekly*, online unter: <http://www.kimsoft.com/1997/cheju.htm>. Davon die bedeutendsten sind: 1) die Memoiren von General Kim lk Ruhl, Kommandeur des 9. Regiments in der ersten Phase des Massakers von Cheju; 2) Wolcott Wheeler, »The 1948 Cheju-do Civil War«; 3) Huh Sang Soo, »On Properly Assessing the Cheju April 3rd Popular Uprising«; 4) Yang Han Kwon, »The Truth about the Cheju April 3rd Insurrection«; 5) Oh Gun Sook, »Violation of Women's Rights and the Cheju April 3rd Massacre«; 6) Kang Chung Ku, Professor der Soziologie, Universität Dong Gook, »The US Korea Policy, Division of Korea, and The April 3rd Insurrection«; sowie 7) James West, »Cheju April 3rd Martial Law: Was It Legal?« Siehe auch: Bruce Cumings, »The Question of American Responsibility for the Suppression of the Cheju-do Uprising«, Aufsatz präsentiert auf der Konferenz zum 50. Jahrestag des Cheju-Aufstandes, Tokio, 14. März 1998, abrufbar online unter: <http://www.kimsoft.com/1997/cheju98.htm>.
3 *Los Angeles Times*, 16. April 1996; und Lee Wha Rang, 14. August 1998, unter: <http://www.kimsoft.com/1997/nkclinto.htm>.
4 *Korea Times*, 13. Mai 1998.
5 Vollversammlung der Vereinten Nationen, *Report of the Special Committee on the Problem of Hungary*, New York 1957, S. 6.
6 Ebenda, S. 25.
7 Ebenda, S. 10.
8 *London Review of Books*, 17. Oktober 1996.
9 *Jungang Ilbo*, 27. September 1997.
10 Siehe: *Nucleonics Week*, 7. Januar 1998.
11 Shorrocks Analysen wurden in Koreanisch und Englisch primär im Internet

publiziert. Siehe unter: <http://www.kimsoft.com/korea/kwangju3.htm>, sowie unter: <http://www.kimsoft.com/korea/shorrok.htm>. Im Februar 1997 ordnete der Oberste Gerichtshof in Seoul trotz Protesten seitens der US-Regierung die Freigabe dieser Dokumente für die koreanische Öffentlichkeit an. Siehe: *Chosun Ilbo*, 21. Februar 1997; sowie Tim Shorrock, »U.S. Knew of South Korea Crackdown«, in: *The Journal of Commerce*, 27. Februar 1996; und »Debacle in Kwangju«, in: *The Nation*, 9. Dezember 1996.

12 Siehe unter: <http://www.kimsoft.com/korea/kwangju3.htm>.
13 Ein Maßstäbe setzender Bericht liegt vor mit Bruce Cumings, *Koreas Place in the Sun*, New York 1997, S. 377.
14 Donald N. Clark, »U.S. Role in Kwangju and Beyond«, *Los Angeles Times*, 29. August 1996.
15 Diese Details stammen von Sam Jameson, ehemaliger Leiter der Büros der *Los Angeles Times* in Tokio und Seoul, zusammengefaßt in einem unveröffentlichten Aufsatz mit dem Titel »Reflections on Kwangju«, 7. April 1997.
16 *New York Times*, 21. Januar 1998.
17 *Asian Wall Street Journal*, 8. Oktober 1996.
18 Tim Shorrock, »Debacle in Kwangju«, in: *The Nation*, 9. Dezember 1996.

Kapitel 5: Nordkorea: Das Finale des Kalten Krieges

1 *U. S. News & World Report*, 25. Juli 1994.
2 Daniel Burstein, in: *Privileged Information*, Bd. 1, Nr. 3, März 1995.
3 *Associated Press*, 1. September 1994.
4 *Tokyo Insideline*, Nr. 34., 30. November 1994.
5 *Agence France Press*, 5. März 1999.
6 Zur Frage der 700 000 Koreaner in Japan, siehe: George Hicks, *Japan's Hidden Apartheid: The Korean Minority and the Japanese*, Aldershot 1998.
7 Mitarbeiterstab des *Bungei Shunju*, Hrsg., »Seifu naibu bunsho o nyushu, Kita Chosen wa ko ugoku.« (Internes Regierungsdokument: Wie wird Nordkorea reagieren?), in: *Bungei Shunju*, Juli 1994.
8 Bruce Cumings, *Koreas Place in the Sun*, New York 1997, S. 476.
9 *Aviation Week and Space Technology*, 14. September 1998, S. 58 f, und 21. September 1998, S. 30 f.
10 »Successful Launch of First Satellite in DPRK [Demokratische Volksrepublik Korea]«, <http: fas.org/news/dprk/1998/980 904-kcna.htm>.
11 Gilmans Erklärung bei den Anhörungen des Ausschusses für Internationale Beziehungen des US-Repräsentantenhauses, 25. Februar 1999; sowie *New York Times*, 3. Februar 1999. Siehe auch: »Opening Statement from Benjamin A. Gilman, Chairman of the U.S. House of Representatives International Relations Committee, at Hearings Regarding U.S. Policy Toward the Democratic People's Republic of Korea«, Northeast Asia Peace and Security, »Special Report«, 24. März 1999, von: <NAPSNet@nautilus.org>.
12 *Washington Post*, 27. August 1997.
13 *New York Times*, 28. August 1997.

14 »Special State Department Briefing.« Transkript der U.S. Information Agency, 26. August 1997.
15 *Newsweek,* 8. September 1997.
16 *New York Times,* 17. August 1998.
17 Selig S. Harrison, »The Korean Showdown that Shouldn't Happen«, *Washington Post,* 22. November 1998; *Executive Intelligence Review,* 1. Januar 1999, S. 46. Hinweise für die politisch motivierte, nicht autorisierte Offenlegung streng geheimer Nachrichtendienstinformationen finden sich bei Bill Gertz, *Betrayal: How the Clinton Administration Undermined American Security,* Washington DC 1999, S. 219–284. Gertz, ein erklärter Feind Präsident Clintons und bei der Washington Times für Verteidigungsthemen zuständig, ist eines der primären Vehikel für die Verbreitung nicht offiziell freigegebener C.I. A.- und D.I. A.-Unterlagen. Die angebene Textstelle umfaßt unter anderem Fotokopien streng geheimer Dokumente, die ohne die Erlaubnis der US-Regierung abgedruckt wurden.
18 C. Kenneth Quinones, »North Korea's ›New‹ Nuclear Site – Fact or Fiction?« Sonderbericht des Northeast Asia Peace and Security Network, *Policy Forum Online No. 21.* Oktober 5,1998, erhältlich von <NAPSNet@nautilus.org> oder online unter: <http://www.nautilus.org/napsnet/fora/21 A_Quinones.html>.
19 *Pacific Stars and Stripes,* 27. Februar 1999.
20 Philip Shenon, »Suspected North Korean Atom Site is Empty, U.S. Finds«, *New York Times,* 28. Mai 1999.

Kapitel 6: China: Zum Stand der Revolution

1 »Transcript: President Clinton's Remarks At Beying University«, 29. Juni 1998, unter: <http://www.usconsulate.org.hk/uscn/wh/1998/0629 e.htm>.
2 *The New York Review of Books,* 8. August 1996.
3 Andrew C. Janos, »Modernization or Militarization: Germany and Russia as Great Powers«, in: *German Politics and Society,* Bd. 14. Nr. 1 (Frühjahr 1996); und »What Was Communism? A Retrospective in Comparative Analysis«, in: *Communist and Post-Communist Studies,* Bd. 29. Nr. 1 (März 1996).
4 Siehe Meredith Woo Cumings, Hrsg., *The Developmental State,* Ithaca 1999.
5 *Los Angeles Times,* 28. Mai 1994.
6 Siehe Chalmers Johnson, »Political Institutions and Economic Performance: The Government-Business Relationship in Japan, South Korea, and Taiwan«, in: Frederic C. Deyo, Hrsg., *The Political Economy of the New Asian Industrialism,* Ithaca 1987, S. 136–64.
7 Gerard D. Postiglione und Grace L. Mak, Hrsg., *Asian Higher Education: An International Handbook and Reference Guide,* Westport, CT 1997, S. 41 (zu China) und S. 349 (zu Taiwan).
8 Eine gute Beschreibung dieses Aspekts der politischen Ökonomie Taiwans findet sich in: Karl J. Fields, »KMT, Inc.: Party Capitalism in a Developmental State«, in: Japan Policy Research Institute, *Working Paper,* Nr. 47 (Juni 1998).

Kapitel 7: China: Außenpolitik, Menschenrechte und Handel

1 *Los Angeles Times*, 11. Februar 1999.
2 *Los Angeles Times*, 12. Februar 1999. *Free China Journal,* 5. März 1999, S. 2.
3 *New York Times*, 24. März 1999.
5 Siehe: »The Rumsfeld Report: How Soon Might the U.S. Homeland Face a Threat from Ballistic Missile Proliferation?« Proliferation Roundtable at the Camegie Endowment for International Peace, 17. September 1998, online unter: <http://www.ceip.org/programs/npp/ruinsfeld.htm>.
6 *Los Angeles Times*, 3. März 1999.
7 Viele dieser Punkte gehen zurück auf die Teilnehmer der vom Norwegischen Institut für Internationale Beziehungen am 20. September 1995 in Oslo ausgerichteten Konferenz zu Internationalen Fragen im Südchinesischen Meer. Siehe auch: Victor Prescott, »The Spratly Islands«, in: *Quadrant,* Oktober 1995, S. 58 – 63.
8 Jim Mann, »CIA Gave Aid to Tibetan Exiles in '60 s, Files Show«, *Los Angeles Times*, 15. September 1998; Jonathan Mirsky, »The Dalai-Lama on Succession and on the CIA«, in: *New York Review of Books,* 10. Juni 1999. Weitergehende Informationen zum Status Tibets finden sich in: Dawa Norbu, *Red Star over Tibet,* London 1974; ders., *Freedom in Exile: The Autobiography of the Dalai-Lama,* New York 1990; sowie A. Tom Grunfeld, *The Making of modern Tibet,* Armonk, NY 1987.
9 Rone Tempest, »China Installs Its Pick for Pantchen-Lama«, *Los Angeles Times*, 9. Dezember 1995.
10 Abdul Aziz Said, Hrsg., *Human Rights and World Order,* New Brunswick 1978, Vorwort S. vii-viii.
11 Siehe beispielsweise Wendell L. Willkie II., »Why Does MFN Dominate America's China Policy?« in: *Heritage Lectures,* Nr. 486, 29. März 1994.
12 Lee Kwan Yew, »America's Model for Social Order Doesn't Work Anymore«, *Los Angeles Times*, 6. Oktober 1995.
13 *New York Times*, 16. März 1999.
14 Siehe: Christopher Lingle, *Singapore's Authoritarian Capitalism: Asian Values, Free Market Illusions and Political Dependency,* Fairfax, VA 1996, S. 117 – 118.
15 *New York Times*, 16. März 1999.
16 Interview mit dem Dalai-Lama, *Los Angeles Times,* 15. Mai 1994.
17 *Washington Post*, 10. November 1994.
18 Siehe: Greg Mastel, *Trading with the Middle Kingdom,* Economic Strategy Institute, Washington DC 1995.

Kapitel 8: Japan und die Ökonomie des amerikanischen Imperiums

1 Obgleich die zu dieser Periode in den US-Archiven lagernden Materialien noch nicht freigegeben sind, sind die wichtigsten Details nach außen gedrungen und werden diskutiert in Michael Schaller, *Altered States: The United States and Ja-*

pan Since the Occupation, Oxford 1997; sowie in Walter LaFeber, *The Clash: U.S.-Japanese Relations Throughout History,* New York 1997.
2 John Hunter Boyle, *Modern Japan: The American Nexus,* New York 1993, S. 352.
3 Die beste Kritik der Modernisierungstheorie in ihrer Anwendung auf Japan ist nach wie vor John Dowers hundertseitige Einführung zu Dower, Hrsg., *Origins of the Modern Japanese State: Selected Writings of E. H. Norman,* New York 1975.
4 *Business Week,* 7. August 1989.
5 *Foreign Service Journal,* Dezember 1989.
6 *Newsweek,* 9. Oktober 1989.
7 *Washington Post,* 10. Dezember 1990.
8 Siehe: Chalmers Johnson, *MITI and The Japanese Miracle: The Growth of Industrial Policy 1925–1975,* Stanford 1982.
9 *New York Times,* 15. August 1993.
10 *Wall Street Journal,* 8. Januar 1986.
11 *Wall Street Journal,* 31. Januar 1997.

Kapitel 9: Schmelzzeit

1 Rich Roesler, »Dying for Sex«, *Pacific Stars & Stripes,* 30. August 1998.
2 Judith Stein, *Running Steel, Running America: Race, Economic Policy, and the Decline of Liberalism,* Chapel Hill 1998, S. 4.
3 William Greider, *Endstation Globalisierung: der Kapitalismus frißt seine Kinder,* München 1998.
4 Zitiert in David Friedman, »How Wall Street's Moral Hubris Condones Social Inequality«, *Los Angeles Times,* 31. Mai 1998. Zu Oxfam und den von Oxfam herausgegebenen Politikaufsätzen, siehe die Website der Entwicklungs- und Hilfsorganisation unter: <http://www.oneworld.org/oxfam/index.html>.
5 John Ralston Saul, »Paper Games and Monetary Chaos«, *New York Times,* 9. Oktober 1992.
6 Peter Hartcher und Andrew Cornell, »Mr. Yen, The Man Who Started the Asian Crisis«, in: *The Australian Financial Review Magazine,* Juli 1999, S. 34–40. Siehe auch: Klaus Engelen, »How Bill Clinton Really Won«, *The European,* 14. November 1996.
7 Ron Bevacqua, »Whither the Japanese Model? The Asian Economic Crisis and the Continuation of Cold War Politics in the Pacific Rim«, in: *Review of International Political Economy,* Herbst 1998, S. 410–423. Siehe auch: Andrew Z. Szamosszegi, »How Asia Went From Boom to Gloom«, in: *The World & I,* Mai 1998, S. 52–59.
8 David D. Hale, »The IMF After the Asia Crisis.« Zurich Insurance Group (interner Aufsatz), 13. Februar 1998.
9 *San Diego Union-Tribune,* 20. September 1998. Siehe auch: George Soros, *Die Krise des globalen Kapitalismus. Offene Gesellschaft in Gefahr,* Berlin 1998.
10 Jagdish Bhagwati, »The Capital Myth: The Difference Between Trade in Widgets and Dollars«, in: *Foreign Affairs,* Mai/Juni 1998, S. 7–12.

11 *New York Times,* Editorial, 25. November 1997. Siehe auch: Peter Truell, »An Alchemist Who Turned Gold Into Lead«, *New York Times*, 25. September 1998; »Crony Capitalism«, in: *The Nation,* 19. Oktober 1998; Timothy L. O' Brien und Laura M. Holson, »Hedge Fund's Star Power Lulled Big Financiers Into Complacency«, *New York Times*, 23. Oktober 1998; Gretchen Morgenson und Michael M. Weinstein, »Two Nobel Economists Get A Lesson in Real Economics«, *New York Times*, 14. November 1998; »On Regulating Derivatives«, *New York Times,* 15. Dezember 1998; und Leon Levy und Jeff Madrick, »Hedge Fund Mysteries«, in: *New York Review of Books,* 17. Dezember 1998.

12 Martin Maier, »Bailing Out The Billion-Bettors«, *Los Angeles Times*, 5. Oktober 1998.

13 Evelyn Iritani, »Trade Meeting Opens With a Spat«, *Los Angeles Times*, 14. November 1998; Mark Landler, »Gore, In Malaysia, Says Its Leaders Suppress Freedom«, *New York Times*, 17. November 1998; Bob Drogin, »Gore Gets Scolding From APEC, Business Leaders«, *Los Angeles Times*, 18. November 1998; und Tom Plate, »Gore's Inept Criticism of the Malaysian President Has Hurt the U.S. All Over Asia«, *Los Angeles Times*, 24. November 1998.

14 Robert Kuttner, »Shock Treatment for Korea Is Playing with Fire«, *Boston Globe,* 4. Januar 1998.

15 Jeffrey Sachs, »The IMF and the Asian Flu«, in: *The American Prospect,* März/April 1998, S. 16–21. Siehe auch: Sachs, »The Rescuer' Created the Crisis«, *Los Angeles Times*, 18. Januar 1998.

16 David Holley, »Asian Nations Plan to Set Up Money Fund«, *Los Angeles Times,* 2. Oktober 1997; Edward A. Gargan, »Asian Nations Affirm I.M.F. As Primary Provider of Aid«, *New York Times*, 20. November 1997; und Art Pine, »Summers a Hot Commodity in Asian Crisis«, *Los Angeles Times*, 16. Januar 1998.

17 David Hale, »Will Indonesia's Stock Market Track Berlin in 1923?« Zurich Insurance Group (interner Aufsatz), 9. März 1998.

18 *Los Angeles Times,* 14. Februar 1998.

19 »Brazil Sacrifices Rain-forest Funds to Appease IMF on Spending Cuts«, *San Diego Union-Tribune,* 1. Januar 1999. Details zu den Umweltfolgen der Ostasienkrise finden sich beispielsweise in: Deanna Donovan, »Strapped for Cash, Asians Plunder their Forests and Endanger their Future«, in: *Analysis from The East-West Center,* Nr. 39 (April 1999).

20 Zu Greenspans Bemerkungen, siehe: David E. Sanger, »Greenspan Sees Asian Crisis Moving World to Western Capitalism«, *New York Times*, 13. Februar 1998. Zu den Reaktionen in Asien, siehe: Takashi Kawachi, »A New Backlash Against American Influence«, in: *Japan Echo,* April 1998, S. 44–47; und Philip Courtenay, »Versions of Capitalism Vie for Ascendancy in Asia«, in: *Free China Journal,* 19. März 1999, S. 7.

21 Richard N. Haass und Robert E. Lian, »Globalization and Its Discontents, Navigating the Dangers of a Tangled World«, in: *Foreign Affairs,* Mai/Juni 1998, S. 2–6.

Kapitel 10: Konsequenzen des Imperiums

1 *Los Angeles Times*, 24. November 1998. Siehe auch: Jim Mann, »Foreign Policy of the Cruise Missile«, *Los Angeles Times*, 23. Dezember 1998.
2 Charles Maechling Jr., »Erratic U.S, Leadership' On Display in Iraq Crisis«, *International Herald Tribune*, 23. März 1998.
3 Mark Yost, »Tragedy Shouldn't Drive U.S. From Okinawa«, *Asian Wall Street Journal,* 18. Dezember 1995.
4 Zitiert in Andrew J. Bacevich und Lawrence F. Kaplan, »Battle Wary«, in: *New Republic,* 25. Mai 1998, S. 20.
5 *Los Angeles Times*, 13. November 1998.
6 Paul M. Kennedy, *Aufstieg und Fall der großen Mächte: ökonomischer Wandel und militärischer Konflikt von 1500 bis 2000,* Frankfurt am Main 1988, S. 757.
7 Alfred Vagts, *A History of Militarism,* New York 1937, S. 11.
8 David S. Calleo, *Beyond American Hegemony: The Future of the Western Alliance,* New York 1987, S. 142.
9 Ashok K. Nath, »A Crisis That Has A Beginning, But No End«, in: *Asia,* 21. April 1999, S. 29–32.
10 »Nike To Raise Entry-level Wages for Indonesian Workers«, in: *Dow Jones Newswires,* 23. März 1999. Siehe auch: Mark Gibney, »Treat Overseas Workers Fairly – by Law, Not Whim«, *Los Angeles Times*, 25. Mai 1998.
11 *Los Angeles Times*, 25. Januar 1998.
12 Jacob Margolies, »Bad Loans A Great Opporturtity for Investment Adviser«, *Daily Yomiuri,* 4. August 1998.
13 Dean Calbreath, »Thai Buys: San Diego Investors Join Land Rush Started by Asia's Fiscal Woes«, *San Diego Union-Tribune,* 9. Dezember 1998.
14 James Flanigan, »Steel's Protest on Imports Warns of Dangers to All«, *Los Angeles Times*, 8. November 1998; und Leslie Wayne, »American Steel at the Barricades«, *New York Times*, 10. Dezember 1998.
15 Mark Magnier, »Japan's Change in Rice Policy Could Hurt State's Exports«, *Los Angeles Times*, 18. Dezember 1998.

Bereits erschienene Werke von Chalmers Johnson

Peasant Nationalism and Communist Power: The Emergence of Revolutionary China, 1937–1945. Stanford University Press, 1962.
Revolution and the Social System. Hoover Institution, 1964.
An Instance of Treason: Ozaki Hotsumi and the Sorge Spy Ring. Stanford University Press, 1964. Erweiterte Ausgabe 1990.
Revolutionary Change. Little, Brown, 1966. 2. Auflage, Stanford University Press, 1982.
– deutsch: *Revolutionstheorie.* Köln/Berlin: Kiepenheuer & Witsch, 1971.
Change in Communist Systems (Hg. und Mitautor), Stanford University Press, 1970.
Conspiracy at Matsukawa. University of California Press, 1972.
Ideology and Politics in Contemporary China (Hg.), University of Washington Press, 1972.
Autopsy on People's War. University of California Press, 1973.
Japan's Public Policy Companies. American Enterprise Institute, 1978.
MITI and the Japanese Miracle: The Growth of Industrial Policy, 1925–1975. Stanford University Press, 1982.
The Industrial Policy Debate (Hg. und Mitautor), Institute for Contemporary Studies, 1984.
Politics and Productivity: How Japan's Development Strategy Works (mit Laura Tyson und John Zysman). Ballinger, 1989.
Japan: Who Governs? The Rise of the Developmental State. W. W. Norton & Co., 1995.

Werke in japanischer Sprache

Johnson, Chalmers und Mineo Nakajima, *Chiiki kenkyu no genzai: kisei no gakumon e no chosen*, Tokio: Daishukan Shoten, 1989.
Rekishi wa futatabi hajimatta (Übers. Yoshihiko Nakamoto), Tokio: Bokutaku, 1994.

Bibliografie

(nach Themen geordnet)

Waffenverkäufe

Greider, William, *Fortress America: The American Military and the Consequences of Peace*. New York: Public Affairs, 1998.

Shear, Jeff, *The Keys to the Kingdom: The FS-X Deal and the Selling of America's Future to Japan*. New York: Doubleday, 1994.

Tirman, John, *Spoils of War: The Human Cost of America's Arms Trade*. New York: The Free Press, 1997.

Aspekte des amerikanischen Imperialismus

Arrighi, Giovanni, *The Long Twentieth Century*. London: Verso, 1994.

Aron, Raymond, *The Imperial Republic: The United States and the World, 1945– 1973*. Englewood Cliffs, New Jersey: Prentice-Hall, 1974.

– deutsch: *Die imperiale Republik: Die Vereinigten Staaten von Amerika und die übrige Welt seit 1945*. Stuttgart/ Zürich: Belser, 1975.

Cumings, Bruce, *Parallax Visions: Making Sense of American-East Asian Relations at the End of the Century*. Durham: Duke University Press, 1999.

Engelhardt, Tom, *The End of Victory Culture: Cold War America and the Disillusioning of a Generation*. New York: Basic Books, 1995.

Greene, Graham, *The Quiet American*. New York: Bantam Books, 1957.

– deutsch: *Der stille Amerikaner*. München: dtv, 1993 und Wien: Zsolnay, 1995.

Hatcher, Patrick Lloyd, *The Suicide of an Elite: American Internationalists and Vietnam*. Stanford: Stanford University Press, 1990.

Lowen, Rebecca S., *Creating the Cold War University: The Transformation of Stanford*. Berkeley: University of California Press, 1997.

China

Cohen, Warren I., *America's Response to China: A History of Sino-American Relations*. New York: Columbia University Press, 1990.

Huaren Web-Site: http://www.huaren.org/.

Li, Cheng, *Rediscovering China: Dynamics and Dilemmas of Reform*. Lanham, MD: Rowman & Littlefield, 1997.

Mann, James, *About Face: A History of America's Curious Relationship with China, from Nixon to Clinton*. New York: Knopf, 1999.

McBeath, Gerald A., *Wealth and Freedom: Taiwan's New Political Economy*. Aldershot, England: Ashgate, 1998.

Nathan, Andrew J. und Robert S. Ross, *The Great Wall and the Empty Fortress: China's Search for Security*. New York: W. W. Norton, 1997.

Wirtschaftskrise (Analysen)

Cambridge Journal of Economics, Bd. 22, Nr. 6 (November 1998), »Special Issue on the Asian Crisis.«

Fingleton, Eamonn, *In Praise of Hard Industries: Why Manufacturing, Not the Information Economy, Is the Key to Future Prosperity*. Boston: Houghton Mifflin, 1999.

Gray, John, *False Dawn: The Delusions of Global Capitalism*. New York: The New Press, 1999.

Greider, William, *One World, Ready or Not: The Manic Logic of Global Capitalism*. New York: Simon & Schuster, 1997.
– deutsch: *Endstation Globalisierung: Der Kapitalismus frißt seine Kinder*. München: Heyne, 1998.

Longworth, Richard C., *Global Squeeze: The Coming Crisis of First-World Nations*. Chicago: Contemporary Books, 1998.

Weiss, Linda, *The Myth of the Powerless State*. Ithaca: Cornell University Press, 1998.

Woo-Cumings, Meredith (Hg.), *The Developmental State*. Ithaca: Cornell University Press, 1999.

Illegale Aktivitäten der CIA und anderer amerikanischer Geheimdienste und Polizeibehörden

Brodeur, Paul, *Secrets: A Writer in the Cold War*. Boston und London: Faber & Faber, 1997.

Cockburn, Alexander und Jeffrey St. Clair, *Whiteout: The CIA, Drugs and the Press*. London: Verso, 1998.

MacKenzie, Angus, *Secrets: The CIA's War at Home*. Berkeley: University of California Press, 1997.

Schlesinger, Stephen und Stephen Kinzer, *Bitter Fruit: The Story of the American*

Coup in Guatemala. Cambridge, Maryland: Harvard University Press, Erweiterte Ausgabe 1999.
- deutsch: *Bananenkrieg. CIA-Putsch in Guatemala*. Zürich: Rotpunktverlag, 1992 (Übersetzung der Erstausgabe).

Japan

Arase, David, *Buying Power: The Political Economy of Japan's Foreign Aid*. Boulder: Lynne Rienner, 1995.

Dower, John, *Embracing Defeat: Japan in the Wake of World War II*. New York: W. W. Norton, 1999.

Hall, Ivan P., *Cartels of the Mind: Japan's Intellectual Closed Shop*. New York: W. W. Norton, 1998.

McVeigh, Brian J., *The Nature of the Japanese State: Rationality and Rituality*. London: Routledge, 1998.

Schaller, Michael, *Altered States: The United States and Japan Since the Occupation*. New York: Oxford University Press, 1997.

Smith, Patrick, *Japan: A Reinterpretation*. New York: Vintage Books, 1998.

Korea

Amsden, Alice, *Asia's Next Giant: South Korea and Late Industrialization*. New York: Oxford University Press, 1989.

Bandow, Doug, *Tripwire: Korea and U.S. Foreign Policy in a Changed World*. Washington: Cato Institute, 1996.

Cumings, Bruce, *The Origins of the Korean War*. Princeton: Princeton University Press, 2 Bd., 1981 und 1990.

Hart-Landsberg, Martin, *Korea: Division, Reunification, and U.S. Foreign Policy*. New York: Monthly Review Press, 1998.

<http://www.kimsoft.com/korea.htm> (zur Rolle der USA in Korea).

Oberdorfer, Don, *The Two Koreas: A Contemporary History*. Reading: Addison-Wesley, 1997.

Shapiro, Michael, *The Shadow in the Sun*. New York: Atlantic Monthly Press, 1990.

Okinawa

Field, Norma, *In the Realm of a Dying Emperor*. New York: Pantheon Books, 1991.

Johnson, Chalmers (Hg.), *Okinawa: Cold War Island*. Cardiff: Japan Policy Research Institute, 1999.

Ota, Masahide, »The U.S. Occupation of Okinawa and Postwar Reforms in Japan Proper,« in: Robert E. Ward und Yoshikazu Sakamoto (Hg.), *Democratizing Japan: The Allied Occupation*. Honolulu: University of Hawaii Press, 1987, S. 284–305.

Yahara, Col. Hiromichi, *The Battle for Okinawa*. New York: Wiley, 1995. (Einführung und Kommentar von Frank B. Gibney).

Register

Albright, Madeleine 27, 37, 115, 174, 178, 280–281
Allen, Richard 154
Allende, Salvador 37, 101
Anderson, Lee 36
Anderson, Perry 144
Aquino, Corazón (Cory) 46, 132
Arias, Oscar 124
Aron, Raymond 132, 162
Arrighi, Giovanni 54
Aung Sann Suu Kyi 221

Beneš, Edvard 133
Berger, Sandy 26
Bhagwati, Jagdish 268
Blair, Dennis C. 212
Brown, Harold 153
Brzezinski, Zbigniew 153
Bundy, McGeorge 13
Burns, Nicholas 156
Bush, George 46, 183, 294

Calleo, David 290
Campbell, Kurt 83
Cao Ky 46
Carlson, Evans 12
Carter, Jimmy 46–47, 128, 147, 150, 153, 166–168, 170
Casey, William 48
Castro, Fidel 48, 254
Chang Myon 144
Charusathien, Phraphas 46
Chibana, Shoichi 80
Choi Kyu Hah 147–149

Christopher, Warren 147, 150, 153, 157
Chruschtschow, Nikita 140, 143, 240
Chun Doo Hwan 45, 132, 136, 148–151, 153–154, 156
Clark, Donald 138, 150
Clarke, Richard 34
Clausewitz, Karl von 167
Clinton, Bill 26–27, 32, 34, 98, 100, 122, 135, 181, 183–185, 209, 212, 247–248, 265, 271, 285–286
Clinton, Hillary Rodham 66
Cohen, William 23, 90, 96–97 100–101, 104, 110, 115, 169, 174, 183
Conry, Barbara 51
Cox, Christopher 184

Dalai-Lama 15, 215, 217–218, 222–223
Deng Xiaoping 192, 220, 222
Derien, Pat 150
Djilas, Milovan 39
Doubleday, Michael 210
Dower, John 235
Dulles, John Foster 232, 280

Eagleburger, Lawrence 245
Eisenhower, Dwight D. 31, 43, 232, 241

Fairbank, John 15
Ford, Gerald 43
Francis, Carolyn 66

317

Fujimori, Alberto 29
Fukuyama, Francis 269

Gaddafi, Muammar 25
Galbraith, Peter W. 33
Gerő, Ernő 141–142
Gigot, Paul 250
Gilman, Benjamin 175
Gingrich, Newt 126
Gleysteen, William J. 146–149, 150–153, 157
Gorbatschow, Michail 160, 243, 283–284, 286, 290
Gore, Al 90, 272
Gottwald, Klement 133
Greenspan, Alan 270, 279
Gregg, Donald 147, 153
Greider, William 258

Haas, Richard N. 279
Habibie, B. J. 107–108, 115
Hale, David 275
Hamilton, Alexander 191
Hashimoto, Ryutaro 75, 79–80
Hatano, Ken'ichi 11
Helms, Jesse 97
Hicks, George 113
Hinzpeter, Jürgen 155
Hirohito 61
Hitler, Adolf 114, 198
Hobson, John 263
Hodge, John 134
Holbrooke, Richard 147, 150, 153, 155, 157
Honecker, Erich 41
Horowitz, Irving Louis 218
Hosokawa, Morihiro 87, 91
Hughes, Patrick 177
Hussein, Saddam 26–27, 33, 51, 75, 95, 123, 286

Ishihara, Shintaro 244

Jameson, Sam 155
Jelzin, Boris 168
Jiang Zemin 203, 212, 218, 222

Kádár, Janos 142–143
Kanemaru, Shin 80, 160–161
Kearns, Kevin 245
Kennan, George 186
Kennedy, John F. 231, 242
Kennedy, Paul 51, 282
Khomeini, Ayatollah Ruhollah 31, 132
Kim Dae Jung 145, 154, 156
Kim Il Sung 138, 159, 161, 165–168, 172
Kim Jae Kyu 146, 154
Kim Jong Il 144, 159, 168, 172
Kim Young Sam 46, 135, 156, 158–159, 168
Kishi, Nobusuke 43
Kissinger, Henry 14–15, 30, 167, 184, 186
Kittikachorn, Thanom 46
Kramer, Franklin 115
Krauthammer, Charles 22
Krejcarek, Kevin 70
Krulak, C. C. 63, 83
Kublai Khan 84
Kuttner, Robert 273

Laden, Osama bin 27–28
Laney, James T. 166
Lattimore, Owen 15
Lee Kwan Yew 197, 221
Lee Teng Hui 209
Lenin, Wladimir Iljitsch 190, 230, 291
Levenson, Joseph R. 10–11, 17
List, Friedlich 191
Litan, Robert E. 279
Lon Nol 46
Lott, Trent 126
Lumumba, Patrice 101

MacArthur, Douglas 42, 51, 60, 138, 186
Macke, Richard C. 57, 59
MacPherson, C. B. 229
Mahathir Mohamad 272
Mao Zedong 13–15, 189, 191–192, 198, 208, 238

Marcos, Ferdinand 46, 110, 132
Marx, Karl 230, 269, 291
Masumi, Junnosuke 17
Mayer, Martin 270
McCarthy, Joseph 12, 15
McFetridge, Charles 107
McGurn, William 114
McNamara, Robert 13
Miyagi, Etsuko 64
Mondale, Walter 63
Morita, Akio 244
Muccio, John 135
Muller, Robert 98–99
Mullins, David W. 270
Muskie, Edmund 153
Myers, Richard 64
Myers, Steven Lee 176

Nagy, Imre 141–143
Naht, Ashok 292
Nairn, Allan 107, 109, 112, 115
Ngo Dinh Diem 13, 46, 101
Nguyen Khanh 46
Nguyen Van Thieu 46
Nixon, Richard 14–15, 30, 145, 167, 184, 217, 219, 242–243, 261–262
Noriega, Manuel 51
Nosavan, Phoumi 47
Nye, Joseph 72, 90

Öcalan, Abdullah 34
Orr, Robert 71
Ota, Masahide 77, 79, 83–84, 89

Paris, Jonathan 113
Park Chung Hee 45, 47, 144–148, 154, 166
Pelosi, Nancy 220
Perry, William 63, 123
Pertierra, José 32
Pfaff, William 275
Pickens, T. Boone 259
Pinochet, Augusto 37, 97
Plate, Tom 280
Pol Pot 30–31, 95

Prabowo Soemitro Subianto 106–107, 109–110, 114–115
Priest, Dana 101

Quinones, C. Kenneth 178

Rákosi, Matyas 139–141
Rajk, Laszlo 140, 143
Reagan, Ronald 46, 48, 135, 154
Reischauer, Edwin O. 17, 233
Reston, James 15
Rhee, Syngman 45–46, 133–135, 139, 144, 149
Richardson, Bill 95
Roh Tae Woo 46, 136, 148, 156
Rostow, Walt 13
Rubin, Jamie 176
Rubin, Robert 293
Rummel, Rudolph 97

Sachs, Jeffrey 274
Sakakibara, Eisuke 265
Salisbury, Harrison 15
Samsuddin, Syafrie 107, 113
Sanger, David E. 177
Saul, John Ralston 262
Scalapino, Robert 11
Scharf, Michael 97
Schwarzkopf, Norman 98
Service, John 15
Sharp, Grant 62
Shattuck, John 33
Shaw Yu Ming 211
Shorrock, Tim 150, 152, 157
Silver, Beverly 54
Smedley, Agnes 12
Smith, Adam 22, 236, 263
Smith, Christopher 104
Smith, R. Jeffrey 176
Snow, Edgar 12
Songgram, Pibul 46
Sonnenfeldt, Helmut 186
Soros, George 267
Stackpole, Henry C. 87
Stalin, Josef 39, 52, 130, 140–141, 190, 198

319

Steel, Ronald 51
Stein, Judith 255
Sterngold, James 249
Strauss, Robert 246
Suharto, Hadji Mohamed 47, 104–112, 114–115, 198, 221, 275
Sukarno (Achmed) 104, 110, 114
Summers, Harry Jr. 91, 274
Summers, Lawrence 91, 274
Sun Yat-sen 195
Syngman Rhee 45–46, 133–135, 139, 144, 149

Taira, Koji 76
Takara, Ben 68
Takazato, Suzuyo, 66
Taylor, George 12
Tenet, George 175
Thanarat, Sarit 46
Thorpe, Norman 155
Tito, Josip 39
Tojo, Hideki 43
Toshikawa, Takao 160
Truman, Harry Spencer 42, 51, 186
Tschernenko, Konstantin 283

Tschiang Kai-schek 42, 46, 195, 198, 208
Turner, Stansfield 153

Ulbricht, Walter 41

Vance, Cyrus 147
Volcker, Paul A. 255

Wagner, Robert W. 103
Wales, Nym 12
Walpole, Robert 212
Wang Daohan 212
Washington, George 100
Wei Jingsheng 222
Wickham, John 148, 151, 153, 157
Williams, Jody 98, 100
Wilson, Woodrow 133
Wiranto, Brigadegeneral 106, 112, 114
Woolsey, James 123

Yi Pom Sok 135
Yost, Mark 281

Zhu Rongji 203, 221